文涵书睿

好妈妈不娇不惯
培养聪明女孩的
345个细节

崔久焱◎著

台海出版社

前 言
PREFACE

　　每个家庭在迎接自己的孩子出生的时候都是无比激动与喜悦的，而女孩则是上天赠予每对父母的最美丽、最珍贵的礼物，她们是上天派下来体恤与温暖父母的精灵。每个女孩都应该成长为最可爱的天使。但是，同时我们也应该注意到，因为先天基因的不同，成长环境以及家长教育方法等的不同，使得本应该成为"天使"的女孩成了大家眼中的"恶魔"或是说问题儿童。比如，有些女孩在饮食起居上会出现各种各样的问题，本来应该有精致形象的她们变得邋遢无比，本来应该爱整洁的她们变得不喜欢收纳整理；有些女孩在礼貌礼仪的培养上存在各种各样的问题，见到熟人不打招呼，不懂与人分享；有些女孩任性无比；有些女孩不能很大方地表达出自己内心的想法；有些女孩到了青春期无法正确面对与处理自己的情感；有些女孩则对性一无所知，等等。这些都是在当今社会中，女孩出现的最为普遍的问题。

　　在女孩成长的过程中，尤其是在她们成年之前，家长对于她们塑造自己的人格与行为起着非常重要的作用。我们很难想象一个对儿童教育一无所知或者还是固守以前教育理念的家长会教育出十分优秀的当代女孩。所以，我们不得不正视的问题是，女孩之所以会出现各种各样的行为问题，甚至是品格问题，是因为家长在引导、教育孩子的过程中，方式与方法出现了问题。

　　在教育领域中，我们时常会被各种各样的问题所困扰，是因为听到"女孩要富养"的说法，由于这种说法太过于模糊，使得相当一部分家长认为，"富养"就等于在物质条件上充分满足女孩的所有需求，因此就出现了一大批被"宠坏"了的女孩。我们在生活中时常会看到有一些家长非常"爱"自己的孩子，有些妈妈甚至为了照顾孩子而放弃自己的事业，以便在生活中的方方面面给予她们最全面的照顾，但是孩子的表现却越来越不尽如人意。

　　其实家长要知道，"富养"不是要求家长一味地娇惯自己的女儿，而是在满足孩子合理的要求上，给予孩子充满"爱"的教育。在此我们所说的"爱"的教育并不是"溺爱"，而是一种讲方法、有效率，渗透在女孩成长的方方面面上的教育。

　　在我们发现家长（主要是妈妈）普遍缺少教育女孩的方法之后，我们策划编写了此书，旨在帮助妈妈们培养出各个方面表现优秀的女孩。本书在结构安排上分为三篇，分别是家庭篇、校园篇和社会篇，各篇又分为不同的部分，其中家庭篇涉及饮食、起居、礼貌培养、习惯培养及青春期教育；校园篇涉及学习、兴趣、语言、智力、运动及性格的培养；社会篇涉及品格、行为、情商、社交能力、处世及财商的培养。这样全方位的内容安排就可以帮助家里有女孩的父母对孩子进行全方位的素质及能力的培养。在具体的内容安排上，我们分为"现实困惑""案例解析"和"解决方法"。现实困惑是我们通过对现实生活中女孩的观察总结出的女孩可能存在的问题，并以故事的形式展示出来；案例解析是专家就女孩存在的问题进行的分析；解决方法是就女孩存在的问题给出具体的解决方案。

我们希望本书能成为家长在教育女孩过程中的指导手册，同时这也是一本献给女孩的书籍。阅读本书，家长可以轻松获取有用的教育方法；同时女孩也可以在家长最有效且合理的教育方法下成长为一位聪明女孩！

目录
CONTENTS

Part 3　女孩的起居培养：独立自主，减少依赖

Part 4　女孩的礼仪培养：淑女的培养从小做起

Part 5　女孩的青春期培养：青春期如何不叛逆

校园篇　让女孩更顺利地接受学校的智慧培养

Part 6　女孩的兴趣培养：兴趣是最好的老师

Part 7　女孩的学习培养：成绩来源于日常点滴

Part 8　女孩的语言培养：会表达是一项技能

Part 9　女孩的智力培养：莫以成绩论成败

Part 10 女孩的体格培养：运动不是男孩的专利

Part 11 女孩的性格培养：塑造女孩完美的性格

社会篇　教会女孩正确认识这个世界的方法

Part 12　女孩的品格培养：修德立品，马虎不得

Part 13　女孩的行为培养：做行为规矩的好女孩

Part 14　女孩的情商培养：高智商不如高情商

Part 15　女孩的社交培养：让女孩尽早融入社会

Part 16　女孩的做事培养：三分做事，七分做人

Part 17　女孩的财商培养：让女孩树立正确的金钱观

家庭篇

呵护幼小的心灵，
给予成长更多的关怀

Part 1
女孩的习惯培养：好习惯让女孩受益终生

1. 及时纠正女孩丢三落四的行为

——怎样让女孩戒掉丢三落四的毛病？

落落有一个人如其名的坏习惯，那就是做事情总是丢三落四的：有时候是上课忘记带课本、带作业，有时候是考试的时候忘记拿橡皮，有时候是背写英语单词的时候少写了一个字母，有时候去超市买东西却忘记把买过的东西拿回来……落落的妈妈知道自己女儿打小就有这个坏习惯，但是她也没放在心上，她一直觉得这是因为落落年龄还小的缘故，等落落长大自然就不会丢三落四了。可是，落落的爸爸却认为孩子"三岁看老"，落落丢三落四这个坏毛病可能改不过来了。

如果你是落落的家长，你会怎么做去纠正落落丢三落四的坏习惯呢？

 案例解析

落落的妈妈认为女儿还小，经常丢三落四的很正常，不用刻意纠正，也不用当回事；落落的爸爸却认为，女儿丢三落四的问题已经成了她的性格习惯，是"本性难移"的，是改正不过来的。妈妈和爸爸两个人对于落落丢三落四的坏毛病，一个不作为，一个全然放弃作为，导致落落怎么也"戒不掉"丢三落四的毛病。而且，爸爸妈妈的这种表现，会促使落落无法正确认识到"丢三落四"的问题所在，会让她的丢三落四的毛病越来越严重。

 解决办法

家长要想让女孩子戒掉丢三落四的坏毛病，可以尝试以下方法：

1. 要正确认识"丢三落四"。一般情况下，一个人经常丢三落四，说明这个人的记忆力不好，或者是性格比较粗心大意。父母看到女孩子丢三落四，先不要急着责骂她们，而是应该弄明白是什么让她们丢三落四的。如果是记忆力的问题，那么，父母可以给她们准备一个记事本，将自己每天需要的东西或经常忘记的事情记在本子上；如果是性格使然，那么父母就多督促她们，尽量让她们少丢三落四。

2. 不要给女孩们贴过多的标签。希望父母们不要像案例中的落落爸爸一样，认为孩子的本性就是丢三落四的。一旦贴上这样的标签，如果孩子本身的独立自主意识还不够强烈的话，她就会被这样的标签"左右"，潜意识中认同这个标签，就真的会成为一个丢三落四的人。

3. 要及时纠正孩子丢三落四的行为。如果孩子有丢三落四的行为，父母应该在发现的早期就纠正，并告诉她们丢三落四所带来的坏处，让她们在意识中就开始做好防范。如果都像落落的妈妈一样不作为，认为孩子将来自己长大就好了，这只会让问题更严重。

4. 从小就培养孩子的责任心。父母应该从小就培养、锻炼孩子的责任心，比如说让孩子来提醒大家做某件事情，让孩子自己负责自己的事情，那么，孩子知道自己不能依赖大人，就会做得更好。

2. 引导女孩知道收纳的重要性
——怎样培养女孩收纳的好习惯？

单从外表上看，薇薇绝对是一个非常漂亮的女孩子：头发上扎着蝴蝶结，穿着妈妈给她买的花裙子，看起来就像花仙子一样美丽。但是，如果谁要去薇薇的房间看一下，绝对会难以置信。因为薇薇的房间特别乱！床上的被子没有叠，衣服也不挂起来，而是随意地扔在床上、桌椅上。除此之外，她的书本、玩偶以及其他零碎的小东西扔得哪里都是，就连她的书包也是乱七八糟，大小课本参差不齐地胡乱塞在里面。薇薇的妈妈说了她很多次，还告诉她如何收纳自己的物品，但是薇薇还振振有词："我这叫乱中有序。你别看着乱，但我找东西一找一个准。要按你说的那样都收纳归置好了，我还找不到东西了呢！"

家长应该怎么做，才能让女孩养成收纳物品的好习惯呢？

 案例解析

在很多家长看来，女孩子的收纳整理能力应该要比男孩子强，而且，女孩子也应该喜欢收纳整理。但是，世界上偏偏没有那么多"应该"，有些女孩子是真的不会收纳整理，也特别讨厌收纳整理。案例中的薇薇就是如此。

在薇薇的妈妈看来，薇薇是一个很漂亮的女孩子，每天把自己收拾、打扮得那么漂亮，那么，薇薇的妈妈就想当然地认为，她在收纳整理上也应该做得很好。事实却相反，所以，薇薇的妈妈（包括很多"深以为此"的成人）觉得难以理解、难以置信，才会喋喋不休地数落孩子，不理解她为什么不会收纳整理。

在薇薇看来，她也觉得自己是不会收纳整理的，或许她不觉得这是什么问题，但是在妈妈的不断唠叨下，难免也会觉得自己不会收纳整理是不好的、不正确的，所以，为了她的自尊和面子着想，她只好强词夺理，说自己是"乱中有序"。

 解决办法

如果女孩子像薇薇一样不喜欢、不会收纳整理，家长可以尝试以下方法：

1. 让女孩子明白收纳整理的重要性。家长应该让女孩子看到、意识到收纳整理对生活的影响和作用，她们就会自发地学习收纳整理。

2. 允许女孩子不会收纳。家长应该改变自己的观点，不要一味认为女孩子就应该怎么样，而是要知道，女孩子也是一个正常的人，也会有自己的喜好和不擅长的方面。有些女孩子就是不喜欢收纳，那么父母更不应该逼迫她们，这只会激发她们的逆反心理。家长不如多点儿耐心，去接纳和包容孩子的不足。

3. 以身作则，教孩子一些收纳技巧。在日常的生活中，父母在收纳东西的时候，应该以唠家常的形式，告诉女孩子一些收纳技巧。比如说，收纳衣服时可以按照季节分类，也可以按照内衣、上衣、裤子、袜子等类别进行分类，还能够按照色系、类型等分别去收纳衣物。

4. 借助一些有趣的收纳工具。女孩子们常常对一些可爱的事物无法抵挡，家长们可以利用这一点，购买一些可爱的、唯美的收纳工具，比如说收纳包、桌面收纳柜等。

5. 让女孩知道内在美的内涵。很多家长夸奖女孩子都是夸她们长得漂亮，会给女孩子一种"我只需要长得漂亮就可以了"的错误认知。家长应该正确教育女孩子关于"美"的理解，要做到内在和外在一样美。

3. 家长适当放手才能让女孩有担当

——啥事都不会处理的女孩咋办？

棉棉是一个性格乖巧的女孩子。从小到大，棉棉从来没和任何小朋友吵过架，也从来不让爸爸妈妈操心，非常听爸爸妈妈的话。一开始，棉棉的爸爸妈妈觉得棉棉这样的性格挺好的，不惹事，让长辈们很放心。可是，慢慢地，随着棉棉越来越大，爸爸妈妈却发现棉棉不能自己处理自己的事情，总是依赖别人，将自己的事情交给别人去做。比如说，老师让棉棉做值日，棉棉立刻去哀求好朋友小红帮忙；爸爸让棉棉收拾一下出去玩需要带的东西，棉棉却说自己不会收拾，非要让妈妈帮忙；棉棉和妈妈逛商场的时候撞到了人，也是躲在妈妈背后，让妈妈和对方赔不是……棉棉的爸爸妈妈有时候就想，自己是不是对棉棉太溺爱了，怎么她自己什么都不会啊？

案例解析

在这个案例中，棉棉为什么事事都要交给别人去做、去处理呢？因为她已经习惯了依赖别人。

从"棉棉非常听爸爸妈妈的话"中可以推测出，从小到大，棉棉就生活在爸爸妈妈的"要求"下，对爸爸妈妈的依赖性很大。现在生活中有很多女孩子和棉棉一样，被爸爸妈妈宠爱着长大。她们的一切都交由父母打理，自己从来没有做过什么决定，也没有自己做过什么事情，所以，她们就让自己变成了什么也不会的"低能儿"。在这样的家庭环境中长大的女孩子，对他人的依赖度是很高的。所以，当她们需要处理某些事情时，她们是没有办法做决定的，也没有自己处理的能力，只能交给别人去做。

 **解决办法**

对于那些什么事情都交给别人去处理的女孩子，父母可以尝试以下方法帮助她们改正过度依赖的习惯：

1. 不要过于溺爱女孩子。有些家长认为女孩子就应该娇生惯养，所以从小就对她们过分溺爱。女孩子处于这样的环境中，会让她们习惯这种生活方式，会让她们觉得什么事都由父母做主是对的。慢慢地，女孩子就养成了离开父母就无法生活的习惯。

2. 不能毫无条件地答应孩子的要求。有些家长认为，只要孩子好好学习，她想要什么都会满足她。时间一长，会让有些女孩认为"成绩是决定一切的"，会让她们产生一种优越感，从而也有一定的依赖感。所以，当她们遇到一些事情的时候，就会将这些事情交给别人去做，她们只需要好好学习就可以了。

3. 家长应该学会放手。一首歌曲中唱道："对你最好的疼爱，是手放开。"这句话也适用于孩子的教育上。父母应该培养孩子的独立性，应该在适当的时候敢于放手，让孩子们自己去处理自己的事情，让她们坚信"我能行"。当孩子有了自信心和独立性，自然就会觉得自己很棒，并相信自己是可以完成这些任务的，她们也就不会将自己的事情推到别人身上了。

4. 出门忘带东西是一种不好的习惯

——女孩总是出门忘带东西怎么办？

花花有一个坏习惯，让她的爸爸妈妈很头疼，那就是出门经常忘带东西。说来也奇怪，花花只要出门，不论是出去旅游还是下楼去超市买东西，都会忘带东西：不是忘记带钥匙了，就是忘记带钱包了，或者是忘记拿购物袋，或者是忘记拿打包好的内衣……花花的爸爸妈妈都知道她有这个坏习惯，所以，但凡她出门，总会说这么一句话："你别忘了拿什么东西。"花花总是满口答应："忘不了！"结果，转头就忘。

面对那些出门总是忘记带东西的女孩子，家长应该怎么做才能改掉她们的这个坏毛病呢？

 案例解析

花花出门总是忘带东西的这个坏习惯为什么始终改不了呢？原因很简单，就是因为花花觉得"出门忘带东西"不是一个坏习惯，或者说不是什么问题，她不需要改正。那么，是什么让花花产生了这样的"错觉"呢？就是花花的爸爸妈妈。在这个案例中，花花的爸爸妈妈明知道花花经常出门会忘带东西，但是他们在潜意识中不认为这是个问题，所以他们也只是口头上说过花花几次，至于花花有没有纠正、改正这些行为，他们却不管了。到最后，花花出门就总是会忘带东西了。

 **解决办法**

如果女孩子出门总是忘记带东西，父母应该尝试以下方法，给予正确的指导：

1. 让孩子意识到出门忘带东西是不好的习惯。有些家长自己出门也经常会忘带东西，他们觉得这不是什么问题，孩子们自然也觉得不是什么问题，对"出门带东西"自然就不会注意了。所以，家长应该让她们意识到出门不带自己需要的东西是很不好的习惯，是需要改正的行为。

2. 让孩子提前做好准备。如果第二天计划出门，那么，父母可以带着孩子一起，收拾整理出门要带的东西，将该装的东西提前准备好，必要时，还可以写个小纸条做备忘录。在做这些的时候，父母可以让孩子自己收拾，他们从旁协助、检查即可，不要亲自代办，以免她们永远学不会。

3. 在门的背后设置提示牌。如果家里的孩子经常出门忘带东西，比如说钥匙、水杯等必要的东西，那么，父母可以在门后面贴一个显眼的指示牌，在牌子上写好需要带的东西。当然，这些内容也可以更换。等到孩子们出门前看一眼，再检查一下自己带的东西就知道有没有忘记带了。

4. 固定重要东西的位置。父母可以将出门必带的几样东西，比如钥匙、钱包等放在固定的位置，出门的时候拿起来就走，不用特意找到这些东西才出门，也就不会丢三落四了。

5. 稍作处罚，强化记忆。如果女孩子们经常在出门后忘记带一些东西，而且在父母的多次叮嘱下依然不见成效的话，父母可以稍微制定一些处罚措施。注意，这些处罚不能损伤孩子的身心健康，最好具有趣味性。比如说，可以让忘带东西的女孩子做 20 个仰卧起坐，每做一个，就在口里念一句"忘拿钥匙是我的错"。如此一来，就能加强她们关于带钥匙的记忆。

5. 不要给女孩灌输劳动影响学习的观念

——如何养成女孩打扫卫生的习惯？

张瑜是家里的公主宝贝，不仅人长得漂亮，学习成绩也很好，家里人那可真是"捧在手里怕摔了，含在嘴里怕化了"。可是，张瑜也有缺点，那就是不爱打扫卫生。班级里要搞大扫除，别的同学都是努力清扫，又是扫地又是擦玻璃，唯有张瑜抱着手站在一边。张瑜的老师看到了，问她为什么不加入劳动，结果张瑜说："多脏啊！再说了，我也不会。"老师劝说了张瑜一番，告诉她这是集体劳动，不能不参加，张瑜才勉为其难地拿着笤帚去扫地。刚扫了没两下，张瑜就嚷嚷着手疼。谁知第二天，张瑜的妈妈来学校找班主任了，说道："高老师啊，我们家张瑜昨天大扫除，累得手腕都酸了，晚上都没体力做作业。这怎么行呢？要我说，学校就不要弄什么大扫除了，又耽误孩子们学习，他们又弄不干净，不如直接请保洁来做。"

案例解析

以前的人们讲究"劳动最光荣"，孩子们从很小的时候就开始参与劳动了。但是，不知道从什么时候起，很多家长都觉得教育是最重要的，开始一心让孩子努力学习，不仅剥夺了她们玩耍的时间，还剥夺了她们劳动的时间。因为有很多家长就像案例中张瑜的妈妈一样，认为劳动是耽误孩子学习的行为，是不划算的。就是因为很多家长的这种错误认知，也传递给了孩子，让她们觉得劳动是不好的，是低人一等的。所以，有很多孩子像张瑜一样，不爱打扫卫生，不爱劳动。

此外，有的家长把女孩子当成"小公主"来教育，将她们一个个都养得娇滴滴的，因此，很多女孩子就觉得打扫卫生这种行为太脏了，所以她们就会排斥打扫卫生这种行为。

 解决办法

想要让女孩们养成喜爱打扫卫生的良好习惯，家长们可以尝试以下方法：

1. 告诉孩子劳动最光荣。父母应该让女孩们知道，劳动是一件很光荣的事情，而不是一件丢脸的事情。父母可以在周末的时候，带着女孩一起去做义工，和平凡伟大的环卫工人一起工作，体验他们的生活，让女孩明白劳动是为了让我们的生活更美好。

2. 告诉女孩打扫卫生的重要性。如果女孩子本身觉得打扫卫生很脏，很排斥打扫卫生的话，那么，父母可以告诉她们打扫卫生的必要性。或者，父母可以不打扫女孩的房间，让她亲自体验一下没人打扫的房间有多么脏乱差，她就会想要自己打扫房间卫生了。

3. 父母带领孩子参加卫生打扫。在平时的生活中，父母应该和孩子一起，定期打扫家庭卫生，让她们养成爱打扫卫生的好习惯。

6. 教育女孩养成主动清洗衣物的习惯
——怎样才能使女孩自己清洗衣物？

柯宁的妈妈去卫生间，看到女儿的内衣裤扔在装脏衣服的篮子内。柯宁的妈妈眉头一皱，喊柯宁过来清洗自己的内衣。过了好一会儿，柯宁的妈妈才看见柯宁进卫生间洗内衣去了。等柯宁洗完来晾衣物的时候，柯宁的妈妈忍了几下，终是没忍住，开口数落道："跟你说了多少遍了，洗完澡后顺手就把换下来的内衣裤洗了，不要和脏衣服一起扔在篮子里。篮子里扔的都是穿过的外衣，上面有很多细菌，怎么能和内衣裤扔在一起呢？你都初三了，自己的衣服不洗也就算了，内衣裤也天天得让我催着你才洗。我要是不说你，你是不是又想等到没内裤穿了才洗？姑娘家家的，怎么也不嫌被人笑话？"

家长应该怎么做，才能让女孩养成自己清洗衣物的好习惯呢？

案例解析

从柯宁和她妈妈的相处模式中，我们可以看出来，柯宁和她妈妈肯定因为洗衣服这个问题争论过很多次。而柯宁总是没有达到妈妈的"要求"，要么就是真的不会洗，要么就是故意为之。如果柯宁真的不会洗，那么她应该虚心请教妈妈。但在这个案例中，很明显，柯宁是在故意和妈妈就洗衣服这个问题做抗争。

之所以会有抗争，是因为柯宁正处于青春期，她或许不满妈妈关于洗衣服的一些做法，或许和妈妈沟通后没有达成共识，总之，两人在清洗衣服上产生了矛盾。

解决办法

如果女孩子不主动清洗自己的衣物，家长们可以尝试以下方法：

1. 教导女孩们"今日事，今日毕"。父母可以通过寓言故事或亲身示范，让女孩们明白"今日事，今日毕"的道理。只要女孩们养成了这样的好习惯，就不会像柯宁一样，拖到最后没衣服穿了才去洗衣服。

2. 要了解女孩们的想法。每个人的做事章程是不一样的。就拿这个案例来说，柯宁的妈妈喜欢把当天的脏衣服都洗了，而柯宁很显然更喜欢把脏衣服放在一个固定的时间去清洗。这两种做法没有谁对谁错。但是，柯宁的妈妈想要用自己的行为习惯去要求柯宁，柯宁自然会不乐意，所以才会抵抗"洗衣服"这个行为。

3. 培养女孩的独立能力。等女孩子们到一定年龄后，父母也要狠下心来培养她们的独立能力，让她们自己做自己的事情。就比如洗衣服这件事，如果柯宁的妈妈觉得柯宁能够自己洗衣服了，那么她就应该让柯宁自己学习洗衣服，不能因为"她洗不干净""学业忙"为借口，帮她洗衣服。

4. 要循序渐进地来。在女孩们学习清洗衣服的过程中，父母一定要循序渐进，不能期望刚开始清洗衣物的她们能达到成人的水平，也不能因此而斥责她们"什么都不会"，这样只会让她们对清洗衣物很反感。

7. 女孩也有不爱洗澡的理由

——针对不爱洗澡的女孩怎么办？

又到了睡觉时间，妈妈让菁菁关掉电视去洗澡。菁菁嘴上应着，却坐在沙发上一动不动。过了 5 分钟，妈妈看到菁菁还没去洗澡，就又催了她一遍。菁菁依然口头上答应得好好的，却依旧不动。妈妈看到菁菁的反应后，顿时火大，拿过遥控器把电视关掉，并大声吼道："看看看！就会看电视！让你去洗澡，说几遍都不听！还睡不睡了？学习的时候有看电视的一半儿劲头，我也少操点儿心。"菁菁被骂后也不还嘴，只是"哼"了一声，气呼呼地洗澡去了。唉，面对那些不爱洗澡的女孩子，家长应该怎么办呢？

案例解析

很多女孩子不爱洗澡，都是有原因的。在这个案例中，菁菁之所以不爱洗澡，从表面上看，是她正在看电视，被电视吸引住了，不想去洗澡；实际上则是对"洗澡"这种行为本身的抗拒。也就是说，在菁菁的潜意识中，她是不喜欢洗澡的，所以才会一拖再拖，迟迟不肯去洗澡。

那么，菁菁为什么抗拒洗澡呢？这就有很多原因了。有可能是她觉得身体不太脏，也有可能是她觉得洗澡不舒服，还有可能是她不想在妈妈规定的时间内洗澡，等等。由此可知，菁菁的妈妈（其他孩子的父母也是如此）只要找到菁菁抗拒洗澡的真正原因，再找出相应的办法去应对就可以了。如果只是像菁菁妈妈一样单纯地"吼"几声，妄图用"大声"来说服不爱洗澡的孩子，是行不通的。

 解决办法

想要让女孩养成爱洗澡的好习惯，家长可以尝试以下方法：

1. 寻找女孩不爱洗澡的原因。女孩子们一般都是比较爱干净的，很少有人不喜欢洗澡。面对家中不愿意洗澡的女孩子，父母应该找到其中的原因：是她正在看电视不想被打扰，还是洗澡的时候经常把水弄进眼里，觉得不舒服，或者是学习一天太累了，懒得去洗澡，抑或是正处于生理期，不想洗澡？只要父母弄清楚了女孩不爱洗澡的原因，就可以采取相应的措施了。

2. 有理不在声高。如果孩子一时不太想洗澡，父母也不要吼叫、逼迫孩子去洗澡，这样只会徒增她们的反感，让她们变得一直都不喜欢洗澡。所以，父母最好给女孩创造一个轻松的洗澡环境，让她们觉得洗澡是一件放松的事情，她们自然会喜欢上洗澡。

3. 允许女孩们在合适的时间洗澡。父母应该给女孩们一定的自由，让她们想什么时候洗澡就什么时候洗澡，想洗多久就洗多久。如果女孩们学习了一天，实在是太累了不想去洗澡，那么，家长也不要急着催促她们洗澡，可以先让她们休息一下，等到她们想去的时候再去洗澡。

4. 为女孩们准备一些洗澡"伴侣"。和男孩子们洗的"战斗澡"不同，女孩子洗澡总是有很多步骤。所以，父母不妨为女孩们准备一些她们喜爱的洗澡"伴侣"，让她们能够洗一个香喷喷又快乐的澡。

8. 约法三章，让女孩安静吃饭
——女孩不能安静吃饭怎么办？

每天吃饭的时候，就是甜甜爸妈最头疼的时候。为什么呢？因为哄甜甜吃顿饭很难。一到吃饭时间，甜甜就要吃零食，如果不给吃，就又哭又闹的；等甜甜吃完零食，爸爸妈妈觉得她总该吃饭了，可是甜甜却说自己饱了。最后，在爸爸妈妈的威逼利诱下，甜甜才勉强吃下几口饭菜。就吃这几口饭菜，甜甜也不是安安静静地吃完的，而是吃一口，就要去玩一会儿洋娃娃，妈妈只好端着碗追着喂。

甜甜的父母应该怎么做，才能让她安安静静地吃饭呢？

案例解析

女孩子都很喜欢吃零食，也很容易被那些酸酸甜甜的味道吸引。但是女孩子的饭量也很小，经常吃一点儿就饱了。所以，有很多女孩子就像甜甜一样，因为吃了很多零食，导致吃不下饭。

再有一点，甜甜即使是吃饭的时候，也经常被玩具吸引，不能安静地坐下来吃饭。这说明了两个问题：

1. 在甜甜心中，玩具对她的吸引力是大于饭菜的。那么，家长就有必要思考一下，是不是因为饭菜做得不合孩子的胃口，或者是零食吃太多了，所以她才不喜欢吃饭菜。

2. 甜甜很喜欢玩"追逐"的游戏。甜甜吃一口饭就跑去玩，妈妈拿着碗在后面追。大家有没有觉得这特别像捉迷藏的游戏，你追我赶的？很有可能在甜甜的意识中，她觉得这就是一个追逐游戏，而这个追逐游戏只能在吃饭的时候才能玩，所以她才不会安静地坐下来吃饭。

解决办法

想要让女孩们安安静静地吃一顿饭，家长可以尝试以下方法：

1. 让女孩们少吃点零食。女孩们对那些包装可爱、味道酸甜的零食总是没有抵抗力，很容易就吃多了零食，而无法正常吃饭。所以，父母应该控制好女孩们吃零食的量，不让她们吃那么多。同时，也可以和女孩协议好吃零食的时间，改成在两餐之间的空当吃，而不是在餐前吃。

2. 与女孩约定"吃饭三章"。父母可以平心静气地就吃饭问题和女孩子们沟通一下（如果一次不行就多沟通几次），让女孩懂得吃饭的好处，理解那些餐桌礼仪，并且和女孩们做个约定。比如说，吃饭期间不许做无关的事情，自己的饭自己吃，等等。有了具体的约定，女孩们在吃饭的时候就不会闹腾了。

3. 吃饭就餐时不要纵容孩子。很多家长为了哄自家的孩子多吃几口饭，就像甜甜的父母一样，经常追着喂她吃，或者是使用其他威逼利诱的手段。父母这样做，会让有些女孩子觉得吃饭是痛苦的事情，也会让有些女孩子觉得吃饭是一件可以和父母一起玩乐的事情。她们都不能正确地认识吃饭的作用和影响，也就不能安静地吃饭了。

4. 做一些美味、色艳的食物。有些女孩无法安静地坐下来吃饭，可能是父母做的饭菜太难吃了。所以，父母不妨做些美味又有色彩的食物，吸引女孩子的注意，增加她们的食欲。

9. 规范仪态做优雅女孩

——女孩没有站姿坐相怎么办？

"牛颖，你就不会端端正正地坐一会儿吗？一直像个蚯蚓似的扭来扭去的，难看死了！"

"牛颖，站要有站相，坐要有坐相，跟你说了多少遍了，怎么还这样？出门可别说我是你妈，我嫌丢人！"

"'男抖穷，女抖贱'，跟你说了不要抖腿！规规矩矩在沙发上坐一会儿能死啊！"

……

以上就是牛颖的妈妈每天跟她说得最多的话。牛颖每天都要烦死了，她觉得妈妈肯定上辈子就和她有仇，不然妈妈为什么揪着她的坐姿和站相没完没了地说呢？牛颖的妈妈却觉得，自己的女儿就是来"克"自己的，专门与自己对着干，跟她说了多少次，身为女孩子要注意站相和坐姿，牛颖却偏偏不听。唉，这母女俩如何才能和平共处呢？

 案例解析

牛颖的坐姿和站姿确实是存在问题的，但是她之所以从来没有想过纠正，可能与妈妈不停的"教导"有关。

一般情况下，很多女孩之所以会形成不良的站姿和坐姿，是因为她们在开始学习站立、坐下的时候，没有人告诉她们正确的站姿和坐姿是怎样的。或者说，她们身边的人，尤其是父母的坐姿和站姿就是存在问题的，所以她们才会模仿父母的行为，养成了不良的站姿和坐姿习惯。还有一些女孩子，之所以会有不良站姿和坐姿，是因为身体不好，比如说缺钙、脊椎腰椎不适、身体乏力等，导致她们无法优雅地站立。

另外的情况，就是女孩子们故意为之了。就像这个案例中的牛颖一样，或许她一开始确实有一些站姿不雅的问题，但是因为妈妈的语言、态度导致她很反感，潜意识中就在与妈妈做抗争，与妈妈反着来，所以她总也改正不过来。

 解决办法

想要提高女孩的注意力，令其专心对待某一事物，保持良好的站姿坐相，可以尝试以下方法：

1. 让女孩们意识到不良站姿的危害。有些女孩不认为自己的站姿有问题，也没有意识到不良的站姿有什么危害。所以，父母不如搜集一些图片、案例，让她们看看不良站姿带来的严重后果有哪些。什么是正确的站姿呢？就是"站如松"，昂首挺胸收腹地站立，两眼平视着前方，让双臂自然下垂。站立的时候，我们最好让两个足跟靠拢在一起，中间有一个45度的夹角，并将身体的重心放在两只脚的前脚掌上。

2. 父母要注意自己的言行。有些父母自身就站没站姿、坐没坐姿，再加上当今社会流行

"北京瘫""葛优瘫",导致很多大人一下班回到家就瘫在了沙发上,女孩子们看到后自然也就会模仿。

3. 不要矫枉过正。一些父母对女孩子的要求特别严格,认为女孩子就应该怎么样,不能怎么样。所以,他们一看到女孩子的姿态稍微有些难看,就用语言打击她们的自信心,对她们百般指责,导致很多女孩子像牛颖一样,要么消极抵抗,要么自暴自弃。

4. 采取一些方法去纠正女孩的不良姿态。父母一旦发现女孩的仪态有问题后,可以用温和的语言指出她们的不当之处,让她们意识到这样的站姿和坐姿是不美的。同时,父母可以让女孩们每天靠墙站立 10~15 分钟,以纠正这种不良的仪态。

5. 制定一些奖惩措施。家长可以为女孩们量身定做一些奖惩措施。如果女孩的站姿和坐姿不雅了、不标准了,那么父母可以罚她们多吃 10 颗糖果或多吃一个蛋糕,让她们增肥。每个女孩子都很在意自己的体重问题,都会注意自己的仪态。如果女孩们坚持了一天、一周、一个月等,站姿和坐姿都没有什么大的问题,那么就可以给予她们适当的奖励。

10. 教会女孩正确的走路姿势
——怎么让女孩能够优雅地走路?

李丽因为走路姿势的问题,经常被同学们取笑,导致她很自卑。怎么回事呢?据李丽的妈妈讲,在李丽差不多刚学习走路的时候,她喜欢和隔壁的陶希小哥哥一起玩。当时,李丽经常用她的小短腿翘翘趄趄地追逐着小哥哥。而陶希因为是个男孩子,走路时前脚掌着地,整个人一颠一颠的,他觉得很有"气势"。李丽看到了,就学小哥哥的走路姿势。结果,等李丽的爸爸妈妈注意到的时候,李丽已经养成了走路一颠一颠的坏毛病了。李丽的爸爸妈妈虽然说过她,让她注意走路姿势,但李丽也没怎么放在心上。直到现在,她升入了中学,小姑娘也知道爱俏了,结果,却因为走路姿势不雅而自卑得不想去学校。

对于像李丽这样走路姿势不雅的女孩子,怎么做才能帮助到她们,让她们优雅地走路呢?

案例解析

李丽之所以走路姿势不雅,就是因为她在小时候学习走路的时候没有学好,而她的爸爸妈妈也没有将这件事放在心上,没有及时纠正她不正确的走路姿势。

其实,不止李丽爸妈没有将"女儿学走路"这件事情放在心上,很多父母都不在乎孩子的走路姿势,也从没有想过,在她们学习走路的时候要教导她们正确的走路姿势。这是因为父母们都认为,人到一定年龄就会自己行走了,根本就不用教授如何走路。结果,等到很多父母和孩子自身意识到的时候,她们已经养成了不良的走路习惯,走路姿势也不够优雅。

走路姿势不雅不仅会显得人的形体不好看,长此以往,也会引起身体上的问题,比如说容易让人的双腿变得长短不一、双肩高低不平、骨盆侧移、旋转时整个身体失调,等等。所以,父母培养女孩们正确的、优雅的走路姿势还是很必要的。

 **解决办法**

如果女孩子已经养成了不良的走路习惯和姿势，父母可以尝试以下方法，去纠正女孩们不雅的走路姿势：

1. 让女孩们了解什么是正确的走路姿势。父母应该让女孩正确地认识自己的脚部，知道走路会运用到哪些部位。接着，父母应该告诉女孩正确的走路姿势是怎样的，告诉她们要如何抬头挺胸地迈步、摆臂。

2. 一根线原则。如果女孩子的走路姿势不优雅，父母可以让她们沿着一条线走路，也就是人们常说的走一字步。这样走出来的姿势是婀娜多姿的，还显得腿部很修长。

3. 父母要做好榜样。有些父母自己走路就勾肩驼背的，很不好看，但是他们看不到自己的不足，只会教导孩子要改正。孩子们没有一个好的榜样，又怎能学会优雅地走路呢？

4. 父母要及时纠正女孩们的错误走路姿势。一旦女孩们出现了不雅的走路姿势，比如说有些女孩子走路会内八或外八字，还有些女孩子喜欢走 X 腿型的步子等，父母应该及时纠正，而不是放任不管。

Part 2
女孩的饮食培养：均衡搭配，保证健康成长

11. 切忌用喝饮料代替喝水
——怎样改变女孩不爱喝水的毛病？

林女士有一个特别可爱的女儿叫洁洁。但是在生活中，洁洁对于喝水并不是很喜欢，甚至有些抗拒。每当洁洁从公园回来的时候，林女士总会拿水给她喝。可是几乎每次都会被拒绝，林女士对此很是苦恼。那么怎样才能改变孩子不爱喝水的毛病呢？

 案例解析

女孩不爱喝水有以下这几点原因：

1. 孩子从小就没有养成喝水的习惯。可能孩子从出生开始，父母就没有让孩子经常喝水，喝水的习惯在早期就没有培养起来。随着孩子逐渐长大，喝水就成了一件难事。

2. 孩子的喜好问题。生活中父母可能经常给孩子购买饮料或者糖分比较大的饮品，久而久之，孩子对这些甜饮料就比较依赖，对白水就没什么兴趣了。

3. 父母对孩子的引导没有到位。可能因为父母很少对孩子提及喝水的好处和作用，所以孩子对这些常识并没有了解，因为不是很了解，所以就没有兴趣，也不愿意喝水。

 解决办法

1. 不给孩子购买饮料和甜水，从小培养孩子喝白开水。父母应该尽量不要给孩子买含糖量高的汽水或者果汁饮品等，如果孩子真的要喝的话，应该选择一些纯果汁或者运动型的饮料。父母可以买一台饮水机，陪着孩子一起喝白水，也可以每天早上和孩子一人一杯水，并且说服孩子坚持下去。通过这种方式不仅能帮助孩子养成清晨喝水的习惯，同时也会让孩子爱上喝水。

2. 带孩子去购买喜欢的水壶，让孩子主动喝水。可以给孩子买一个她喜欢的样式的水壶，最好是孩子喜欢的卡通形象，这样孩子就会总忍不住用这个水壶来喝水。对于孩子来说，这是一个很有效的方法，可以鼓励孩子多喝水。

3. 父母可以给孩子做一些健康的饮品。父母可以买些新鲜的柠檬或者梅子加入白水中，

做一些有味道的孩子喜欢的饮料，既绿色又健康，还能开胃，同时还能激发孩子对喝水的欲望，时间长了，喝水对孩子来说也就没有那么费劲了。

12. 家长的饮食习惯可能造成女孩挑食
——如何戒掉女孩挑食的毛病？

王女士有一个可爱的女儿，叫洋洋。平日里，洋洋吃饭的时候总是一副"痛苦"的样子。经常这个菜不爱吃，那个菜不合口味，吃不了两口就吵着说不吃了。孩子的这种饮食状态让王女士感到很苦恼。那么应该如何戒掉孩子挑食的毛病呢？

案例解析

女孩挑食有以下几点原因：

1. 父母的饮食习惯致使孩子对某些食物比较反感。如果父母总是挑食，总是当着孩子的面说这个菜不好吃，那个菜不够新鲜，久而久之，孩子也会模仿父母的举动，变得挑食了。同时，父母或者家庭成员中，有一部分人不喜欢某种蔬菜或者水果，那么平时就会很少或者根本就不去购买，这就直接导致孩子很少接触这种蔬菜或者水果，自然就会挑食或者偏食了。

2. 父母做菜的单一性使得孩子对食物产生厌倦心理。父母在生活中可能不太会做菜，或是不注重搭配和外观，每天的菜色都差不多，父母或家庭成员中对某一道菜情有独钟，就每天都做，并且不断让孩子吃同样的食物，这样就使得孩子对吃饭丧失了兴趣。

3. 父母对孩子过度顺从。父母对孩子过于溺爱，经常孩子要什么就给什么，想吃什么就给买什么，对孩子百依百顺。时间长了，孩子患上了挑剔的毛病，对父母做菜的要求也增高，稍稍有一点儿不合自己的胃口就不吃；或者孩子想吃什么都过于满足，孩子变得越来越骄纵，挑食的毛病也就越来越严重。

解决办法

1. 对孩子适当进行奖励。当遇到一些孩子不爱吃的饭菜时，父母可以承诺只要孩子认真吃饭，就带孩子去某个地方玩或者给她购买哪种喜欢的零食，鼓励孩子把不爱吃的吃下去。然后对孩子多多表扬和鼓励，同时兑现自己的承诺。

2. 抑制孩子的兴趣。当遇到孩子不吃某种蔬菜时，就停止孩子喜欢的娱乐活动，如看电视、玩芭比娃娃、做手工等，这样孩子就会乖乖地把饭吃完，久而久之，习惯也就培养起来了。

3. 多做户外活动，适当消耗孩子的体力。父母可以适当安排孩子去滑旱冰、拍球、骑自行车等户外活动，消耗孩子的能量和体力，用这种方式来促进孩子的食欲。同时禁止孩子饭前吃零食或者甜品。

13. 常吃粗粮有益身体健康

——怎样让女孩爱上吃粗粮？

王女士有一个 7 岁的女儿，非常可爱。王女士发现一个问题，就是孩子不喜欢吃粗粮。每当王女士在正餐里加粗粮的时候，孩子就非常反感，甚至一口都不吃。孩子的这个不吃粗粮的问题，让王女士很苦恼。到底怎么做才能让孩子爱上吃粗粮呢？

 案例解析

女孩不喜欢吃粗粮一般有以下几点原因：

1. 可能是父母的烹饪方式的问题。父母可能在做粗粮的时候在方法上出了一些问题，导致做出来的食物味道不是很好，或者是不太合孩子的口味，所以孩子会对粗粮比较排斥。

2. 父母对孩子的批评。可能孩子确实是不喜欢吃粗粮，但是父母却不尊重孩子的意见，总是强迫孩子去吃，孩子不吃就会遭到父母的训斥甚至打骂。久而久之，孩子就会对粗粮产生排斥。

 解决办法

1. 父母不要强迫孩子吃粗粮。父母不能总是强迫孩子吃孩子本身就不喜欢吃的东西，因为孩子不吃就去斥责和批评孩子、强行让孩子吃粗粮会使孩子产生反感甚至厌恶。如果因为父母的做法让孩子变得连饭都不想吃就更加糟糕了。

2. 父母要检讨自己的烹饪方式。父母可以多与孩子沟通，了解孩子喜欢哪种烹饪方式以及喜欢哪种粗粮的味道和口味。同时，父母应该积极提高烹饪水平，多换一些花样，多尝试一些新的烹饪方式，找到一种孩子能接受的烹饪粗粮的方式，让孩子慢慢爱上吃粗粮。

3. 把粗粮"藏起来"。父母可以在米饭、粥、馒头里添加谷物、燕麦片等粗粮，让孩子不知不觉地把粗粮吃下去。

4. 父母要对孩子多表扬而不是去批评。父母在引导孩子吃粗粮的过程中千万不要随意去批评和指责孩子，如果孩子表现出一点儿对粗粮的喜欢或者开始有点儿接受的意思，这时候，父母要多去表扬和激发孩子的信心与兴趣。

14. 不要忽视对女孩维生素的补充

——女孩不爱吃水果、蔬菜怎么办？

张女士有一个 5 岁的女儿。前不久，张女士带女儿去参加朋友聚餐，在就餐中发现了一个问题，孩子不喜欢吃水果和蔬菜，总是吃肉和甜点。张女士想让女儿多吃一些蔬菜、水果，但是女儿却一再拒绝。对此张女士感到很困惑，孩子不爱吃水果、蔬菜，应该怎么办呢？

 案例解析

女孩不爱吃水果蔬菜主要有以下几点原因：

1.父母对孩子的影响。生活中父母就不喜欢吃蔬菜和水果，总是大鱼大肉，做菜时不注重营养搭配，久而久之，孩子也养成了与父母一样的习惯。

2.父母很少准备。可能生活中父母工作比较忙，经常没有时间去准备水果和蔬菜，总是带孩子去餐厅吃饭，导致孩子很少接触水果，所以不喜欢吃。

3.父母没有让孩子养成均衡膳食的习惯。这个年龄段的孩子大都喜欢吃零食，并且父母总是对孩子毫无营养的零食需求进行满足。孩子吃各种各样的零食之后，自然也就对水果、蔬菜不感兴趣了。久而久之，还会危及孩子的身体健康。

 解决办法

1.父母可以用蔬果汁替代蔬菜和水果。遇到不喜欢吃蔬菜和水果的孩子，父母可以用料理机将水果和蔬菜制作成蔬果汁，用蔬果汁来替代固态的蔬菜水果，可能孩子看到蔬菜水果没有兴趣，但是当孩子看到五颜六色的蔬果汁时，就会迫不及待地进行尝试。

2.让孩子认识蔬菜和水果。父母可以多去超市采购一些新鲜的蔬菜和水果，最好各个种类和各个颜色的都买一些回来。回家之后逐一告诉孩子每样蔬菜和水果的名称，并且让孩子挑出自己喜欢的水果或者蔬菜，尝试着接受它们并且品尝一下味道。这样做不仅增长了孩子的见识，同时又能让孩子尝试着接受水果和蔬菜，做到了两全其美。

3.改变水果和蔬菜的形状和味道。如果孩子不喜欢蔬菜或者水果的味道，父母可以尝试着把它们做成沙拉，多淋一些沙拉汁在上面，把味道覆盖掉，还可以去买一些切水果的模具，把水果切成孩子喜欢的形状，激发孩子对蔬菜和水果的兴趣，孩子有了兴趣，自然就会接受了。当然最重要的是父母要多给孩子讲一些多吃水果和蔬菜的益处，让孩子真正爱上它们。

15. 引导女孩养成吃早餐的好习惯
——怎样让女孩习惯吃早餐？

赵女士有一个7岁的女儿叫莎莎。莎莎有一个不太好的习惯，平时不喜欢吃早餐。每天早晨去上学之前赵女士总是会为她准备一些面包、牛奶、鸡蛋等早餐。但是每天莎莎都吃不了几口就不吃了，并且对赵女士说自己不习惯吃早点，这让赵女士很担心。那么怎样能让孩子习惯吃早餐呢？

案例解析

女孩不习惯吃早餐有以下几点原因：

1. 孩子从小就没养成吃早餐的习惯。可能孩子在小的时候，早餐就不是很规律，父母因为工作比较忙而无暇顾及孩子的早餐，久而久之，孩子没有吃早餐的意识，自然也就不会养成吃早餐的习惯了。

2. 父母对孩子的影响。由于父母的工作比较忙，生活上没有什么规律，所以父母很少有吃早餐的习惯。时间久了，父母的这种不好的习惯就对孩子产生影响，于是孩子也就不会去吃早餐了。

3. 早餐的种类比较单一。父母为孩子准备的早餐的种类比较单一，可能长期总是牛奶、面包，使得孩子对早餐产生一种排斥感，所以孩子不喜欢吃早餐。

 解决办法

1. 让孩子的早餐有些花样。父母为孩子准备的早餐可能千篇一律，总是面包、牛奶，这样即使孩子不厌食，也会让孩子排斥去吃早餐。父母可以在种类上多做一些变化，增加早餐的样式，比如花式蛋糕、西式煎蛋等，在视觉上让孩子有吃的欲望，这样孩子就会愿意把它们吃掉。

2. 创造良好的就餐条件。父母可以每天号召家庭成员一起吃早餐，一般人多的时候可以增强气氛，让孩子觉得吃早餐是一件很有意思也很温馨的事情，自然就会爱上早餐。父母千万不要把孩子一个人丢在餐桌上，这样孩子会产生孤独感，就会没有进餐的欲望。

3. 对孩子进行奖励和表扬。父母可以将吃早餐变成一种与孩子之间的小交易，父母可以对孩子承诺，如果孩子能够顺利地把早餐吃完，就给孩子买一个糖果，而如果孩子没有好好吃早餐的话，那么就不会有糖果了。以这种小诱惑来激励孩子，帮助孩子改掉不习惯吃早餐的毛病。

16. 吃夜宵的习惯要不得

——如何改掉女孩吃夜宵的习惯？

夏女士有一个 5 岁的女儿叫星星。星星有一个坏毛病，晚餐总是不好好吃，夜里饿了就嚷着吃夜宵，否则就不睡觉。而且这种现象已经有很长一段时间了，这让夏女士感到很着急。那么该如何改掉孩子吃夜宵的习惯呢？

 案例解析

女孩吃夜宵有以下几点原因：

1. 孩子不注重吃晚餐。平日里孩子对晚餐不重视，总是吃两口就不吃了，结果还没到睡觉时间就饿了，自然就会闹着吃夜宵。长此以往，孩子就产生一种侥幸心理：只要晚饭不吃饱就可以吃夜宵。久而久之，就形成了吃夜宵的习惯。

2.孩子的零食过量。可能孩子在午餐和晚餐之间吃了大量的零食，于是晚餐也就没有了胃口，通常只是象征性地应付几口。而夜里就会产生饥饿感，只能吃夜宵来充饥。

3.父母对孩子的影响。可能生活中父母因为工作到深夜，经常有吃夜宵的现象，于是孩子就会对父母的行为进行模仿，也要吃夜宵。

 解决办法

1.父母要以身作则，帮助孩子改掉吃夜宵的毛病。父母平时生活中不要贪吃夜宵和零食，也不要总是给孩子买过多的零食。如果父母要想吃夜宵的话，就结束工作之后在外面吃完了再回家，避免在家中给孩子树立不好的榜样。

2.父母准备正餐的时候尽量丰盛一些。父母在做菜的时候最好抓住孩子的口味，多做一些孩子喜欢吃的菜，尽量做到色香味俱全，这样孩子在饭菜的诱惑下就会认真地品尝晚餐，就不会产生吃不饱的现象，夜宵自然就会减少了。

3.不给孩子提供吃夜宵的条件。当孩子因为没有好好吃晚餐而闹着要吃夜宵时，父母要对孩子"狠"下心来，对孩子说没有做夜宵吃的条件，让孩子自己承担没有好好吃晚餐的后果。让饿肚子当作一个小小的惩罚，经过一两次之后，孩子一定不会不好好吃晚餐了。

17.垃圾食品对女孩的健康无益
——女孩喜欢吃垃圾食品怎么办?

沈女士有个女儿叫彤彤。彤彤平日里不喜欢吃沈女士做的饭菜，而是喜欢吃垃圾食品，薯片、奶油蛋糕、比萨、薯条、可乐，都是她的最爱，而且乐此不疲，谁劝都不听。这个现象让沈女士很担心，那么孩子喜欢吃垃圾食品应该怎么办呢?

 案例解析

女孩喜欢吃垃圾食品有以下几点原因:

1.父母对孩子过于溺爱。生活中父母对孩子的要求过于顺从，孩子想吃什么就买什么，对孩子的零食没有节制。总是按照孩子的想法来，时间久了，孩子不仅形成了骄纵的性格，还对零食和垃圾食品产生了依赖。

2.父母对孩子产生的影响。生活中可能父母就对垃圾食品情有独钟，总是购买大量的垃圾食品回家，父母的这个举动让孩子有可乘之机。孩子就会和父母一样也去吃垃圾食品，日子久了，就对这些食品爱不释手了。

3.父母对孩子的关爱不够。生活中可能父母工作比较忙，很少有给孩子准备正餐的时间。以致孩子感到饥饿的时候通常都会用这些垃圾食品来充饥。

 **解决办法**

1.用其他东西转移孩子注意力。这个年龄段的孩子都喜欢吃零食，但是不仅只有零食能吸引他们，有很多东西都可以分散孩子的注意力。小孩子对很多东西都会产生好奇心的，父母可以多给孩子买一些益智类的玩具或者建构类的玩具来吸引孩子的注意力，同时也要经常带孩子去郊游赏风景，用着这些方式来转移孩子的注意力，这时候，孩子的全部精力都投入到了玩上面，也就没有心思去想那些垃圾食品了。

2.父母可以自己动手给孩子做一些零食。父母休息的时候可以自己买一些食材在家给宝宝做一些小零食，如：曲奇饼干、水果沙拉、薯条等。自己在家亲手做的零食既干净又卫生，孩子也会更喜欢吃。做的时候父母可以邀请孩子一起参与进来。孩子会对制作的过程比较好奇，所以孩子会把全部的精力都投入进来。久而久之，孩子就会喜欢上这项工作，从而忘记了外面的垃圾食品。

3.和孩子耐心地讲道理。父母可以抽出一部分时间与孩子进行沟通，耐心地和孩子讲一些道理和与健康有关的知识。明确地告诉孩子垃圾食品吃了会有哪些坏处和不好的地方，比如，会造成肥胖、发育迟缓、高血压等疾病。孩子听了就会明白一些道理，就算没有把垃圾食品全部戒掉，至少也会少吃。

18. 引导女孩养成良好的餐桌礼仪

——女孩吃饭声音很大，父母怎么做？

陈女士有一个很可爱的女儿叫优优。但是优优平日里有一个毛病，就是吃饭的时候声音很大，这个习惯不仅一点也不淑女，而且与他人一起吃饭也显得很没礼貌。陈女士对女儿的这个毛病很忧虑，那么父母应该怎么做呢？

 案例解析

女孩吃饭声音很大，可能有以下几点原因：

1.孩子的性格问题。可能孩子的性格就比较大大咧咧，所以做事情的时候也如此，不去在意这种小的细节。

2.孩子过于以自我为中心。孩子到了这个年龄段就会出现"以自我为中心"的思维模式。做事情的时候总是想着自己，而忽略了别人的感受，不会站在别人的角度去考虑问题，也不会在意别人对自己的看法。

3.父母平日里对孩子的教导不够。平时父母对孩子礼仪礼貌方面的教导不到位，所以孩子并不了解吃饭时的礼仪，也不知道应该如何去做。

 **解决办法**

1. 父母要耐心地对孩子进行教导。父母可以耐心地告诉孩子，吃饭的时候声音大是一种很不文明的行为，这样做会影响他人就餐的情绪，同时也会影响他人对自己的看法。多与孩子沟通几次，孩子自然就会记住。

2. 让孩子学会站在他人的角度去看问题。父母应该教会孩子站在他人的角度去换位思考，让孩子去想一想如果别人在吃饭的时候声音很大的话自己会是什么感觉，孩子明白之后，也就会改掉这个坏毛病了。

3. 父母要及时制止孩子。当父母与孩子一起吃饭的时候，只要孩子一出现这个问题，父母就立刻明确制止。经过几次提醒之后，孩子就会形成条件反射，自然就会改正了。

19. 提高女孩的饮食自控力
——如何改掉女孩暴饮暴食的习惯呢？

赵女士有一个很可爱的女儿叫妞妞，妞妞平时有个坏毛病就是喜欢暴饮暴食。对食物的量没有概念，通常都是吃完正餐又开始吃零食、冰激凌、饮料……几乎每天都是这样，这让赵女士很担心。那么如何改善孩子暴饮暴食呢？

 案例解析

女孩暴饮暴食有以下几点原因：

1. 孩子的自制力差。孩子的年龄比较小，控制能力比较差。一般孩子看到想吃的食物的就会控制不住自己，就会出现暴饮暴食的现象。

2. 父母对孩子过度纵容。生活中父母总是对孩子的要求事事顺从，甚至让孩子在家中为所欲为，当孩子暴饮暴食的时候，父母也不加以制止，仍旧纵容孩子的行为，久而久之，孩子就养成了习惯。

3. 父母对孩子的影响。可能父母就不太注重饮食规律，或者在孩子面前有过暴饮暴食的行为，这种行为对孩子有着潜移默化的影响，于是孩子也会有不健康的饮食习惯。

 解决办法

1. 限制孩子的饮食，制定规划表。孩子的暴饮暴食问题不是一下子就能解决的，它是一个缓慢的过程，不能一蹴而就。父母可以为孩子制定一个科学的饮食时间和每餐用量的规划表格，让孩子根据表格上的标准来执行，并且父母要严格监督，不能宽限。这样不仅能锻炼孩子的毅力，还能解决孩子暴饮暴食的问题。

2. 调节孩子的情绪。很多孩子暴饮暴食的问题并不是因为自己身体有饥饿感，而是情绪上出了问题，所以孩子心理上对食物产生了依赖性。孩子可能试图通过吃东西的方式来寻求安全感，尤其是处于压力过大、焦虑紧张的心理状态下。父母在日常生活中一定要注意观察孩子的情绪变化，积极地帮助孩子消除负面情绪。

3.转移孩子对食物的注意力。父母可以利用假期多带孩子外出旅游，让孩子在大自然中放松身心，多让孩子欣赏风景，多与孩子沟通交流。当孩子把注意力放在欣赏风景和玩乐上的时候，也就不会再去想食物了。同时，沿途要多为孩子准备一些水果和一些帮助消化的食物。

20. 戒掉女孩爱吃生冷辛辣食物的习惯
——女孩贪食生冷辛辣食物怎么办？

孙女士有一个 4 岁的女儿，平日里孩子特别不注意饮食，总是冷的热的一起吃，还特别喜欢吃辣的，冰激凌、辣条都是她的最爱。孙女士怎么劝阻孩子也不理会，甚至还会和孙女士顶嘴。对此，孙女士感到很困惑。那么怎样告诉孩子过多地吃生冷辛辣的食物不好呢？

 案例解析

女孩喜欢吃生冷的东西有以下这几点原因：

1.父母对孩子的影响。父母可能在生活中就很不注意饮食，总是当着孩子的面吃一些生冷或者辛辣的食物，久而久之，孩子就会去模仿父母的饮食习惯，所以也会和父母一样，总是吃一些生冷辛辣的食物。

2.父母对孩子的纵容和宠爱。生活中父母对孩子的零食要求总是过于顺从，孩子想要什么就满足什么，父母只顾着对孩子的宠溺，却不去在意孩子所挑选的零食健康不健康，所以孩子在父母的这种过度宠爱的情况下，就养成了随意吃喝的不良习惯。

3.孩子的认知能力还不到位。孩子的年龄比较小，对事物的认知能力有限，孩子可能并不知道自己喜欢吃的东西都不健康，也不知道自己这样的饮食习惯是不对的。

 解决办法

1.父母要多为孩子准备营养餐。父母在生活中尽量多为孩子准备营养均衡的正餐，减少辛辣的食物，并且要告诉孩子，辛辣和生冷的食物是不健康的膳食，吃久了是会威胁到自身的健康的。告诉孩子不要为了贪图一时的痛快去大量吃辛辣生冷的食物而忽略自己的健康。

2.父母要以身作则。父母要为孩子做好榜样，在日常生活中，父母要管好自己，尽量不要当着孩子的面过多地吃这种辛辣刺激的食物，要经常吃一些水果、蔬菜，为孩子树立起正面的榜样。同时要注意对孩子的教育，父母应该经常对孩子讲一讲吃辛辣生冷食物的坏处，比如，经常吃会刺激肠胃、拉肚子等，让孩子明白哪些食物是对身体有益的，哪些是影响健康的。

3.父母要及时制止。如果父母发现孩子过多地吃生冷辛辣的食物，要及时地制止孩子。必要时可以采取一些小惩罚，比如，没收孩子一周的零食，禁止孩子的娱乐活动等等。

21. 多鼓励，让女孩不惧吃药

——女孩生病却不吃药怎么办？

高女士有一个六岁半的女儿叫贝贝，已经上小学了。前不久，贝贝因为受凉得了重感冒，高女士连忙去药店给孩子买了几种孩子吃的感冒药，但是却遭到了贝贝的拒绝，说什么也不吃。这种情况之前也发生过，贝贝每次生病基本上都拒绝吃药，这种行为让高女士感到很担忧。那么孩子生病却不吃药应该怎么办呢？

 案例解析

女孩生病却不吃药有以下这几点原因：

1. 父母过于强势。可能孩子对于吃药并没有那么怕，但是如果父母表现得非常强势，总是强行让孩子吃药，或者是采取一些粗暴的手段强逼孩子吃药，这样的方式会让孩子觉得吃药更加恐怖。

2. 孩子受到过伤害。可能之前孩子在生病吃药的时候受过伤害，比如因为父母强行喂药使得孩子受到惊吓，或者呛到，这些情况在孩子的心里形成了阴影，对孩子的心灵造成了伤害，使得孩子一旦见到药就会产生畏惧心理。

3. 父母喂药的方式出现了问题。父母可能在给孩子喂药的时候，方式出现了问题，使孩子产生了不适感，当孩子看到药的时候，自然就会产生抗拒的心理，甚至会胆怯躲避。

 解决办法

1. 把药放孩子喜欢的食物里面。如果孩子的年龄比较小，父母可以把药放在孩子喜欢的食物里面，比如：牛奶、燕麦片、土豆泥等，也可以为孩子做一些水果饮品，把药和水果一起放入料理机做成果汁，这样水果的味道覆盖住了药物的味道，孩子就自然能接受，也会乖乖喝下去的。但是父母要多加注意，在把药放在食物里之前，要仔细阅读药物的说明书，看看药物有没有特殊的批注，有的药不能与热水混合，有的药不能和某些东西同时吃，一定要了解清楚了再去做，否则会给孩子带来不良的后果。

2. 多对孩子进行鼓励。当孩子在父母的引导之下把药喝下去的时候，一定要对孩子的勇敢行为进行表扬和奖励，比如，"宝宝真乖，真勇敢""宝宝是最棒的"等等，这样的鼓励会让孩子认为自己长大了，下次如果再生病需要吃药的话就不会去躲避或者害怕了。

3. 在药里面加一些糖。如果孩子吃的是冲饮类的药物，像冲剂或者口服液的话，父母可以在药里面加一些白糖，降低药物的苦味。这样可以让孩子更容易接受药物的味道。如果是固态的药片，可以在孩子吃完之后给孩子一颗糖果，这样可以降低孩子对药物的不适感，也就不会再去排斥吃药了。

Part 3
女孩的起居培养：独立自主，减少依赖

22. 勤加鼓励，逐步提高女孩的自理能力

——女孩依赖父母帮忙穿衣服咋办？

曹女士有一个可爱漂亮的女宝宝，叫洋洋，今年已经五岁半了。曹女士每天早晨都为孩子穿衣服的问题发愁，洋洋总是不愿意自己穿衣服，总是让曹女士帮忙才肯去穿。这个问题让曹女士很是头疼。那么如何应对依赖父母帮忙才穿衣服的孩子呢？

案例解析

女孩依赖父母帮忙才会穿衣服有以下这几点原因：

1. 平日父母对孩子宠溺。平日里父母对孩子过于关切和溺爱，对于孩子的事情总是全程包办，让孩子缺乏了锻炼的机会。时间久了，孩子自然也就会认为帮自己穿衣服应该是父母的事情，就会对父母产生依赖，只有父母帮忙的情况下才肯穿衣服。

2. 孩子的自理能力差。平日里饭来张口，衣来伸手的日子使得孩子缺少锻炼自己能力的机会。父母的宠溺和娇惯导致了孩子自理能力没有发展起来，一些最基本的能力都没有具备，所以很多事情都只有在父母的帮助之下才能完成。

3. 孩子没有责任意识。孩子不明白自己的事情应该自己做的道理，没有责任感，自己的事情总是依赖于别人，这与父母日常对孩子的教育有很大关系。

解决办法

1. 父母不能总是娇惯孩子。父母不要总是去为孩子做一些她们自己能力范围之内的事情，应该多让孩子做一些自己力所能及的家务活，用这种方式来培养孩子的自理能力。父母要让孩子多接触劳动，让孩子在劳动中磨炼吃苦耐劳的精神。最重要的是要学会自己的事情自己去做。比如，平日里可以让孩子自己收拾自己的房间，清洁自己的玩具等，这样不仅让孩子锻炼自理能力，还能培养孩子的劳动精神。

2. 父母要经常去鼓励孩子。当生活中孩子自己提出要自己去做某一件与自己有关的事情的时候，父母一定要鼓励孩子的行为。孩子的自理能力要不断去培养和训练。当孩子自己去

处理自己的事情的时候，内心应该是充满了希望和欣喜的，孩子会想尽一切办法和手段去完成这件事情。这个时候父母千万不要因为心疼孩子或者害怕孩子做不好就去阻拦，这样做不但对孩子没有任何的好处，反而会打击孩子做事情的积极性和自信心。孩子的自信心一旦受挫，就不会再去想做任何事情了。这对孩子的日后发展是没有好处的。

3. 父母要关注孩子。在生活中，父母对孩子的关注千万不能松懈，要始终关注孩子的自理能力，不能半途而废。父母应该经常对孩子讲自理能力的重要性，让孩子在父母的影响之下树立起自己的事情自己做的观念，并且要让孩子始终坚持。父母也要全程监督，父母不能因为孩子刚有一些起色就开始不去关注或者让自己松懈下来，这样孩子的自理能力是不会培养起来的。

23. 让女孩养成叠被子的好习惯
——怎样让女孩养成叠被子的习惯？

刘女士的女儿今年已经6岁了，非常聪明可爱，但是有一个很不好的习惯，就是每天早晨孩子总是不叠被子，每天都是在刘女士的再三提醒之下才会不情愿地去整理。孩子的这个坏习惯让刘女士感到很困扰。那么怎样才能让孩子养成叠被子的好习惯呢？

 案例解析

女孩没有养成叠被子的习惯有以下这几点原因：

1. 孩子从小就没有养成好的生活习惯。可能孩子在很小的时候这个习惯就没有培养起来，通常都是起床之后穿上衣服就离开房间，并没有叠被子的意识，久而久之，就形成了不叠被子的现象。

2. 父母对孩子的教育不到位。父母在生活中没有注重对孩子这方面的教育，使得孩子的脑海中没有要去叠被子的意识。

3. 父母对孩子的宠溺。可能生活中父母总是去帮助孩子完成她们自己分内的事情，致使孩子形成了对父母的依赖性，时间长了，孩子自己能力范围之内的事情也不会去做了。

 解决办法

1. 父母教会孩子如何去叠被子。父母可以利用节假日教孩子怎么去叠被子，一步一步把动作分解，让孩子能更好地记忆和明白，同时边操作边耐心地讲解。父母示范完了以后，可以让孩子尝试着运用刚才学到的方法自己来叠。在孩子叠被子的过程中父母要适当地给予孩子一些指导和鼓励。当孩子得到父母的夸奖和鼓励的时候，会产生成就感。孩子为了追求这种成就感，自然就会主动地去叠被子了。

2. 父母和孩子进行比赛。父母可以提议和孩子进行比赛，每天早晨起床之后开始叠被子比赛，看看谁先把被子叠好。父母可以准备一些小奖品，如糖果、小点心或者是水果等，以奖励的方式来激励孩子。刚开始的时候可能孩子只是为了得到奖励，但是时间久了，孩子就不知不觉地养成了叠被子的好习惯。

3. 培养孩子的劳动能力和动手能力。父母在生活中要注重培养孩子的动手能力，并且要善于利用机会让孩子进行劳动。生活中一些简单的家务活都可以让孩子去做。比如，洗碗、扫地、擦桌子等，在潜移默化中培养孩子的动手能力。父母要本着"自己的事情自己做，不会做的事情学着做"的原则来培养孩子的动手能力，只要事情没有什么危险性和伤害性都可以去让孩子去尝试。同时父母要经常教给孩子一些劳动技巧和技能，也要让孩子有足够的锻炼机会。时间久了，孩子的劳动意识和动手能力增强了，自然就会去主动叠被子了。

24. 尽早戒掉女孩赖床的习惯
——女孩总是赖床怎么办？

徐女士有个女儿叫文文，文文有个很严重的问题，就是赖床。每天早晨徐女士叫很多遍都不愿意起床，甚至有的时候因为赖床导致上幼儿园迟到。对于孩子的这种情况，徐女士很是担心。那么孩子总是赖床应该怎么办呢？

 案例解析

女孩总是赖床有以下这几点原因：

1. 孩子的睡眠不足。孩子可能总是睡得比较晚，造成睡眠不足，所以第二天起不来。

2. 孩子晚上睡得不安稳。可能孩子在睡觉的时候会踢被子或者做噩梦，也有可能是身体不适，所以孩子晚上睡觉总是惊醒，睡眠质量就会下降。

3. 孩子白天午睡过久。孩子可能白天午睡的时间太长，或者午睡的时间过于晚，如果孩子午睡的时间比较晚的话，那么醒来就已经接近傍晚了。这样一来，孩子晚上反而会精力充沛，玩到很晚才睡，第二天就会起不来。总是这样的话就会产生一种恶性循环，就会出现孩子总是赖床的现象。

 解决办法

1. 父母要以身作则。很多父母晚上总是督促孩子早点儿睡觉，甚至会严格地去给孩子规定睡觉的时间，而孩子上床睡觉之后父母却还在看电视或者在忙其他的事情。父母让孩子早睡觉看似是为孩子好，但是其实会对孩子造成不好的影响，孩子会认为父母过于苛刻，甚至会觉得这样对自己不公平。久而久之，孩子就会有样学样。所以父母在生活中应该给孩子树立好的榜样，在孩子睡觉之后父母也要终止一切娱乐活动，和孩子一起休息。

2. 缩短孩子的午睡时间。父母最好能控制一下孩子的午睡时间，尽量缩短，不要让孩子白天睡眠的时间过长，也不要让孩子在下午较晚的时候再睡午觉。如果父母总是让孩子的午觉睡得时间过于长或者睡得太晚，那么孩子一定会在晚上精力充沛，等孩子玩够了、累了去睡觉的时候，第二天一定会赖床。所以父母一定要让孩子注意午睡的时间，如果孩子不想午睡的话也不要强迫她。不要因为午睡的问题而去影响孩子晚上的睡眠质量。

3. 制订作息时间表。父母可以与孩子一起规范作息时间，把每天的时间规划起来，比如几点起床、几点出门、几点睡觉等。并且要监督孩子必须按照作息时间表去做，时间久了，孩子的作息习惯也就养成了。

25. 营造舒适的环境，让女孩轻松入睡
——夜里女孩总是失眠是什么原因？

张女士的女儿田田已经 5 岁了，但是最近张女士发现，孩子在夜里总是失眠。在床上翻来翻去怎么哄都不能入睡。孩子失眠的现象让张女士很是困惑。那么该如何解决孩子的失眠问题呢？

案例解析

女孩失眠有以下这几点原因：

1. 孩子过于兴奋。可能孩子在睡觉之前看的动画片过于刺激，或者做一些过于剧烈的、刺激的活动，使得孩子一直处于极度兴奋的状态，神经紧绷，一直没有放松下来。即使是孩子入睡了，可能睡眠状态也不是很好，总是想着白天的事情，所以还沉浸在白天的兴奋和喜悦之中，就很难再次入睡。

2. 周围环境对孩子的影响。可能孩子上床入睡以后，父母看电视的声音过大，或者是家庭成员之间交流的时候声音过大，影响到了孩子。小孩子就会躺在床上听外界的声音或者对话，即使孩子当时有困意，也会变得兴奋起来。

3. 孩子的自制力太差。孩子的自我控制能力比较差，可能上床之后总是东张西望，烦躁不安，不是下床喝水就是去卫生间。孩子不能控制自己的行为活动，不会规划自己的睡眠时间，导致经常易醒，孩子也会很容易失眠。

解决办法

1. 给孩子创造舒适的睡眠环境。父母可以为孩子的睡眠创造一些条件，比如可以把孩子房间的灯替换成可以调节的带睡眠模式的灯，这样可以防止强光对孩子双眼的刺激。也可以为孩子购买遮光效果比较好的眼罩。带眼罩的目的是防止孩子在上床的时候东张西望，同时对于不能控制自己、不闭眼睡觉的孩子也有很好的效果，不仅方便也使用简单。

2. 晚饭后可以多做运动。晚饭之后父母可以带孩子到户外进行一些简单的运动，比如打羽毛球、跳绳、慢跑或者竞走等，让孩子耗费一些体力和精力，多流一些汗，等到孩子回家之后，就会略微感到疲惫，这样有利于孩子快速进入睡眠状态。通过这种方式，孩子不仅能锻炼身体，还能保证睡眠质量。同时对孩子的身心健康也是有好处的。

3. 让孩子利用自己不感兴趣的活动帮助自己入睡。孩子可能睡眠不是很深，所以总是易

醒，如果孩子醒来以后实在睡不着的话，父母完全不必担心，可以让孩子起来做一些她本身不感兴趣的事情，比如看英文绘本或者听英文歌曲，通常看英文绘本很容易让孩子感到困倦，看一会儿孩子自然就会坚持不住去睡觉了。另外，在睡前可以为孩子准备一杯热牛奶，牛奶不仅有营养，同时也是有助于睡眠的。

26. 要坚决制止女孩光脚走路的坏习惯
——怎样阻止女孩光脚走路？

赵女士的女儿果果今年 6 岁，已经上小学了。生活之中，果果很喜欢光着脚丫在家里跑来跑去，甚至有的时候出门都不愿意穿鞋，还总是说自己喜欢光着脚走路。这一点让赵女士很是困扰。那么孩子总是想光着脚走路，应该怎么去阻止呢？

 案例解析

女孩光着脚走路有以下这几点原因：

1. 孩子的不良习惯。可能孩子从小就不愿意穿鞋走路，或者父母总是纵容孩子在家光着脚，时间长了，孩子习惯了光着脚走来走去，穿上鞋反而觉得不习惯了。

2. 父母对孩子的娇惯。父母对孩子的要求总是顺从，孩子想怎么样就怎么样，想干什么就干什么，孩子说一不二。即使像是光着脚走路这种不好的行为，父母也不加以制止或者劝阻。时间久了，孩子就认为光着脚走路是正常的，也就养成了坏毛病。

3. 孩子过于以自我为中心。孩子到了这个年龄段多少会存在一些小叛逆，做事情总是以自我为中心，孩子总是会认为自己想做什么就做什么。在孩子做一些不正确的行为的时候，父母也没有出面制止，导致孩子一错再错。

 解决办法

1. 父母对孩子的不良行为要明令禁止。生活中，父母要时刻关注孩子的行为，如果遇到孩子光着脚走来走去，父母要对孩子下达明确的指令。比如："你必须把鞋子穿上"。父母的态度一定要严肃，树立起自己的权威，并且要让孩子知道这样做是不对的。

2. 告诉孩子这样做的危害。父母要给孩子耐心地讲解光着脚走路的危害，比如，光着脚在地板上走路会受凉、客人看到光着脚走路会认为孩子很不礼貌、地板上有灰尘会把脚弄脏等。让孩子逐渐地认识到自己的行为给自己带来的危害和对周围人的影响。孩子认识到错误之后，自然就不会再那样做了。

3. 父母要以身作则。在生活中，父母首先要严格地要求自己，并且要以身作则，给孩子做好榜样。父母尽量不要在孩子面前光着脚，外出回来之后要提醒孩子换拖鞋。同时可以带孩子一起去选购自己喜欢的鞋，当孩子选购到了令自己爱不释手的鞋子时，自然就会每天都穿着，也就不会再光着脚走路了。

27. 规律刷牙，保证口腔健康

——女孩拒绝刷牙怎么办?

邵女士有一个可爱的女儿叫芳芳，今年已快7岁了。芳芳活泼可爱，很招人喜欢，但是有一个不太好的习惯，总是不喜欢刷牙。每次邵女士要求芳芳去刷牙的时候，她总是拒绝，甚至有时候还顶撞邵女士。那么，孩子拒绝刷牙到底应该怎么办呢?

 案例解析

女孩拒绝刷牙有以下这几点原因:

1. 父母对孩子的监督不到位。平时父母对孩子的关注比较少，孩子对自己的行为比较松懈，孩子可能认为刷牙比较麻烦，或者本身就对刷牙有抵触情绪，加上父母对孩子的关注不够，时间久了，孩子就把刷牙理解成可做可不做的事情了，甚至彻底拒绝。

2. 父母对孩子的不良影响。可能生活中父母对于自己的要求就不严格，早上总是因为上班赶时间就经常不去刷牙，孩子看到之后就会有样学样。

3. 父母对孩子的教育没有到位。父母可能没有对孩子讲过刷牙的好处和不刷牙的坏处。孩子在这个年龄段对于行为和事物的认知能力都是有限的，父母不去讲的话，孩子就不会明白，这样孩子就会进入刷不刷牙都一样的思维误区。

 解决办法

1. 根据孩子的喜好为孩子准备洗漱用具。父母可以带孩子去购买一套孩子喜欢的洗漱用具，像是卡通人偶的牙刷、毛巾、杯子等。往往孩子喜欢的东西都能激发孩子的兴趣。还可以多给孩子准备几款不同味道和颜色的儿童牙膏，这样可以激发孩子的兴趣，让孩子对刷牙每天都充满新鲜感。

2. 用故事绘本激发孩子对刷牙的兴趣。父母可以去为孩子选购一些有关刷牙的故事绘本，每天给孩子讲一些上面的故事。用故事的方式让孩子明白刷牙的重要性。同时父母可以让孩子以书上的某个人物为榜样，让孩子向书里的人物一样认真刷牙，养成好的卫生习惯。

3. 父母为孩子树立好的榜样。在日常生活中，父母每天都要按时刷牙，同时父母可以经常叫上孩子和自己一起刷牙，让孩子在这种潜移默化中意识到刷牙就像吃饭一样，是生活中必不可少的一件事情。久而久之，孩子自然就会养成早晚刷牙的习惯了。

28. 养成女孩饭前便后洗手的习惯

——女孩饭前便后不爱洗手怎么办？

刘女士有一个 4 岁的女儿叫桃桃。最近刘女士发现孩子有一个很不好的习惯，就是饭前便后总是忘记洗手。通常都是玩完玩具之后不洗手就上饭桌，或者上完卫生间之后不洗手就去拿水果吃。孩子的做法让刘女士很担心。那么应该如何养成孩子饭前便后洗手的习惯呢？

 案例解析

女孩没有养成饭前便后洗手的习惯，有以下这几点原因：

1. 孩子的卫生意识没有培养起来。可能生活中父母很少关注孩子的卫生习惯，也没有及时地指出孩子不洗手的问题。在这种父母对孩子的一再放纵之下，孩子自然就不会去洗手了。

2. 父母对孩子的影响。可能生活中父母对卫生就不是很在意，经常在孩子面前不洗手就吃饭，或者从卫生间出来不洗手就去做别的事情，孩子看到了之后，就会认为自己也可以这样做，于是就养成了不洗手的坏毛病。

3. 父母对孩子的教育不到位。在生活中，父母对孩子的卫生意识的培养不到位。父母可能很少对孩子讲卫生知识，导致孩子脑海中没有对于卫生习惯的意识，也就不会在意洗手的问题。

 解决办法

1. 多为孩子准备造型新颖的肥皂或者洗手液。父母可以给孩子买一些卡通造型的香皂，或者是卡通图案的洗手液，让孩子拿在手里玩，引导孩子尝试着拿着它们去洗手，时间久了，孩子就会爱上洗手。

2. 用玩具来吸引孩子洗手。父母可以用一些新颖的玩具来增加孩子去洗手的兴趣。比如可以给孩子买一些会喷水的小船或者是小鸭子的玩偶，在孩子洗手的时候把玩具一同放进水盆里，让孩子边玩边洗。孩子的兴趣一旦激发起来，洗手也就不成问题了。

3. 父母要告诉孩子洗手的重要性。日常生活中，父母要经常为孩子讲一些不洗手的危害，告诉孩子不洗手的话手上会沾上细菌，如果再去抓东西吃会把细菌一起吃下去，就会肚子痛，甚至肚子里还会长蛔虫等。当孩子了解可怕的后果之后，自然就会去乖乖洗手了。

29. 制订作息表，让女孩按时睡觉

——女孩总是不能按时睡觉怎么办？

张女士有一个聪明可爱的女儿叫小雪。小雪已经是一名小学生了，各方面都表现得很好，

就是有一点很让张女士头疼，孩子总是不按时睡觉。比如，通常孩子做完功课就已经将近 9 点了，洗漱完毕就应该上床睡觉，但是小雪却总是找各种借口晚睡觉。孩子的这种做法让张女士感到很担忧。那么孩子总是不能按时睡觉应该怎么办呢？

 案例解析

女孩不能按时睡觉有以下这几点原因：

1. 外界环境对孩子的影响。孩子在睡觉的时候，没有给孩子营造一个好的休息环境。可能家庭成员之间的交流声音比较大，使得孩子变得很兴奋，想知道大家在说什么，所以不想按时睡觉。

2. 孩子的作息时间比较混乱。孩子的生活没有形成规律，平日里就总是熬夜看动画片，或者总是玩，而不去在意时间。因为玩乐的时间过长，所以总是导致睡觉的时间往后推迟，时间久了，孩子就不能按时睡觉了。

3. 孩子的自我控制能力比较差。在生活中，孩子可能不能控制自己的行为，晚上洗漱完上床之后，总是想玩玩具或者想看动画片，甚至吃东西。于是看会儿电视，吃个水果，结果因为这些事情使得睡觉时间错后，造成了孩子晚睡的现象。

 解决办法

1. 让孩子的心情平静下来。父母尽量让孩子在睡觉之前保持平静的心情，不去看一些刺激性的动画片。看动画片孩子容易激动和兴奋，孩子一兴奋就很难入睡。同时，父母可以给孩子讲一些温馨的小故事，尽量是比较平和的故事。不要用刺激的情节去影响孩子的心情，否则孩子就更难入睡了。

2. 尽量减少孩子的午睡时间。孩子到了中午都会午睡，父母要让孩子形成良好的睡眠规律，尽量减少孩子的午睡时间，如果孩子不需要午睡的话，可以带孩子去做一些户外活动，不爱运动的孩子就不容易入睡。父母可以让孩子多与大自然进行接触，放松心情，孩子的心情放松之后，晚上就会很容易入睡。

3. 父母要关注孩子的身心健康。父母要时刻关注孩子的情绪，如果孩子的情绪出现了什么问题的话要及时帮助孩子解决。同时生活中也要及时了解孩子的需求。更重要的是要帮助孩子养成良好的睡眠习惯，排解孩子的不良情绪，让孩子按时睡觉的同时也能有一个好的睡眠质量。

30. 循序渐进培养女孩独自睡觉的习惯
——如何培养女孩独自睡觉的习惯？

刘女士有一个可爱的女儿叫影影。影影平时做事都比较乖巧聪明，但是有一点让刘女士很烦恼，就是影影晚上总是不能独自睡觉，每次睡觉的时候都需要刘女士在身边讲故事或者安抚轻拍才能睡觉，孩子的这个坏习惯让刘女士很无奈。那么应该怎么去培养孩子独自睡觉的习惯呢？

 案例解析

女孩不能独立睡觉有以下这几点原因：

1. 孩子没有安全感。孩子可能经常受到噩梦的困扰或者被惊醒。所以孩子想通过父母陪伴入睡的方式来寻求安全感。如果父母不陪伴的话，孩子就会产生恐惧心理，所以无法独自入睡。

2. 孩子从小就养成了父母陪伴入睡的习惯。可能父母在孩子很小的时候就经常用安抚或者轻拍的方式哄孩子入睡，久而久之，孩子就习惯了这种入睡方式。如果父母不陪伴的话孩子会不习惯，从而不能独自睡觉。

3. 周围环境对孩子的影响。孩子的年龄比较小，晚上一个人睡觉的时候会对黑暗产生恐惧感。这时候，父母可以为孩子买一个具有安睡功能的小夜灯，让周围的环境有些光亮，灯的形状可以是孩子喜欢的一些卡通形象。这样，不仅能让孩子能独自入睡，还能让周围有些光亮，方便孩子夜间下床。

 解决办法

1. 给孩子营造一个舒适的睡眠环境。父母可以把孩子的房间布置得有些童趣感。同时也要注重孩子睡床的舒适度。女孩子都喜欢毛绒玩具或者是芭比娃娃，父母可以在孩子的卧室多放一些孩子喜欢的娃娃。房间的墙壁上也可以多布置一些女孩子喜欢的公主贴纸，这样孩子喜欢自己卧室的环境，再加上周围都是自己熟悉的事物，孩子自然就能独立入睡了。

2. 父母要给孩子一个适应的过程。开始的时候父母可让孩子与自己在同一个房间里入睡，逐渐地把孩子的床挪得离自己远一些，时间久了等孩子逐渐地适应之后，就可以让孩子去自己的卧室尝试着独自睡觉了。

31. 逐渐引导，让女孩爱上女装
——女孩喜欢穿男孩的衣服怎么办？

赵女士有一个特别漂亮的女儿叫爱爱。在生活中，爱爱似乎只对男孩子的衣服情有独钟。前不久赵女士给爱爱买了一条粉红色的公主裙，但是爱爱却说什么也不肯穿，非要穿男孩子穿的运动服。孩子的这个喜好让赵女士很是困惑。那么应该如何戒掉孩子喜欢穿男孩衣服的毛病呢？

 案例解析

女孩喜欢穿男孩的衣服有以下这几点原因：

1.孩子的英雄情结。可能在生活中孩子经常看超级英雄一类的电影，孩子对电影中的男主人公心生敬佩，觉得当超级英雄很酷，所以因为偶像崇拜，总是喜欢穿男孩子的衣服。

2.父母的因素。可能孩子在很小的时候父母总是给孩子买一些比较偏男孩子的衣服，导致孩子长大之后对男装比较感兴趣，而不喜欢女孩的衣服；或者是小时候穿男装久了，长大了穿女装反而会觉得不习惯。

3.孩子自身的性格问题。孩子本身的性格可能比较像男孩，像"女汉子"一样做事总是大大咧咧，再加上可能生活中总是喜欢和男孩一起玩乐，时间久了，孩子就觉得自己像个小男孩一样，所以喜欢上了穿男孩的衣服。

 解决办法

1.父母要对孩子进行引导。孩子的年龄比较小，可能还不能辨别男孩和女孩的区别。这时候父母就要及时地对孩子进行正确的引导。比如，可以从衣着外表上开始培养和挖掘孩子身上女孩子的特质，教育孩子打扮自己，可以为孩子梳辫子，买漂亮的裙子和配饰等。同时教会孩子欣赏自己，孩子看到打扮之后的自己是漂亮的，那么自然就会注重去打扮了。告诉她天生爱漂亮是女孩子的特质，女孩子和男孩子是有区别的。

2.父母多为孩子灌输一些女性美的东西。孩子的年龄不断增长，身体难免也会发生一些生理上的变化，孩子可能试图想用男装来掩盖自己身体的变化。这个时候，父母要及时地告诉孩子，身体的变化是正常的现象，有了这些身体上的变化才会出现少女线条，男孩和女孩的区别也会慢慢地显现出来。要让孩子正视这些变化，同时也要及时疏导孩子的不良情绪。

3.父母要及时了解孩子的想法。在生活中，父母要经常与孩子进行沟通和交流，要了解孩子内心需求，并且要了解孩子喜欢穿男孩衣服的原因。如果孩子是因为受到伤害或者是其他心理问题导致喜欢穿男装，父母要及时对孩子的负面情绪进行疏导，让孩子健康快乐地成长。

32.尽早教会女孩梳头这一基本技能
——女孩不会自己梳头怎么办？

刘女士的女儿叫辰辰，已经6岁了，现在上小学。虽然已经是小学生了，但是辰辰不会自己梳头，每天刘女士都要亲自给她编辫子，这让刘女士感到非常担心。那么孩子不会自己梳头应该怎么解决呢？

 案例解析

女孩不会自己梳头有以下这几点原因：

1.父母对孩子的宠溺。如今每个家庭都拿女儿当作掌上明珠，视若珍宝。孩子的所有事情几乎都由父母去代劳，久而久之，孩子得不到锻炼的机会，动手能力就会逐渐下降，自然就不会自己梳头了。

2. 孩子没有独立意识。孩子的认知能力有限，脑海中还没有独立意识，或者是平日里对父母过度依赖，遇到事情总是向父母求助，时间长了，就会形成一种习惯，就是所有的事情都等着父母为自己做，孩子没有自己的事情自己做的意识。

3. 孩子的能力有限。孩子可能不是不想去梳头，而是不会梳。父母可能没有教过孩子这方面的技巧，以致孩子没有掌握梳头的方法和技巧。

 解决办法

1. 父母要教会孩子梳头。父母可以利用休息日，教孩子梳头。可以先从分解步骤开始，从最简单的样式梳起。同时父母也要耐心地讲解，讲解完之后就要让孩子积极地去尝试。刚开始的时候孩子可能梳得并不是很好，父母要多对孩子进行鼓励，告诉孩子多练习就一定可以梳得很棒，让孩子增加自信心。孩子的自信心树立起来就会很愿意自己去试着梳头了。

2. 吸引孩子的注意力。刚开始的时候可能孩子并不愿意去学习怎样梳头，这个时候，父母可以给孩子买一些漂亮的小发圈或者发卡，以此来激发孩子学习梳头的兴趣。

3. 父母可以和孩子比赛。每天早上起来妈妈可以带着孩子一起梳头，进行一场小小的竞赛。妈妈可以和孩子比一比谁的头发梳得又快又好，胜出的一方可以相应给一些小奖励。用这种方式来培养孩子对梳头的兴趣。

Part 4
女孩的礼仪培养：淑女的培养从小做起

33. 学会待客之道，做好小主人
——怎么培养女孩的待客之道？

王女士有一个女儿叫彩彩，前不久，王女士的朋友来家中做客，于是想让女儿招待一下客人。没想到女儿只是和客人一起坐在沙发上，并不知道要去给客人拿水果、端茶，这使得王女士很是困惑。那么怎么去培养孩子的待客之道呢？

 案例解析

女孩不懂得待客之道有以下这几点原因：

1. 对孩子的礼仪培养没有到位。在生活中可能父母很少给孩子传递礼仪方面的知识，孩子对于这方面没有过多的了解，所以不知道应该怎么去做。

2. 孩子没有接待过客人。可能在生活中孩子并没有去招待客人的机会，突然让她去接待，孩子一时乱了阵脚，不知道该怎么去做，怕事情做不好，所以选择坐在原地不动。

3. 孩子的自卑心理。孩子并不是不懂得要去招待客人，而是孩子比较自卑，认为自己什么事情都做不好。孩子出于"不想惹麻烦"所以才不去行动的。

 解决办法

1. 让孩子学会与人分享。有的孩子总是不愿意与人分享自己的东西，比如一看到客人带着小朋友来就把自己的玩具和零食都藏起来。父母要告诉孩子这种行为是错误的。父母应该告诉孩子，如果家里来了客人或者是小朋友和客人一起来，就要用正确的方法来招待他们。比如，要把自己的玩具和零食拿出来与小朋友一起玩，给客人拿水果、端茶倒水等。这样的做法才是礼貌的行为，并且可以给客人留下好印象。

2. 让孩子做好小主人。如果家里来了客人，父母在忙其他的事情照顾不过来的时候，父母可以让孩子来当小主人。这时候，孩子就要招呼客人坐下，同时要陪客人说说话，也可以为客人表演自己新学的舞蹈或者歌曲等。父母要告诉孩子大方待客，不要一见到陌生人就躲在自己的房间不出来，这样的行为会让客人感到很不舒服。

3.教会孩子热情待客，控制好自己的情绪。客人做客的时候因为对孩子不太了解，难免会出现说错话的情况。这时候，父母应该教会孩子控制自己的情绪，学会宽容他人。同时要让孩子以热情的态度对待客人。

34.礼貌用语让女孩更懂礼貌
——怎样让女孩习惯礼貌用语？

张女士有个女儿叫丹丹，生活中，丹丹总是不知道对他人使用礼貌语言。比如，当小伙伴给她零食的时候，丹丹不会对人说谢谢，也很少对别人说"你好""再见"等礼貌性的语言，这让张女士感到很困惑。那么孩子不会使用礼貌用语应该怎么办呢？

 案例解析

女孩不习惯用礼貌用语有以下这几点原因：

1.父母忽视对孩子文明道德方面的教导。父母在生活中可能过于关注孩子的学习，从而忽略了对孩子道德文明的教导。所以孩子并没有文明礼貌的概念，对于礼貌用语的认识也比较陌生。

2.周围环境对孩子的影响。可能在生活中，父母在与其他家庭成员交流的时候就不太注重使用文明用语，所以孩子就会模仿父母，有样学样，父母不用文明用语，孩子自然也没有说礼貌用语的意识。

3.父母没有及时提醒孩子。当孩子在生活中与小朋友进行互动的时候，父母没有及时去提醒孩子礼貌用语，孩子经常不接触礼貌用语，所以习惯就没有养成。

 解决办法

1.父母要给孩子做个好示范。首先父母要特别注重自己的言行举止和道德文明，给孩子树立一个好的榜样。比如父母带孩子在小区里遇到邻居小朋友，父母可以先向小朋友打招呼，这时候，孩子看到父母与小朋友打招呼，自己也会去主动打招呼，时间久了，孩子就会养成见到熟人主动问好的习惯。

2.父母要给孩子创造一个良好的环境。在日常生活中，父母与其他家庭成员间互相交流的时候，要经常使用文明用语，如"请""抱歉""对不起""你好"等。让孩子每天生活在这种文明礼貌的环境中，孩子就会受到潜移默化的影响，久而久之，自然就会主动对他人使用文明语言了。

3.要积极纠正孩子的做法。父母在生活中如果看到孩子礼貌对待他人，要及时地对孩子进行表扬。同时，如果看到孩子不礼貌的行为，也要立即制止，并且告诉孩子正确的做法。这样可以让孩子做得更好。及时的鼓励还可以让孩子树立自信心。

35. 争做懂分享的女孩

—— 如何让女孩懂得分享的好处？

张女士有一个女儿叫兰兰，今年已经 5 岁了，前不久张女士带着兰兰去公园玩沙土，兰兰玩的时候有一个小朋友走过来想和兰兰一起玩，但是她没有带工具。这时候张女士想引导女儿将自己的工具分给小朋友一些，与小朋友一起玩，没想到遭到了兰兰的拒绝，甚至发脾气，这让张女士很困惑。孩子不懂得分享应该怎么办呢？

 案例解析

女孩不懂得分享有以下这几点原因：

1. 孩子过于以自我为中心。这个年龄段的孩子容易形成"唯我独尊"的思想，孩子认为自己是世界的中心，身边的人都要围着自己转，不会替别人着想，也从不站在他人的角度上去思考问题。这种以自我为中心的思想导致孩子不愿意与人分享。

2. 孩子的物权意识比较强。兰兰今年 5 岁，正处于物权意识比较敏感的时期，这个阶段的孩子总是喜欢把自己的东西看得很紧，总是害怕自己的东西被别人拿走。这种物权意识使得孩子不愿意与人分享。

3. 日常生活经验少，分享的意识不到位。生活中可能父母很少引导孩子去和小伙伴分享，或者孩子很少有和小伙伴接触的机会，这种情况导致孩子缺乏社交经验，孩子根本就没有要与人分享的意识。

 解决办法

1. 做分享游戏，体验分享快乐。生活中父母可以与孩子做一些分享的游戏，让孩子体会与人分享的快乐。父母可以自己拿出两三样东西交给孩子，比如妈妈的手表、爸爸的领带、钥匙扣等。并且告诉孩子："这些都是爸爸妈妈最喜欢的东西，现在把它们交给你，因为爸爸妈妈想和你一起分享喜欢的东西，那么你能不能把你喜欢的东西也与我们分享呢？"让孩子从行动中明白分享是快乐的。父母可以一有空闲就与孩子做类似的游戏，玩的次数多了，孩子的分享意识自然就培养起来了。

2. 与小伙伴举行交换玩具的活动。父母可以联系几个与孩子关系比较好的孩子的父母，与他们一起为孩子策划一场玩具交换活动。让每个小朋友带一两个喜欢的玩具，并且与其他小朋友交换着玩。通过这样的方式，不仅让小伙伴们增进感情，同时也能让孩子在活动中体会与他人分享的快乐，对孩子以后的社交也有很大帮助。

3. 主动创造锻炼孩子分享的机会。父母带孩子出去买东西的时候，可以让孩子也为其他家庭成员选购一些物品。这就要求孩子在了解自己和父母的喜好的同时，也要了解家中爷爷、奶奶或者姥姥、姥爷的喜好和口味。当选购完毕回到家中的时候，要让孩子把选购的食品分给大家。父母要观察孩子是否将食品分配得合理。同时生活中要让孩子养成与大家一起分享食物的好习惯。

36. 建立道德意识，让女孩懂得道歉
——错了不向别人道歉怎么办?

张女士有一个四岁半的女儿。前不久，张女士带孩子去同事家做客，孩子在屋子里走来走去，不小心把茶几上的杯子撞到地上摔碎了。这时候，张女士要求女儿向朋友道歉，但是她却说："不是我的错，我不是故意的。"张女士对孩子的行为很生气。那么孩子做错了事却不懂得道歉应该怎么办呢?

 案例解析

女孩做错了事情不向别人道歉有以下这几点原因:

1. 孩子并不认为自己做错了。因为孩子的年龄比较小，认知能力有限，生理机能的发育和心理发展还不够成熟。所以有些时候孩子并不认为是自己的错，所以也就不会去道歉。

2. 孩子的道德意识没有建立完善。孩子的年龄有限，对于自己犯的错误难免会存在一些畏惧的心理，孩子并不是成心不认错。孩子不认错就已经说明孩子知道自己错了。但是这需要父母的引导，如果父母不去引导的话，孩子是很难从主观上主动承认错误的。

3. 父母对孩子的管教过于严格。可能生活中父母对孩子的管教过于严格，一旦孩子犯下一点小错误就会对孩子训斥，甚至打骂。孩子出于畏惧心理，想到后果可怕，对父母的行为产生抗拒，所以不去主动承认错误。

 解决办法

1. 父母要告诉孩子如何去做。孩子的年龄比较小，在做错事情的时候可能不知道要怎么办。这时候父母就要明确地告诉孩子应该要去怎么解决。比如孩子打破水杯，要告诉孩子这是自己犯下的错误就要自己承担，要勇于面对自己的错误，并且要鼓励孩子去向他人道歉。

2. 帮助孩子承认错误。对于做错了事情而不道歉的孩子，父母要教会孩子如何去承认错误。父母首先要让孩子正视自己的错误，并且要让孩子及时地道歉。父母要坚定自己的立场，不能帮孩子找借口，以免让孩子形成错误的是非观。

3. 父母要宽容孩子。当孩子犯错误的时候，父母不要对孩子训斥或者指责，以免对使孩子的自尊心受挫。父母应宽容孩子的过错，并且适当地对孩子进行安慰，告诉孩子犯错误并不可怕，知错就改才是好宝宝。同时要告诉孩子，父母不会因为孩子犯错误就减少对她们的爱。

37.训练女孩倾听的能力
——如何培养女孩倾听的好习惯？

赵女士有一个可爱的女儿叫朵朵。朵朵今年已经5岁了，在生活中是个乐观开朗的孩子，但是她有一个毛病，就是不懂得倾听。每次赵女士对孩子说一些什么的时候，朵朵总是不愿意去听，甚至总是试图打断赵女士的话，不是跑来跑去就是摆弄手里的东西，孩子的这个行为让赵女士很担心，孩子不懂得倾听到底应该怎么办呢？

 案例解析

女孩不懂得倾听有以下这几点原因：

1.孩子的注意力不容易集中。孩子的年龄比较小，朵朵才5岁，还没有养成认真倾听别人说话的习惯，别人说话的时候她总是不专心听，没有持久性，甚至根本就不会去听。

2.父母没有及时纠正孩子的错误行为。可能生活中父母对孩子过于宠溺，孩子通常想干什么就干什么，想怎样就怎样，说一不二，父母也没有特意去纠正孩子的这个不好的行为，觉得孩子还小不用承担这么大的压力。

3.父母对孩子的宠溺。现在孩子对于家庭来说，就是家里的"小公主""小太阳"。生活中孩子的行为或者言行举止有不对的地方，父母也不舍得去批评，孩子不去倾听，父母也不去告诉孩子应该怎么做才是对的。久而久之，孩子就养成了坏习惯。

 解决办法

1.训练孩子善于"听"的能力。生活中父母可以多给孩子买一些故事绘本，每天读给孩子听。孩子听故事的时候，父母要让孩子做到认真仔细，放下手里的一切东西，两只眼睛要看着父母，坐直。这样做的原因是训练孩子的注意力，使孩子不受外界的影响。

2.让孩子带着问题去倾听。父母在睡前给孩子讲故事的时候，可以根据要讲的故事内容给孩子提一个小问题。让孩子带着这个小问题去听故事，这样可以激发孩子对于"听"的积极性。当孩子回答问题对了的时候，可以适当地给孩子一些奖励，比如奖励孩子一个棒棒糖，或者一个小玩具等，久而久之，孩子就会养成认真倾听的好习惯。

3.激发孩子的兴趣。在生活中，父母要有意识地激发孩子听人讲话的兴趣，父母可以经常给孩子讲一些有意思的小笑话，可以每天给孩子讲一小部分，这样孩子就会总是想知道之后的内容是什么，孩子的这种好奇心理会让孩子逐渐地对父母讲的笑话感兴趣，时间久了，孩子倾听别人说话的习惯自然就会养成了。

38. 父母及时示范让女孩掌握餐桌礼仪

——怎样教女孩餐桌礼仪？

孙女士的女儿嘉嘉今年五岁半。生活中，嘉嘉总是不注重餐桌礼仪，比如，父母每次叫大家吃饭的时候，嘉嘉都不顾及他人，总是自己先到座位上第一个动筷子。吃菜的时候也不懂得谦让，老是选自己喜欢的菜去吃，不喜欢的就置之不理。孩子的这种做法令孙女士很担心。那么孩子的餐桌礼仪应该怎么去培养呢？

 案例解析

女孩不懂得餐桌礼仪有以下这几点原因：

1. 父母对孩子的宠溺。很多父母都把自己的孩子视若珍宝，于是很多事情都由着孩子的性子去做，孩子高兴怎样就怎样，吃饭的时候孩子喜欢吃什么就吃什么，甚至所有家庭成员都先伺候完孩子吃饭，孩子吃好最重要。久而久之，孩子就会肆无忌惮，无所顾虑，把餐桌礼仪抛之脑后。

2. 父母对孩子的不良行为没有及时制止。在吃饭的时候，父母看到孩子挑食或者是不谦让长辈的行为之后，没有当时立即制止，而是放纵孩子或者并没有想到事情的严重性。孩子在父母的这种放纵之下就会变本加厉，时间久了，孩子就会觉得"唯我独尊"，认为自己是世界的中心，心中只想着自己，自然也就不会去在乎餐桌礼仪了。

3. 孩子的认知能力有限。孩子的年龄较小，对于礼仪的认识还不是很到位，孩子可能并不知道什么是餐桌礼仪，也并不知道应该如何去做。

 解决办法

1. 父母要给孩子做示范。在生活中，父母要给孩子做正确的示范，比如在用餐前，父母要请长辈先入座，然后要给长辈盛饭。同时父母要告诉孩子，要等长辈先动筷子之后晚辈才能用餐。用餐的过程中要多让着长辈，并且要积极地给长辈夹菜。这些礼仪对孩子讲完之后要让孩子多加练习，父母也可以利用带孩子去饭店就餐的机会来锻炼孩子的餐桌礼仪，让孩子尽量掌握。

2. 避免在菜盘中翻来翻去。父母要告诉孩子不能总是用筷子在盘子里翻来翻去，更不要自己喜欢的菜就自己"霸占"，要为他人着想。同时告诉孩子不能把自己不喜欢的菜留给别人，即使不喜欢，出于礼貌也要象征性地吃一些。否则会让他人觉得很没礼貌，而且显得很自私。

3. 让孩子学习餐桌礼仪。父母可以为孩子买一些与餐桌礼仪有关的教育光盘或者是故事书，让孩子多多学习，使她们对于餐桌礼仪有更深一层的了解。同时在生活中父母要看到孩子在礼仪方面的进步，要及时地给予孩子表扬和称赞，让孩子有坚持下去的动力。父母切忌在餐桌上当着大家的面去指责孩子，这样容易伤害孩子的自尊心，给孩子带来不好的影响。

39.乱翻东西的习惯要制止
——女孩喜欢乱翻别人东西怎么办？

毛女士的女儿琳琳今年已经上了小学。前不久毛女士带着琳琳去朋友家做客，与客人攀谈一会儿之后，毛女士发现琳琳正在翻看朋友放在桌子上的本子和钱夹。这让毛女士感到很尴尬。那么孩子总是乱翻别人东西应该怎么办呢？

 案例解析

女孩总是乱翻别人东西有以下这几点原因：

1.孩子的好奇心作祟。这个阶段的孩子好奇心比较重，她们随意翻看别人的东西是想要满足自己强烈的好奇心，当孩子设法去看别人的东西时，孩子的内心就会产生一种满足感。

2.父母的纵容。可能日常生活中，父母就纵容孩子的这种行为，看到了孩子在翻看其他家庭成员东西的时候，也不加以制止和阻拦，这种对孩子的放纵使得孩子养成了乱翻别人东西的坏毛病。

3.周围环境对孩子的影响。可能在日常生活中，父母就总是爱翻看家里其他家庭成员的东西，让孩子看到之后，孩子就会去模仿父母的行为，在不知不觉中，孩子就养成了习惯。

 解决办法

1.父母要对孩子的行为及时制止。这个年龄的孩子有强烈的好奇心和探索欲。在孩子随父母去做客的时候，孩子很难控制自己的行为，这个时候就需要父母利用自己的权威来威慑孩子，让孩子及时地改正错误，打消翻看别人东西的念头。

2.父母要问清孩子的目的。如果父母发现孩子翻别人东西的时候，要先制止孩子的行为，然后耐心地询问孩子这么做是出于什么目的，是想拥有这件东西，还是出于孩子本能的好奇。如果孩子是想要这件东西，父母可以带孩子去购买类似的物品，并且要告诉孩子，随意翻看别人的东西是不对的。同时父母也要随时了解孩子的需求，适当地对孩子的需求进行满足。

3.父母对孩子进行正确的引导。父母要告诉孩子物品所有权的概念，并且让孩子分清楚哪些是自己的东西，哪些是别人的东西，要告诉孩子乱翻别人的东西是不礼貌的行为。让孩子想一下如果自己的东西被别人翻看是什么样的感觉，孩子认识到自己的错误之后，自然就会改正，就不会再乱翻别人的东西了。

40. 乱扔垃圾的毛病要及时纠正

——女孩总是乱扔垃圾怎么办？

孙女士的女儿倩倩有一个很不好的习惯，外出的时候总是乱丢垃圾。吃完的零食包装随手就丢在地上，饮料瓶到处乱扔。孩子的这个现象让孙女士感到很困惑。那么孩子总是乱丢垃圾应该怎么办呢？

 案例解析

女孩总是乱丢垃圾有以下这几点原因：

1. 父母对孩子的不良影响。可能在生活中父母总是当着孩子的面乱丢垃圾，或者把垃圾扔得到处都是。孩子看到了之后也会这么做，时间长了就养成了乱丢垃圾的坏习惯。

2. 父母没有及时纠正孩子的错误。当孩子一开始乱丢垃圾的时候，父母对孩子的行为没有及时更正，导致孩子并不认为自己的行为是错的。

3. 孩子没有卫生意识。孩子没有良好的卫生习惯，可能孩子在家中就总是乱丢果皮纸屑，到了户外之后也同样随意丢弃，并没有垃圾要丢进垃圾桶的意识。

 解决办法

1. 多对孩子进行道德教育。生活中父母可以多给孩子讲一些道德的小故事，或者给孩子买一些教育光碟给孩子看。电视上也有许多这方面的公益广告，可以让孩子多体会广告的内容。这样不仅可以让孩子规范自己的行为，还能让孩子懂得道德的重要性。同时父母要时刻对孩子强调道德标准，让孩子养成好的行为习惯。

2. 让孩子参与劳动。在生活中父母可以让孩子与自己一同清理家中的垃圾，在清理的过程中让孩子明白清洁垃圾是很辛苦的一件事情，让孩子产生同理心，如果自己总是把垃圾丢在地上，那么环卫工人清理起来同样辛苦。当孩子切身感受到的时候，就不会再随手乱丢了。

3. 父母要以身作则。身教大于言传。在生活中，父母首先要先规范自己的行为。吃完零食的包装以及果皮纸屑等垃圾要丢进垃圾桶，并且要养成好的卫生习惯，定期对垃圾桶进行清洁和更换。在这种潜移默化中来影响孩子，让孩子养成良好的卫生习惯。孩子的卫生意识提升之后，自然就不会再随手乱丢垃圾了。

41. 让女孩学会正确的握手方式

——女孩不会握手怎么办?

高女士的女儿优优已经五岁半了，前不久高女士在带女儿参加聚会的时候发现了一个问题，优优不会握手。聚会上有陌生的小朋友走过来想和优优示好，于是小朋友礼貌地伸出了手想与优优握手，但是优优表现得很紧张，不知道该怎么样去做，弄得双方都很尴尬。高女士为此感到很担忧。那么孩子不会握手应该怎么办呢?

 案例解析

女孩不会握手有以下这几点原因:

1. 孩子平时很少与人接触。因为孩子在生活中可能很少与陌生人接触，所以很少有与人握手和互动的机会。

2. 父母对孩子的礼仪方面的教育还不够。父母可能没有教过孩子握手礼仪，孩子没有这方面的认识。

 解决办法

1. 给孩子做示范。父母可以平时在家中和其他家庭成员之间握手给孩子做示范。要耐心地给孩子讲一些要领，然后告诉孩子基本的动作。父母示范完之后，可以配合孩子一起练习，让孩子在练习中掌握握手礼仪。

2. 多给孩子制造社交机会。生活中父母要多带孩子参加社交活动，多给孩子制造一些与外界接触的机会。同时可以引导孩子主动与小伙伴握手、打招呼、问好。这样不仅锻炼孩子的社交能力，同时还可以练习巩固孩子的社交礼仪，对孩子的日后发展是有很大益处的。

3. 让孩子学会尊重他人。在生活中，父母要让孩子懂得尊重他人的重要性，并且要告诉孩子，握手也是尊重他人的一种表达方式。让孩子明白，当孩子与小伙伴握手的时候，不只是打招呼，还是向小伙伴传达尊重的一种方式。

42. 女孩接、递物品体现礼仪

——女孩传递物品很随意怎么办?

吴女士的女儿梦梦已经6岁了，在生活中，吴女士发现女儿在和他人传递物品时的方法有些问题。比如，吴女士在做家务的时候想让梦梦帮忙拿个抹布，结果梦梦一下子就把抹布扔了过去，差点儿把吴女士的衣服弄脏。接他人的东西也是一样随意。梦梦的行为让吴女士感到很困惑。那么梦梦的问题应该如何解决呢?

案例解析

女孩不懂得接递物品的方式有以下这几点原因：

1.孩子的性格问题。可能梦梦的个性比较开朗，做事情总是大大咧咧不拘小节，所以干什么都很随意，并不注重细节，凡事只要达到目的就好。

2.对孩子的教育有欠缺的地方。可能父母在与孩子传递物品的时候忽视了对孩子的教育，孩子没有及时地掌握正确的方式。

3.父母平日对孩子的娇惯。在生活中父母总是对孩子事事顺从，而且孩子大部分的事情都被父母包办，久而久之，孩子的能力总是得不到锻炼，使得孩子很多事情都不会做。

解决办法

1.父母首先要以身作则。父母在家中要经常给孩子做示范，告诉孩子在与他人接递的互动中，要双手与对方传递物品，这样才是尊重他人的做法。同时要让孩子学会礼貌用语，当从别人手里接到物品的时候，要对他人说"谢谢"。

2.父母要及时指出孩子的错误。在生活中，当父母与孩子传递物品的时候，孩子出现类似于抢夺或者乱扔的行为的时候，父母要及时地指正孩子的行为。父母要明确地告诉孩子她的行为是错误的，并且父母要示范给孩子看。让孩子明白应该怎么去做，并且让孩子多重复做几遍，以加深孩子的印象。

3.让孩子多多学习。父母可以给孩子多买一些与日常礼仪方面的故事绘本，让孩子在故事中学会待人接物的方式方法，养成良好的习惯。同时父母可以让孩子在生活中多加练习，多给孩子创造一些与他人传递物品的机会，并且对孩子的行为进行监督。

43. 坚定立场，戒掉女孩打人的习惯

——怎样根治女孩打人的习惯？

周女士的女儿梅梅今年 4 岁，梅梅有个不好的习惯，就是一言不合就会动手打人。周女士批评她的错误或者纠正她一些错误的行为时，梅梅就会对周女士"大打出手"，有时候在幼儿园对小朋友也是如此。孩子的这种行为让周女士感到很烦恼。那么应该如何纠正孩子打人的习惯呢？

案例解析

女孩打人有以下这几点原因：

1.孩子用打人的方法来引起父母的注意。孩子的年龄比较小，语言表达能力有限。通常孩子不能用语言来表达自己的需求和情感，所以孩子就会用打人的方法来引起周围人的注意。

2. 父母对孩子的纵容和宠溺。通常在生活中父母总是对孩子千依百顺，娇生惯养，过度溺爱，使得孩子为所欲为。奶奶不给吃的就打奶奶，父母稍微批评几句就打父母。久而久之，打人的坏习惯就培养出来了。

3. 家庭教育的因素。父母没有注重孩子的教育，可能父母出于对孩子的过度关爱，总是纵容孩子的行为，看到孩子错误的言行也不加以制止和批评，总是由着孩子的性子来，甚至出手打父母也不去教育。久而久之，父母这样的做法就纵容了孩子打人的坏毛病。

 解决办法

1. 父母要保持冷静。首先父母在面对孩子打人的时候，一定要保持冷静，如果父母表现得紧张，孩子就会认为打人会给大人带来恐惧，孩子就会更加放纵。面对孩子打人，父母应该冷静应对，并且不要用一些过激的动作或者是异常行为，孩子看到父母没有反应，就会觉得并没有意思，自然就对打人丧失兴趣了。

2. 父母要坚定自己的立场。父母要明确地告诉孩子打人是不对的行为。反复告诉孩子打人是不可以的，打人的孩子是没人喜欢的，并且要控制住孩子的拳头和手，反复纠正孩子的错误。反复几次之后，孩子自然就会记住打人是不对的了。

3. 了解孩子打人背后的动机和真正的原因。父母要询问孩子为什么去打人，是因为哪件事情不顺心或是父母有什么做得不对的地方。父母要让孩子主动表达出来自己的心情或者是意见，同时要根据给孩子的情况积极地进行引导和安慰。

44. 戒掉女孩骂人的毛病
——怎样根治女孩骂人的习惯？

赵女士的女儿叫那那，今年四岁半，已经上了幼儿园。最近，赵女士发现那那说话的时候经常出现一些骂人的语言，赵女士批评了很多遍，那那都没能改掉这个坏毛病。这点让赵女士很烦恼。如何根治孩子骂人的坏毛病呢？

 案例解析

女孩骂人有以下这几点原因：

1. 周围环境的影响。可能在生活中父母不注意自己的言行，在与家庭成员相互沟通的时候总是当着孩子的面骂脏话。孩子听了之后就会记下来，于是有样学样，父母经常说的脏话就会被孩子学会。

2. 父母没有及时制止。因为当父母发现孩子刚开始骂人的时候没有明令禁止。所以孩子就不太拿骂人当回事，认为骂人并没有什么，而父母的纵容使得孩子变本加厉。时间久了，孩子骂人就养成了一种习惯。

3. 父母对孩子的教育不够。在生活中可能父母很少关注孩子的言行，也很少引导孩子文明用语，导致孩子对文明礼仪方面的认知比较欠缺。

 解决办法

1. 父母要以身作则。父母首先要先审视自己，看看是不是因为自己平时总是骂人，影响了孩子，如果是，那么父母要立刻改变自己的行为和说话风格，提示自己时刻使用文明用语。

2. 告诉孩子总是骂人的后果。在生活中父母要告诉孩子骂人带来的不良后果，比如经常骂人的小朋友会被周围的人孤立，父母不喜欢骂人的小朋友。孩子在这个年龄段最害怕孤单和失去父母的爱，当孩子听到父母说这些的时候，自然就会改掉骂人的毛病。

3. 多对孩子进行文明礼貌的教育。父母可以多让孩子看一些关于文明礼貌的故事绘本或者是动画片，让和孩子从故事中了解文明礼貌的重要性，学会说话的方式。

45. 做出示范，告诉女孩不要大声说话
——女孩大声说话不礼貌怎么办？

马女士的女儿婵婵今年6岁。前不久马女士带着婵婵去参加朋友聚会，在聚会上婵婵总是说话声音很大，周围很多人都看着婵婵，把气氛弄得很尴尬。马女士对婵婵的行为很是困惑。那么怎么告诉孩子大声说话不礼貌呢？

 案例解析

女孩大声说话有以下这几点原因：

1. 家庭环境对孩子的影响。可能生活中家庭成员之间的交流和互动就比较大声，婵婵受这种环境的影响，自己说话也总是很大声。

2. 孩子的性格因素。孩子天生性格就比较开朗。总是大大咧咧，不注意自己的言行，在什么场合都很随意，总是不去考虑周围人的感受。

3. 孩子不懂得公共场合的礼仪。可能父母很少带孩子参加这种社交活动，所以孩子并不知道应该怎么去做。因为参加聚会的机会比较少，所以孩子的情绪比较激动，自然说话就会很大声。

 解决办法

1. 父母要给孩子做轻声轻语的示范。在生活中，父母要用平静的语气与孩子说话，如果孩子还是很大声的话，父母要纠正孩子，并且要平和地对孩子说："你这么大声妈妈是没法和你沟通的。"这样一来，孩子说话的音量自然就会降低。

2. 控制孩子的情绪。通常孩子的情绪受到刺激时说话的声音就会变大。父母在生活中要

让孩子学会控制自己的情绪，比如参加聚会的时候可以让孩子深呼吸，让自己的心情放松下来，保持冷静。如果孩子遇到一些事情产生负面情绪的时候，父母要及时找出原因并且疏导孩子的负面情绪。孩子的情绪平静了，自然说话的方式就会改变。

3. 及时制止孩子。当父母带孩子去参加社交活动的时候，如果发现孩子说话越来越大声并且已经吵到周围的人，父母要及时制止孩子的行为，并且引导孩子做一些相对来说比较安静的活动。可以让孩子玩一会儿玩具或者看一会儿故事书。

46. 教会女孩释放不良情绪的文明方式
——女孩总是发脾气怎么办？

刘女士的女儿安安已经六岁半了。在生活中，安安总是爱发脾气，经常是因为一点儿小事就大喊大叫，怎么劝都不管用。孩子总是发脾气让刘女士感到很烦恼。那么孩子出现这个问题，应给怎么去解决呢？

案例解析

女孩总是爱发脾气有以下这几点原因：

1. 吸引父母的注意力。可能生活中父母总是忙于工作或者是家务，从而很少有陪孩子玩乐的机会，所以孩子想用这种方式来吸引父母的注意。

2. 为了达到目的。孩子想达到某种需求，比如，想得到某个玩具或者想得到喜欢的零食，孩子为了达到目的所以就会对父母发脾气，以寻求父母的妥协。

3. 受父母影响。可能生活中父母就总是发脾气，孩子受父母情绪上的不良影响，所以也总是爱发脾气。同时，父母在生活中对孩子总是过度溺爱和宠爱，使得孩子无所顾忌，稍微有些不顺心就会发脾气和哭闹。

解决办法

1. 为孩子营造一个良好的生活环境。在生活中，父母要给孩子创造一个温馨和睦的家庭氛围。遇到事情要采取民主讨论的方法来解决，让孩子多多参与进来，并且让孩子说出自己的意见。这样做不仅可以满足每个家庭成员的需求，同时又能让孩子感受到和平温馨的家庭氛围。在这种氛围中，孩子也就不想去发脾气了。

2. 帮助孩子释放脾气。如果孩子遇到不顺心的事情或者遇到挫折和困难，这时候，孩子的情绪就会在心里积压起来。面对这种情况，父母就应该找合理的方法来帮助孩子释放情绪。比如，可以带孩子去户外做做球类运动，通过做运动流汗的方式来把心中的不满和情绪都发泄出来。

3. 学会对孩子的脾气不妥协。生活中，尤其是在公共场合，父母要对孩子的脾气不妥协。比如在商场中，孩子由于想得到某个东西而对父母发脾气的时候，父母要坚定自己的立场，不能因为孩子发脾气就妥协。不要给孩子任何可乘之机，如果父母总是因为孩子发脾气就满足孩子的任何需求，孩子就会发现父母的这个弱点，就总是会用发脾气来威胁父母。对于孩子的行为，父母应该做的是对孩子耐心地讲道理，告诉孩子发脾气是不正确的做法。

47. 打断他人说话是一种不礼貌的做法
——怎样让女孩不打断别人说话？

刘女士的女儿梦梦今年已经 5 岁多了，孩子很是乖巧，但是有一点让刘女士很困惑，就是梦梦总是打断人家说话。前不久刘女士的朋友来家中做客，在客人说话的过程中，梦梦总是打断客人说话。孩子的这个行为，刘女士很担心。那么应该怎么做才能让孩子不打断别人说话呢？

案例解析

女孩总是打断别人说话有以下这几点原因：

1. 父母对孩子的无条件顺从。生活中父母总是对孩子的行为无条件顺从，甚至认为孩子能插话或者打断别人说话是孩子有能力的表现，所以孩子插话时父母对孩子总是顺从而不去制止。久而久之，孩子就养成了打断别人说话的坏毛病。

2. 父母的消极榜样。可能生活中在其他家庭成员讲话的时候，父母就经常打断他们说话，或者是不注意倾听。孩子看到父母的行为之后，就会有样学样。

3. 孩子的自我控制能力有限。孩子的年龄比较小，注意力很难集中，自我控制能力比较差。很少有耐心去倾听别人的讲话，或者孩子急于表达自己的想法就直接打断别人的讲话。

解决办法

1. 培养孩子的倾听能力。在日常生活中，父母要教会孩子倾听，父母可以为孩子挑选几本孩子感兴趣的故事书，以给孩子讲故事的方式来培养孩子的倾听力。当父母把故事讲完之后，父母可以要求孩子把自己听到的内容复述一遍给父母听。当孩子复述完之后，父母要对孩子进行鼓励和表扬。孩子受到父母的表扬就会产生自豪感。这种自豪感会激励孩子下次做得更好，久而久之，孩子的倾听能力就培养出来了。

2. 父母要教会孩子尊重他人。首先父母要告诉孩子打断他人说话是不礼貌的行为，告诉孩子在他人讲话的时候要注意倾听，并且要让对方把事情完整地讲述完了以后才能发表自己的想法。不然会影响自己在客人眼中的形象。

3. 父母在生活中多关注孩子。父母在生活中要多与孩子沟通，了解孩子的需求和心情。孩子打断别人讲话通常是想吸引别人的注意力，或者是想得到别人的关注。对于这种现象，就需要父母平日里利用休息时间多陪孩子玩乐，让孩子感受到父母的爱和关心，让孩子体会到父母是爱自己的。

48.引导女孩尊敬长辈

——目无尊长的女孩，如何教育？

高女士的女儿然然今年5岁，生活中然然总是目无尊长。在家中与长辈说话的时候总是没大没小，与老人说话的时候态度也不端正，甚至有的时候对于老人的问话干脆就装听不见。孩子的这个行为让高女士很是担心。那么对待目无尊长的孩子，应该怎么做呢？

 案例解析

女孩目无尊长有以下这几点原因：

1.与家长和家庭教育有很大的关系。可能在平时生活中家长对孩子的教育还没到位，孩子还不理解长辈和自己的区别。

2.孩子可能总是认为自己说的都是对的。在孩子看来，她们总是认为自己提出的任何要求都是对的，如果一旦遭到长辈拒绝，就会觉得很委屈很失望，从而大吵大闹。

3.父母对孩子的不良影响。在生活中可能父母在与家中的老人和长辈说话的时候就目无尊长，没有礼貌，或者做一些不尊重长辈的行为。孩子看到之后就会模仿父母的言行举止。

 解决办法

1.适时地引起孩子的共鸣。在教育孩子的过程中，对于孩子提出的要求不能总是一味地满足。要让孩子明白有些事情是必须做的，适当地给孩子讲一些道理，比如平时要懂礼貌，任何事情必须是长辈优先，让孩子慢慢地去理解这些基本的道理，这样有助于解决很多类似的问题。

2.让孩子学会换位思考。当孩子做一些不尊重长辈的行为的时候，父母也可以装作不尊重孩子，让孩子们也感受到不被别人尊重的滋味，引导孩子自我反省自己的行为，从而认识到自己的错误。

3.要适当地鼓励孩子。对于这个年龄的孩子来说，犯一些小错误和打破规则并不是万恶不赦的，没有什么大不了，不破不立，孩子知错能改就好。父母不要总是死死抓住不放，要尊重孩子的内心想法。孩子认识到错误之后要对孩子进行适当的鼓励，让孩子重拾自信，生活中也要多与孩子讲解尊敬长辈的重要性。

Part 5
女孩的青春期培养：青春期如何不叛逆

49. 告诉女孩穿内衣的重要性
——怎样让女孩习惯穿内衣？

王女士的女儿然然今年已经 10 岁了，正处于成长发育阶段。前不久，王女士带然然去商场选购合适的内衣，不料然然似乎对买回来的内衣并不感兴趣，不愿意穿，还说不习惯。然然的做法令王女士很苦恼。那么怎样让孩子习惯穿内衣呢？

案例解析

女孩不习惯穿内衣有以下这几点原因：

1. 孩子一时不能接受。孩子刚刚处于青春期发育阶段，可能还没意识到自己的身体变化，并不知道为什么要去穿内衣，也不了解穿内衣的目的是什么。

2. 孩子觉得穿内衣不舒服。孩子之前没有接触过内衣，所以第一次穿可能觉得总有东西"箍"着自己，觉得很难受很不舒服。

3. 孩子不知道穿内衣的作用。可能孩子还不适应自己的身体变化，并不知道穿内衣的作用是什么，对内衣只有一些表面的认知，还没有深层次地了解内衣对自己身体的重要性。

解决办法

1. 让孩子了解自己的身体变化。在生活中，妈妈要多给孩子讲一些关于青春期身体变化的知识，妈妈还可以给孩子买一些关于青春期的知识绘本给孩子看。同时要让孩子逐渐了解自己的身体变化，妈妈也要耐心地为孩子讲解穿内衣的重要性。

2. 为孩子挑选舒适的内衣。孩子刚开始穿内衣，难免会有一些不习惯和不适感，这时候，妈妈可以为孩子先挑选一些纯棉材质的简单的内衣，让孩子慢慢地适应。等孩子适应了穿内衣的感觉之后，再给孩子更换适应孩子生长发育的内衣。同时，对内衣的材质和质量一定要严格把控，以免对孩子的身体造成伤害。

3. 妈妈要告诉孩子穿内衣的重要性。在日常生活中，妈妈要多为孩子讲解一些穿内衣的重要性。比如：穿内衣是为了更好地保护自己的身体，穿内衣是为了让自己的身体更好地发育等等，让孩子了解穿内衣的作用。同时要为孩子树立自信心，妈妈要告诉孩子，穿内衣是长大了的表现，不用觉得不好意思。让孩子正视自己的身体发育，以良好的心态迎接青春期。

50."大姨妈"是发育的必然性
——女孩惊慌"大姨妈"怎么办?

张女士的女儿圆圆今年已经十三岁半了，前不久，圆圆的"大姨妈"光顾了，圆圆很惊慌。张女士安慰了很长时间，圆圆的心情才平静下来。圆圆的这种现象让张女士感到很苦恼，应该怎样去引导孩子呢?

案例解析

"大姨妈"来了，女孩很惊慌，主要有以下这几点原因:

1.孩子对"大姨妈"还没有具体的认识。孩子的认知能力有限，孩子对"大姨妈"还不是很了解，当"大姨妈"第一次光顾的时候，孩子还没有做好接受它的准备，所以难免会表现得很恐慌。

2.孩子一时不知道怎么去面对。孩子对"大姨妈"的突然光顾感到很紧张，因为是第一次，没有经验，所以并不知道应该怎么去面对和处理。

3.孩子的认知能力有限。孩子的这个年龄段，认知的能力还是有限的，并不知道"大姨妈"是什么，甚至从来都没有听说过，对生理上的变化缺乏认识。

解决办法

1.教会孩子正确的处理方式。当孩子的"大姨妈"初次光临时，妈妈一定要陪伴在孩子身边，告诉孩子正确的处理方式，并且要督促孩子注意个人卫生，让孩子勤洗澡。妈妈要多安慰孩子，让孩子保持平和的情绪，告诉孩子这是女孩长大必须要经历的正常的生理变化，让孩子不要害怕，并且去适应和接受这种变化。

2.告诉孩子应对"大姨妈"的对策。孩子对于"大姨妈"并没有经验，这时候，就需要妈妈耐心地为孩子讲解了。妈妈要告诉孩子在"大姨妈"没走的时候，尽量不去做激烈的运动，同时要保持充足的睡眠。同时告诉孩子一定要认真对待，否则会威胁到身体健康。

3.让孩子正视自己的身体变化。孩子处于青春发育期，妈妈要让孩子放松心情，用正确的心态去对待自己的身体变化，不要躲避和恐惧，更不要产生负面情绪。这些都是对自己的身体没有任何好处的。在生活中，妈妈也要让孩子注意观察自己的成长发育，对自己的身体有一个全新的认识，让孩子自信地迎接青春期，放松心情，不要背负任何压力。

51. 正确处理女孩青春期的萌动

——女孩喜欢上一个人，如何处理？

王女士的女儿雅雅已经 10 岁了，前不久，王女士发现孩子总是频繁地说一个男同学的名字，雅雅还对王女士说自己很喜欢他。孩子的这个状况让王女士很是苦恼。那么面对孩子喜欢上一个人，父母应该怎么去处理呢？

案例解析

女孩喜欢一个人，有以下这几点原因：

1. 父母对孩子不够关心。可能生活之中父母由于工作的原因很少去陪孩子，使得孩子很容易产生孤独感。父母对孩子不够关心，所以孩子在外面就想找到能经常陪着自己的人，可能孩子喜欢的人经常和自己一起学习玩乐，孩子对他就会产生依赖性，觉得很喜欢他。

2. 孩子的需求得不到满足。可能在生活中父母很少了解孩子的需求，或者孩子的需求总是得不到满足。于是当孩子周围的某个人能满足孩子的需求的时候，孩子就会产生好感和喜欢。

3. 青春期性意识萌动，对异性充满好奇。这是人在青春期的正常心理表现，意识比较朦胧，对与异性交往没有明确的认识。

解决办法

1. 父母应该多去陪伴孩子。孩子喜欢一个人与父母不够关心有一定关系，在生活中，父母要多拿出一些时间来与孩子做沟通和交流。促进父母和孩子之间的情感，孩子对他人的喜欢也就淡化了，她们会明白，父母的爱一直都在。

2. 不要对孩子发脾气。在生活中，孩子如果总是说自己喜欢某个人的时候，父母不要训斥孩子，也不要用粗暴的语气对孩子说话。情感是每个人都有的，父母要理解孩子，也要站在孩子的角度上去思考问题。同时父母要教会孩子控制好自己的情感，让孩子把精力多放在学习上。

3. 转移孩子的注意力。父母可以利用孩子的兴趣爱好来转移孩子的注意力。比如，孩子在生活中喜欢画画，父母可以为孩子报一些美术类的兴趣班，让孩子充分发挥自己的特长和享受自己的兴趣爱好，当孩子把精力都集中在学习和兴趣爱好上的时候，孩子就没有那么多心思去想其他的事情了。

52. 正确看待女孩追星的行为
——女孩追星如何处理

李女士的女儿丫丫今年已经 14 岁了。丫丫在生活中很喜欢影视剧，然后也随之加入了追星的行列。总是买各种明星的海报和有关的产品。每天基本上总是叨念着自己喜欢的明星的事情。孩子的追星现象让李女士感到很是苦恼。那么该如何去解决呢？

 案例解析

女孩追星有以下这几点原因：

1. 英雄主义对女孩的影响。孩子在生活中受到影视剧的影响，所以崇尚英雄主义，像现在很多影视作品都是借用英雄的形象来歌颂某种精神的，比如《钢铁侠》《超人》《蜘蛛侠》等。孩子在观看完英雄们的壮举和豪情壮志之后，对他们的印象深刻，并且沉迷于这种英雄主义之中，所以就产生了追星的现象。

2. 孩子想找一个榜样来学习。当孩子看到一些明星的影视作品，尤其是明星在华丽的舞台上做表演的时候，孩子看到他们出尽了风头，于是孩子也向往这种被人崇拜和追捧的感觉，于是就把那些明星当作自己的榜样。

3. 女孩的人际关系过于松散。孩子在生活中可能很少得到父母的关心，或者由于父母的工作比较忙，孩子从小就由爷爷奶奶带。时间久了，孩子遇到挫折或者困难时没有人可以倾诉，于是负面情绪就一直积压在心里没办法发泄出来，孩子的情感需求就会被扭曲、压抑，于是就会把这种情感转移到明星身上。

 解决办法

1. 父母要正确看待女孩追星。孩子的成长过程中都会经历崇拜偶像的阶段。大多数女孩子通常都会把自己喜欢的明星的海报和明信片贴在自己的房间，听明星的歌曲，购买明星的周边产品，偶尔还会去看明星的演唱会。孩子出现的这些行为都属于孩子在青春期中出现的正常现象，父母不必过于担扰。孩子在平日里学习压力过大，追星可以让孩子的压力得到一些释放，也能丰富孩子的生活。父母要适当理解孩子追星，但也要加以引导。

2. 父母可以和孩子一起谈论明星。在生活中，父母不妨也去了解一下孩子喜欢的明星。这样父母在生活中才可以和孩子有更多的共同话题，对孩子加以引导。如果有问题的话还可以及时地表明正确的价值观。对孩子以后的发展也是有好处的。

3. 防止孩子不健康地追星。有些女孩子由于过于崇拜自己喜欢的男明星，当听到男明星的婚讯后，会一时接受不了，认为自己失去了喜欢的人，于是沉迷堕落。所以父母对孩子追星一定要多加注意，及时掌握孩子的状态，让孩子文明健康地去追星，不要因为追星去做一些过激、偏激的行为。

53. 告诉女孩节食减肥的弊端
——面对节食减肥的女孩怎么做？

冯女士的女儿希希今年已经十一岁半了，上小学五年级。希希在班级里算是体型比较中等的。但是最近冯女士发现希希总是喊着要减肥，甚至为了减肥连早饭和午饭都不吃，任凭冯女士怎么劝说希希都不动摇，这让冯女士感到很担心。那么女孩节食减肥应该怎么办呢？

 案例解析

女孩节食减肥有以下这几点原因：

1. 杂志和影视对女孩的影响。女孩在生活中都喜欢看明星杂志或者是影视剧，当孩子看到杂志中一些女明星高挑纤细的身材的时候，就会向往和羡慕，再加上每个女孩都喜欢漂亮，于是孩子就想减肥变成像那些女明星一样招人喜欢。

2. 女孩的价值观出现问题。可能孩子受到他人的影响，认为只有减肥让自己的体型变好才能受到身边的人的喜欢。于是女孩就沉迷于节食减肥。

3. 父母对女孩的影响。可能父母在生活中就出现过节食减肥的现象，孩子的认知能力有限，还分不清哪些行为是好的，哪些行为是不好的，于是就会去模仿父母不好的行为。

 解决办法

1. 父母要多陪伴孩子。父母应该耐心地告诉孩子解释减肥是错误的做法，积极地引导节食减肥的孩子多吃一些水果和蔬菜，以及孩子平时喜欢吃的一些小零食等，先让孩子慢慢地适应，然后改变孩子的想法，让孩子放弃节食减肥。

2. 父母要多对女孩讲一些节食减肥的危害。父母可以找一些关于节食减肥危害方面的资料让孩子阅读。父母要耐心地告诉孩子，节食的做法是错误的，是对自己的健康有危害的。

3. 父母要告诉女孩正确的减肥方法。如果女孩因为体重超重需要减肥的话，父母应该告诉孩子一些正确的、对身体有益的减肥方法。比如：饭后运动、少吃高热量的快餐食品。可以为孩子多准备一些热量和脂肪含量比较低的食物。这样不仅能达到减肥的效果，同时也对孩子的健康有益处。

54. 女孩穿奇装异服的深层原因要注意
——女孩喜欢奇装异服怎么办？

高女士的女儿琪琪今年已经上初中了，琪琪总是喜欢自己购买一些奇装异服，高女士挑选的漂亮裙子琪琪连看都不看，专门找一些回头率比较高的奇奇怪怪的衣服来穿。琪琪的这种行为让高女士感到很困惑。那么女孩子喜欢奇装异服到底应该怎么办呢？

 案例解析

女孩子喜欢奇装异服有以下这几点原因：

1. 孩子想引起他人的注意。可能平时父母对孩子的陪伴和关心比较少，孩子产生孤独感。于是孩子采取穿奇装异服的方式来引起父母和他人对自己的注意。

2. 孩子开始在意自己的外表。女孩进入青春期之后，就会开在意自己的外表，并且注重打扮自己，让自己更加吸引旁人的眼球。可能孩子的穿衣风格和父母的见解不同，于是在父母看来孩子穿的就是奇装异服。

3. 女孩认为这么穿会很"酷"。女孩在生活中难免会喜欢看一些时装杂志，可能孩子的穿衣风格是在模仿杂志中的某个模特的穿着，孩子认为这么穿会和杂志上的人一样"酷"。

 解决办法

1. 父母不必过多去干预女孩的穿衣喜好。在生活中，如果女孩的穿衣偏好不过分的话，父母完全不必去过多地干预。每个女孩都有自己喜欢的独特风格，况且爱美是女孩的天性。父母完全可以放手让孩子去发扬自己的风格打扮自己，让女孩能够更好地做自己。这对于培养孩子的自信心也是有好处的。

2. 父母不要压抑女孩的想法和好奇心。这个年龄段的孩子处于青春期，自我意识不断地发展，喜欢奇装异服也是好奇心增强的一种表现。孩子所处的年龄多少会有些叛逆，可能孩子喜欢奇装异服只是想去尝试一下被人关注的感受，同时满足自己的好奇心。父母一定不要去压制孩子的想法，可以引导孩子尝试多种风格的衣着，选择一个最适合自己的打扮。

3. 父母不要一味地去阻拦孩子。可能孩子的审美有的时候父母不一定能理解，如果父母一味地强行阻拦孩子会对父母与孩子之间的关系产生影响。父母可以多关注孩子的喜好风格，并且多了解一些时尚资讯，这样在引导孩子的时候更容易让孩子接受和服从，比单纯说服孩子更加有效。

55. 引导女孩认清崇拜和爱慕的区别

——女孩喜欢上一位男老师怎么办？

孟女士的女儿朵朵已经上初中了。最近孟女士得知朵朵喜欢上了教数学的男老师，并且在家中也一直叨念。这让孟女士很是头痛。那么女孩喜欢上自己的男老师应该怎么去处理呢？

 案例解析

女孩喜欢上自己的男老师有以下这几点原因：

1. 女孩的偶像崇拜心理。孩子正处于青春期，认知能力和知识水平有限，所以当孩子上课的时候，看见自己的老师懂得那么多知识，自然就会产生对老师的崇拜和喜欢。

2. 与男老师接触比较频繁。女孩正处于青春期，在一天中接触的最多的人就是老师，在学习中当孩子有问题的时候，第一个想到的就是老师，所以久而久之，就会对老师产生爱恋和喜欢的情感，甚至沉迷其中无法自拔。

3. 学习压力过大。女孩可能在学习中所承受的压力过大，经常会遇到苦难和挫折，并且把负面情绪压在心底，甚至产生恐惧和自卑的心理，就会对频繁接触的老师产生幻想，把自己的精力转移到了老师身上，甚至会对老师产生一些其他的情感。

 解决办法

1. 父母不要去责骂孩子。这个年龄段的女孩正处于青春期，并且开始有一些小叛逆，渴望自己赶快长大。女孩往往在这个时期自尊心比较强，就需要父母耐心地帮孩子疏导不良情绪，千万不要对孩子施暴或者大声呵斥，以免使孩子的内心受伤。

2. 父母要正确地引导女孩。老师是孩子的指路灯，也是孩子每天都频繁接触的人，女孩子正处于青春期，与老师相处多了自然就会产生爱恋与喜欢的情绪。这个时候需要父母及时地对孩子进行引导，让孩子不要做一些偏激的事情。

3. 转移孩子的注意力。父母可以利用假期多带孩子去外面走一走，带孩子多出去欣赏一下自然美景，陶冶孩子的情操。同时多培养孩子的兴趣爱好，让孩子时刻保持一个好的心态，当孩子集中精力享受生活的时候，自然就会从喜欢老师的苦恼里走出来了。

56. 早恋不可怕，可怕的是家长的态度

——面对女孩早恋，我们怎么做？

孟女士的女儿小鱼今年已经 11 岁了。最近在小鱼身上发现了一些很反常的行为，比如放学经常晚回家，总是玩手机，而且睡觉很晚。后来孟女士得知小鱼早恋了，对此，感到很苦恼。那么面对与女孩早恋，父母应该怎么去引导呢？

 案例解析

孩子早恋有以下这几点原因：

1. 正处于青春期。孩子正处于青春期，所以很容易对异性产生情愫，也难免会对异性产生朦胧的好奇感，急于尝试恋爱。

2. 缺少玩伴。现在很多家庭都是独生子女，从孩子出生的那一刻就缺少玩伴，随着孩子逐渐长大，父母对孩子的关心与孩子的需求会有一定距离，孩子很容易产生孤独感，一个人会感到空虚和寂寞，便想找倾诉对象。于是孩子渴望找到一个能陪着自己的人。

3. 影视作品对女孩的影响。女孩都喜欢看爱情剧，时间久了，就会对电视剧或者电影中的爱情产生向往，想要追逐属于自己的爱情，从而产生了早恋的现象。

 **解决办法**

1. 父母要信任自己的孩子。要告诉孩子学习是最重要的，同时父母要对孩子表明自己对孩子的信任，父母要相信孩子能自己解决自己的恋爱关系和产生的一系列问题。这种做法不仅能让孩子对父母产生感恩的心理，同时也能让孩子像大人一样更好地思考。

2. 先给孩子一段独自处理的时间。当父母刚开始得知女孩谈恋爱的时候，可以先给她一段自己的时间，对她进行一次小小的考核。如果孩子能妥善处理，并继续投入正常的学习生活中，那么父母大可不必过度干涉。

3. 父母要明确告诉孩子恋爱的界限。父母可以允许女孩去想象、思考恋爱现象，来满足女孩青春期对爱情的憧憬。但在身心都不成熟的条件下，是不可以真正谈恋爱的。

57. 青春期离不开恰当的心理引导

——女孩因身体发育而忧虑怎么办？

月月最近闷闷不乐的，妈妈问她是不是有什么不开心的事，月月说：学校前些天组织了一年一度的体检，她发现很多女同学与去年相比，身高都有明显增高，而自己依旧没有变化。而且，月月发现有些女同学的"小白兔"已经明显发育，而自己却还是个"飞机场"，她担心自己以后会长得像个男生。月月妈妈有些发愁，该给孩子怎样的心理引导才是恰当的呢？

 案例解析

青春期是儿童的成长发育过渡到成人的特殊时期，不仅生理上会发生明显改变，心理上也会有不小的变化。上述案例中，月月会有这样的担忧，就是因为生理的改变而造成的心理影响，一般情况下有如下几点原因：

1. 内向让女孩羞于启齿。在青春期，以性成熟为主的一系列生理、内分泌及心理、行为的变化中，女孩会开始关注女性的性别特征，但是内向的性格又让她们羞于启齿，不知道如何表达自己的感受。

2. 明显差异性带来的自卑感受。有些女孩会在心中有一个优秀的模范对象，这个对象的所有表现都被她看在眼里，有时甚至会偷偷地进行对比，一旦发现自己与之的差异变大，女孩就会觉得自卑。

3. 缺乏关于青春期发育的知识。在平时生活与学习中，女孩因为衣物的遮掩并不会产生太大心理负担，但是在体检时，女孩就会在对比之下产生忧虑，这正是因为女孩对青春期身体发育方面的问题一知半解的缘故。

 解决办法

1. 给女孩传递青春期身体发育的知识。青春期发育一般为 10~20 岁左右，每个人因为个体差异的问题会对青春期的起始年龄、发育速度和程度以及成熟度产生影响。当女孩理解到个体差异的问题，就会降低忧虑感了。

2. 调整女孩的饮食结构促进生长发育。在青春期时，孩子的机体对能量和营养的需要会比成人高出 25%~50%。所以，除了注意营养搭配问题外，还可以给女孩适当补充一些利于生长发育的饮食。通过调整女孩的饮食结构，来达到满足青春期生长发育的目的。

3. 给女孩更多的心理疏导。在青春期时，女孩难免会因为发育问题而感到忧虑，很多细节问题都容易成为女孩的心理负担。这时家长要多与女孩进行沟通，引导女孩倾诉自己在青春期遇到的问题和发现的改变，帮助女孩顺利度过青春期。

58. 正确的恋爱观对于女孩非常重要

——女孩怎样树立正确的恋爱观？

张女士的女儿浦浦今年已经上了初中，最近张女士从女儿口中得知，孩子已经开始谈恋爱了。张女士非常重视这件事情，总是教育女儿，但是女儿一句话也听不进去，还嫌张女士啰唆。那么，怎么帮助女孩树立正确的恋爱观呢？

案例解析

女孩没有正确的恋爱观有以下这几点原因：

1. 女孩的认知能力没有完善。孩子正处于青春期，学校可能没有设立关于青春期的课程，所以孩子对于恋爱还没有更深的了解和认识，只是局限于青春期异性之间朦朦胧胧的情感。

2. 女孩的叛逆心理。叛逆期是每个孩子在成长过程中必须要经历的一个阶段。处于青春叛逆期的孩子总是处处与父母作对，父母不让做什么就越要做什么，所以孩子早恋也是与父母作对的一种方式。

3. 孩子还不知道恋爱意味着什么。在生活中，孩子只是沉迷于自己与异性的感情中，互相喜欢和依赖，但是并不知道恋爱的真正含义，甚至扭曲了恋爱的意义，这些就是没有树立正确的恋爱观的表现。

解决办法

1. 父母要让孩子为未来树立一个长远的目标。让孩子仔细规划好自己的未来，然后制作一个自己的目标表格，把目标分阶段地制定出来，然后对照目标去努力。同时告诉孩子不要把自己的恋爱和未来的目标结合到一起，在完成目标的同时让女孩明白，只有自己有一个更好的计划和目标，并且去完成它，才能有一个更好的恋爱对象。

2. 让孩子对恋爱保持一个正确的态度。父母也经历过孩子所经历的青春期，所以父母可以用自身的经验来说服孩子。这个年龄的女孩子基本上发育都趋于成熟，男孩和女孩之间的差别也越来越明显。这个时候，父母就要告诉孩子要正视男女直接的差别，不要产生不健康的幻想，要树立正确的恋爱观。

3.积极地引导孩子。女孩第一次对异性产生情感，难免对于恋爱的理解过于狭隘，这时候父母就要积极地引导孩子，让孩子对恋爱抱有一个正确的观念，并且要时刻地提醒孩子，不要过于沉迷于自己的情感世界中，目前还是学习最重要。

59. 认知有限会让女孩分不清好感和爱情
——怎样帮助女孩区分好感和爱情？

王女士的女儿莎莎今年已经六年级了。最近王女士发现莎莎总是提起邻居家的男孩，还说自己很喜欢他，觉得和他一起玩乐的时候感觉特别好，甚至误以为这是爱情，这让王女士感到很困惑。那么，怎么帮助女孩区分好感和爱情呢？

案例解析

女孩分不清好感和爱情有以下这几点原因：

1.女孩对情感的认知有限。孩子刚刚进入青春期，对于一些情感还没有更深入的认识和了解，当女孩碰到能和自己玩得开心的异性伙伴的时候，就容易把对对方的好感误以为是爱情。

2.孩子对感情的错误理解。孩子刚刚开始萌发自己对异性的情感，孩子可能还分不清楚喜欢与爱，以及与好感之间的区别，于是把任何与异性有关的感觉和情感都归结于爱情。

3.受影视作品的影响。女孩子都对青春偶像剧情有独钟，看见剧中的男女主角谈恋爱，孩子难免会心生羡慕，于是自己也想体验谈恋爱的感觉。

解决办法

1.父母要细心观察。如果父母发现孩子谈恋爱的话千万不要去指责孩子。父母可以先去关注孩子一段时间，观察一下孩子最近的状态。如果孩子并没有实质性的早恋行为，那么父母没必要去过度担心。同时要多与孩子沟通，了解孩子的内心想法和追求，及时地引导孩子树立正确的恋爱观。

2.父母要积极地引导孩子。父母要适时地引导孩子，并且要耐心地告诉孩子好感和爱的区别，并不是所有对异性的情感都是爱，要让孩子认清自己的情感，并且要注意把控自己的情绪。

3.父母要告诉女孩过早谈恋爱的严重后果。父母要告诉孩子恋爱的界限，告诉孩子即使感情再深也要把学习放在第一位，其他的一些事情要等到成年之后再去做规划。同时父母应该告诉孩子一定要控制自己的行为，不要因为一时的冲动酿成大错。父母要让孩子体会对恋爱对象流露出来的情感是好感还是爱，这是不同层次的情感。孩子正值青春期，很容易对这两种情感产生混淆。

60. 坚决制止女孩吸烟、喝酒的坏习惯
——家长如何处理女孩吸烟、喝酒？

张女士的孩子爱爱今年已经上初中了。前不久，张女士发现爱爱学会了吸烟和喝酒，并且经常听到爱爱在与同学打电话时提及这两种行为。爱爱的这些举动让张女士很是担心。那么该如何处理孩子吸烟、喝酒的问题呢？

 案例解析

孩子吸烟喝酒有以下这几点原因：

1. 父母对女孩的影响。可能在生活中父母就有吸烟和喝酒的不良嗜好，经常在孩子面前做这两件事情，再加上正处于青春期的孩子对事物有强大的好奇心，于是就会对父母的行为进行模仿来满足自己的好奇心。

2. 女孩的认知能力有限。孩子的思维还尚未成熟，并不知道哪些行为是对的，哪些行为是错的，孩子可能觉得吸烟和喝酒是一件很"炫酷"的事情，并不觉得是不好的行为。

3. 影视资料对女孩的影响。孩子可能看到影视作品中有吸烟和喝酒的行为，孩子出于好奇就想尝试吸烟和喝酒的感觉，于是自己也逐步养成了这个坏毛病。

 解决办法

1. 告诉女孩吸烟和饮酒危害的严重性。在生活中，父母要耐心地多给孩子讲一些吸烟和饮酒的坏处，比如，可以对孩子说吸烟和饮酒对身体都是有很大的危害的，对肺部和胃都有很大的损害，长期吸烟喝酒甚至还会危及生命。而且吸烟喝酒的行为对自己的形象也有很大的影响，会给身边的人留下很不好的印象。当孩子明白这些坏处的时候，自然而然就会戒掉这些坏习惯了。

2. 父母要以身作则。要想让孩子戒掉这些坏习惯，父母首先要以身作则。父母先要戒掉这些不良习惯，为孩子树立好的榜样。父母可以引导孩子和父母一起戒，或者可以与孩子进行小比赛，看看谁能先戒掉并且坚持住。如果孩子做到了，可以给孩子一些小的奖励，让孩子树立起自信心，并且让孩子相信自己的能力。

3. 对孩子的行为采取积极的措施。如果孩子吸烟和喝酒的现象已经越来越严重了，并且已经到了难以挽回的地步，这时候，父母就要对孩子采取一些正当的措施去强制孩子戒烟戒酒。父母千万不要因为心疼孩子就对孩子一味放纵，因为有可能因为父母的一时放纵就会对孩子造成更加严重的影响和恶劣的结果。

61. 提高女孩对性骚扰的防范意识

——女孩面对性骚扰应该怎么做？

刘女士的女儿童童今年已经小学六年级了。前不久，童童向王女士反映，之前有几次坐公交车去学校上学的时候，有一两个中年男性总是使劲地挤自己，并且往自己身上撞，但是童童说她不知道该怎样做。刘女士听完之后对孩子的安全问题很是担心。那么，怎样告诉孩子应对性骚扰呢？

案例解析

孩子面对性骚扰不知道怎么做有以下这几点原因：

1. 女孩没有遇到过这种情况。孩子第一次遇到性骚扰的情况，难免会恐惧和紧张。孩子在极度紧张的状态下，一时手足无策，并不知道该怎么做。

2. 父母对女孩这方面的教育还不够。可能生活中父母很少或者根本就没有对孩子讲过对于性骚扰的安全防范问题，所以孩子对于这一点并没有过多的认知和了解，使得孩子遇到这种突发情况并不知道该怎么处理。

3. 孩子没有防范意识。可能孩子平日里一个人出门的时候并没有安全防范意识，对安全问题比较松懈，所以当遇到性骚扰的问题的时候会不知所措。

解决办法

1. 父母要经常提醒孩子。父母要告诉孩子，让孩子知道一般情况下不法分子都是如何对小女孩进行诱骗的，并且要告诉孩子无论发生任何情况都要告诉父母，不要刻意隐瞒。同时父母要多对孩子讲一些应对性骚扰的措施，让孩子独自出门的时候注意防范。

2. 让孩子提高警惕。在孩子单独出门的时候，父母要让孩子提高警惕，比如在路上有陌生人对自己讲话的时候不要轻易相信，要尽量走在人比较多的路上，不要独自在偏僻的地方停留。让孩子注意自身的安全，上下学可以和小伙伴们一起结伴，不仅能保证自身的安全，不给不法分子留下可乘之机，还可以增进与小伙伴之间的友情。

3. 父母多陪伴孩子。孩子的年龄比较小，如果父母有时间的话尽量去接送孩子，或者如果家里的老人有能力的话，也可以把孩子的接送问题安排给老人，这样不仅能让孩子与其他家庭成员和长辈有接触的机会，还能保障孩子的安全，是很好的方法。

62. 提高女孩与异性的沟通能力
——女孩无法正常和男孩沟通咋办？

赵女士的女儿叶叶今年已经上初中了，但是叶叶平时有一个问题，就是在生活中无法和男孩子沟通，每次出门的时候，叶叶都不会和男孩子主动打招呼，即使打招呼也总是结结巴巴。甚至有时候还会躲到一旁。那么女孩的这个问题，应该怎么去解决呢？

 案例解析

女孩无法正常和男孩沟通有以下这几点原因：

1. 女孩子的性格问题。可能女孩子的性格比较内向，遇到小男孩比较害羞，所以说话的时候就会显得比较紧张，这种紧张的状态使得女孩无法与男孩沟通，甚至女孩会产生说不出话的现象。

2. 女孩害怕被误会。可能孩子正处于青春期，对于与异性的沟通问题比较敏感，女孩不敢与男生说话是因为害怕周围的人会对两个人的关系产生误会。女孩害怕别人误会自己，所以会刻意躲避，于是就无法正常与男孩沟通。

3. 女孩的沟通能力有限。孩子可能因为性格比较内向，所以沟通能力不是很强，没有掌握与人交往的技巧，尤其是异性。所以当女孩见到男孩的时候，一时不知道该怎么做。

 解决办法

1. 和孩子做朋友。女孩可能正在青春期，所以对于与异性的相处比较敏感，这时候，父亲就应该帮助女孩解决这个问题。首先父亲要和女孩做朋友，因为孩子与异性之间的相处都是从父亲开始的，父母是孩子第一任老师，父亲在生活中可以多与孩子沟通交流，让孩子适应这种与异性交流的方式和方法，时间久了，女孩习惯了这种与异性的沟通的状态之后，就不会再出现之前的状况了。

2. 让女孩放松心情。通常女孩不能正常地跟男生沟通交流都是因为女孩的心情过于紧张造成的。这时候，父母可以帮助孩子把心情放松下来，并且教会孩子缓解紧张的方法。比如见到异性如果紧张的话可以深呼吸，或者想一些自己之前历过的开心的事情，让自己的心情保持放松的状态，这样在见到异性的时候，就不会再产生无法沟通的现象了。

3. 多带女孩参加一些社交活动。平时父母可以多带女孩去参加一些社交活动，结交新的朋友，比如父母带女孩在聚会上遇到不认识的男孩，父母可以引导女孩主动上前去打招呼，或者父母可以找一个话题交流一下。孩子经过几次这样的实践，自然就会有所改变，再见到男孩的时候，就能进行沟通了。这样做不仅能锻炼孩子的社交能力，同时又能解决孩子的沟通问题，对孩子日后的发展也是有益的。

63. 调节女孩的心态，轻松面对发育期
——女孩对自己的发育恐慌怎么办？

杜女士的女儿糖糖今年已经 11 岁了，正处于青春期，身体开始进入发育阶段。但是当糖糖面对自己的身体产生的变化时，却总是表现出一副很慌张的样子，这让杜女士很是紧张。那么应该怎么解决呢？

案例解析

女孩面对自己的生理发育表现得很慌张有以下这几点原因：

1. 女孩感到害羞。孩子处于青春期，身体的各个部位都在发育，女孩子的女性特征越来越明显，孩子对于这些变化还不太适应，所以会产生害羞的心理，甚至有些慌张。

2. 女孩一时不知所措。孩子可能之前并不知道青春期自己会产生哪些生理上的变化，当变化来临的时候，孩子一时接受不了，也并不知道应该怎样做，就会产生恐惧和慌张的心理。

3. 女孩的认知能力有限。孩子的年龄有限，对于青春期还没有更加深入的认识，所以当女孩真正进入青春期的时候，就会困惑和迷惘。

解决办法

1. 让女孩认识自己。首先父母要让女孩了解青春期的特点，注意观察自己青春期产生的变化。父母应该告诉孩子，每个孩子到了青春期之后，生理和心理都会产生很大的变化，这是正常现象，让孩子不要去在意。同时要正视和接受自己身体产生的变化。

2. 调整好女孩的心态。到了青春期之后，每个孩子都会产生叛逆的心理。这时候，父母就要引导孩子合理地调整自己的情绪，及时缓解孩子的不良情绪，以免负面情绪对孩子的心理产生不好的影响。同时要让孩子时刻关注自己的生理变化，一定要积极地去接受，要对自己有自信心，要让孩子明白，对自己有足够的自信才能克服掉慌张和恐惧的心理。

3. 告诉女孩有变化才有成长。处于青春期，每个女孩的身体都会因为发育产生很大的变化，女孩面对自己身体所发生的变化，难免会产生茫然和害羞，甚至恐慌和焦虑。这时候父母就要及时对孩子进行细心地疏导，告诉孩子发生的变化都是正常现象，没必要太在意，也不要因为生理发育就给自己施加过大的压力，要让孩子以平常心对待。让孩子明白青春期是由少女向成年人的转变，每个女孩都会经历这个过程，并且都是一样的，不这样就不正常了。

64. 帮助女孩认识身体结构

　　——女孩好奇自己的身体结构怎么办？

　　孟女士的女儿燕燕今年已经六年级了。最近，燕燕似乎对自己的身体结构很好奇，一有时间就问孟女士关于自己身体的问题。这让孟女士很迷茫。那么，当女孩好奇自己的身体结构时应该怎么去处理呢？

案例解析

　　女孩好奇自己的身体结构有以下这几点原因：

　　1. 女孩的好奇心。随着孩子逐渐进入青春期，难免会对自己的身体变化产生好奇心，总是想知道一些关于自己身体结构的知识，来满足自己的好奇心理。

　　2. 女孩的自我意识增强。孩子身体的各部分结构都是自己的一部分，产生好奇心也是正常的现象。孩子的自我意识逐渐增强，想对自己的身体更加深入的了解，所以孩子很想了解自己的身体结构。

解决办法

　　1. 教女孩认识自己的身体结构。平日里父母可以和孩子玩一些游戏来让孩子对自己的身体构造有进一步的了解。比如，父母可以和孩子玩指认器官的游戏，一起指出鼻子、眼睛、嘴巴、心脏的位置等。让孩子通过这种方式来对自己的身体有更多的认知，让孩子了解各个部位和器官，增长知识的同时也能拉近与父母之间的感情。

　　2. 满足孩子的好奇心。正处于青春期的女孩，会对自己的身体产生好奇心，这时候，父母不要去压制孩子的好奇心，而是适当地去满足孩子。生活中父母可以给女孩买一些关于人体结构知识的书籍，让孩子通过专业的教育书籍来了解自己的身体结构，通过学习来认识自己。这样女孩满足自己好奇心的同时，也能培养女孩的阅读兴趣。

65. 女孩好奇异性身体结构是正常的现象

　　——女孩好奇男性的身体怎么办？

　　李女士的女儿真真最近总是对男生产生好奇心。平时真真总是会问李女士男孩和自己有什么区别。在与小伙伴玩耍的时候，真真总是刻意地去观察男孩的身体。真真的做法让李女士很烦恼，女孩对男孩的身体产生好奇，应该怎么做呢？

案例解析

女孩突然好奇男性的身体有以下这几点原因：

1. 女孩的性意识逐渐发育。孩子步入青春期，对两性开始有或多或少的了解。女孩开始观察男孩，好奇心理诱导女孩，于是女孩就对男孩的身体产生"兴趣"。

2. 青春期对孩子的影响。孩子步入青春期，生殖器官开始发育，激素的分泌导致男孩与女孩的个体差异加大。女孩会对异性的身体产生好奇心，想知道男孩和女孩的身体到底有什么区别。

3. 女孩的性别意识开始形成。孩子在比较小的时候，认为男孩和女孩是一样的，并不认为两者有什么区别。随着孩子的年龄增长，孩子逐渐有了性别意识，所以想去了解男生的身体。

解决办法

1. 转移女孩的注意力。可以让女孩把注意力放在其他的事情上，比如可以多带孩子去做做户外活动，或者培养孩子的兴趣爱好，让孩子把精力集中在自己的学习和兴趣爱好上，这样孩子就不会过多地关注这个话题了。

2. 满足孩子的好奇心。父母可以为孩子买一些关于男孩和女孩身体结构的绘本，让孩子通过看绘本的方式来了解男孩的身体结构，让孩子满足自己对于男性的好奇，让孩子更加清楚地认识男孩和自己身体结构上的差异。

3. 父母适当地给女孩讲解。当女孩问父母相关问题的时候，父母可以给孩子耐心地讲解，并且可以告诉孩子一些青春期的相关知识，和在青春期中女孩身体将会产生的变化，让孩子正视自己的变化，并且以良好的心态去迎接青春期。

66. 告诉女孩青春痘是"青春"的标志
——长青春痘的女孩很自卑怎么办？

朱女士的女儿妍妍今年已经上了初中。最近，妍妍总是怪怪的，走路经常用衣服把脸遮住，并且看到人就躲着走。后来朱女士了解到，原来妍妍是因为觉得自己脸上的青春痘很丑，因此很自卑不敢见人，这个情况让朱女士很苦恼。那么对于孩子的问题，应该怎么处理呢？

案例解析

女孩长青春痘很自卑有以下这几点原因：

1. 女孩认为自己不漂亮了。爱美是女孩的天性，每个女孩都对自己的脸蛋"关爱"有加。由于青春期的问题使得女孩的脸上出现很多青春痘，孩子认为长青春痘之后自己就不漂亮了，也不会招人喜欢了，于是就产生了自卑的心理。

2. 女孩缺乏自信心。孩子的脸上布满青春痘之后，就丧失了自信心，孩子会觉得自己和以前完全不一样了。因为青春痘，自己不敢抬起头来走路，生怕别人嘲笑自己或者是讽刺自己，于是就会感到自卑，认为自己再也不能像之前一样漂亮了。

3. 孩子对于青春痘没有认识。孩子对于青春痘并没有过多的认识，所以当孩子长了青春痘以后，一时间接受不了，认为自己的脸蛋被青春痘给"毁"了，所以会产生自卑的心理。

 解决办法

1. 让孩子正确地认识青春痘。父母应该告诉女孩，长青春痘是青春期常见的生理变化，并且每个人都是一样的，也是成长的道路上必须要经历的一件事情。让孩子不必在意，同时要告诉女孩，并不是因为自己长了青春痘就不漂亮了，等青春痘褪下之后会和之前完全一样，甚至可能更美丽。父母要多让孩子注重脸部的卫生，要经常洁面，不要使用化妆品和刺激类的护肤品，以免对皮肤产生伤害。

2. 增加孩子的自信心。父母要告诉孩子自己也是从这个阶段过来的，这是每个人都必须要经历的一个阶段，不要让孩子对脸上的青春痘耿耿于怀。要让孩子重拾自信心，鼓励孩子勇敢地面对自己的变化。

3. 父母要多与孩子进行沟通交流。平日里父母要多安排出来一些时间与孩子进行沟通交流，孩子正值青春期，对于一些事情比较敏感，也容易产生负面情绪。作为父母，要加倍关心孩子，如果孩子在情绪上出了问题，一定要及时对孩子进行疏导。还要积极地引导孩子去参加户外活动和兴趣班，让孩子放松身心，不要总是把注意力放在自己的青春痘上。

67. 面对叛逆期的女孩要有耐心
——如何面对逆反心理严重的女孩？

刘女士的女儿楠楠今年已经小学毕业了。最近一段时间，楠楠总是处处与刘女士对着干，越不让她做什么就越做什么，越不让她碰的东西就越碰，遇到事情总是与刘女士顶嘴，还时不时地大喊大叫。孩子的叛逆让刘女士束手无策，应该怎么去处理呢？

 案例解析

女孩会出现反叛心理有以下这几点原因：

1. 父母对女孩不尊重。在平时的生活中，可能父母总是很强势，遇到事情说一不二，不尊重女孩的意见，女孩会因此产生对父母的不满，于是也会以不尊重的方式来对待父母。

2. 父母对女孩过于迁就和宠溺。在生活中父母对孩子过于宠爱，总是事事顺从，使孩子过于娇纵。当父母在管教孩子的时候，孩子就会承受不住而产生不满和怨恨，于是就出现了叛逆的行为。

3. 缺乏满足感。生活中父母由于工作的问题可能很少能陪在女孩身边，对女孩缺少关心。

即使女孩在生活中有着丰厚的物质基础，但是从精神和情感上得不到满足，也体会不到父母的爱，于是采取叛逆的方式来发泄自己心中对父母的不满。

解决办法

1. 不打扰孩子。当孩子在生活中产生叛逆行为的时候，父母不要急于阻止，也不要用强制的方法去阻止孩子。要让孩子完全地把自己的负面情绪都发泄出来之后，再耐心与孩子沟通，了解孩子的需求和想法，并且采用合理的方法解决孩子的问题。

2. 父母在给孩子提要求或者下达指令的时候不要带任何负面情绪。父母需要让孩子做事情的时候，语气一定要平和，不要采用蛮横的态度对孩子下达指令。比如，不要说"你为什么把房间弄得这么乱！"而是说"我们是不是应该把房间收拾干净一些看着会更舒服呀"。换一种说法不仅能让孩子更好地去接受，还能让父母与孩子相处的气氛更加融洽，孩子接受起来更加容易，就不会产生叛逆的行为了。

3. 父母要对孩子多一些耐心。比如，父母在对孩子下达一个指令之后，要耐心地等待孩子，给孩子充足的时间。不要刚刚下达完指令就催促孩子，这样会造成孩子的反感。如果孩子半天没有执行指令的话，父母可用平和的语气提醒孩子，让孩子尽快完成。

68. 允许女孩有自己的小秘密
——女孩有了小秘密不愿示人咋办？

张女士的女儿巧巧今年已经 10 岁了。最近，孩子总是神神秘秘地给小伙伴打电话，而且总是有意地回避张女士。张女士问巧巧原因，巧巧却说她是在与好朋友分享秘密，所以不能让别人知道，包括张女士在内。听了孩子的话，张女士感到很困惑，那么，应该怎么去解决呢？

案例解析

女孩有了小秘密不再与父母分享有以下这几点原因：

1. 女孩不信任父母。孩子的小秘密并不是不愿意对父母说，而是对父母不信任，或者父母之前做过一些事情让孩子不再信任，比如，可能答应为孩子保守秘密结果却说了出来。这样的话，孩子就会对父母产生"防备"心理，自然有秘密就不会再与父母分享了。

2. 没有被父母关注。可能之前孩子有和父母说过自己心里的小秘密，但是说完之后父母并没有关注甚至忘记。如此一来，女孩就会对于父母分享"心事"感到灰心，久而久之也就不会告诉父母了。

3. 孩子的性格问题。孩子的性格比较内向，胆小。孩子的这种性格会对父母的权威产生恐惧。所以遇到心事总是喜欢与自己同龄的孩子来分享，而不愿意对父母说自己的小秘密。

解决办法

1. 父母要取得孩子的信任。生活中，父母答应孩子的事情说到就要做到。比如孩子对父母说了一个心底的小秘密，那么如果父母答应了孩子不能说出去，就要严格地保守秘密，不能出尔反尔，这样才能得到孩子的信任。如果父母答应的事情还没有做到的话，不仅不能取得孩子的信任，还可能对孩子的心理产生伤害。所以父母首先要端正自己的态度。

2. 父母要多了解孩子。生活中父母要多跟孩子谈心，了解孩子的内心世界，从与孩子的谈话中了解孩子的内在需求。父母在生活中要对孩子足够关心，让孩子感受到父母对自己的爱。当孩子感受到父母的关爱的时候，自然就愿意把秘密分享给父母了。

3. 父母可以与孩子互相交换秘密。在生活中，父母可以与孩子玩交换秘密的游戏，父母先主动告诉孩子一个自己的秘密，用自己的秘密来换取孩子的一个秘密，并且要达成协议，互相为对方保守。这样一来，不仅父母和孩子达到互相信任的目的，又能增进父母与孩子之间的感情。

69. 引导女孩走出自闭的状态
——家长发现女孩变得自闭了怎么办?

田女士的女儿园园是个性格开朗的小女孩，可是最近，田女士发现园园越来越不喜欢与人沟通了，每天总是把自己关在房间里，变得寡言少语，遇到事情也不愿意与田女士分享了。园园的这个情况，让田女士感到很是困惑，那么怎么去解决这个问题呢?

 案例解析

女孩变得自闭有以下这几点原因:

1. 女孩可能在生活中明遇到了困难。女孩以前性格开朗，之后突然变得自闭，说明孩子在生活中可能遇到了困难或者自己解决不了的问题。孩子并不愿意得到父母的帮助或者并不知道怎么去和父母说，于是就把心事积压在内心，产生了自闭的现象。

2. 女孩想用这种方式来寻求他人的注意力。孩子可能平日里很少得到父母的关心和陪伴，所以想用这种方式来吸引父母的注意力，从而得到父母的关注。

3. 家庭因素引起。父母为孩子制造的家庭环境对女孩的影响，可能在生活中父母总是大喊大叫，或者一言不合就发生粗暴的行为。这种环境对孩子耳濡目染，久而久之，孩子就会对自己所处的环境产生厌恶甚至排斥，这种负面情绪一直积压在心理没有发泄出来，就会变得自闭。

 解决办法

1. 创造愉快和谐的家庭环境。在生活中，父母和家庭成员要尽量为孩子营造一个和谐温馨的家庭氛围，家庭成员之间要和睦相处，避免不愉快的事情发生。在假日里父母要多与孩子进行沟通交流，尽量满足孩子的合理需求。孩子在这样一个融洽的环境中，自然就不会自闭了。

2. 让女孩放松心情。父母可以利用假日多带孩子去户外郊游，让孩子在欣赏美景的同时放松自己的心情。有条件的话可以叫上孩子的小伙伴一同参加，在欣赏美景之余可以让孩子和小伙伴们一起做游戏。这样不仅能让孩子亲近大自然，还能放松自己的心情，培养与小伙伴的健康沟通交流。这种环境中，孩子更容易打开心扉，孩子的心扉打开了，自然就不会自闭了。

3. 父母给女孩树立好的榜样。在生活中，孩子会对父母产生依赖性，因此父母应该给孩子树立一个良好的榜样。让孩子消除负面情绪，健康快乐地成长。同时，在孩子遇到困难的时候，父母也要在第一时间伸出援手，让孩子从这些细节中感受到父母的爱，孩子就不会再有自闭的现象了。

70. 培养兴趣爱好可戒除网游
——女孩沉迷网游该如何处理？

赵女士的女儿安安已经上初中了，最近，赵女士发现孩子在生活中总是沉迷于网络游戏。假日一天在家，手机不离手，一有空就掏出来打游戏，乐此不疲。晚上到了睡觉时间，躺在床上也是玩个不停，赵女士怎么劝阻都不起作用。赵女士表示很烦恼，应该怎么去解决孩子的问题呢？

 案例解析

女孩沉迷于网络游戏有以下这几点原因：

1. 女孩在寻求满足感。可能在平日里父母很少关心和陪伴孩子，孩子在情感上得不到满足，于是就用打网络游戏的方式来宣泄自己心中对父母的不满，用打游戏成功的快感来替代自己感情的满足感。

2. 女孩的学习压力过大。现如今孩子的学习压力越来越大，孩子背负着沉重的压力无处去发泄。因此，孩子就用打游戏的方式来宣泄自己心中的负面情绪，用打游戏的快感来释放自己内心的压力，久而久之，孩子在这种快感中无法自拔，自然就会沉迷于网络游戏当中。

3. 女孩受到父母的影响。可能在生活中父母就喜欢当着孩子的面打游戏，孩子抵挡不住游戏的诱惑，于是也加入其中。时间久了，孩子就会被父母影响开始沉迷于网络中无法自拔了。

 解决办法

1. 培养孩子的兴趣爱好。在平日里，父母要注重培养孩子的兴趣爱好，比如女孩喜欢跳舞，父母就可以带孩子去参加一些舞蹈的兴趣班，让孩子做自己喜欢的事情。久而久之，孩子的注意力就会集中在舞蹈上面，也就没有时间再去打游戏了。

2. 转移孩子的注意力。父母可以用一件事情占据孩子的精力。比如在暑期的时候，可以让孩子报名参加封闭式的学习班，这样孩子在封闭式的管理下，就会暂时告别手机和网络一段时间。孩子长期不接触游戏，自然对游戏没有了热情，从而就会放弃游戏。

3. 多和女孩进行沟通。当孩子沉迷于网络游戏的时候，父母要多与孩子进行交流沟通，问清楚孩子背后的原因，让孩子把自己内心的困难或者挫折说出来，帮助孩子一起想方法去解决。

71. 允许女孩有私人空间
——女孩朋友圈屏蔽父母怎么办？

张女士的女儿婵婵今年已经上初中了。前不久，张女士发现婵婵的朋友圈把自己屏蔽了，她发的内容张女士完全都看不到。对于婵婵的做法，张女士感到很困惑。那么当父母发现孩子的朋友圈屏蔽了自己时应该怎么办呢？

案例解析

女孩的朋友圈屏蔽父母有以下这几点原因：

1. 女孩想有自己的私人空间。孩子每天背负着很大的学习压力，可能只是想拥有自己的一点儿私人空间，而朋友圈就是孩子私人发泄的平台，所以孩子不想让父母去介入属于自己的私人空间，于是就屏蔽了父母。

2. 女孩怕父母对自己发火。孩子害怕自己发的朋友圈中会包含容易让父母发火的内容或者敏感话题，于是就把父母屏蔽，以免发生不愉快的事情和给自己带来不必要的烦恼。

3. 女孩不想有所顾忌。通常情况下，孩子在没有父母监管的情况下才会彻底地放松，才会把自己最真实的一面表现出来。孩子想在朋友圈中发泄自己的情绪，或者展现自己真实的内心世界，孩子不想在发朋友圈的时候总是有所顾忌。其实孩子有时候只是单纯地想去发泄，不想得到父母太过认真的询问和关切，不想让父母了解自己的状态，所以会把自己的父母屏蔽。

解决办法

1. 父母要尊重孩子的做法。孩子的朋友圈屏蔽父母，说明孩子不想让父母去介入自己更多的私人空间，那么父母大可完全尊重孩子的选择。在生活中，父母要对孩子信任，适当地给孩子一些自己的小空间，允许孩子拥有自己的小秘密，尊重孩子拥有自己的隐私，这样对孩子的身心发展都是有好处的。

2. 父母要宽容孩子。孩子屏蔽朋友圈与父母有很大的关系，有的父母总是容不下孩子犯下一点儿错误，甚至一些芝麻绿豆大的事情就会对孩子训斥，这样只会给孩子施加更大的压力。所以父母面对孩子所犯的错误一定要宽容，不要对孩子太苛刻。

3. 与孩子做朋友。在生活中父母要学会与孩子做朋友，同时要多与孩子进行沟通，对待孩子的态度要平和，切忌采取粗暴的行为对待孩子。父母可以经常对孩子讲一些自己的小秘密或者自己身边发生的事情，久而久之，孩子就会对父母放下"戒备心"。对父母绝对信任之后，自然就不会屏蔽父母了。

72.给女孩适宜的审美教育
——女孩迷恋上化妆怎么办？

嘟嘟是一个活泼外向的女孩，随着青春期的到来，嘟嘟的身上发生了不小的改变。从来不热衷于打扮的她，开始对妈妈的化妆品感到好奇，闲暇时总是会对着镜子一一尝试一番。嘟嘟妈妈本来并没有太当回事，但当她发现嘟嘟每天上学前都会打个粉底、画个眼线之后，开始感觉到有些问题了。后来，嘟嘟妈妈在给嘟嘟收拾书包时，更是发现了很多不知名的化妆品。嘟嘟妈妈觉得很担心，女孩在进入青春期后迷恋上了化妆，这可该怎么办呢？

 案例解析

女孩随着青春期第二性征的生长发育，性别意识会获得显著成长，而化妆只是心理认识的一个外在表现而已。一般女孩在青春期会迷恋化妆，大多有以下几点原因：

1. 对妈妈化妆的好奇心。无论男孩还是女孩，在年幼时都会觉得妈妈的化妆品是很有意思的东西，都会想要玩一下。只不过对青春期的女孩来说，看着妈妈化妆已经不仅是一种好奇，更多的是跃跃欲试。

2. 来自同学的影响。从女孩上学时也会化妆中我们可以猜想，在学校中一定有其他女生有化妆行为，这些都可以被看作是吸引女孩化妆的引子。再加上女孩青春期的懵懂心态，会让她们将对性别美的追求放在外在事物上。

3. 影视作品对女孩的影响。现在影视作品和一些公众活动中，女明星们都会打扮得十分靓丽，在红毯上争奇斗艳。这些女明星的风姿容易让女孩心生向往，让她们忍不住想要模仿一番。

 解决办法

1. 给女孩正确的审美教育。从审美敏感期开始，女孩终其一生都会处在对美丽的探索中。在探索初期，父母粗暴的干涉或者限制女孩，就会影响或破坏她们的审美意识发展，只有在女孩的审美形成时给她们正确的引导、鼓励和指导，才能让她们拥有正确的审美能力。

2. 满足女孩的化妆要求。现在市场上充斥着很多不知名的化妆品，以低廉的价格获得很多零用钱不多的女孩的青睐，但是这种化妆品的成分可能会对女孩的皮肤乃至身体健康带来不好的影响。所以，在恰当的尺度内，家长可以给女孩买一些质量好的化妆品，并且教导女孩化妆的技巧和尺度问题。

3. 给女孩化妆礼仪教育。不同的场合要有不同的装扮，在学校时她是学生的身份，应当有符合学生身份的穿着打扮；在家里或者带女孩外出参加一些活动时，可以允许女孩化一些淡妆。千万不要强烈禁止女孩化妆，那样只会起到反作用。

73. 提早进行性教育，避免女孩偷吃禁果

——家长怎么面对偷吃禁果的女孩？

赵女士家的女儿莎莎今年已经上初中了，在学校里莎莎的学习成绩名列前茅，各个方面做得都很优秀。但是最近赵女士却发现莎莎变得很叛逆，放学之后很晚才回家，不做功课，谈恋爱，甚至偷吃禁果。这些过分的行为让赵女士很是生气。那么应该怎么去面对偷吃禁果的女孩呢？

案例解析

女孩偷吃禁果有以下这几点原因：

1. 不良影片对孩子的诱惑。如今网络对于孩子有很大的影响力和诱惑力，很多不良影片传播得非常快。女孩可能正是受到了这些不良影片的影响，再加上正处于青春期，难免会对异性产生幻想。当女孩控制不住自己的行为和好奇心的时候，就会发生偷吃禁果的现象。

2. 青春期发育对女孩的影响。女孩正处于青春期，生理和心理都会发生很大的变化，荷尔蒙也会加速分泌。这时候孩子对于两性也会产生好奇心，甚至会出现性幻想，很容易出现偷吃禁果的现象。

3. 孩子的自我控制能力差。孩子正处于青春的发育期，孩子在这个时期通常都会产生小叛逆，并且做事情不考虑后果，冲动行事，于是就产生了女孩青春期偷吃禁果的现象。

解决办法

1. 父母要时刻关注孩子。正处于青春期中的女孩都会存在一些生理和心理上的问题，尤其是早恋的孩子。当父母得知女孩存在早恋的现象的时候，就要对孩子加以关注，时刻把握孩子的行为和动向，要让孩子明白哪些事情是可以做的，哪些事情是坚决不能做的，让孩子心中有一个底线，并且要时刻提醒孩子，以免发生不可挽回的后果。

2. 让女孩学会控制自己的行为。不管是对于早恋的孩子还是没有早恋的孩子，父母都要教会孩子控制自己的行为。父母可以给孩子买一些青春期教育方面的书籍或者是杂志，让孩子通过阅读来了解青春期的注意事项以及变化。还可以找一些关于偷吃禁果的资料给孩子看，让孩子提前知道事情的不良结果。这样，孩子的心中就会设立一道防线，当孩子真的想去尝试的时候，这道防线就会提醒自己，于是孩子就会抑制住自己的欲望并且控制住自己的行为。

3. 树立父母的权威，如果女孩有了偷吃禁果的行为，那么父母应去宽容孩子并且给孩子留面子。父母应该问清楚女孩的目的和想法，父母要端正自己的态度，坚定自己的立场，树立起权威。父母可以告诉女儿，在得知她出现偷吃禁果的行为之后父母内心的感受，并且明确告诉孩子这种做法是错误的，应该在正确的年龄去做正确的事情，但是这种行为是不符合孩子现在的年龄的。

校园篇

让女孩更顺利地接受
学校的智慧培养

Part 6
女孩的兴趣培养：兴趣是最好的老师

74. 培养女孩与他人的共同语言
——女孩子没有朋友怎么办？

孙薇是一名初一的女孩，有一天，孙薇突然告诉妈妈她不想去上学了。妈妈问她为什么不想去上学，孙薇告诉妈妈说因为自己在学校没有一个好朋友，因为自己总是找不到什么话题和别人说。久而久之，别人也就不知道能和她说什么，这样也就导致孙薇无法交到很好的朋友。对于这种情况，孙薇的妈妈自然也是非常着急，小时候孙薇是一个特别开朗的女孩，因为没有好朋友，孙薇的性格似乎也开始变得内向起来。那么，在孩子出现因为和别人没有共同语言而没有朋友的情况，家长要怎么帮助孩子呢？

 案例解析

其实我们在生活中都会有这样的体验，在别人聊得热火朝天的时候，如果自己插不上嘴的话就会显得非常尴尬。而且长久下去，因为找不到和别人的共同话题，别人也不会主动和自己产生互动，因此也就无法建立友谊。

这在孩子之间的相处之中也是一样的，孙薇出现的问题也是很多孩子正在面临的困惑。

孩子在中学阶段正处在学习适应性和社会适应性出现困难的关键时期，在这一时期内，孩子的世界观、人生观和价值观也逐渐成形，尤其是在现在的孩子都相对早熟的情况之下更为明显。

中学时期的女孩正步入青春期的开端，在她们身体发育的同时，心理的变化也是巨大的。这个时期她们敏感而脆弱，格外在乎别人对自己的看法，自己的很多想法也羞于表达出来，这样也就导致了她们和同龄人沟通的困难，从而无法拥有自己的朋友。这是很多孩子，尤其是正值青春期的孩子都会面临的问题，家长要调整好心态主动面对，帮助孩子成功度过这个时期。

 解决办法

面对孩子因为和别人没有共同语言而没有朋友的情况，家长可以遵照以下几点建议去做：

1. 让孩子知道情况的正常性。一般孩子在出现没有好朋友的情况时都会产生自我否定的情况，严重时就演变成自卑。那么在这个过程中，家长就要及时告诉孩子，这是人生中所面临的正常情况之一。在步入中学阶段后，孩子们之间的玩耍和友谊的建立不再像孩童时期那样天真无邪，很难自然而然和其他人打成一片。家长要加强与孩子的沟通力度，让她们明白这个道理，从而在出现这种情况时不过分紧张。

2. 培养孩子的兴趣爱好。家长在长期观察孩子的过程中要根据孩子的气质和性格特点有意培养孩子的兴趣爱好，比如女孩适宜的兴趣爱好——舞蹈、钢琴等等。孩子有了这样或那样的特长之后，在班级组织一些活动的时候，孩子就能主动地参与进去并接触到更多的人，因此就有机会接触到有共同语言的人，在人际交往和沟通机会增加的前提下交到自己的好朋友。

3. 家长也可以有意识地训练孩子人际交往的能力和技巧，这种训练可以是角色扮演、小组活动等方式。

75. 丰富女孩的课余时间
——家长怎样帮女孩戒掉网瘾？

乐乐今年已经上初中了，之前的学习虽然不是很好，但也不算太差。但是从最近的考试成绩和排名上来看，乐乐的学习成绩下滑得很厉害。乐乐的老师也是非常着急地和乐乐的妈妈进行联系，询问是不是家里出了什么状况，是不是乐乐最近有什么不舒服的情况。乐乐的妈妈也意识到乐乐最近的学习状态是与之前不同了。因为乐乐一回家就霸占着电脑，好像是与网友在聊天，还时不时发出一串串笑声，似乎沉迷在网络世界中了。那么在孩子有网瘾之后，家长要如何应对呢？

 案例解析

现在的孩子似乎都对网络有很强的好奇心，尤其是处在中学阶段的孩子。互联网现在已经深入到每个人的血液当中，互联网带来的便利性我们无可否认，但是如果孩子利用不当，就可能沉迷在网络的世界中无法自拔，从而出现各种各样的问题。其中像故事中的乐乐一样，出现成绩下降的结果就是一种明显的表现。

上网成瘾是由很多因素导致的，比如说出于好奇心对网络世界的渴望，觉得生活比较无聊等，都是孩子沉迷在网络之中的原因。而好奇心和渴望则是其中最为重要的两个因素，加之在现实生活中，人们很难像网络世界中那样说话比较轻松随意，而且在虚拟的网络世界中人与人之间不用见面所营造的安全感，是很多人喜欢网络的原因之一。在学校中，孩子们互相之间也会拿一些网络当中的事件作为谈资，如果不能熟知网络也会造成孩子与其他人之间的沟通障碍，这也进一步促成了孩子的"网瘾"。

解决办法

面对孩子的网瘾，我们给家长提供以下几点建议：

1. 与孩子平等沟通。在沟通的过程中，了解孩子的精神世界，给予她们充分的精神关怀。家长要多聊孩子感兴趣的事，和孩子一起参与现实中有意义的活动，尊重孩子的认知。从而减少孩子对于网络世界的渴望。

2. 丰富孩子的课外时光。在学习之余，家长要培养孩子的兴趣爱好，带领孩子去参与一些线下的沙龙活动，以此丰富孩子的生活，让她找到情感和精力的发泄出口，感受到现实世界的美好。

3. 合理分配孩子的游戏和学习时间。孩子对网络世界的痴迷一般是一种发泄的窗口，也是压力释放的途径。所以在学习的安排上家长要协调安排好，不能让孩子感受到过大的压力而出现逃避的心理及行为。

4. 采取相应的治疗手段。这种方式适用于那些已经沉迷于网络无法自拔的孩子。可以采取一些正规、科学的治疗。

76. 培养女孩的兴趣爱好要趁早
——女孩没有任何兴趣爱好怎么办？

雪儿今年已经上初中二年级了，以前雪儿的妈妈觉得要让雪儿有自己的兴趣爱好，但是并没有勉强她。但是已经上初中二年级的雪儿一点特长都没有培养起来，她似乎对什么都不感兴趣。雪儿的妈妈也曾找雪儿谈过话，但是雪儿表示自己没有什么想学的，而且她告诉妈妈自己只想好好学习。那么面对这种没有任何兴趣爱好的孩子，家长应该怎么办？

 案例解析

有一位乌克兰的教育学家曾经说过这样的话："一个孩子如果到了十二三岁还没有自己的兴趣爱好，那么做老师的人就应该为他担心。担心他长大之后对什么都漠不关心，成为一个平平庸庸的人。"这句话就说明培养一个孩子的兴趣爱好的重要性。

兴趣往往是从孩子的好奇心发展而来的，如果在幼儿园时期，家长和老师没有很好地保护引导孩子的好奇心，那么在她长大之后，就很有可能像故事中雪儿一样——完全没有兴趣爱好。在孩子的幼童时期，家长要鼓励孩子勤于思考，多加提问。而且教育学家说，兴趣是可以培养的。故事中雪儿的情况，也就说明孩子在幼童时期，家长的教育是有失误的，他们没有对雪儿的兴趣爱好多加培养。自由地去发展并不代表不加干涉，应该根据孩子的具体情况，给予适当的引导。就像一个不喜欢读书的人，她的父母总是带她参加一些读书活动，在家营造一种读书的氛围，那么久而久之，她很可能会爱上读书。

解决办法

针对孩子没有任何兴趣爱好的情况，我们给家长以下几点建议：

1.孩子的兴趣爱好需要引导。教育学家总是说我们不能对孩子的兴趣多加干涉，要给予孩子自由发展。但是这句话并不是让家长对孩子的兴趣爱好或是其他方面放任不管，而是在尊重孩子的意愿的同时也要对孩子进行有意识的引导。如果孩子表现出没有任何兴趣爱好，不爱看书也不爱动脑筋的话，这时家长就要反省自己的做法，是不是对孩子放任不管了。

2.兴趣源于好奇心。这就要求在孩子比较小的时候要保护孩子的好奇心，不要抹杀孩子爱问问题的天性。有了好奇心之后，她就很可能去想尝试新鲜的事物，然后培养自己的兴趣爱好。再者家长要做出表率，在家里和孩子的相处过程中，多一些好奇心，多和孩子一起进行一些需要动脑筋的事情，慢慢地去引导孩子的兴趣爱好。

3.不要对学习成绩看得过重。孩子对什么都没有兴趣，也有可能是因为学习的压力太大，让她没有时间去发展自己的兴趣爱好，而且对此缺乏激情。所以，在日常的生活中，家长要平衡好学习与发展兴趣爱好之间的关系，让孩子在特长和学习上共同进步。

77. 引导女孩学会取舍

——女孩兴趣太多，家长怎么对待？

夏红今年就要面临中考了，在紧张的复习与学习的生活中，夏红觉得自己有些力不从心，但是夏红的时间又安排得满满的，什么美术班、民歌班、舞蹈班、书法班她都在上。与其他被迫学习的孩子不同，这些都是夏红自己喜欢然后要求妈妈替她报的，到今年已经学习了三年时间。面对如此多兴趣班和学习上的压力，夏红的妈妈觉得孩子可以适当舍弃一些兴趣爱好，把时间多用在学习上，但是妈妈并不知道怎么跟夏红说这件事。那么，面对这种情况，家长应该怎么做呢？

案例解析

故事中的夏红是一个兴趣爱好非常广泛的孩子，而且能坚持自己的兴趣爱好，这是一件难能可贵的事情，要知道培养兴趣爱好对一个人一生的发展都是非常重要的。"艺多不压身"，尤其是一个女孩子，有那么多兴趣爱好又能坚持的话，一定可以成长为一位气质非凡的才女。但是在中考的紧张关头，时间争分夺秒。像夏红这种有太多的兴趣爱好，反倒成了一种负担。家长一开始让她发展自己的兴趣爱好，但是如今却要让她退出钟爱的兴趣班确实有些不知如何开口。

相信夏红并不是第一个出现这样问题的人，也不是最后一个，夏红妈妈所面对的这种难题也是很多家长所面临的问题。一个人兴趣爱好很多，然后还能有足够的精力和意志力去做当然是一件好事，但是在面对夏红这样的情况时，家长就要和孩子一起商量出一个适当的解决方案了。

解决办法

面对孩子兴趣爱好太多的情况，家长要怎么帮助孩子取舍呢？

1. 在引导孩子建立自己的兴趣爱好的时候就要考虑到今后的情况。其实像故事中的夏红的这种情况，应该说在最开始培养孩子的兴趣爱好的时候，家长是缺乏长远的眼光的。在孩子没有很多的学习压力或是在不面临升学压力的时候，家长总是会觉得孩子的兴趣爱好越多越好，但是却没有考虑到今后的学习和兴趣如何平衡的问题。所以在最开始引导孩子的兴趣爱好的时候，如果孩子表现出对什么都感兴趣的话，家长就要和孩子商量，在其中选择一两个孩子最感兴趣、最符合孩子气质的兴趣爱好进行培养。这样就不会出现夏红现在的这种情况。

2. 告诉孩子升学考试是一次性的，而兴趣爱好是长久的。在面对升学考试的时候，家长要告诉孩子升学考试决定着将来还能不能继续在学习的道路上深造，是关键性的一步，所以在这段时间里，可以适当停掉自己的兴趣爱好，把这份对兴趣爱好的执着用在升学考试中。完成升学考试之后，再回来重拾自己的兴趣爱好。家长要告诉孩子在人生很多问题的处理上都要考虑事情的轻重缓急，这样才能使精力的安排合理适当。

3. 说服孩子要有耐心。可能孩子刚开始并不愿意服从家长的安排，这时家长不要心急，要一步步慢慢来。家长可以和孩子商量先停掉一个兴趣班，然后逐渐地停掉其他兴趣班。

78. 营造音乐氛围让女孩爱上音乐
——如何引导女孩对音乐的兴趣？

贝贝今年已经是一名三年级的小朋友了，出生在一个音乐世家。贝贝的爷爷奶奶在年轻时都曾是军队文工团的歌唱家，贝贝的爸爸妈妈现在也都在大学担任音乐老师。因为这种缘故，贝贝的家人就希望贝贝在长大之后也可以从事音乐方面的工作，毕竟家人可以在这一方面提供帮助。而且，总觉得贝贝在成长的过程中一定对音乐有所钟爱，但是出乎大家意料，贝贝却对音乐没有兴趣。那么家长在面对这种情况时要做怎么去引导呢？

 案例解析

我们说如果一个家庭里有人从事音乐工作，那么并不意味着孩子一定会成为音乐家，但是一个从来没有家庭音乐熏陶的孩子，也不能肯定他长大后一定不会成为音乐家。像贝贝这样的家庭环境，其实是很容易把贝贝培养成一名出色的音乐家的，即使不成为音乐家，也可以成为一个有音乐修养的女孩子。一个有音乐修养的女孩子在将来的成长道路上会受到大家的欢迎，成为一个具有优雅气质的人。但是因为各种原因，上三年级的贝贝并没有对音乐产生兴趣。这时家长也不要太过于着急，毕竟孩子还小，我们相信在有意识的引导之下，孩子会对音乐这一高雅的艺术形式产生浓烈的兴趣的，继而可能成为在音乐上有所建树的人。当然在引导的过程中，家长要注意方式和方法。

 解决办法

家长可以遵循以下几点来培养孩子对音乐的兴趣：

1. 营造良好的音乐环境。家长要根据孩子的年龄和接受能力去安排孩子的音乐活动。比如孩子喜欢听一些故事，那么在讲故事的时候就可以播放一些音乐，在播放音乐的时候要有意识地将孩子的注意力引到音乐上来，让她在潜意识里建立对音乐的敏感性。然后家长可以单独播放一些音乐，然后让孩子听着音乐编故事。

2. 购入一些孩子喜欢的歌曲光盘或是下载一些孩子喜欢的音乐。孩子对儿童歌曲其实是不排斥的，那么家长就要下载一些歌曲或是购买一些歌曲的光盘，让孩子每天可以听到这些曲目。在播放的过程中，家长可以和孩子一起学习歌曲，开展一些比赛演唱。

3. 下载或购入的歌曲类型要慎重。家长要帮助孩子选购或是下载那些有教育意义且好听易学的歌曲，这些歌曲对孩子人格的塑造和歌唱本身都是有作用的，而且易学的好处就是孩子在学习的过程中可以逐渐建立自信，对音乐从排斥到喜爱甚至当成自己的终生事业。

79. 适当的批评让女孩不再沉迷于看电视

——女孩沉迷于电视，家长怎么办？

小曼今年六年级，是一个名副其实的电视迷。每当放学回到家后，小曼别的什么都不做就是要先打开电视，调到自己喜欢的动画片，然后目不转睛地开始看。妈妈叫她吃饭，她也舍不得关上电视，而是端着碗坐在沙发上继续看电视。由于看电视太痴迷，每天的作业完成情况都比较差，学校的老师批评过很多次，但是小曼的家长不知道怎么处理这个情况。那么家长在面对自己的孩子是个电视迷的时候，要怎么处理呢？

 案例解析

电视现如今已经成为家家户户必不可少的家用电器之一，同时也成为儿童日常生活中一个重要的组成部分。根据有关人员的调查，电视成为我国儿童花费时间最多的娱乐方式。孩子在儿童时期更多是看一些动画片，到青春期之后，女孩则更偏向于观看一些言情剧。在观看电视的过程中，孩子不仅仅获得了乐趣，而且在观看的过程中也在建立自己的价值观。电视中传播的信息是孩子探索社会的一个窗口，从中她会了解到什么是现实社会，什么是百态生活，还会了解到社会的行为规范。当然这是电视作为一个传播媒介带给孩子的好处，但是孩子一旦沉迷在电视中，那么她的学习势必会受到影响，电视中的"暴力情节"也会对孩子产生不好的影响，而且长时间地观看电视对孩子的视力和身体也会造成一定的伤害。

解决办法

家长发现孩子痴迷于电视的时候，可以从以下几点入手解决：

1.进行适当的批评。心理学家认为对孩子进行适当的批评和表扬都是非常重要的，表扬可以增加孩子对于是非判断的能力，提高孩子的自信心；而批评可以纠正孩子所犯的错误，让孩子为她所犯的错误产生一些内疚的心理，从而有动力进行改正。当然家长不能打骂孩子，而是要适当地控制她们的欲望。在孩子出现长时间看电视的情况的时候，家长就要采取措施限制她们看电视的时间，给她们创造与人交流接触的机会，让她们多多与人交流和沟通。

2.增加与孩子交流的时间。爱看电视的孩子一般是感觉自己很孤独的孩子，她们只得在电视中寻找她们的乐趣。尤其是那些父母上班比较忙的孩子，她们更容易沉迷在电视中。那么家长就要抓紧一切时间增加与孩子的沟通交流。比如饭后或者睡觉前都是很好的机会，以此去了解自己的孩子，当然切入点可以是孩子喜欢的电视节目。在这个过程中，家长要告诉孩子过长时间看电视的坏处，让孩子真正接受少看电视这一建议。

3.不要利用电视转移孩子的注意力。孩子沉迷于电视其实与父母的教育存在关系。有时家长为了让孩子不打扰自己会利用电视来转移孩子的注意力，长期如此，孩子自然也就沉迷于电视无法自拔了。

4.家长要以身作则。孩子的习惯是由模仿而来的，所以在家里，父母首先自己不能沉迷在电视中，而是和孩子玩一些其他的游戏或是带孩子出门去散步，接触新的朋友，这样孩子也不会轻易沉迷在电视中。

80. 让女孩知道坚持的重要性
——女孩的兴趣爱好不长久怎么办？

安琪今年已经 10 岁了，为了让安琪更好地发展，安琪的妈妈决定培养安琪一些特长，于是就带安琪去少年宫观看孩子们参加的一些课程，让安琪选择自己想学的课程，作为自己的兴趣爱好进行发展。安琪看到同龄的孩子在跳舞，非常高兴，跃跃欲试，于是妈妈给安琪报了舞蹈班，但是上了两节课后，安琪就不再想去学了，觉得舞蹈太难了。家长面对孩子不能坚持自己的兴趣爱好的时候，要怎么去做呢？

 案例解析

其实每一个家长都希望自己的孩子是多才多艺的，尤其是女孩子。为了孩子的多才多艺，家长不惜花费很多的金钱去培养孩子的特长，希望她们不光在学习上很优秀，而且也能在音乐、舞蹈等方面有所造诣。但是，有些孩子在一开始的时候对此并不排斥，但是在接触之后，尤其是发现学起来很难的时候，有的就可能会放弃，这是孩子年龄和心智发展的局限性的表现。她们容易对什么事都表现出"三分钟热度"，难以坚持到底。

像故事中安琪的情况其实不在少数，家长兴冲冲地给孩子报了班，交了钱，孩子满怀热情地去学习了，但是却发现很难，不是自己所想象的那样简单快乐，就嚷着要放弃或是更换自己的兴趣爱好，这样一来，钱也花了，时间也投入了，却学不到真正的本领。孩子的好奇心很足，但是毅力不足是根本原因。如果孩子的兴趣多变，也可能掺杂了孩子的从众心理和攀比心理。有时也因为孩子不能正确地自我认知，导致自己这山望着那山高，造成孩子不能坚持。

 解决办法

面对孩子不能坚持自己的兴趣爱好，家长可以从以下几点入手解决：

1. 引导孩子不要浮躁，建立自信。孩子做事不能坚持的关键因素就是孩子心浮气躁，家长要经常教导孩子做任何事都是冷静和热情并存的，热情就是对兴趣爱好的一时喜欢，冷静则是在激情退去之后的坚持和不骄不躁的精神。家长可以给孩子讲一些名人坚持的事迹，帮助孩子去除浮躁。家长还可以给孩子设定阶段性的目标，鼓励孩子一步步脚踏实地去完成，之后给予孩子充分的肯定，逐渐帮助孩子建立自信。

2. 要让孩子正确评价自己，把力所能及的事情作为自己的兴趣爱好。家长长期观察孩子之后，要对自己的孩子给予正确的评价，然后引导孩子去做自己力所能及的事情，教导孩子不要和别人攀比，不要人云亦云，不要过高地评价自己。家长可以针对孩子的能力拟定一些兴趣爱好，让孩子做出选择，然后告诉孩子一旦做出选择就要坚持下去。

3. 家长不要将兴趣爱好功利化。家长总觉得自己花钱培养孩子的特长，那么孩子就要取得一定的成绩来回报自己，具体的就是要求孩子去考级、去比赛、在亲戚朋友面前表演。其实在这个过程中，家长培养孩子兴趣爱好的目的就变得功利化了。孩子发现自己的兴趣爱好成了自己的一种负担，难免会对自己的兴趣爱好产生厌恶的情绪，继而不能坚持下去。所以，家长要认识到培养孩子的兴趣爱好只是为了陶冶她的情操，让她更为敏感地去感受生活中的美，而不应该掺杂一些功利性的目的。

81. 引导女孩培养兴趣爱好的意义
——女孩认为兴趣班没有用怎么办？

毛毛今年上一年级，毛毛的妈妈看到邻居家的孩子都去了少年宫，心里也一直琢磨着给毛毛报一个什么兴趣班。这一天，妈妈决定领着毛毛去少年宫看看，让毛毛决定她想培养什么特长。但是面对眼花缭乱的兴趣班，毛毛只是拉着妈妈的手嚷着要回家。她告诉妈妈，她不想报任何兴趣班，觉得上兴趣班纯属浪费时间，是没有用的。那么面对这种情况，家长要怎么做呢？

 案例解析

其实我们家长都知道，培养孩子的兴趣爱好对于她一生而言，有十分重要的意义和影响。

兴趣爱好指的就是那些我们自己本身积极地乐于去寻找、认识、掌握技能的某种事情并希望参与到其中。在学习某种特长的过程中，我们收获的不只是某种技能，更是在学习的过程中培养的坚忍的意志等良好的品质和掌握一种学习所需要的方法。比如，一个孩子学习画画，那么在学习的过程中她不仅掌握了画画的技能，也会思索如何能把一幅画画得更好，采取怎么的方式能更快地学习到画画的本领。而且在长期的坚持学习下，她会练就坚持的品质，会积极向别人请教。她还会结识一些志同道合的朋友，拓宽自己的朋友圈。这对她整个人生都是非常重要的。

但是，就像故事中的毛毛一样，有很多孩子并不知道培养某种特长会给自己带来怎样的好处。或许她会认为，"我将来不想从事这个特长所在的行业，所以我没有必要去学习"。这时候就需要家长去引导、去让孩子认识到培养兴趣爱好的意义所在，并在孩子参与到某种兴趣爱好的培养中时，让孩子逐步体会到它所带来的益处。

 解决办法

面对孩子觉得培养兴趣爱好没有用的时候，家长可以从以下几点着手：

1. 想尽方法让孩子选择其中一种。孩子只有真正参与进来，才能逐步认识到培养兴趣爱好的好处，否则一切都只是空谈。所以，在一开始的时候，家长可以对孩子说明培养兴趣爱好的好处，如果她听不进去，家长也不要着急，可以对她说，给她报这样一个班就是想让她去结识新的朋友，供她娱乐，没有任何要求。这样的话，孩子也不会有太大的拒绝情绪。再者，家长可以和孩子玩伴的父母一起商定给孩子报什么班，让她们结伴而行，这样孩子参与进来的意愿也会相对大些。

2. 激发孩子对某种特长的兴趣。如果家长准备给孩子报某种兴趣班的话，就要提前给向渗透一些关于这个特长的魅力。可以是在家里放音乐，和孩子一起歌唱，给孩子报音乐班打下基础；可以是观看书法视频，给孩子报书法班打下基础等。这样提前准备的好处就是孩子对学习某种特长不再排斥，也不会觉得某种特长是没有用的。

3. 宣讲培养特长的好处。孩子在家长百般的劝告之后同意参与到兴趣班中时，家长就要有意识地让孩子认识到她培养兴趣爱好之后的变化，比如，懂得坚持了，可以为了一件事早睡早起了，走路姿势变好看了等。在这些夸赞之后，孩子不仅会提高自信心，而且认识到了培养兴趣爱好所带来的好处。至于培养兴趣爱好的更深层次的意义，可以在孩子成长过程中让她自己慢慢体会。

82. 尊重女孩对兴趣爱好的选择
——女孩与父母的兴趣相违怎么办？

小美今年上三年级，小美的家人一致决定要给小美报个兴趣班。有一天，小美的妈妈看到邻居的小孩正在学习钢琴，就决定让小美学习钢琴，觉得钢琴可以培养孩子对音乐的灵性，增加她的涵养，甚至有机会去国外进行表演，而且小女孩学习钢琴将来也利于找男朋友。但是在征求小美意见的时候，小美却表示自己不愿意学习钢琴，她比较喜欢书法，想要学习书法。但是小美的妈妈觉得书法不太适合女孩子，于是坚持让小美学习钢琴，小美就只能硬着头皮去学。那么面临孩子的兴趣爱好与家长相违背的情况时，家长要如何去做呢？

 案例解析

其实在很多的家庭中都面临这样的问题。不仅是孩子的兴趣爱好也表现在对孩子的学习上。那么在面对孩子的意愿和家长相违背的时候，家长要固执己见吗？要把自己的喜好强加在孩子身上吗？其实，每个孩子身上都蕴含着无限的潜能，我们家长也有所体会。如果去做自己真心想去做的事情时就会拼尽全力，尽自己全部的努力去做好，也就很大可能性取得成功。孩子自主决定自己想要做的事情后，她的才能和潜能也才能充分地发挥出来。我们在看一些名人的成功事迹中就可以发现，那些人之所以可以取得成功，就是因为做了自己想去做的事情。所以在面对这个问题时，家长不要一味地以自己的意愿去决定孩子要去做什么。

有的家长会觉得孩子还小，其实她也不知道什么是她真正想去做的，而且通常家长会以一句"我都是为了你好"来说服孩子，其实这也是不对的。孩子年龄尚小是不错，对自己的发展方向的把握也不是很准确，这时需要家长的帮助，但是这种帮助是在尊重孩子的基础之上，是在充分了解孩子的意愿之上进行的。而且"一切为了孩子好"不免带有一种控制欲的满足。

 解决办法

针对孩子喜欢的与父母的愿望相违的情况，我们给出以下几点建议：

1. 在观察的基础上尊重孩子的意愿。家长无疑是最了解自己的孩子的人，在朝夕相处的过程中，孩子对什么感兴趣，孩子不喜欢什么，家长也是非常清楚。在知道自己孩子的兴趣所在和气质的时候，家长要选择一些适宜孩子的兴趣爱好供孩子去选择，而不是替孩子去做选择。

2. 如果家长想让孩子从事自己所希望的兴趣爱好，不应该采取这种强行决定的态度，而应该在孩子还小的时候，将某种兴趣爱好带到她的生活中去，让她自然而然地受到熏陶，说不定就把这种家长刻意给她营造的氛围作为自己的兴趣爱好。在不知不觉中实现家长的目的。

3. 家长要明白进兴趣班的是孩子，所以最终的决定权也应该是孩子。明白这一点之后，家长也就不会对此多加干涉。而且，在满足孩子的兴趣爱好之后，孩子也就会尽最大的努力，让家长的钱没有白花。

83. 兴趣爱好的培养不分男女
——女孩的兴趣偏男性化怎么办？

甜甜今年上初三，甜甜长相甜美但是性格却有些像男生，平时也爱和男生一起出去玩。

因为甜甜有一个上高中的哥哥，所以甜甜更加有机会和男生一起玩。哥哥在平时就会带她去打篮球、踢足球等。日子久了之后，甜甜发现自己在打篮球和踢足球上都很有天分，也打算好好培养一下，报个兴趣班。但是妈妈觉得甜甜的兴趣太偏男性化了，就拒绝了她，为此甜甜很是伤心。那么在面对孩子的兴趣爱好偏男性化之后，家长要怎么处理呢？

 案例解析

故事中的甜甜是一个长相甜美的女生，但是她的兴趣爱好却偏男性化。其实在很多人看来女孩子就应该喜欢琴棋书画这样比较安静的事情，男孩子就应该驰骋在球场。其实在现代社会，这种思想本身就存在问题。我们不能因为打篮球、踢足球的人中男生偏多就认为这种兴趣爱好是属于男生，我们也不应该看到很多学习琴棋书画的人当中女生偏多就认为如此一类的兴趣爱好就属于女生。所以家长在面对这种不成问题的问题时，把问题过分严重化了。

在现实生活中，其实像甜甜这样，虽然是女生但是兴趣爱好像很多男生一样喜欢打篮球、踢足球的人比比皆是，这并不能说明什么，也不应该被扣上"女汉子"的头衔。而且因为在世俗的世界中存在这种"女生就该有个女生的样子"观念，使得很多女孩子不敢真正去面对自己喜欢的，这是不对的。兴趣爱好作为一种有益身心健康的行为，是不必区分男女性别的。

 解决办法

针对孩子的兴趣爱好偏男性化这一点，我们给出家长以下几点建议：

1. 家长不要过分紧张。在得知孩子想报篮球班或是足球班之后，家长其实不用过分紧张，孩子一时比较喜欢就应该去鼓励她做自己喜欢去做的事情。而且在女孩成长的过程中，孩子的性格是变化的，周围接触的人也是在变化的，要给孩子改变或是决定的充足的时间。

2. 在考察不危险的前提下给予支持。家长不同意女孩从事某种兴趣爱好的时候，其实也是怕女孩在其中受到什么伤害，或是兴趣爱好本身存在一定的危险性。那么家长在此之前就要对孩子的兴趣爱好进行考察，对孩子接受兴趣爱好培养的场地和教练进行了解，在确定安全的前提下，支持孩子的兴趣爱好，因为只有孩子真正想要做的，她才有极大的可能性坚持下去。

3. 提醒孩子注意"男女有别"。在同意之后，家长还要告诉女孩子"男女有别"，这其中有两个含义，一方面是要求女孩在性别方面保护自己，另一方面是认识到自己的身体素质与男生存在差异，在运动的过程中不要太拼，要量力而为。

84. 做针线活同样是一种好的兴趣爱好
——女孩鄙视针线活和厨艺怎么办？

毛毛今年上初二，每次看到妈妈拿着针线去缝衣服的时候就觉得很丢人。她告诉妈妈现在很少有人去缝补东西，东西坏了去买就可以了。而且每次妈妈在做饭的时候总是希望毛毛能在旁边看着，希望让毛毛接触到厨艺，将来不管是自己还是成家以后都可以吃到自己亲手做的美味。但是毛毛每次都不愿意，觉得会做饭的女孩肯定命都很苦，因而对此很鄙视。那么，面对这种对针线活和厨艺都很鄙视的孩子，家长要怎么办呢？

 案例解析

在以前，针线活和厨艺可以说是每个女孩都必备的技艺。但是现在女孩却不同，暂且不谈做针线活和厨艺，连简单的穿针引线和洗碗擦地对她们来说都存在一定的难度，甚至觉得这种事情不应该她们来做，呈现出了一种鄙视的态度。

其实这个变化过程并不能责怪现在的女孩，究其原因，就是我们在培养女孩的才艺的过程中把这两样东西很自然地屏蔽掉了，而只看中钢琴、小提琴、舞蹈等等这些才艺的培养，久而久之，她们也就不再觉得会做针线活和会做饭可以称之为才艺了。

另外，孩子的家庭地位在逐渐提高。以前家里有很多孩子，但是现在的独生子女很多，家长对孩子的过分保护也让孩子觉得做针线活和做饭是一件比较辛苦的事情，因而越发排斥。

培养一个"上得了厅堂，下得了厨房"的女孩一直是家长的一个愿望，而且也应该是女孩自身的追求所在。所以，在这种情况下，家长就要积极培养孩子做针线活和做饭的能力，即使孩子不会做至少也不能是一种鄙视的态度。

 解决办法

针对孩子鄙视针线活和厨艺的情况，家长可以做以下几点引导：

1. 创造环境。女孩呈现一种怎么样的生活态度其实与家庭有分不开的关系。所以家长的教育是至关重要的，家长要给孩子提供一个学习的环境和机会。在日常生活中，如果孩子的纽扣掉了需要妈妈去缝的时候，家长就要有意地引导孩子自己去学习缝纽扣。在学习的过程中，增加趣味性，目的是让孩子来了解、爱上针线活，至于缝得好不好家长不要过分在意。孩子完成后，要对孩子进行表扬和激励，增加她对针线活的兴趣。

2. 让孩子参与进来。在家长做饭的时候，如果时间允许，家长要让孩子参与进来，让她择菜或是给自己递调料瓶等，在参与的过程中，家长要给孩子讲解一些做菜的乐趣、技巧和安全知识，孩子就有可能自然而然地喜欢上做饭。

3. 观看有关视频。家长可以在孩子小的时候就给孩子观看一些做针线活和做饭的视频，在观看的同时和孩子一起学习视频里教授的步骤。在此过程中，孩子不仅能体会到学习的快乐，也掌握了技能。

85. 兴趣爱好并不是越多越好

——女孩兴趣爱好泛滥是好事吗？

诗诗是一名上初中的小女孩，学习成绩中等，但是诗诗在班级里很受同学的欢迎，尤其是在有什么才艺表演的时候。诗诗报了很多兴趣班，有舞蹈的、小提琴的、书法的。所以在有什么才艺表演的时候，诗诗总能收获很多掌声，因此也特别自傲。就在前几天，诗诗又向妈妈提出自己想学习钢琴的想法，问及原因时，诗诗说："因为班级中的小美就学了钢琴，所以我也想学。"诗诗还告诉妈妈。她觉得兴趣爱好越多越好。面对这种情况时，家长要怎么去处理呢？

 案例解析

近些年来，家长对于孩子的兴趣爱好的培养越来越重视，家长也意识到孩子德智体美劳的素质教育的重要性，所以在给孩子报各种兴趣班的时候讲求的也是越多越好。家长觉得孩子多学一种才艺长大之后就可能多一条出路。在上述故事中，诗诗觉得兴趣爱好越多越好，其实孩子的想法与周围的人有很大的关系，我们可以推断出孩子周围一定有人认为"人的兴趣爱好越多越好"，而且这个人是孩子比较信赖的人。

那么兴趣爱好是不是越多越好呢？其实并不是。孩子的兴趣爱好的培养是要结合孩子的喜爱程度和精力综合去考虑的，兴趣爱好的培养是需要长久的时间和艰辛的努力的，需要孩子长久地坚持下去，因此孩子是否有时间与精力去平衡学习与兴趣就显得很重要。兴趣爱好多，一方面可以多方位地对孩子进行培养，另一方面也可能会造成孩子过分疲惫和对学习的懈怠。

而且，从故事中我们了解到其实诗诗想学钢琴的原因是因为同班同学里有一个女生学了，所以她也想学，这就存在从众和攀比的心理。

 解决办法

针对孩子觉得兴趣爱好越多越好的情况，我们给家长以下几点建议：

1. 家长应该注意在家庭中的言辞。孩子的思想很容易受到自己重视的人影响，所以家长的思想和话语其实对孩子形成某种观点是至关重要的。所以，如果不想让孩子出现"兴趣爱好越多越好"的想法，家长就不要向孩子宣扬这种言论，或是在平时拿别的孩子有很多才艺来激励孩子。

2. 在孩子还小的时候，她可以有很多兴趣爱好，但是要让她知道对于兴趣爱好要坚持，如果不能坚持，兴趣爱好并不是越多越好。而且要让她知道自己将来的学习压力可能会很重，所以在兴趣爱好的选择上也要慎重一些。

3. 让孩子建立对兴趣爱好的正确观念。兴趣爱好的培养是人的一种情感或是情绪的宣泄出口，是一种提升自己的工具而不是攀比的工具。所以在对自身有所认知之后，就不要因为别人学习什么就嚷着要学习什么，这就与培养兴趣爱好的初衷相违背了。

Part 7
女孩的学习培养：成绩来源于日常点滴

86. 逃课的行为背后蕴含各种各样的原因
——面对女孩逃课怎么办？

王洁是一个12岁的孩子，今年已经在上六年级了。前段时间在生病，所以王洁的妈妈给王洁的班主任请了假让她在家休息。但是，有一天，王洁的妈妈突然接到班主任的电话问孩子的病好些了吗，王洁妈妈一时很纳闷，王洁明明病好了，早就去学校去上学了啊，怎么老师还在问孩子的情况。原来王洁竟然有3天没去学校上课了。王洁的妈妈惊讶不已，但是王洁这几天还是像往常一样按照上下学的时间出门和回来。那么，遇到孩子逃课的情况，家长要怎么做呢？

案例解析

故事中的王洁只是一位12岁的小朋友，处在这样较小年龄段的孩子，她们是比较贪玩的，上学的路上有什么好玩的事情，可能就将孩子的注意力吸引过去了，然后完全沉浸在玩耍的乐趣当中，把上课遗忘掉了，结果变成了逃课。事实上，酿成孩子最终逃课现象的都是从迟到开始的，孩子迟到了害怕老师批评，不敢喊报告进教室，所以，最终将迟到演化成了逃课；还可能是孩子沉迷在网络当中，选择逃课去网吧。总之孩子逃课的现象是有各种各样的原因的，一方面是孩子内在的原因，一方面是因为外界的契机。一般那些性格比较内向，有自我中心倾向和自卑感强的孩子在遇到成绩好或是和同学、老师相处不快的情况时就很可能出现逃课的现象。近些年，由于儿童逃课，导致孩子流向社会，增加了儿童犯罪的概率，影响了社会的安定。据国内调查报告，逃学所致的流失学生的犯罪率比在校生高15.6倍，这也就说明了逃课的确是一个值得高度重视的儿童问题。

解决办法

我们家长在面临孩子逃课的问题上，态度上要严肃认真，但是也不要因为情绪激动采取错误的方法策略，这样是解决不了问题的。

在孩子出现逃课行为的时候，家长首先要做的就是搞清楚孩子逃课的真正原因，从而对症下药。当然在获取孩子逃课的真正原因时，家长要注意方式方法。

孩子如果是因为课业压力比较大，因为心理负担重而选择逃课，那么家长和老师就应该反省，自己的教育教学方法是不是合理，是不是给孩子带来了太大的压力。认识到这一点后，就要酌情给孩子减负，不要将望女成凤的压力全部传递给孩子，不然孩子容易产生消极的对抗情绪，就会丧失对学习的兴趣和学习的信心。

另一方面，要谨防孩子在家庭或是在社会上沾染"上学无用论，唯有赚钱高"这样的思想，家长要注意避免让孩子听到或看到这样的事情，这些会让孩子觉得知识的用处不大，能赚钱就够了。这样的话，孩子的学习兴趣就会日益减退，从而导致逃课的行为。

如果了解到孩子是因为觉得学习很困难对学习不感兴趣。那么家长就要帮助孩子学习，帮助她克服学习上的难题，进行耐心指导。孩子在学习上取得一点进步时就要多加夸赞与激励，从而改善孩子对学习的态度，让孩子养成良好的学习习惯。

87. 女孩爱迟到有其原因
——女孩上课总是迟到怎么办？

妞妞今年开始上一年级了，但是每次早上起床都是比较困难的一项工程。妞妞的妈妈每天都要花费好长的时间，才能让妞妞从睡觉的模式调到起床的模式。即使妞妞醒了，她穿衣服的速度也是极其之慢，妞妞的妈妈有时只好亲自动手帮她穿。总之，妞妞上学总是迟到，而且据老师反映，妞妞在学校每上一节课也总是会迟到一小会儿。这让妞妞的妈妈非常着急，孩子从小养成上课迟到的毛病，长大之后难免会继续迟到。那么怎样做才能让孩子改掉上课迟到的毛病呢？

 案例解析

故事中的妞妞今年刚开始上一年级，之前在上幼儿园的时候，因为年龄较小，幼儿园和家长对于孩子上幼儿园的时间要求并不是很严，这也就在一定程度上导致孩子没有养成固定的时间观念。而且她在进入到一年级之后，上课的模式发生改变，需要按时或是提前到校，课间活动减少，上课时间增多，一般学校都是每天 4~6 节课，每节课 40 分钟，这就会导致她的负担加重，在此期间会感到不适，这也就直接影响她们的学习，她们对待学习、上课的积极性就会受到影响，迟到的现象就会发生。而且，在故事中，我们可以看到，妞妞在生活中做事是比较拖沓的，所以培养起她干脆利落的生活习惯也是至关重要的。总之，在孩子上学之前，家长就要有意识为孩子上学之后的精神状态和生活习惯做好充分的准备，让孩子提前进入到上学的状态当中去，增强她准时上学的意识。

 解决办法

一方面，家长在日常的教育当中，就要提早将时间观念注入给孩子。家长可以让孩子认识时钟，培养孩子今天、昨天、明天这样的观念，还可以借助自然现象，比如日出、日落，让孩子感知到时间的存在，在平时游戏的时候，可以加入一些按照规定的时间完成某种事情的游戏内容，比如让孩子制作一日计划表等。在孩子上幼儿园的时候，可以每次到幼儿园后，让孩子看看谁没有迟到，提出向他们看齐的要求，这样就可以逐渐培养起孩子自身的时间观念。

另一方面，家长要让孩子自己找到迟到的原因，在这个过程中，不仅仅要从具体的问题入手，更要从认识和态度这一根本问题上入手。孩子一般会把自己的迟到的原因归咎在其他人身上。比如，孩子会说"迟到不是我的错，是因为妈妈骑车太慢"或是"妈妈没有早早叫醒我"等，那么家长就要让他们认识到要想不迟到，就要改变自己，和其他人无关。要让孩子认识到迟到是自己的原因，不应该责怪爸爸妈妈，那么孩子就会在生活的细节处做出改变，改掉迟到的坏毛病。

最后，家长要注意身教的重要性，给孩子做出表率，利用孩子模仿的天性，养成做任何事都按时完成的好习惯。

88. 引导女孩认识写作业的重要性
——如何教导不爱写作业的女孩？

今年上三年级的小雪，成绩时好时坏，在班级的排名有时可以进到前五名，有时又会降到十几名，成绩的不稳定让小雪的妈妈非常着急。于是小雪的妈妈就认真观察起了小雪的学习情况，她发现只有在有人的情况下，小雪才会认认真真地独立完成作业，如果没人在身边，小雪写作业就会非常拖拉。而且有时甚至是不写作业就开始玩耍，玩到很晚，即使这时妈妈发现小雪作业还没写，但是为了明天准时上课，也会无奈地让小雪上床休息。所以，小雪不爱写作业这个毛病一直困扰着小雪的妈妈。那么家长如何解决孩子不爱写作业这一毛病呢？

　案例解析

孩子不爱写作业的情况是普遍存在的，也非常让家长头疼。那么，面对孩子不爱写作业的情况，我们首先要知道孩子不爱写作业的原因有哪些。一般情况下，有以下几点原因：

1. 家长对孩子的期望太高。有些家长对孩子的学习过于重视，甚至有的家长辞职在家专门抓孩子的学习，这样做会给孩子造成很大的心理压力和生理压力，反而造成孩子不爱写作业的情况发生。

2. 父母过分地陪伴学习。孩子在学习过程总是有家长在身边督促，那么就造成孩子缺乏学习的自觉性，无法领悟到学习是自己的事情，也就难以独立地解决问题，体会不到在学习中解决问题的乐趣，那么就丧失写作业的热情。

3. 家长传递给孩子学习的目的性存在错误。我们常常会听到有些家长对孩子说："你如果不好好学习，那么将来就去扫大街吧。"这样功利性的暗示就造成孩子把学习当成一件苦差事，对学习提不起兴趣来，注重别人对自己学习成绩的评价，那么自然就不会去自愿完成作业。

4.孩子没有掌握学习的方法。没有掌握正确的学习方法，导致孩子在学习的过程中感受到的都是痛苦，那么就出现不爱学习、不爱写作业的情况。

 解决办法

针对孩子不爱写作业的情况，家长可以采取以下措施：

1.家长要经常与老师联系沟通，了解班级里其他孩子的作业完成情况，了解这个年龄段的孩子完成这些作业的能力水平是如何的，在确定其他孩子都能完成作业的情况下，家长就可以知道其实自己的孩子也能完成作业。外界因素是不存在的，那么就要着重找到孩子不爱写作业的内在因素。

2.要先去了解孩子不爱写作业的具体因素是什么。问一问她是不是对老师的讲课内容没有听懂，或是对写作业这件事本身没有兴趣。那么接下来就要有意识地引导孩子，可以陪她一起写作业。当孩子遇到问题解决不了不要训斥孩子，要耐心指导，让孩子体会到学习、做作业的乐趣所在。在孩子表现好的时候可以给予适当的奖励，比如亲亲她、抱抱她或者答应她在写完作业后可以看半小时的动画片等。

3.要给孩子营造一个良好的写作业的环境，固定一个写作业的场所，不要让她在写作业时受到外界环境的影响，这样也可缓解孩子不爱写作业的难题。

89. 女孩写作业拖拉问题要重视
——女孩写作业拖拉怎么办?

郑依依是一个小学生，属于乖巧可爱型的女生，平时无论在家还是在学校都非常听话，但是依依的学习成绩一直上不去，她并不属于那种学习不认真的孩子。依依的毛病出在写作业上，她不是不想写作业，而是写作业的速度实在是太慢，总是拖拖拉拉的。依依在写作业的时候总是忙东忙西，小动作不断。别人一个小时可以完成的作业量，依依可以从晚上 7 点写到 10 点，之后才能上床睡觉。依依的妈妈觉得就是因为依依写作业太拖拉导致她第二天上课时没有精神，对知识点的消化当然也就比不上那些很早就完成作业去睡觉的孩子。那么，面对孩子写作业拖拉的毛病，家长要如何去解决呢？

 案例解析

造成孩子写作业比较拖拉的原因有很多，以下几点就是可能存在的原因：

1.可能孩子天生就是慢性子的人。在心理学中，人格可以有四种不同的分类，如果你的孩子是黏液质和抑郁质，那么她们的慢性子可能就是天生的，做事就会比别人慢一些。

2.孩子可能缺少时间观念。孩子之所以做作业比较拖拉，很大可能的原因就是她们不像成人一样对时间比较敏感，她们一般没有时间的紧迫感，对时间的概念比较模糊。这样，她们就不会知道写作业很慢会有什么不好的影响。家长盯着她去写作业，强制她写作业不要忙东忙西时，其实并不能解决根本问题。

3.孩子的注意力容易转移。孩子的注意力是受外界环境影响较大的，旁边一有什么比较好玩的东西或是事情就会立马吸引她们的注意，从而让她忘记自己要写作业。

4.孩子对写作业不感兴趣。我们都知道在做自己不喜欢的事情时就会比较拖拉，不能认认真真去完成。

5.孩子缺乏自信心。在写作业的时候缺乏自信，表现为怕出错，怕被人批评，在这样的担心下，孩子就会畏首畏尾从而拖延了时间。

6.孩子缺乏安全感。有的孩子天生比较胆小，尤其是女生，这时她希望自己的爸爸妈妈可以陪在自己身边，那么她就会故意拖拉，达到爸爸妈妈和自己待在一起的目的。

7.父母过高的期望。有些父母把孩子的时间安排得满满当当，没有给孩子留出自由支配的时间，让孩子一个任务接着一个任务地去完成，于是孩子就采取拖拉的办法去与父母消极对抗。

 解决办法

针对孩子写作业比较拖拉的毛病，家长可以对症下药，在平时的教育中注意对孩子进行时间观念的灌输，让她们知道要在规定的时间完成规定的事情是非常重要的，当然也可以采取游戏的方式。

其次，家长要注意对孩子进行抗干扰能力的训练，要营造一个安静舒适的环境来帮助孩子戒掉写作业拖拉的毛病。

再次，家长要合理安排孩子的时间，不要剥夺孩子玩耍的时间，劳逸结合的方式更有益于孩子的成长，要让孩子知道早点儿完成作业就能早点儿去做自己想去做的事情。而且，要告诉孩子写作业只是一种提高成绩或是锻炼能力的方法，那么做错题就是很正常的事情，只要能在之后的学习中弥补上就可以，从而建立起孩子的自信心。

最后，家长要以身作则，在平时自身也要注意对时间的重视程度，引导孩子模仿家长的行为，帮助孩子戒掉做事拖拉的毛病。

90. 写作业粗心的毛病要不得
——女孩写作业很粗心怎么办？

小花虽然是一个女孩，但是做事比较粗心，一点儿都没有女孩应有的细心。小花每天完成作业后，妈妈总是会把小花的作业检查一下，在这个过程中妈妈就发现，在算数题上，小花明明知道正确答案，但就是因为粗心，导致在书写的时候答案写错了，比如将"78"写成

"87"。妈妈在想：这要是在考试时，肯定就丢分了。那么针对孩子写作业比较粗心的情况，家长要怎么去做才能改掉孩子这一毛病呢？

案例解析

其实有很多家长都会面临这样的问题，他们觉得，自己的孩子明明挺聪明的，但是在考试时却总是会在不该犯错的时候犯错，导致孩子没能取得很好的成绩。这就是孩子做事比较马虎、粗心的原因。造成孩子粗心的原因有很多，有的是因为孩子本身的性格问题，她们本身就是急性子；有时是因为态度问题，她们对待学习不够认真，从而造成在做作业时比较马虎；有时也是熟练程度的问题，对知识点不熟悉，就会采取马虎的态度绕过去；还有的孩子是压根没有认识到马虎的危害性；还有的是因为作业太多，为了早点儿完成就不得不快点儿做，这样就出现马虎的现象等。总之，解决马虎问题必须对症下药。

解决办法

针对孩子写作业很粗心的情况，家长可以采取以下措施：

1. 给孩子一个错题本。让孩子把自己做错的题目抄到错题本上，这个错题本的存在就提醒了孩子做事要认真不能粗心，这样就有利于孩子认识到错误的危害，改正粗心的毛病。

2. 对待草稿也不能太过于"潦草"。一般孩子都会有打草稿的习惯，如果孩子的草稿太过于潦草，就会导致她在写到作业本上时也同样出现马虎的毛病。

3. 限制孩子使用橡皮的次数。橡皮有时是造成孩子粗心的根源，因为她知道出错了还可以再擦掉。那么如果限制了她使用橡皮的次数，就会在一定程度上让她"三思而后行"。

4. 养成做完之后检查的习惯。无论是在平时的作业中还是考试时，自检的习惯都要养成，通过自检，她就会明白一些问题出在自己的粗心上，从而戒掉粗心。

5. 制定粗心的惩罚机制。与孩子制定出现粗心的惩罚机制，从而减少粗心的情况发生。

6. 通过日常中的"细活儿"锻炼孩子。比如练习写正楷字、缝衣服的扣子等，让孩子养成做事细心的习惯。

91. 写作业需别人帮忙是一种依赖心理

——女孩让人帮忙写作业怎么办？

张强的小女儿每天放学回家的第一件事就是完成老师布置的作业。在孩子刚上小学的时候，他们总是在孩子写作业的时候陪伴在她身边，现在孩子已经养成了这种习惯，在她写作业的时候，总是希望爸爸妈妈或是其他人待在自己身边，似乎只有这样才能完成作业。这个习惯让张强和他老婆非常苦恼，因为这样会占用大人的时间，不能在女儿写作业的时候做其他的事情。那么面对这种情况，家长要怎么去处理呢？

案例解析

现在的家庭一般会把孩子放在首位，给予其方方面面的关心与爱护，但是在这种环境下也就容易造成孩子产生依赖的习惯，落实在写作业的问题上，也是同样的道理。故事中的小女孩因为长期在写作业的时候都有家人的陪伴，所以，她养成了依赖习惯。其实在这个过程中，孩子养成这样的习惯主要责任是在家长的身上。当孩子写作业有这个习惯时，说明其在生活中的其他方面也很可能存在类似的问题，所以家长要从生活的方方面面着手，纠正孩子的依赖心理。

在这个过程中，家长首先要搞清楚孩子之所以在写作业时需要大人帮忙是出于什么样的原因。有的孩子是因为知识点掌握不好，解决不了问题；有的孩子则就是单纯地想让别人帮忙；也有的是因为对自己缺乏自信。

 解决办法

面对这个问题，我们推荐家长采取以下几点措施，但是最终还是要对症下药，具体问题具体分析：

1. 让孩子巩固知识点。回到家后，家长可以在相对轻松的环境下，让孩子对知识点进行回顾。比如，问问孩子今天学了什么，提出一些问题让孩子给自己讲解。这样做一方面可以让孩子对知识点巩固加强，另一方面也可以增加孩子的自信心。

2. 逐渐养成孩子独立做作业的习惯。让孩子独自在合适的空间里完成作业，在此期间不要打扰孩子，当然这个过程可以逐渐实现。对于故事中张强的小女儿就要一步步地去实现。可以告诉她：你先自己去完成，把不会做的留下来，一会儿我们帮你解决。

3. 建立孩子的自信心。一般孩子在做作业时离不开家长是因为孩子没有树立自信心，她觉得自己一个人不能独立完成作业。所以在平时，家长就要着重培养孩子的自信，让她相信自己也可以完成得很好。比如，在孩子独立完成作业后进行口头或是物质上的奖励。

4. 设立检查时间。家长可以和孩子约定，只有在她完成全部的作业之后，家长才能进行检查，但是在写作业的过程中不能求助家长，这样也可以减少孩子寻求家长帮助的行为。

92. 没有自信的女孩爱问"对吗"

——女孩写作业爱问别人怎么办？

小静是一个比较缺乏自信的女孩，性格也相对比较内向。她的妈妈对小静的这一点比较担忧，怕她长大以后对自己缺乏自信，不能很好地去生活。小静的妈妈之所以发现自己的孩子存在不自信，就是发现孩子在写作业的时候，她每道题做完之后，都会跑到她身边或是她爸爸的身边问这样做对不对，答案对不对。一开始小静的爸爸妈妈以为小静这样做挺好的，是出于对学习的认真，但是长久下来，小静的妈妈就觉得这是缺乏自信的表现。那么面对这种在做作业时爱问"对吗"的孩子，家长要怎么办呢？

案例解析

故事中的小静的确可能存在妈妈口中所说的不自信的情况，也有可能是因为现在独生子女普遍存在的问题，就是长期以来家长的百般照顾导致孩子依赖心理严重，让小静出现在做作业的时候喜欢问父母"这样做对吗"的情况。

那么为什么小静会出现不自信的情况呢？在心理学上，我们重视一个人的自我意识，自我意识是一个人的心理活动的中心，是反映一个人人格的核心内容。那么一个自我意识比较强的人，她就能对自己做出正确的自我评价，认识到自己的优点和缺点，不妄自菲薄也不妄自尊大，也就是说能够全面地接纳自己。从这一点来讲，造成小静不自信的根本原因就是因为她没有一个正确的自我意识，从而造成她没有对自己进行全面正确的自我评价，从而出现缺乏自信，表现在行为上，就是在做作业时出现问别人"对吗"的情况。

 解决办法

那么针对这种情况，我们给家长的意见就是以下几点：

1. 让孩子认识到独立完成一件事的好处。家长要言传身教，让孩子认识到过分依赖他人其实是一种不太好的行为，在自己遇到问题时要先相信自己的做法，在完成后可以适当让别人进行检查，而不是在一开始就完全依赖别人。在孩子独立完成一件事后要对孩子进行鼓励，帮助她建立正确的价值观和自信。家长也可以设置让孩子独立完成的游戏，帮助她摆脱依赖。

2. 让孩子明白出错并不丢人。一般孩子会希望自己完成作业时可以做到完美以便赢取家长及老师的夸奖，但是在这个过程中就要让孩子知道作业本上出现的叉并不丢人，只要在下次改正了就可以。

3. 端正写作业的态度。写作业并不是在完成一件苦差事，而是一件检查自己对知识点掌握程度的方法，出错是一件很正常的事情，要告诉她，家长在小时候也会出错。

4. 在平时各个方面的教育上培养孩子的自信，在孩子完成一件事情后不要吝啬赞美与激励，长此以往，孩子就会认识到自己一个人也可以完成得很好，从而戒掉问"对吗"这样的习惯。

5. 多加练习。和孩子约定今天写作业时不许问"对吗"，完成后有奖励，在这样的练习中逐步改掉这个毛病。

93. 告诉女孩正确使用参考书的方法
——女孩写作业依赖参考书怎么办？

文青已经上六年级了，是个北京的小女孩，家长平时对她的学习抓得很严，尤其是在六年级面临小升初的节骨眼上，更是异常重视孩子的学习成绩。六年级刚开始的时候，文青的妈妈专门带文青到新华书店买一些课外参考书。妈妈的本意是希望这些参考书可以在文青解题时丰富她的思路，帮助她学习。但是一段时间下来，文青的妈妈发现，文青在做作业时几乎离不开参考书了，做什么题都要翻看参考书上的答案。有时参考书上没有答案，文青就会失去做题的信心。面对孩子过分依赖参考书的情况，家长要如何处理呢？

 案例解析

故事中的文青出现的问题其实非常普遍，家长总是希望孩子在学习的过程中可以取得好的成绩，为了帮助孩子提高成绩就会买来各种参考资料给孩子。但是家长却不知道，这样做，有时反而会适得其反。有时家长会发现有了参考资料之后，孩子的考试成绩的确提高了，那是因为参考书上有现成的完美答案，孩子只是将答案照搬在考试试卷上，所以导致出现成绩很好的假象。还有的家长发现，孩子有了参考书之后，成绩反而下降了，这是因为她已经无法在没有参考书的情况下做题目了，孩子丧失了独立思考的能力，她把写作业的安全感全部寄托在了参考书上，考试的时候就会出现不自信而慌张的情况，导致考试成绩不理想。所以，如何善用参考书是一件非常迫切需要解决的事情。

 解决办法

当孩子依赖参考书时，家长可以采取以下措施：

1. 不要买参考资料。家长可以和孩子进行商量，在征求孩子意见的提前下决定要不要买参考资料，最好是说服孩子不要购买任何参考书。我们知道在小学的学习阶段，知识点是相对比较简单的，家长可以经常对孩子说"小学的知识，你完全可以学习得很好；我相信你可以在没有任何参考资料的情况下完成得很好"等类似的话，帮助她建立自信，不要依靠参考书。

2. 如果孩子坚持要买参考书，而你也觉得购买参考书的确可以帮助到孩子，那么就要思考如何利用参考书的问题了。家长可以与孩子约定，在做作业的时候不可以看参考书，要等到完成本科目的全部作业时再查看参考书，可以检查自己的答案存在哪些不足或是错误。这样就不会造成孩子一味依赖参考书的行为。

3. 家长要向孩子说明参考书的真正价值。一般孩子会认为参考书就是一种变相抄作业的工具，这是不对的，要让孩子知道，自己的思考过程才是最重要的，有时正确答案就显得不那么重要。参考书的作用只是在给我们提供一种解题的开阔思路，或是扮演一个"检查作业的人"的形象。

94. 阅读有利于数学的学习
——女孩跳过长文字数学题怎么办？

文文期末考试的数学成绩公布了，在拿到家里需要妈妈签字的时候，妈妈发现，文文的数学卷子上，大题一个都没有做，导致文文的数学成绩考得很差。其实文文在前面的填空题和选择题上都做得非常不错，就是因为大题没做，最终导致成绩被拉了下来。妈妈看了那些大题，其实都是很简单的题目。妈妈问文文是不是考试时间不够用，所以大题没有做，但是文文告诉妈妈不是时间不够用，而是她不喜欢那些文字比较长的题，觉得读起来好麻烦。面对这种不喜欢做文字表述比较长的题的孩子，家长要怎么去做呢？

 案例解析

通过故事，我们了解到其实文文的数学成绩考得不理想，并不是她知识点掌握得不扎实，而是出在不喜欢解答文字表述长的题目这一问题上。这也并不是文文单独一个人的问题，有许多的孩子在做题时都面临这个问题。这也暴露了家长和老师在教育方法上存在的一些问题。

问题之一：我们在平时对待孩子的学习中，认为阅读只是语文和英语等这些文科所需要且必备的能力，却忽略了阅读在数学的教学中依旧很重要，在孩子接触到数学大题会出现阅读障碍就说明了这个问题。有时孩子遇到文字较长的问题时干脆就跳过，有时即使不跳过，也会出现阅读不仔细，漏掉小数点等问题。所以在平时的学习中就要重视孩子的阅读能力的培养，即使是在数学的学习过程中，也要让孩子感受到数学语言的魅力。

问题之二：缺乏对孩子耐心的培养。孩子在做数学题时，一般家长都希望孩子能较快地做出答案，这就让孩子产生解题越快越好的心理，就失去了阅读文字的耐性。

 解决办法

如果孩子面对文字较长的题目就选择跳过，那么我们给家长提供以下几点建议：

1. 培养孩子阅读的习惯。通过阅读习惯的培养，让孩子的理解能力提升上去，让她感受到阅读本身就是一件比较开心的事情，这样她对文字就不会排斥，就能迅速抓住一段文字的很重要的观点。在培养的过程中要有乐趣，要让孩子自然而然地爱上阅读。在生活中，可以让孩子阅读自己喜欢的故事书，家长在读完一个故事后要求孩子讲给自己听，逐渐建立起孩子阅读的兴趣。孩子对文字不再胆怯，也能在阅读数学题目时了解这段文字到底在说什么，从而较好地促进孩子各方面的学习。

2. 在平时的生活中注意孩子耐心的培养。孩子不喜欢文字较长的题目也反映出来孩子缺乏耐心。那么家长就要注重培养孩子的耐心。可以在生活中让孩子做一些需要耐心的工作，比如搭积木、洗衣服、从芝麻里拣出来豆子等，而且在孩子完成这些任务的时候要给予适当的奖励及赞扬，从而培养起孩子的耐心。

95. 教育女孩正确的做题方法

——为什么简单的题却做不对？

丫丫今年三年级，是个非常聪明的小丫头，虽然长得瘦瘦弱弱的，但是已经在很多数学竞赛中都取得了很好的名次。但是每次在学校数学考试时却没能取得很好的成绩，其实卷子里几乎全是简单题，她每次都说自己检查得很好，但是考试成绩就是不理想，结果成绩只能排在班级的中下等。她自己很难过，回到家就趴在妈妈怀里哭泣。妈妈也不知道为什么会这样，所以很焦急。那么，面对孩子这种难题会做、简单题却做不对的情况，家长要如何应对呢？

 案例解析

从故事中，我们可以了解到丫丫其实是一位非常聪明的女生。但就是简单题却做不对，以至于成绩提不上去。我们分析其中原因，可能有以下几点：

1. 丫丫可能对简单题过于轻视。我们在做题时都会有这样的心理，在做难题时需要费尽心思，但是在面对简单的题时，因为觉得它是相对简单的题，所以就会放松警惕，放下心中觉得出题老师可能"设坑"的戒备心。心想：这么简单的题，我想也不用想就会做了。正因为孩子可能在内心存在这样的轻视，很容易犯这种低级错误。所以反倒是难题会做，因为难题激起了她的兴趣，但是简单题却做不对了。

2. 可能是因为丫丫做题时粗心马虎的原因。面对难题时，孩子一般会认真审题，生怕漏掉什么，觉得难题具有挑战性，会引起她解题的兴趣。但是在面对简单题时，她就会觉得这像一场苦力劳动一样乏味无趣，所以在审题的时候也就少了耐心，犯了粗心马虎的毛病。

3. 孩子可能没有树立正确的做题观念。觉得做题就应该是有挑战性的题目，简单题就不应该出现，从而造成对简单题目的不屑。

 解决办法

针对孩子难题会做、简单题做不对的情况，家长可以采取以下措施：

1. 帮助孩子克服骄傲自满的缺点。聪明的孩子往往容易骄傲自满，不太重视细节问题、小题目或是简单的题目。家长引导孩子在享受攻克难题乐趣的同时不要轻视简单的题目，毕竟在一份试卷上，简单的题目占比是比较大的。

2. 让孩子养成作业和考试之后一定要检查的习惯。这种习惯的好处是帮助孩子减少由于粗心马虎所犯下的错误。

3. 通过一些训练来提高孩子的耐心和细心程度。比如有一种游戏，叫作视觉转移训练法。具体做法是准备一张方格纸，家长在第一二位任意写上两个数字，然后让孩子在最短的时间里算出前两位的和，然后把和的个位数字写在第三位上，第四位上写上前二位和的个位数，以此类推。这种计算虽然看上去很简单，其实很容易出错，而且错了一次就次次错，一直错下去。当孩子出错的时候就问一下孩子为什么会出错，可能她会说把加法想成乘法等。通过这种训练可以考验孩子的细心和耐心。家长可以经常和孩子一起做这样的训练。

96. 加强气氛的营造，让女孩爱上语文

——孩子不喜欢语文课怎么办？

经常会听到有些家长说自己的孩子不喜欢上语文课，莎莎就是这样一位不爱上语文课的学生。她在语文课上就会趴着睡觉，觉得老师的话就像是催眠曲一样，让自己的眼皮越来越沉重。而且莎莎觉得语文太难学了，什么中心思想，什么遣词造句，都需要花费好多心思才能勉强编造出来。莎莎的家长觉得莎莎如果长期这样的话就很可能对语文失去兴趣，但是语文可是重点学科啊，无论在哪里都是很有用的。那么家长面对孩子出现不喜欢语文的情况，要如何去做呢？

 案例解析

孩子不喜欢语文，总结下来可能有以下几个原因：可能她觉得语文课很无趣，这和教授语文课的老师的教学方式有很大的关系，可能是语文老师在教授课文的时候缺乏激情，不能很好地调动孩子的积极性。还有就是老师问问题的方式太过于单一或者太过于简单，让孩子觉得老师很幼稚；还有就是老师问的问题太过于难，让孩子没有体会到成功的喜悦感。如果长期感受不到回答对问题的快感的话，孩子自然也会失去兴趣。还有就是老师在教学的过程中可能给孩子太多的压力和恐惧感，要么是听写背诵太多，要么是写作业写得太过于频繁，而且字数要求太多，这样的老师一般不会讨孩子喜欢，那么孩子也自然不喜欢上语文课。还可能和老师本身有关，老师太过于严肃，没有亲和力也是造成孩子不爱语文的原因之一。除了老师的原因，家庭环境的原因也不可忽视，家长可能在平时的教育中缺乏对孩子语文能力的培养，就造成孩子畏惧语文，畏惧那些"高深"的文字和哲理。

 解决办法

家长可以采取以下措施来帮助孩子喜欢上语文课：

1. 家长要及时解决孩子在作业中遇到的难题。孩子不喜欢语文的根本原因在于语文相对比较难以精准表达，它不像数学一样有公式、有解题方法而且多数情况下答案只有一个。语文则不同，它往往在前期需要一些背诵，而且对于句子的解析具有多面性，所以造成孩子对语文有畏惧心理。因此，家长要帮助孩子，要让孩子有充分的的耐心，要了解孩子在学习语文时的困难所在，帮助孩子打好基础，孩子就会越来越喜欢语文。

2. 提高孩子对语文或是文字的兴趣。可以和孩子一起讨论语文课本上的内容，让她觉得语文课本上的知识是有趣的。还有就是在平时多给孩子买一些她感兴趣的绘本或是其他图书，在阅读的过程中帮助她解决不认识的生字，这样在学习语文课文时她就会觉得语文没有那么难了。

3. 家长可以和孩子玩一些文字类的游戏，比如说是文字接龙的游戏：大地—地球—球赛—

赛跑等，在游戏中就可以训练孩子组词的能力，对孩子的学习有很好的促进作用。

4.加大语文氛围的营造。家长可以在家里经常给孩子阅读优秀的散文或是其他文章，培养她看小说的兴趣，引起孩子的阅读兴趣。在这样的培养中孩子越来越喜欢阅读，认识的字也越来越多，那么对语文的兴趣也就慢慢提高。

5.一般女生都会有记日记的习惯，家长可以利用记日记的形式让孩子爱上写作。

97. 培养对英语的兴趣，让女孩爱上英语
——孩子不喜欢英语课怎么办？

小玉之前在老家和爷爷奶奶住在一起，老家的教学条件比较落后，还没有接触到英语的学习，所以小玉的爸爸妈妈就决定将小玉从老家接到自己工作的地方来，让她接受比较好的教育。但是因为小玉之前没有接触过英语，所以英语的成绩在班级里总是垫底的，学习英语的过程也比较吃力，因此小玉就特别不喜欢上英语课，导致英语成绩就越来越差。面对孩子不喜欢英语的这种情况，家长要怎么去做呢？

案例解析

小玉的这种情况，主要是因为孩子的英语基础比较差，学习英语对于她来讲是一件比较吃力的事情，造成了小玉不爱学习英语的结果。其实不光是小玉有这种情况，一般孩子只要出现不爱英语的情况，就是因为她觉得学习英语很吃力，感觉不到学习的乐趣，因此恶性循环。一方面也和性格有关系，英语作为一门语言学科，最重要的就是孩子要敢于去说，要去尝试去说，但是一般女孩是比较害羞的，所以她会不好意思开口去讲，这样也是造成她不喜欢这门课程的原因之一。还有就是她可能会害怕说出来的英语发音不标准可能会遭到周围人的嘲笑，所以也就不愿意去说，这样孩子的口语肯定是提高不上去，孩子对英语的兴趣自然也就不会太高，甚至出现讨厌英语课的情况。

解决办法

让孩子喜欢上英语课的最重要的方法就是要培养起孩子对英语的兴趣。家长可以在家庭教育中将英语的游戏纳入到其中。让孩子在没有负担、觉得英语很好玩的前提之下，轻轻松松地对学习英语产生兴趣。家长在家里组织一些游戏，最好是叫上孩子的小伙伴一起完成游戏，比如英语捉迷藏。家长把孩子们聚集起来，把要学习的单词实物或是卡片藏起来，让孩子们一边说英语一起去找，谁先找到，谁就是胜利者。这样在游戏过程中培养孩子学习英语的兴趣，增强孩子对英语单词的记忆。

家长也可以征求孩子的意见，看她愿意不愿意报个英语学习班，如果她愿意，也可以参加英语班学习，在老师的教导和同龄孩子的陪伴下，孩子的英语成绩就会提升上去，促使孩子喜欢上英语。

再者，家长要最大限度地给孩子营造一种学习英语的环境。比如，可以在家里买一些英语儿童歌曲的唱片或是动画片，让孩子去听、去看，在潜移默化中，孩子的英语语境有了，也就不会对英语那么排斥了。

最后，家长要对孩子进行及时的鼓励。在学习说出一个英语单词或是取得一点儿进步时都要有针对性地给予鼓励，培养孩子的自信心，让孩子爱上英语。

98. 预习是一种好的学习习惯

——如何培养起孩子预习的习惯？

形形已经上五年级了，学习成绩其实也是不错的，总是在班级里前十名之内，但是形形的妈妈觉得形形的学习方法存在问题，学习起来相对比较吃力。孩子上了初中甚至高中之后，学习压力会比现在大很多，如果没有好的学习方法，恐怕到那时成绩不会好。形形的妈妈深知上课之前的预习很重要，但是跟形形建议要提前预习之后，形形却听不进去，觉得预习很麻烦，妈妈非常苦恼，只好作罢。那么如何培养起孩子预习的习惯呢？

 案例解析

在学习的过程中，习惯的培养至关重要，一个好的学习习惯可以让孩子在学习的过程中倍感轻松。在上新的课程之前预习就是一个好的学习习惯，但是孩子一般不懂这个道理，觉得预习是在浪费时间，这时候就要让孩子清楚预习可以带来哪些好处。在家长告诉孩子的过程中，要让孩子感受到预习所带来的好处，要注意方式方法。很多孩子只是把预习当成一件可有可无的事情，心情好时就预习一下，心情不好的时候就不预习，这是不对的，说明孩子还是没有把预习当成一种良好的学习习惯，这时家长的引导就至关重要。

故事中的形形学习成绩不错，这可能也是她不愿意预习或是说不愿意改变自己学习方法的原因之一。那么面对这样的孩子，就要让她明白学习方法的改进可以让她的学习成绩更上一层楼，在此过程中家长和老师要注意合理方法的运用。

 解决办法

要让孩子尝到预习的甜头，是我们培养孩子预习习惯的重要的方法。家长可以采取以下措施：

1. 让孩子认识到预习的意义所在。这方面的引导家长要有耐心，不能急于求成。

2. 引导孩子预习的时间。要告诉孩子并不是每一门课都需要预习，而且预习时间也不是越长越好。让孩子预习那些觉得学习起来比较费力的课程，而且时间不要太长，不要让孩子觉得预习是一件费神的事情。

3. 教授给孩子具体的预习方法。一开始孩子对于预习是迷茫的，她也掌握不了预习的方法有哪些，那么家长就要给孩子提供一些方法。比如，对她说："预习的时候先把新的学习内容通读一遍，对新的内容有个概括性的认识，像语文的话就要扫清不认识的生字，确定它的基本思路和内容，然后再读一遍，以圈、点、勾、画的方式做一些简单的批注、摘抄，那么在上课的时候就有重点了。遇到不明白的问题要做出标记，在上课的时候有重点地解决自己不明白的问题。"

4. 和孩子约定先预习一次试试，看看是不是预习可以使自己在上课的时候更加轻松，孩子在体验一次之后就自然能体会到预习的好处了。

99. 让女孩知道复习的重要性
——如何培养孩子复习的习惯？

安娜有一个上三年级的女儿，女儿平时活泼开朗，很讨人喜欢，但就是学习成绩一直上不去，每次开家长会的时候，安娜就会觉得比较压抑。所以，安娜觉得自己的女儿年龄也不小了，一定要好好抓一抓孩子的成绩，改变之前对女儿的学习总是放养的状态。有一次女儿就要期中考试了，以安娜自己的体验来讲，这时一定要对各科的知识点进行整理复习，但是安娜却发现女儿丝毫没有复习的意思。安娜觉得女儿的学习成绩不好的原因就与不懂复习有关。那么家长如何培养孩子复习的习惯呢？

案例解析

预习和复习都是在学习的过程中很好的学习习惯，但是孩子可能一开始并不知道这种学习方法的好处。我们关键是要让孩子知道复习可以给自己带来的好处，尤其是在考试之前的好处。要知道在学习中复习可以提高学习的效率，可以对之前的知识进行加深，再学习之后的知识会比较轻松，要告诉孩子一旦养成复习的好习惯，复习的好处就会慢慢地体现出来。

解决办法

1. 在培养孩子复习习惯的时候，家长要善于利用好孩子的遗忘曲线，告诉孩子复习的方式有很多种，当躺在床上，把老师今天一天讲解的内容回顾一遍，这也是一种复习的方式。

2. 告诉孩子自己在学习的过程中甚至是现在，复习都是一种受益终生的学习方法，让孩子从思想上认识到复习的重要性。

3. 当孩子认识到复习的重要性的时候，家长要帮助孩子制订复习的计划，提供给孩子复习的方法、根据孩子具体的情况及个性格特点进行。复习的方法有阅读、背诵、抄写、做练习等方式。家长要和孩子一起将日复习、周复习、月复习计划制订出来。

4. 家长要在培养孩子复习习惯的时候注意观察孩子的情绪变化，在孩子情绪低落的时候可以与孩子谈心散步，等孩子调整到好的状态之后再复习，要让孩子知道复习时要有好的精神状态，不然就不会有好的复习效果。

5. 家长要帮助孩子利用假期进行复习。假期有大量的时间，在保证孩子有充分的放松时间的前提下，安排孩子进行复习，让孩子不要因为假期就将之前养成的复习习惯丢掉了。

6.家长要教授孩子复习的技巧，让孩子认识到复习也是有技巧的，要注重知识的条理性和系统性，例如数学可以采取列公式的方法，让孩子看到公式与公式之间的关联性，一旦掌握了复习的技巧，孩子就可以轻松复习，不再将复习看成一件枯燥无趣的事情。

7.在孩子考试之前，家长要着重培养孩子复习的习惯，让她尝试一下复习可能给考试成绩带来的变化，让孩子自然而然地养成复习的好习惯。

100. 女孩的注意力是有限的
——孩子上课小动作特别多怎么办？

慧慧是一个活泼开朗的小女孩，但是据她的班主任反映，慧慧在课堂上小动作特别多，不注意听课，不是抠抠指甲就是揪揪自己的辫子，有时甚至随意离开自己的座位，当老师批评她的时候她也会不好意思，但是过一会儿还会如此。其实慧慧的妈妈也发现了这一现象，慧慧很调皮，在写作业的时候总是边写边玩，很难集中注意力。爱玩和调皮的确是小孩子的天性，但是如果小孩在课堂上小动作太多不注意听讲，还是一个比较值得注意的问题。那么面对这种情况，家长要怎么去做呢？

案例解析

面对孩子在课堂上不注意听讲、小动作特别多的情况，家长和老师要深入了解孩子是因为主观意愿上不愿意听，还是在对待任何事的时候都很难集中自己的注意力，如果是后者，而且孩子还伴随着粗心、丢三落四，做事任性冲动，很容易和其他人发生争执的话，那么孩子很可能已经患上了多动症，这时应该及时治疗，以免耽误病情。如果是前一种情况就不是病理性的，主要是因为孩子的注意力很难集中，这是可以由家长来帮助孩子改进的。孩子注意力不集中的原因可能有以下几种原因：可能是因为孩子睡眠不足疲惫引起的，而且天气燥热、口渴的情况都可以引起孩子注意力不集中的现象；外界环境也会干扰孩子的注意力，比如嘈杂的环境，喧闹的课堂环境；还可能是因为老师的教育内容和方法不当引起的，教育内容太深，孩子不能理解或是教育的内容太浅，引不起孩子的兴趣，或是教学的方法不够灵活让孩子觉得枯燥，从而造成孩子的注意力不集中。

解决办法

在保证孩子不是因为患上了多动症的前提下，家长要思考如何提高孩子的注意力，让孩子把注意力集中在课堂上，而不是别的事情之上。家长可以采取以下措施帮助孩子：

1.家长要保证孩子充足的睡眠和充分的营养，身体健康能保证孩子精神的充沛，能提高孩子的注意力。

2.创造适宜的环境。我们在现实生活中都有过的一种体验就是：在安静的环境下我们更容易集中注意力，将注意力转移到最重要的事情之上，孩子也是如此。所以无论是在家里还是在学校，要给孩子们营造一个安静、整洁的学习环境，保证孩子在学习的时候不要出现能引起孩子其他兴趣的东西，例如，孩子喜欢的玩具或别的什么东西，以免分散孩子的注意力。

3. 孩子的注意力是有限的，老师要采取灵活多变的教学方法，提高孩子的兴趣，使孩子的注意力提升上去。

4. 家长可以有意识地训练孩子的注意力，让她做一些需要注意力集中的事情，例如洗衣服等。也可以让孩子玩一些在一定时间内保持安静、不动手动脚的游戏，以此来训练孩子的注意力。

101. 提高注意力，让女孩不再上课发呆

——孩子上课老发呆，家长怎么办？

莹莹在小学时的学习成绩一直很好，但是升入初中之后便有些下降。出现这种情况之后，班主任就找到莹莹的妈妈沟通，班主任说，莹莹最近在课堂上总是发呆，下课后也不和同学一起玩耍，同时在完成作业方面也存在问题，在课堂上老师叫她的名字回答问题时，莹莹就好像没听到一样，要叫几遍才能站起来，而且一般情况下都不知道老师问的是什么问题。面对孩子在课堂上总是发呆的情况，家长要如何解决呢？

 案例解析

在现实生活中，我们每个人都可能有发呆的情况，所以孩子出现发呆也是在情理之中的事情，家长不要过分地指责孩子。在心理学中，发呆是一种人的大脑对外界事物进行调节的应激反应，也就是说发呆是一个人正常的心理调节现象。偶尔发呆有利于我们缓解自身的疲劳。但是从故事中的莹莹来看，她的发呆可能就是一种注意力不集中的表现了，不但会影响学习还可能造成心理上出现问题，所以，家长就要格外注意。

一般来说，造成孩子注意力不集中的原因有以下几点。处在小学、初中阶段的孩子大脑发育还不完善，神经系统兴奋和抑制的过程发展也还不太平衡，因此容易出现自制能力差的现象，常常就表现为注意力不集中。一些疾病也可以使孩子注意力不集中，排除这些发育或是病理原因之外，环境的嘈杂也会导致孩子注意力不集中。如果孩子长期处在嘈杂、喧闹的地方，注意力也会不自觉地被分散，久而久之形成爱发呆的习惯。

还有一个原因就是这个时期的女孩开始有了自己的心事，可能她内心非常渴望得到别人的关注；也可能是父母给予的期望太重或是学习压力太大，导致她不自觉地出现发呆的情况。孩子具体的原因就需要家长细心去了解。

解决办法

针对孩子上课老发呆的情况，家长可以采取以下几点措施：

1. 保证孩子早睡早起、自我减压。家长要告诉孩子要想提高学习的效率，尽可能在白天进行学习，晚上要及时休息，保证充沛的精力才可以投入到第二天的学习当中去。此外家长要给孩子减少压力，告诉孩子不要太过于重视自己的成绩，只要努力就好，这样孩子在心态上放松了注意力也就自然集中了。

2. 让孩子制定目标，掌握好的学习方法。家长要根据自己孩子的实际情况，帮助孩子明确自己的学习目标是什么，并且给孩子提供一些学习方法，让孩子知道自己的目标并用合适且轻松的方法进行学习。

3. 帮助孩子集中注意力的练习，比如一些放松训练。家长可以让孩子坐在椅子上或者躺在床上，然后让孩子集中自己的精神放松身体的各个部位。先放松脚丫，然后是整个腿部肌肉，再到身体的躯干，肩膀、头，直到整个身体都放松。这个过程只有短短的几分钟，但是进入到放松状态的孩子会感觉非常轻松和平和，精神压力也会消减，放松的过程也是集中孩子注意力的时候。

102. 引导女孩知道上课发言的意义
——如何告诉孩子上课发言的好处？

珍珍今年上小学四年级，从小性格就比较腼腆，但是在和家人的沟通上没有任何问题的，在家里提问题也比较多，想象力也非常丰富，可以自己编出许许多多小故事，讲给家人听，在学校的时候也能和小伙伴们愉快相处。但是珍珍在上课时就比较蔫，上课从不主动举手发言，老师鼓励她要大胆举手发言，但是效果不是很明显。那么家长要如何告诉孩子积极发言的好处，让孩子爱上举手发言呢？

 案例解析

孩子不爱主动举手发言的原因，可能有以下几点：

1. 孩子自身性格的原因。孩子本身性格比较内向，不愿意在众人面前说话。有些孩子可能在课堂之外的环境中还是比较活泼的，但是在教室这样一个相对比较严肃的环境中就表现得比较羞涩，这也是孩子的自信心不足的一种表现，说明孩子本身还是比较内向的。

2. 可能是因为孩子的专注力不够。孩子在课堂上没有认真专注地听讲，没有跟上老师的思路，那么就会对老师的问题不感兴趣，自然也不会有自己的想法，也就不会主动举手回答问题。

3. 可能孩子觉得老师问的问题太简单了。老师问的问题很简单，也就不会引起孩子的兴趣，那么孩子也就自然不愿意主动举手发言。

4.孩子的自信心不足，孩子在发言之前就想着如果自己回答错误了可能引起老师和其他同学的笑话，或是觉得自己的回答可能不是正确答案，或是其他同学肯定比自己的回答要好。出现这样的心理之后，孩子自然也就不会主动举手回答问题。

 解决办法

家长可以采取以下措施让孩子养成上课发言的习惯：

1.帮助孩子克服羞涩的心理，建立自信心。家长可以在家庭活动中帮助孩子克服羞涩的心理。比如，孩子和爸爸妈妈一起模拟教室的环境，进行轮流发言，在这个过程中要营造轻松的环境，不要让孩子有太大的心理压力。在刚开始的时候，孩子的发言内容可能不是很多，而且存在表述方面的问题，但是家长不要责怪，让孩子表达出自己的想法就可以了，在完成后要对孩子进行鼓励，建立她的自信心。

2.让孩子明白上课发言的意义所在。要告诉孩子，老师要求上课发言不是只想得到正确的答案，而是锻炼你们表达自己观点的勇气，所以回答问题的正确与否其实并不是重要的，其他同学笑你的时候其实他们没有恶意，只是他们也像你一样不懂得举手回答问题的意义罢了。

3.锻炼孩子的专注力。在家庭里，有许多方法可以锻炼孩子的专注力，比如，让孩子学习做家务，写作业时要认真专注等，都可以培养孩子的专注能力。

4.和孩子约定上课发言之后会得到相应的奖励，这种方式也可以促使孩子养成回答问题的习惯。

103. 让女孩爱上阅读课外书

——如何让女孩喜欢上课外阅读？

谢雨是一名大学的语文老师，她有一个7岁的女儿，可能因为自己是语文老师的缘故，谢雨对于女儿的语文成绩就会特别关注，也特别注重孩子阅读课外书习惯的培养。但是谢雨发现，自己的女儿似乎对阅读课外书并不是很感兴趣。每个月，谢雨都会带自己的女儿到新华书店去挑选自己喜欢的书籍。在书店的时候，女儿也会有自己喜欢的图书，一般是一些绘本和故事书，谢雨就会答应女儿进行购买，同时也会挑选一些她认为孩子应该阅读的书。但是书籍买回家后就被搁置了，女儿压根儿不去读它们。那么如何培养起孩子阅读课外书的习惯呢？

 案例解析

苏联著名教育实践家和教育理论家苏霍姆林斯基就曾说过："把每一个学生都领进书籍的世界，培养对书的酷爱，使书籍成为智力生活中的指路明星。"中国的教育也旨在培养学生广泛的阅读兴趣，扩大孩子们的阅读面，增加他们的阅读量，孩子就应该多读书、读好书。我们都知道阅读好的书籍在一个人的生命里扮演着十分重要的角色。同时我们也注意到，孩子不爱读书、不会读书也成为现在普遍的问题。

所以，提高孩子的阅读兴趣，让她们爱上读书就是十分重要的事情。我们常说兴趣是最好的老师，也是影响孩子学习最直接、最活跃、最现实的因素，所以，要让孩子喜欢上阅读课外书，就要激起孩子们的阅读兴趣。孩子们有了阅读兴趣，才能发自内心地主动要求阅读，对阅读课外书充满热情，也就能取得良好的阅读效果。书读得多了，知识就多了，眼界就开阔了，思想也就不肤浅了。更现实的问题是，一旦养成阅读的习惯，孩子的语文成绩就不会太差，写作水平也会相应提高。

 解决办法

要培养孩子阅读课外书的习惯，家长可以采取以下方法：

1. 注重家庭中阅读环境的营造。家庭是孩子进行非课外阅读的最主要的场所，家长就是孩子最好的家庭老师。所以家长要及早地将阅读纳入孩子的生活中，让阅读成为孩子生活中必不可少的一部分。当然，不光是阅读教辅书，更多的是要阅读有价值的课外书。

阅读要尽早，在孩子牙牙学语的时候，家长就应该给孩子讲一些故事；孩子上幼儿园后，可以自己讲故事的时候，家长就要扮演倾听者的形象，认真听孩子讲故事，这样孩子在阅读的过程中感受到的不仅仅是书本上的乐趣还有来自家人无限的爱，这样的方式就能有效提高孩子的阅读兴趣；在孩子更大一些的时候，就要常和孩子谈自己的读书感受，和孩子产生共鸣，以此激发孩子对书的渴望。同时倾听孩子述说读书的内容和体会，分享她的快乐，对她提出表扬和赞赏。

2. 营造安静、舒适的阅读环境。给孩子一个安静、舒适的阅读环境是至关重要的，在这样的环境下，孩子才能集中精力去享受阅读的乐趣。如果孩子在比较嘈杂的环境下阅读，孩子很难将注意力集中到书本当中，而且会导致她比较急躁，养成其他的不良习惯。

3. 触手可及的书本摆放。将一些课外读物摆在孩子可以伸手拿到且经常活动的场所，比如沙发前的茶几上、床头柜上。家长在刚开始的时候要引导孩子进行阅读，时间久了，孩子就能意识到书就在身边，想看书就有书可看，逐渐就会养成阅读的习惯。

104. 女孩成绩偶尔上下浮动是正常的
——女孩成绩上下浮动很大怎么办?

小雪已经是一个高三的学生了，即将面临人生的一大挑战——高考。但是小雪的成绩一直忽上忽下很不稳定，小雪和家人都比较担心，生怕在高考的时候没有发挥好，面临考不上大学的风险。其实很多学生在学习的过程中，尤其是那些学习成绩中等的学生更容易出现成绩忽上忽下的情况。我们一般也认为成绩起伏不定是一件比较棘手的问题。那么面对这种情况的时候，家长要如何去处理呢?

案例解析

其实学生出现成绩不稳定的现象是非常正常且非常普遍的。单从分数上来看，其实并不能说明问题，因为试卷本身的难易程度存在差别，对于这种情况家长和学生也无须特别关注。但是排名的起伏则要引起特别的注意。如果孩子排名的起伏比较大，则说明孩子最近的学习状态或是学习方法存在一定的问题。

导致孩子成绩起伏比较大的原因可能是因为孩子的状态问题，如果孩子在考试之前的生理和心理状态都不是很好，那么就很可能导致孩子最终的考试成绩不够理想。尤其是高三的学生，身心疲惫是经常的事情。而且外界的压力比较大，有时也会让她们不能较好地发挥自己的实力。也可能是因为知识点、题型方面的问题，这一方面还是反映出孩子在学习的过程中对知识点、题型的把握不够扎实，不能应对所有的知识点和题型。在遇到自己掌握的内容时，成绩自然比较好，遇到自己不懂的不熟悉的知识点就会出现成绩不理想的情况。还有可能的原因是因为孩子在一次考试中取得好成绩后就沾沾自喜，在下一次的备考中出现不重视的情况。

 解决办法

家长当然希望自己的孩子在学习上一直保持很好的成绩，但是除了成绩之外，更要多加关心自己的孩子，一个孩子的状态是变化的，能力也是有限的，所以在面对孩子成绩起伏比较大的情况时，家长应该从多角度了解孩子成绩不稳定的原因，帮助孩子一同渡过难关。

对于那些成绩一直很好，只是偶尔成绩波动的学生，家长应该采取的态度就是多加鼓励，相信自己的孩子可以调整好自己的状态，把成绩保持下去。对于那些成绩中等但是成绩一直起伏不定的学生，家长就要引导孩子去分析总结为什么会出现这样的现象，可以从具体的试卷上分析，也可以从学习方法和态度上分析，让孩子意识到问题，及时进行改进。

家长在面对孩子成绩起伏不定的情况是，首先要做的就是不要去责怪孩子，而是引导帮助孩子，不然家长的抱怨只会让情况变得更糟糕。

家长可以引导孩子建立错题本，让孩子把在考试中的错题摘抄在错题本上，接下来就是巩固知识点，以便下一次的考试中不再犯这样的错误，也可通过这样的方法掌握自己薄弱的知识点。

105. 成绩总是上不去，女孩自己也很头疼
——孩子的成绩总是上不去怎么办？

小美和小丽是同班同学，同时也是非常好的朋友，但是小美和小丽的成绩相差比较大，小美每次在班级的排名都能进到前五名，小丽的成绩总是在中等。小美每天放学后完成作业就在小区里玩耍，而小丽每天在完成作业后还要去上辅导班，上完辅导班还要完成辅导老师

布置的作业，看起来非常认真，但是小丽的成绩就是没有任何进步。这让小丽和她的妈妈都非常苦恼，觉得付出的努力都白费了。那么在面对如小丽这样成绩总是上不去的情况，家长要如何应对呢？

 案例解析

在现实生活中，有许多学生的情况都和小丽一样，她们在对待学习这件事上是非常认真的，但是成绩就是上不去，让她们自己和家长都非常苦恼。如果长期处于这种想提高成绩但是却提高不上去的情况，她们的自信心就会慢慢被磨灭，最后只能是恶性循环，成绩越来越差。其实，我们知道，孩子的成绩始终提不上去，与孩子的家庭习惯是分不开的，而且影响很大。

因为家长非常关注孩子的成绩，所以常常询问自己孩子的成绩如何，在班级的排名如何。这样不停地询问，势必造成孩子对成绩非常重视，但是同时也带给孩子非常大的心理负担。对于成绩并不是很好的孩子，反复的询问加深了她们的自卑感，导致她们对自我的否定，就造成孩子的成绩一直上不去。

有些家长对待孩子成绩的态度是消极的，传达给孩子的只是对她们的失望，那么孩子的自信就被一点点打击掉了，成绩也就自然上不去。

中国的家长有时采取的教育方式是十分错误的，他们有时采取的是借助外界的奖励达到孩子成绩提升的目的，其实这也是不对的。要让孩子形成对学习的内在动机才能使她们乐于学习，而不是形式上的学习。还有的家长采取的是包办式的学习教育，孩子的学习习惯一直没有养成，那么也就不会对成绩的提高有太多帮助。

 解决办法

在面对成绩一直提升不上去的孩子时，家长首先应该采取的态度是谅解与关爱，其次要与她们进行耐心的沟通，告诉她自己是理解她的，在这个过程中可以讲些自己的学习经历，让孩子敞开心扉。

在此基础之上，家长要充分了解孩子的学习情况及方法，可以采取适时的观察和询问的方式，了解孩子在学习上是否用尽全力了，学习的方法对吗，孩子需要在学习上提供帮助吗，还可以与老师沟通，进一步了解孩子在学习上遇到的具体难题。除此之外，还要了解孩子在生活上是否有消极的影响，同时也要发现孩子的兴趣爱好与特长，这一点非常重要，这是建立孩子自信的方式之一。

接下来就要家长具体解决孩子遇到的困难，及时对她进行鼓励和支持；还要让孩子明白成绩的一时好坏并不能说明任何问题，重要的是坚持不懈的努力，要养成良好的学习习惯；家长在孩子取得一定的进步时要进一步肯定孩子，建立孩子努力的信心。另外，家长要以身作则，给孩子树立坚持不懈、努力进取的形象，以让孩子在自己身上汲取满满的正能量。

106. 让女孩轻松面对考试
——如何缓解孩子考前的紧张情绪？

李丽的女儿今年上初中，平时性格也比较开朗，但是一到考试的时候就会变得沉默，一副闷闷不乐的样子，也不爱和人说话，在复习的过程中也是感觉到非常迷茫。李丽看到这种情形就会询问女儿是不是考试的压力特别大，女儿告诉李丽说，每次在考试之前就会非常紧张，想到如果自己考不好怎么办。在考试的时候即使面对自己会做的题，却因为粗心看错题目、算错答案。那么，家长在面对孩子考试之前的紧张情绪，要如何去缓解呢？

 案例解析

故事中李丽的孩子考试之前出现紧张焦虑的情况，表明她在心理上存在很大的压力，总是会胡思乱想，在生理上因为紧张也可能出现手心冒冷汗等的情况。其实考前出现紧张焦虑的情况在学生中是普遍存在的。现在孩子在班级、年级评比以及考学上都面临很大的竞争压力，所以这种情况只会越来越普遍。

大多孩子出现紧张焦虑都与担心自己考不好有关系。这一方面反映出孩子对自己学习成绩的不自信，一方面也说明孩子对考试成绩这一结果看得非常重。重视学习当然是学生应该做到的事情，但是过度的重视导致考试前紧张则是非常不可取的，而且家长在其中往往起了非常重要的作用，因为家长给孩子的压力太大，导致她们出现考前紧张的情绪。考前适度的紧张感有利于孩子提高考试成绩，但是过度的紧张则会适得其反。那些担心自己考不好的学生越担心就越考不好，这样就会造成恶性循环。所以，解决这种心理问题非常重要。

 解决办法

家长在孩子的成长过程中扮演的是一位导师的形象，是孩子面临困难时的指路明灯。所以在孩子出现考前紧张情绪的时候，家长要及时察觉到孩子的变化，然后进一步做引导。家长可以从以下几点帮助孩子：

1. 树立孩子对考试成绩的正确看法。成绩当然非常重要，但是一两次的考试只是一种检验自己最近学习状态和方法的途径之一，它是一种手段，并不是目的。所以对待考试成绩要抱有轻松的心态，如果考试之前自己做了充分的准备，在学习上也用尽了全力，那么考试只是一种体验。对于成绩的高低不要过于难过和高兴，考好了只是说明自己最近的学习状态还不错；考得不好，说明是自己在之前的学习过程中还存在一些不足，那么通过考试反映出来的问题就可以在接下来的学习过程中得以改进。在与孩子进行沟通的过程中，家长要表示出对孩子满满的爱，不管孩子考试成绩好与坏都如此。

2. 共同寻找学习的方法。孩子出现考前紧张的情绪，一般是因为孩子对自己的学习不自信，也说明孩子知道自己的学习存在一些问题，生怕考试显露出来。家长就要提前帮助孩子建立学习的方法，让她感受到学习上的进步，增加自信程度。

3. 教授给孩子一些放松的方法。比如，紧张了就深呼吸，或者是睡觉躺在床上时尽可能想象自己身处考场的情景，努力做到放松等。

4. 家长要注意自己平时对待孩子的态度。孩子紧张，大多是因为来自家长的压力，无意中家长把自己孩子的成绩与别人比较或是觉得自己的孩子不够聪明，都会给孩子传递出成绩是最重要的看法，孩子自然会出现紧张的情绪。

107. 过分看重成绩会导致女孩自卑
——女孩对自己的成绩自卑怎么办？

梅梅今年上初三，成绩总是处在班级的中下等的位置，变化不大。在面临中考的节骨眼上，梅梅的妈妈也给梅梅请过家教，也让梅梅和学习好的同学一起写作业；在班级里，因为梅梅比较听话，老师也非常喜欢她，总是会在课余时间帮助她一下，甚至让她当了数学课代表，也总会询问梅梅的学习状态怎么样。但是在别人如此关心的情况下，梅梅的心里越发觉得难受，觉得自己成绩提升不上去对不起所有的人，而且即将面临中考，考不上好的高中，那么考上好的大学更是不可能。于是在这样的心理压力之下，梅梅变得很自卑，总是低着头走路。面对孩子因为成绩不好而产生自卑心理，家长要如何面对呢？

案例解析
现在的小孩一般比较早熟，而且面临的竞争压力非常之大，所以在成绩不好的时候出现自卑的心理就显得非常普遍。如果孩子的内心一直处在自卑的状态中无法调节的话，就会在今后出现更为严重的问题。这时，孩子的情商发展其实并没有强大到可以自我调节，所以在这个过程中，家长就扮演了更重要的角色，孩子陷入自卑的情绪当中时，家长要及时察觉然后及时疏导。

孩子出现这种情况一般是因为缺乏与父母或是朋友的沟通，内心的苦闷无法进行排解造成的，这在女孩当中，尤其是性格比较内向的女孩当中尤为普遍。孩子之所以形成自卑的心理，有很多原因，可能是因为外界给她们的压力太大，但是她们却无法进行消化；可能是因为太在意别人的看法；可能是因为她们自己看不到自己的闪光点。

不管怎样，孩子一旦出现这种自卑的心理，家长都要反思自己的行为，然后采取积极的态度与方法去应对孩子的自卑心理，以便让孩子早日走出阴霾。

解决办法
如果孩子出现因为学习成绩不好而自卑的情况，家长可以采取以下措施：

1. 加强与孩子的沟通。在平时的生活中，尤其是在孩子处于青春期又面临很大的压力的时间节点上，家长更要及时与孩子进行沟通交流，了解孩子在学习和生活中的动向，了解她们的心情，在她们因为学习而出现苦恼的时候及时进行疏导。孩子发展成自卑性格是有一个过程的，家长要还孩子在没有形成自卑的情绪之前及时遏制。

2. 让孩子意识到自己的优点与魅力。女孩在成长的道路上一直是对美有需求的，但是也需要更多的赞扬，他们需要构筑自己的自信心。所以，家长要在生活中培养发现孩子的兴趣与爱好，以此来构筑她们的优势，在她们取得成绩的时候及时进行鼓励与赞扬。自信心增强了，孩子就不会轻易被自卑所笼罩。

3. 帮助她们提高自己的成绩，但不可与他人进行比较。孩子自卑是因为成绩不理想，提高她们的成绩可以解决一定的问题，但更多的是建立她们对学习成绩的正确看法。家长要了解她们学习的真实实力，然后制定方案进行提高。但是不要总是把孩子的成绩与别人进行比较以此来激励她，这样做只能适得其反。

4. 树立正确的成绩观念。家长在平时的生活中不要以成绩来论英雄，总是把成绩看得很重，以至于让孩子觉得在生命里只有成绩才是最为重要的。这样对孩子的成长非常不利，要帮助他们树立考试成绩的正确价值所在，不要一味强调成绩的重要性。

108. 引导女孩端正对考试分数的态度
——女孩刻意看重考试分数怎么办?

杜鹃是一名初中生，在考试中，杜鹃的成绩大多数情况能排在班级的第一名，有时甚至能排在全年级的第一名。可以说杜鹃的成绩从来没让老师和家长担心过。但是老师和家长却很担心杜鹃的心理问题，因为他们发现杜鹃把考试成绩看得太重了，因为杜鹃总是竭力希望自己能考第一名，考上第一名之后就显得非常高兴，如果考不上就会伤心流泪，甚至是发脾气。家长和老师对此都非常担心。那么面对把考试成绩看得如此重要的孩子，家长要怎么做呢?

 案例解析

我们知道在现实的生活中，家长们把孩子的学习成绩一直看得很重，所以孩子把学习成绩看得很重其真实的原因可能在于家长，只是家长没能及时意识到自己的行为举止间已经向孩子传递了这样一个信号，等到发现孩子把成绩看得太过于重要的时候，才会发现已经出现问题了。

故事中把成绩看得很重的杜鹃就是一个例子。那么从中我们就可以揣测到，在生活中杜鹃的家长是对杜鹃的成绩非常看重的，以至于忽略了孩子其他方面的发展，让其成为除了学习什么都不会的"学习奴隶"。"高分低能"是中国学生普遍存在的问题，似乎孩子除了学习取得好的成绩之外，可以什么都不用想，什么都不用去做，更不要提什么德智体美劳全面发展。但是家长在对自己的孩子进行教育的时候也要发挥家长的正面态度，让孩子不只是重视学习成绩，还要重视其他方面的发展。

解决办法

针对把学习成绩看得很重的孩子，家长可以采用以下方法：

1.家长要正视孩子的学习成绩，以便给孩子传递正确的价值观。正视孩子的学习成绩，理解学习成绩所代表的真实含义，帮助孩子在学习上树立一个正确的观念。我们知道成绩的高低代表了一个孩子在一定时间段内的学习状态，检验的是她最近有没有按时完成学习计划，有没有很好地掌握学习的知识点，有没有对知识点进行回顾等。反映的是孩子最近的学习态度。所以成绩只是一种检测近期学习情况的手段，最终的目的不是取得高分，而是通过成绩反映问题，明白自己在学习上存在哪些不足。所以成绩本身并不是我们关注的重点，要让孩子明白这个道理。

2.家长要重视孩子良好品德的培养。往往家长的关注点在哪里，孩子的关注点就会在哪里。所以家长在平时的教育中要及时传递给孩子除了成绩之外的其他关注点，比如是把良好的品德（懂事、有礼貌、有爱心……）放在第一位而不是学习成绩。在这样的教育环境下，孩子自然会将优秀的品德看得比较重要，而不是成绩的高低。

3.培养孩子的兴趣爱好。一个多才多艺的女孩就像一颗明珠一样闪闪发光，如果她能认识到除了学习之外还有更多东西值得自己去关注，那么她也就不会过于看重成绩，成为学习成绩的"奴隶"。

109. 激发女孩对学习的兴趣
——怎么提高孩子学习的主动性？

敏敏是一个非常调皮的女孩，上课总是不注意听讲，对待作业也总是马马虎虎，所以学习成绩很一般，而且没有什么进步的迹象。在每天放学回家之后，敏敏总是坐在沙发上看电视，要不就是和朋友一起出去在小区的院子里玩耍。每当这时候，敏敏的妈妈就非常苦恼，思考孩子如何才能主动地去把老师布置的作业完成。有一次妈妈对还在看电视的敏敏说："你什么时候能去写作业啊？"敏敏则回答道："为什么要写作业啊，我对学习一点儿兴趣都没有。"面对学习缺乏主动性的孩子，家长要如何对待呢？

 案例解析

有些女孩在学习上表现得很吃力，在和她们谈论学习的过程中，家长可以感受到孩子内心的痛苦。面对这样的孩子，家长就要知道，其实孩子是对学习缺乏兴趣，因而在学习上缺乏主动性和自觉性。这样的孩子，对于学习只是在被动接受，被动地完成老师布置的作业，被动地接受别人传授给她们的知识。她们体会不到学习中的乐趣，久而久之就会产生厌学的心理。

通过故事中敏敏的状态和她与妈妈的对话我们可以看出，敏敏学习不主动的原因不是因为她笨或是其他生理性的原因，而是因为敏敏对学习这件事是没有兴趣的。一个对学习没有兴趣的人，我们很难想象她的学习能够提高上去，也就不能奢望她能主动地去学习。

所以，家长在面对这种情况的时候，就要让孩子把学习变成一件可以主动去做的事情，而且在这个过程中要激起孩子对学习的兴趣。

 解决办法

家长可以采取以下几点方法提高孩子学习的主动性：

1.利用孩子的兴趣爱好激发孩子对学习的兴趣。我们要知道孩子对于学习这件事没有兴趣，那么她一定有自己感兴趣的东西。家长就要充分了解孩子的兴趣爱好，从她的兴趣爱好着手，让她重视书本知识，从而对学习不再抗拒。举个例子，如果你的孩子喜欢看动画片，那么在她看动画片的时候，你就可以问她："宝贝，你知道动画片是怎么制作出来的吗？你知道动画片中的人物是怎么实现跳跃、走路这样的动作的吗？"

孩子一般不会了解，所以，这时你就可以对孩子说出其中的原因，最重要的是要对她说这都是本书上说的，让她知道从书本上可以学到很多东西，从而让她对书本感兴趣，让她带着问题去学习，引发她的学习兴趣。

2.让她结交一些爱学习的好朋友。朋友的力量是巨大的，互相之间的影响也是非常显著的。所以，家长要有意识地让孩子接触一些学习好的同学，让她们在一起谈论关于学习中的一些乐趣，从而让孩子对学习产生兴趣。

3.让孩子在学习中感受到乐趣。一方面，家长不能把学习当成一种惩罚措施，这就让孩子觉得学习是一件很恐怖的事情；另一方面，家长的引导非常重要。家长可以从孩子感兴趣的课外书入手，让孩子爱上看书，从而一步步引导到学习上面去。家长要多加对孩子进行鼓励，让她们在学习中体验到成就感。

4.家长要有耐心。培养孩子对学习的主动性和兴趣并不是一朝一夕的事情，所以家长不可以急躁，要一步一步来，不要让她产生过大的压力。可以固定时间和孩子一起读书看书，一起背诵古诗文，慢慢让孩子积累对学习的兴趣，从而养成主动学习的习惯。

110. 谨慎对待女孩抄作业现象
——女孩抄作业，家长怎么办？

王女士的女儿今年刚上初一，为了女儿更好地学习，王女士重新装修了女儿的房间，专门给女儿买了书架，让女儿的学习环境可以更好一些。但是发生了一件事让王女士特别伤心，有一天，在女儿写作业的时候，她发现女儿在抄别人的作业。为了照顾女儿的面子，王女士并没有因此发火，而是暗中观察，发现女儿经常抄作业，有时是同班同学的，有时也照抄网上现成的答案。这让王女士非常伤心。那么家长面对这样的情况，要怎么去做呢？

案例解析

孩子抄作业的现象是比较普遍的。有的孩子是抄同班同学的作业，有的是抄网上现成的答案，有的甚至是自己不写作业，而让别人去写等。

孩子一旦开始上学，就会面临做家庭作业的事情，大多数情况下，家庭作业是书面性的，有时也可能是其他形式的。但是无论如何我们都不可否认，完成作业的好坏其实与孩子的学习成绩的好坏有很大的关系。但是孩子出现抄作业的情况并不是无缘无故发生的，总是有原因的。孩子抄作业的原因无非以下几点：

1. 孩子不会做题。如果孩子上课没有认真听讲，那么她自然会不会做题，觉得做题是一件很痛苦的事情，那么就只能靠抄作业来解决了。

2. 孩子的时间不够用。我们知道现在孩子的作业压力越来越大，老师布置的作业越来越多。孩子每天写作业到很晚，她们为了早点儿完成作业，早点儿休息或是玩耍，就会采取一些非常手段——抄作业就成了首选。

3. 孩子就是不想做作业。这类孩子是因为没有端正写作业或是学习的态度。

总之孩子抄作业是一种非常不好的行为，当孩子成绩下降的时候就会发现抄作业所带来的恶果。

 解决办法

那么家长如何应对孩子抄作业的毛病呢？我们给出以下两点建议：

1. 寻找孩子抄作业的原因。在发现孩子抄作业的行为之后，家长不要着急去批评孩子，而是要及时和老师进行沟通，了解孩子的学习情况，深入了解孩子为什么会抄作业。如果孩子是因为不会做题而抄作业，那么就会提醒孩子上课认真听讲，端正学习态度；如果是因为老师布置的作业太多，以至于超过孩子的承受能力，那么家长就要和老师进行沟通，看能不能减少作业量；如果是因为孩子压根就是不想做作业，觉得做作业完全没有必要时，那么家长就要及时和孩子进行沟通，让孩子明白做作业的目的是什么。在此过程中不可以对孩子抄作业的行为进行惩罚，而是要重在疏导，教育孩子抄作业是一种心理不成熟、不健康的表现，懒惰是学习的大敌，只有勤奋才能取得好成绩。

2. 切忌采取激烈的方式应对。在明白孩子抄作业的真实原因之后，家长首先要做的就是不要采取激烈的态度去指责孩子的行为，而是要冷静下来，理解孩子的行为，发自内心地同情孩子。这样孩子就会知道父母是理解自己的，就愿意敞开心扉面对家长，这样家长才能和孩子一起面对问题，解决问题。如果家长采取粗暴的态度，那么情况只会更糟，可能孩子不再抄作业但是成绩也不会好。

111. 采用非物质的奖励督促女孩学习

——女孩提出物质奖励学习怎么办？

佳佳是一名小学三年级的学生，但是在对待学习这件事上，佳佳表现得非常不认真。有一次，妈妈为了激励孩子认真学习就对佳佳说："你如果下次可以排名在班级前十五名，那么妈妈就给买你一直喜欢的芭比娃娃，最新款的。"于是佳佳那段时间学习非常认真，考到了班级第十名，得到妈妈的奖励。这一次之后，佳佳就总是要求妈妈给自己买东西或是直接要钱来保证自己的学习成绩。妈妈觉得这样的情况是非常糟糕的，但又不知道如何去做。那么面对孩子希望以金钱或是物质奖励来督促自己学习的情况，家长要如何去做呢？

 案例解析

我们知道每一个妈妈都有"望女成凤"的心态，希望自己孩子的学习成绩非常好，这样孩子将来会有好的发展。于是为了实现这一愿望，有些妈妈或是其他家长就采取以物质的奖励去激励孩子的学习。但是这种方式其实是非常不对的，孩子可能在一开始的时候的确会因此去努力学习，获得自己想要的物质奖励。但是家长要清楚，这时候孩子的认真学习不是因为她喜欢学习本身，而是因为希望得到成绩上升之后所带来的物质奖励。当她在得到自己想要的物质奖励之后，她就会再一次陷入没有学习动力的状态中去。

有些家长显得非常大方，孩子一旦取得一个不错的成绩之后，就会奖励她很多金钱或是比较昂贵的东西。其实这样做只会增加孩子对金钱或是物质的欲望，养成她一味地追求金钱或是物质的习惯，使她离学习越来越远。所以家长就不该去用金钱或物质的方式去激励孩子学习。

 解决办法

那么怎么去做才能让孩子不再要求物质的奖励而好好学习呢？我们给出以下几点建议：

1. 了解孩子为什么不喜欢学习。女孩的心思情感是非常细腻和脆弱的，所以，对待要求物质奖励而不爱学习的孩子，家长不能去批评也不能用金钱和物质的奖励去激励孩子。而是要和孩子冷静地交谈一下，去深入了解孩子在学习中存在的困惑，找到她不喜欢学习的具体原因，并在此过程中帮助孩子分析她为什么对学习不感兴趣。如果孩子因为一次考试没有考好就对这门课失去兴趣与信心，就要告诉孩子一次的考试成绩说明不了任何问题，不要放在心上，认真分析为什么这次考试会失利才是应该去做的事情。同时帮助孩子找到好的学习方法，家长可以和老师进行沟通，获得老师的指导意见。

2. 采取非物质的激励措施。家长往往会忽略一个眼神、一个拥抱、一个肯定的竖立的大拇指等所带给孩子的心理支持。在孩子取得一定的进步时，要对孩子及时进行语言及肢体语言上肯定，这样孩子可以感受到来自父母的爱与激励，也会觉得学习是一件幸福的事情。

3.给孩子适当的期望值。家长给孩子一个期望是非常有用的行为之一，让孩子明白父母对她的未来是有信心的。但是家长给出的学习期望不要定得超过了孩子本身的能力范围，不然只会适得其反。

112. 知道"人外有人"的道理很重要

——女孩向别人讨教不虚心怎么办？

云云自从幼儿园起就在校外参加英语培训班，一直都在坚持学习，所以云云的英语水平比同龄的孩子要好得多。今年云云已经上五年级了，虽然年龄小，但是她在学校已经可以和外教老师畅快地沟通了，老师和同学们都夸奖云云非常厉害。因此，云云就有些骄傲自满了，在班级上开始看不起那些英语成绩比较差的同学，每当他们向自己请教问题时，云云总是会对他们说："这么简单的问题都不会。"当她在出现错误被别人指出来的时候就会说："哦，这不是因为我不会，而是因为一时粗心了。"久而久之，大家都有些不喜欢她了。那么，面对不能虚心请教别人，有些自满的孩子，家长要如何去做呢？

案例解析

现在的女孩其实都非常聪明，在家长的眼里，自己的女儿更是聪明和可爱，似乎没有任何缺点，总是把她们捧在手心里。但是一味地夸奖或赞美就可能让她们飘飘然，产生自满的情绪，觉得自己见多识广，懂得比别人要多。从而变得不再虚心向别人请教问题，在面对自己的缺点和不对时也会显得傲慢无礼。

女孩对自己掌握的本领和技能产生骄傲的情绪是非常正常的，但是在表达自己的骄傲情绪的时候需要把握一个度，太骄傲以至于不能虚心向别人请教问题就是一种不好的行为了。就像故事中的云云一样，这样的情况就属于过度的骄傲自满了，同学和老师自然也会不会太喜欢这样的女孩。所以在日常的教育当中，家长就要教育孩子正确地看待自己的成绩和自身的能力，不要骄傲自满，要懂得虚心请教和谦逊回应别人对自己的请教。

解决办法

面对孩子产生骄傲自满、不能虚心请教别人的情况的时候，家长可以采取以下几点措施去应对：

1.让孩子明白"人外有人"的道理。在孩子取得一定的成绩或是在某一方面表现得很好的时候，家长可以对孩子进行针对性的夸奖，但是不要夸奖得太空泛，让她觉得自己哪方面都很好，而是要有针对性，具体性的点对点的夸奖。与此同时，还要教导孩子"人外有人"的道理，可以给她讲一些知识渊博的人虚心请教别人的故事，以此让她学习，不要骄傲。

2.帮助孩子认识自身的不足。家长不要向她传递出她是完美的没有缺点的信号，要让她知道再优秀的人都会有短板,都会犯错。家长在这个过程中可以找一些具体的缺点去说服孩子,让她认识到自己是有缺点的,但是家长不可以针对缺点进行批评,只是让她意识到自己是有缺点这一点,让她明白自己还有进步的空间。

3.让女孩知道分享和指导别人的乐趣。家长要让孩子了解在帮助别人回答问题的时候 其实也是一种学习的过程,而且还能收获别人的友谊。

4.提醒孩子学习是没有止境的。家长要告诉孩子,学习是一项没有尽头的事情,现在掌握的知识只是一时,如果自己不去学习就会被别人超越,所以任何人都没有骄傲的资本。

113. 提高女孩的学习效率
——怎么提高女孩的学习效率?

许多家长都会有这样的体会,就是自己的孩子每天也会认认真真地完成老师布置的作业,有时为了完成作业还写到晚上11点多,但是每次考试的成绩却并不是很理想。在每次的考试中总是会遇到各种各样的问题,使得成绩提高不上去,有时甚至在认认真真地学习之后,收获的是不及格的成绩,或是孩子的成绩总是徘徊在不及格的边缘,更不要说很好的成绩了。小英就是这样一位初中生,出现这种情况的时候,家长就要注意了,很可能是因为孩子的学习没有效率或是效率很低造成的。那么如何提高孩子的学习效率呢?

 案例解析

现实中这种现象非常普遍,而且大多数是女孩子会面临这些问题,觉得自己已经很努力但就是不见成绩有所改善,继而就会怀疑自己的能力,产生疑虑要不要坚持下去。这都是因为孩子没有掌握高效的学习方法。是什么原因导致孩子的学习效率低呢?

1.孩子休息的时间不足。大多数人都会觉得只要勤奋努力就可以有一个不错的成绩,但是如果身体长期得不到休息,一味透支的话,就会导致孩子在上课的时候注意力不集中,感到疲惫,继而影响学习的效率,使得看上去很努力的孩子,成绩就是提高不上去。

2.重复了太多熟悉的知识点的学习。一个人的精力是有限的,尤其是孩子的精力,但是在有限的精力之下,孩子却做了很多对提高成绩无用的功课,做了很多自己早已经熟悉的知识点,而没有把大量的精力放在不懂的问题上,这样就使得孩子的学习没有针对性,自然学习效率也不会高。

3.学习没有方法。学习是讲求技巧的,一味地死记硬背,只会加强孩子的负担却没有实质性的帮助,这样的话,学习效率也不会很好。

4.没有好的学习态度。在学习这件事上,有些孩子是三心二意的,导致时间的利用率并不是很高,花费了时间去学习,但是却没有取得应有的效果。

 **解决办法**

如何提高孩子的学习效率，我们给出以下几点建议：

1. 调整最好的身体状态。好的精神状态是离不开健康的身体的，所以在平时要保证孩子的睡眠，加强孩子的营养物质的补充，注意让孩子加强身体锻炼，让孩子的身体保持在最佳的学习状态，才能进一步提高学习的效率。

2. 讲究学习方法。学习是有方法可言的，没有好的学习方法，一味地花时间也是没效率没效果，有了好的学习方法，学习会事半功倍。所以家长要通过自身的经验或是一些其他的教育资料来帮助孩子形成自己的学习方法。比如如何预习、听讲、复习、整理知识点等。好的学习方法不仅仅是有利于孩子一时而且一生的大事，让孩子掌握用最少的时间尽可能完美地完成最多的事情的方法，成为一个高素质的人。

3. 建立学习计划。家长要对孩子说不同的学科有不同的目标和计划。然后协助孩子一起去制订出计划和安排。制订计划和安排的过程中要根据孩子不同的情况，从实际出发去制订。在此过程中，家长要注意适应孩子的生物钟和一天的精神状态的分布，根据情况具体定出计划。

4. 端正孩子的学习态度。学习是一项苦中作乐的事情，在学习中体会自己一点一滴的进步，控制自己，在对待学习时要一心一意。但是也要具体情况具体分析，要保证孩子在学习的过程中是认真对待的，不要出现会干扰她学习的因素。

114. 面对女孩的提问家长要耐心解答
——如何面对女孩无限的提问？

安安今年上四年级，是个活泼开朗的小女孩儿，对于世界充满着好奇心，总是在不停地问问题。有时安安的问题太多，使得安安的妈妈都特别烦恼。一来是因为安安的很多问题，妈妈回答不上来；二来妈妈觉得，有时安安对于自己的问题其实并没有那么想知道答案，只是单纯地想问问题。安安的妈妈知道，孩子有好奇心是好的，但是因为有上述一些困扰，也使得安安的妈妈不知如何是好。那么在日常生活中，家长要如何面对孩子无限的提问呢？

 案例解析

孩子的求知欲是非常大的，尤其是在孩子三四岁到上小学这一段期间，孩子总是有"打破砂锅问到底"的态度。家长其实也知道孩子问问题是一个好的现象，但是对于这种无限的提问还是有很多苦恼。一般在刚开始的时候，家长对于孩子的问题还是很高兴解答的，而且能够认真回答，甚至对孩子的提问表示夸赞。但是在孩子一个问题接着一个问题地问下去的时候，有些父母就开始表现得不耐烦了。有些家长对于孩子的问题随意地回答一下，甚至不考虑问题到底是不是正确的；有些家长甚至斥责孩子比较啰唆，这样做的后果就是孩子不敢再向大人提问，抹杀掉了她们本来该有的求知欲。

当孩子开始提问的时候就预示着她们对周围的事物开始产生好奇心理，这就表明她们开始动脑筋了，是她们获取知识的开端。

在这其中，孩子难免会问一些家长回答不上来的问题，这就要求家长在与孩子相处的过程中要善于补充自己的知识，最好在家中备上一些工具书籍，以便家长平时查看解答。遇到回答不上来的问题时不要不懂装懂，这样会教给孩子错误的答案，反而对孩子不好。

 解决办法

那么怎么解决孩子无限的提问呢？我们可以给家长以下几点建议：

1. 面对孩子的提问时，家长首先要做的就是认真倾听，在态度上给予她们无限的关爱，而且在她们提问的时候要对她们的这一行为表示适当的赞赏与夸奖，让孩子感受到家长和她们一样，对她所提出的问题很感兴趣，这样孩子就不会失去对问问题这件事的执着。

2. 在家长回答孩子的问题时，要考虑到孩子的年龄状况，要采用她们所熟悉的语言环境进行解答，这时候就要考验家长的想象力，使得语言通俗易懂、生动形象。

3. 在孩子提问家长无法回答的问题时，家长不可因为面子的问题不懂装懂或是采取回避的态度。这时家长要坦然面对自己的不懂，然后和孩子一起寻找问题的答案，可以是工具书，可以是利用网络，和她们一起学习。这样在回答了她们的问题的同时还培养了她们钻研的精神，增进了家长和孩子之间的互动。

115. 死记硬背不是好的学习方法
——女孩对知识点死记硬背怎么办？

方方今年刚上高一，在学习的过程中表现出很吃力的状态，因为她发现在初中通过死记硬背就可以取得很好的成绩的情况在高中的学习中竟然不适用了，这让她非常苦恼。因为她发现一方面在高中的学习中，需要思考的知识点非常多，死记硬背解决不了问题，题型的多变性使得靠这种学习方法根本解决不了问题；而且在高中的学习中，学习的强度相比于初中大得多，所以再采取死记硬背的方法会非常疲惫。那么在孩子采用死记硬背的学习方法的时候，家长要如何去做呢？

 案例解析

毋庸置疑，在学习的过程中，尤其是女生，通过死记硬背的方式去学习是很多人的方法之一。但是我们也不得不承认，死记硬背是一种非常低效的学习方法。如果在学习强度与难度并不是很大的情况下，这种学习方法可以一时解决孩子的学习问题，在短时间内的确可以收获一定的效果。但是一旦学习的强度和难度提升上去之后，这种学习方法的弊端就显现出来了。死记硬背的学习方式其实就是用一种非常笨拙的方式将知识反复地在大脑中强化直至记忆完成。通常应用此种方法的孩子是一种在学习上表现出非常踏实的孩子，但是因为没有掌握其他相对高效的学习方法，所以会使得她们虽然学习很努力但是成绩并不是很好。但是相对"聪明"的孩子则不同，当那些死记硬背的孩子需要将知识点反复记忆几十次的时候，她们只需要记忆一两次就可以将知识点融会贯通。所以我们在知道死记硬背的方式并不能高效地提高成绩之后，那么接下来要思考的就是如何高效地学习而不是死记硬背。

 解决办法

针对孩子习惯死记硬背的学习方法，我们给出以下建议：

1. 观察孩子的学习方法。在一开始进行学习的时候，孩子其实并不知道要以怎样的方法去学习才是最好的。所以，有时她们就会出现死记硬背的情况，那么在这个过程中，家长就要及时注意孩子的学习方法，以方便及时对孩子的学习方法提出建议。这一点是非常重要的，因为孩子固有的学习方法一旦形成，在短时间内是无法改变的。

2. 家长做出表率。孩子的学习习惯不不光是在学校养成的，家里更是养成孩子良好的学习习惯的场所。所以在平时的生活中，家长要有意识地留出时间让孩子和自己共同学习，孩子在观察父母的学习过程中能够接触并知道其他更高效的学习方式，而且在其中父母要大力传授自己的学习心得，让孩子知道什么学习方式才是更高效的，让孩子知道死记硬背是一种效率非常差的学习方式。

3. 提供孩子高效学习的方法。家长不能只告诉孩子死记硬背的学习方式有多不好，还要告诉孩子怎样的学习方式是更高效的，只有在体会到高效学习的乐趣之后，孩子才能从根本上摈弃之前死记硬背的学习方式。比如，家长可以讲授给孩子以一种发现事物之间的相关性来高效学习的方法。就是将学习的知识关联起来，使得知识连接在一起。像物理和数学的学习中，这种方法都是适用的。

116. 引导女孩接受不完美的老师
——孩子不喜欢任课老师怎么办？

雪雪今年初中二年级，在班上的学习成绩一般，在课堂上的表现自然也是很一般。有一次在课后，雪雪拿着一道数学题目去请教数学老师，但是因为这道题在课堂上刚刚讲过，雪雪没有注意听就跑去请教老师，结果被老师说了一句："上课不认真听讲，下课就拿着问题来问我。"雪雪非常伤心，因此就越发不喜欢自己的数学老师。妈妈觉得女儿如果不喜欢数学老师的话，数学成绩肯定也提高不上去，也比较苦恼这个问题。那么在面对孩子不喜欢自己的老师的情况，家长要怎么去处理呢？

 案例解析

类似雪雪这样的情况，在现实生活中还是比较常见的。现如今的孩子性格比较独立，在家里比较受到重视，所以在和老师相处的过程中难免会产生出各种各样的问题，孩子自然会出现不喜欢自己的老师的情况。而在一般情况下，一旦孩子不喜欢某一科目的老师，她在课堂上就不会认真听讲，这样的结果就是会导致孩子的成绩提高不上去，出现成绩下降的现象。

导致孩子不喜欢自己的老师的因素有很多，可能是因为老师和自己的性格不合，觉得老师没有人格魅力；可能是因为觉得老师的教学水平很差；可能是因为老师存在一些让她讨厌的小癖好等。总之出现这种情况而导致孩子偏科的时候，家长就要想法来解决孩子遇到的这种情况。

 解决办法

针对孩子不喜欢自己的任课老师的情况，我们给出家长以下几点建议：

1. 了解孩子不喜欢老师的原因。在孩子出现不喜欢老师的情况时，家长就要深入了解孩子为什么不喜欢自己的任课老师，是什么原因造成孩子不喜欢老师。是对老师为人的厌恶还是因为对老师的教学方法的成见，是因为老师自身素质欠缺还是因为觉得老师偏心学习成绩好的学生。一般孩子不喜欢自己的任课老师的原因可以分为两类，一类是因为孩子认为这位老师在人品和形象方面存在问题，一类是因为孩子觉得老师的专业水平太差。那么在了解孩子因为什么原因不喜欢自己的老师的时候就要对症下药。如果是因为第一类，家长就要对孩子说："我们只是向这位老师学习专业的知识，其他方面不用去多想。"如果是因为第二类的原因，家长就要引导孩子主动去学习，期盼孩子在知识的专业性上超过自己的老师。

2. 让孩子接受不完美的老师。家长要告诉孩子，老师也是人，是人就会出现短板和缺点，那么我们就要像别人接受不完美的自己一样去接受不完美的老师。这种方法适用于那些在人品和教学上都不存在问题，但是对孩子的要求比较严厉和苛刻的老师身上。

3. 家长要善于帮孩子发现老师身上的优点。孩子一旦不喜欢某位老师的时候就会觉得老师身上满是缺点，这时家长就要及时发现老师的优点并告诉孩子，帮助老师树立在孩子心中的威信。

4. 家长要及时和老师沟通。问题的出现总是双向影响的。所以家长要以尊敬、虚心的态度向老师了解其中的原因，这样做不仅表达出家长对孩子成长的重视，也会促使老师反省自身的问题，然后问题才有可能解决。

117. 建立女孩诚实的价值观
——女孩考试作弊怎么解决？

刘妈妈在上班的时候突然接到自己女儿的班主任的电话，老师告诉刘妈妈说女儿在考试中作弊被发现了，而且发现作弊的情况并不是一次两次了。听到这个情况，刘妈妈觉得非常丢人。回到家后就不问三七二十一把女儿给训了一顿。但是女儿在听到妈妈的训斥之后不但没有不好意思，还振振有词地说道："不作弊能行吗！不作弊的话也考不到好的成绩啊！班里其他的同学也会作弊，那我为什么不能作弊！"听到女儿这样说，刘妈妈非常气愤，但是她也知道一味地发火解决不了任何问题，一时也不知怎么去做。那么面对孩子作弊的情况，家长要如何正确地处理呢？

 案例解析

在现实生活中，孩子考试作弊的情况不在少数，面对孩子考试作弊的情况，家长自然会非常气愤，但是在这种情况出现的背后，其实是有很多内在的原因的：

1. 可能是来自家长的压力很大。很多家长都是通过孩子考试成绩的高低来衡量孩子成绩的好坏和孩子对待学习的态度的，这就使得家长对自己孩子的考试成绩非常重视。这种现状就使得孩子在考试的时候面对很大的压力，因而就可能采用一种并不光彩的方式——作弊，让自己的考试成绩达到父母所期望的目标。

2. 来自班级和学校的压力。无论是在班级还是在学校中，那些成绩比较好的同学总是获得更多人的喜欢。那么为了赢得这种喜欢和关注，孩子就可能采取作弊的方式来达到自己受关注的目的。

3. 班级的不良风气的影响。如果孩子所在的班级就流行这种考试作弊的现象，那么长期处在这种环境之下，加之孩子的自控能力、是非分辨能力都不是太强，孩子自然就会出现从众的行为。

4. 孩子缺乏自信。孩子作弊的原因都是因为想取得一个好的成绩，反映出她们其实也有十足的上进心。但是在一次次的考试失利之下，她们越来越缺乏自信，于是采取作弊的手段来达到外人和自己期望的分数。

 解决办法

面对孩子考试作弊的情况出现，家长可以从以下几点入手解决：

1. 家长要找到孩子作弊的真正原因。孩子作弊的原因多种多样，只有在搞清孩子为什么作弊之后，家长才能对症下药。在发现孩子出现作弊的行为时，家长首先要做的就是冷静下来，不能冲孩子发火，给孩子扣上"不诚实""坏孩子"等这样的帽子，这种方式不能从根本上解决问题。

2. 家长在平时的生活中要关注到孩子的闪光点，帮助孩子树立自己的信心。家长不能只是把孩子的学习成绩作为衡量孩子优秀与否的标准，而是要多方位地发现孩子的优点，建立孩子的自信。如果发现孩子在音乐上有天赋就要发展孩子的音乐天赋，让她明白自己并不比别的孩子差。

3. 要建立孩子"诚实"的价值观。在日常生活中，家长要传递给孩子诚实的品质比成绩的好坏更为重要，成绩的高低是可以通过自身的努力和学习方法的改进去实现的，但是优秀诚实品质的缺失则有可能导致一个人不能很好地融入社会。所以在任何时候都不要将诚实丢失。

118. 练习女孩的做题速度

——考试时间不够用怎么办？

沐沐今天考试结束后，回到家就开始独自在房间里哭泣。沐沐的妈妈见状就询问沐沐为何如此伤心。在百般询问之后，沐沐告诉了妈妈其中的原因："今天考的是数学，在做卷子的时候，我就发现这次的考试题目都相对比较简单。觉得这次应该可以考个不错的成绩，但是考试时间却不够用了，导致我只做了一道数学大题，剩下的两道都没有做，甚至连看题的时间都没有就收卷了。"面对如此伤心的沐沐，妈妈只能安慰沐沐在下一次的考试中注意下考试时间。那么在孩子出现考试时间不够用的情况，家长如何系统地引导孩子解决这一难题呢？

案例解析

孩子在考试的时候发现时间不够用，因而导致考试成绩不理想，这种情况其实普遍存在，很多女孩出现这种情况的时候，就会表现得非常伤心。我们家长也可以理解，明明题目是会做的，但就是因为时间不够用而导致成绩不理想，想想都觉得非常懊恼。

其实在合理的做题速度之下，学生都是可以在规定的时间内完成整个试卷的题目的，而且在大多数同学都可以完成的情况下，就说明"考试时间不够用"是自身出现问题造成的。

造成孩子在考试中出现时间不够用的情况，原因可以分为两类，一类是因为知识点掌握得不够好，导致做题时比较缓慢，思考过程太久；另一类则不是因为题目太难或是不会做，而是做题的节奏和对时间的把握出现问题，究其原因就是在平时做作业的时候没有养成良好的做题习惯。

解决办法

针对孩子考试时间不够用的情况，家长可以从以下几点着手解决：

1. 养成孩子按规定时间上床睡觉的习惯。家长在平时的生活中也可能发现这种情况，就是如果规定孩子 22 点睡觉的话，孩子就很大可能在 22 点之前完成自己的作业，但是如果规定孩子在 22∶30 睡觉的话，孩子也就在 22∶30 左右完成今天的作业。所以孩子睡觉时间的早晚有时决定了她完成作业的速度，本可以早早完成的作业非要拖到上床的时间点去完成。这就自然而然地养成孩子在做题的过程中存在拖拉或是开小差的习惯，而这种习惯就会带到考试中去，从而出现在规定的时间完成不了规定的题目数量的情况。

2. 养成孩子有意提高自己做题速度的习惯。一张试卷可以用一个小时完成，那么在平时的训练中，家长就要训练孩子用 50 分钟甚至更短的时间去与完成，当然是在保证尽可能不出错的情况之下完成。做这样的练习之后，孩子就可以养成一种固有的做题速度和节奏，使得她在考试时也具有这种速度和节奏，这样就不会出现考试时间不够用的情况发生。

3. 养成时间观念。在平时做作业的时候，家长就要戒掉孩子做题拖拉、一边做题一边玩的行为，这样也可以帮助孩子提高做题的速度，建立做题的时间观念。

119. 提高对时间的重视程度
——女孩不会规划学习时间怎么办?

芬芬今年初三，在面临中考的最后一段时间，妈妈发现芬芬一点儿中考的紧迫感都没有，每天的生活状态还是相当懒散。周末睡到中午 11 点才起床，吃完后就开始上网聊天，不想上网就出门去玩或是在家看电视。芬芬的妈妈看见女儿这样就非常着急。有时实在生气了也会冲芬芬发火，但是挨骂的芬芬并没有因此而改变，第二天芬芬的生活状态依然照旧。面对孩子不懂时间规划的情况，家长要如何处理呢?

 案例解析

对于时间的规划能力其实也就意味着孩子有很强的自我管理能力。这不光是在孩子上学的期间非常重要，对于孩子的一生都是非常重要的能力之一。孩子的自我管理能力、时间的规划能力更多的要靠家长的引导而形成。故事中的芬芬就是现在很多孩子的写照，她们在假期或者是在日常的生活中，对于时间没有足够的重视程度，即使觉得时间珍贵也不能很好地进行自我管理，对时间没有很好的自我规划。所以，当孩子一旦有自己可以支配的时间时，她们就会整天浪费时间，把大量的时间用在睡觉、游戏中，从而消磨了时间。

从故事中的芬芬对时间的安排上，我们就可以看出芬芬在平时的生活学习中肯定也没有很好地进行规划，使得芬芬的妈妈非常生气。所以，家长要注意，对于孩子时间规划的培养要渗透在生活的点点滴滴当中，而不是在特殊的时间段内突然要求孩子要如何有计划地利用时间，即使家长如此要求了，孩子也不可能完成。

 解决办法

面对孩子不懂得如何规划时间的问题，家长可以从以下几点着手解决:

1. 首先要孩子重视时间。家长在养成孩子对时间进行规划的习惯之前，首先要做的就是要让孩子足够认识到时间的宝贵性和不可复制性。在这个过程中，家长可以给孩子讲一些名人珍惜时间的事迹，以此引起孩子的共鸣，让孩子珍惜宝贵的时间。

2. 和孩子一起规划时间。在孩子对时间的珍贵性有所了解之后，家长就要和孩子一起制订每天的时间规划表，甚至是每周的时间规划表和每月的时间规划表，让孩子树立起时间的观念，并且按照计划表行事。比如在每天的计划表中安排这些:每天 6 点起床，跑步 30 分钟，吃早点，然后预习课本……晚上 7 点回到家，先写半个小时作业，然后吃饭，吃完饭接着写作业，完成作业后复习功课，9 点半之前上床睡觉等。

3. 家长给孩子制定目标。家长在要给孩子制定阶段性的目标，然后让孩子根据目标完成自己的时间规划。在这个过程中逐渐培养起孩子自主进行时间规划的能力，达到自我控制的目的。

120. 善用现代科技提高做事效率
——怎样养成使用检索工具的习惯？

晴晴是一名六年级的小女孩，由于孩子的天性使然，晴晴总是有很多问题。在学习中遇到任何问题时，晴晴第一时间想到的就是去问别人。晴晴的妈妈对晴晴爱问问题的现象表示很赞赏，但是同时也告诉晴晴："在遇到问题时，首先要做的就是自己去思考解决，利用发达的网络资源去得到更全面更具体的解决方法。"但是晴晴还是不习惯用检索工具去帮助自己解决问题，仍是一味地去问别人。面对这种情况，家长要怎么去做呢？

案例解析

当今社会是互联网的时代，那么学会用互联网带来的便利去解决问题就显得尤为重要。互联网兴起也对现在的教育方式产生了巨大的影响。孩子在学校的学习再也不是单方面的接受群体，而是和老师及其他教育工作者形成了一种互动的教学相长的模式。这其中就离不开孩子对于检索工具的接受程度和使用情况。

故事中的晴晴是一位不太善于用检索工具解决问题的孩子，这样的情况势必会造成晴晴的诸多不便。因为总有一些问题是周围的人无法替自己解答的，而且周围人的知识水平也不能保证得到的答案的准确程度。同时善于利用检索工具去解决问题也是一种解决问题的思维方式，它要求孩子在面对问题时首先想到的应该是如何利用身边的工具去解决问题而不是第一时间去让别人帮忙解决，而且别人也可能是利用检索工具解决问题的。

解决办法

针对孩子不善于利用检索工具去解决问题的情况，我们给家长以下几点建议：

1. 从小培养孩子对现代化工具的使用。我们很难想象一个从来没有接触过或是只接触过几次现代化检索工具的孩子，会在遇到问题时首先想到利用检索工具去解决问题。所以对孩子从小的教育抓起，父母就要让孩子熟悉电脑、iPad 等这些工具的使用，使得孩子熟悉掌握这种工具的使用情况，同时引导教育她们不产生痴迷。

2. 家长要以身作则。在遇到问题时，家长首先要做的就是利用检索工具去解决。就像在平日里遇到什么问题不懂就要和孩子一起去"百度一下"或是"谷歌一下"，让孩子在潜移默化中养成善于利用检索工具的习惯。而且在家长利用检索功能的时候要故意"做"给孩子看，让她们体会到自己解决问题的喜悦感。

3. 让孩子多加练习。家长可以在平日里给孩子出一些问题然后让孩子利用检索工具给自己一个答案。在完成后家长要对孩子提出适当的表扬和建议，以帮助孩子更好地建立自信，下次更好更自信地使用检索工具解决问题。

Part 8
女孩的语言培养：会表达是一项技能

121. 让女孩了解说话不算数的坏处
——女孩说话不算数怎么办？

朵朵是家里唯一的孩子，自然也是家里的掌上明珠，对于她的要求，家里总是尽可能地满足。朵朵有一个爱好就是看电视，放学回家就守着电视看动画片。妈妈觉得朵朵看电视的时间有点儿长了，已经影响到了她的视力，所以，朵朵的妈妈就跟朵朵商量，每天看电视的时间不能超过一个小时，朵朵也同意了。但是，真到妈妈关电视的时候，朵朵就会大哭大闹，说还要看。妈妈就对女儿说，这是她们之前约定好的，但是朵朵还是不听。那么面对这种说话不算数的孩子，家长要怎么办呢？

 案例解析

这个问题其实在很多家庭中都会出现，只是形式不同罢了。故事中的朵朵和妈妈约定好看一个小时的电视，但是却说话不算数，妈妈觉得孩子言而无信，所以会很生气。有些家长甚至在出现这种情况的时候会把电视强行关掉或是把孩子强行从电视机前拖走，落得孩子大哭大闹的下场，其实这是不对的。我们大人在日常生活中也会有这样的体验：正在你看电视剧看得热火朝天的时候，突然有人让你不要看电视或是直接关掉电视的话，你不会感谢他是为了你的视力着想，而只是会觉得非常气愤。对于孩子来说这是一样的道理。

人的这种心理与心理学家所说的心理张力有关。就像我们用笔在白纸上画一个圆圈，这个圆圈在交接处留下了一点空白。那么等我们在看到这个圆圈的时候，我们就想用笔把交接处的空白填补上去，让这个圆看上去更完整。这就说明我们有一种未完成感的心态，我们会想方设法寻求一种圆满的途径，获得一种心灵上的满足。

所以，孩子出现这种情况是可以被原谅的，但是家长还是有方法可以让孩子说话算数的。

 解决办法

面对孩子说话不算话的情况，家长可以采取以下几点措施：

1.可让孩子觉得她获胜了。决定做一件事之前要和孩子事先约定，在约定好了孩子还是说话不算数的时候，家长在约定好的那个节点处做出一小步的让步，让孩子心理上获得满足，觉得自己获胜了。比如，孩子到了约定的时间没有关掉电视，还想再看一会儿，那么家长就可以再妥协一下，让她再看几分钟，这时候孩子觉得自己占了便宜，会非常心满意足。往往这时候，孩子不会得寸进尺。

2. 理解孩子。有一种情况是这样的，孩子说话不算话是因为她的畏惧和胆怯心理。就像家长带着孩子去外面吃饭，约定好孩子要向各位叔叔阿姨打招呼，但是到了地方之后她却没有去做；或是孩子要去参加一个比赛，在家里和父母约定好，上台后不许紧张，要有平常心，但是上台之后却紧张得说不出话来。这时候，家长就要充分做到理解孩子，用共同的心态去理解她，而不要批评她。这其实与"守信用"已经没有太大的关系，而是一种性格体现，是一种没有自信心的体现，所以家长一味要求孩子"说话算数"解决不了任何问题。家长要从孩子自信心和个性培养的方面着手让孩子表现得"说话算数"。

3. 让孩子体会说话不算话的坏处。面对一而再再而三说话不算数的孩子时，家长可以适时让孩子体会到说话不算话给别人带来的不好的感觉。比如，家长在孩子提出某种要求的时候先答应孩子，但是却不去履行，那么孩子在体验到这种失望的感觉之后，孩子就会对"说话算数"这件事有了足够的重视。

122. 培养女孩实话实说的品质
——怎么改掉孩子说大话的毛病？

豆豆今年已经5岁了，是家里所有人的心头肉。豆豆平时的表现都令家人非常满意，是个懂礼貌的好孩子，但是有一天，妈妈却发现豆豆在和别的小朋友玩耍时说了大话。事情是这样的，豆豆在别的小朋友家玩耍的时候，看到小朋友家里有很多好看的毛绒玩具，于是豆豆就对那位小朋友说，自己家里有更多的毛绒玩具，而且很漂亮。其实豆豆的妈妈知道，家里根本没有什么毛绒玩具。那么面对孩子有说大话的毛病时，家长要怎么去应对呢？

案例解析

有很多家长都不明白，为什么孩子会出现说大话这种行为。其实这反映出了孩子复杂的心理活动，因为是复杂的心理活动，所以家长在面对孩子说大话的行为时，不能简单地凭自己的意愿就断定孩子是不诚实的，这样匆忙且生硬地下结论是不对的。孩子说大话反映出孩子自身的一种心理需求——维护和发展自尊的需要，也是维护和发展自我价值的需要。这种需要本身是没有任何问题的，但是年龄小的孩子可能并不能采取正确的手段去维护这种需要，她可能采取的方式就是说大话。有时孩子维护的也不是真正的自身价值，就像那些并不知道答案的孩子举手回答问题，只是为了引起老师和同学的注意。

所以面对孩子说大话这件事的时候，家长不要一味地批评孩子，或教导她要诚实，而应该深入了解，满足她的内在需求，然后引导她用正确的方式方法去维护自己的需要。

解决办法

面对孩子说大话，家长可以从以下几点着手解决：

1. 分情况处理。家长首先要搞清楚孩子为什么会出现"说大话"的行为。有些孩子可能只是因为年龄太小，对于大人的话理解不到位，而出现断章取义的现象，导致她说大话；也可能是孩子活在自己想象的世界中，拿想象当成了现实，从而出现说大话的情况；也可能是孩子因为想引起家人的注意，故意说大话。总之，面对众多说大话的原因，家长要搞清楚，然后才能对症下药。在面对上述这些原因的时候，家长首先要做的就是向孩子解释清楚什么是大话，要用孩子可以听懂的语言；然后在孩子说大话的时候，要指出她说的话中的破绽；在平时的生活中，要培养孩子如实复述的能力，可以让她看一个故事，然后让她将故事讲给自己听，看孩子复述的能力如何。

2. 家长要做出榜样。孩子说大话一般情况是因为孩子自身有虚荣的心理，她渴望别人羡慕自己。这在成人的世界是普遍存在的现象，追求一时的表面光鲜就是所谓的虚荣。孩子在小的时候是有很强的模仿能力与学习能力的，所以家长在孩子面前要做出表率，对于虚荣的事情要尽量避免，对于别人虚荣的现象要提出批评，让孩子树立正确的价值观。

3. 将诚实守信渗透给孩子。在孩子小的时候，家长就要让孩子学习诚实守信的优秀品质。家长可以给孩子讲一些关于名人诚实守信的故事，在不知不觉中将这种品质注入孩子的血液当中去。

123. 爱说谎的毛病一定要戒掉

——面对爱说谎话的孩子怎么办？

阳阳今年上小学五年级，是个活泼开朗的小女孩，阳阳的妈妈平时对阳阳的要求非常严格，要求阳阳回到家的第一件事就是写作业，不能看电视。妈妈在家的日子里，阳阳的表现都很好。但是有一天，阳阳的妈妈因为公司的事务比较多，所以下班比较晚，就让阳阳的爷爷接阳阳放学。回到家后的阳阳看妈妈不在家，就赶忙打开电视去看。看了一个小时之后将电视关上。等妈妈回来后问她看电视没有，阳阳则一脸无辜地说自己没看。但是妈妈已经从爷爷那里了解到阳阳已经看了很长时间电视了。那么家长面对孩子说谎的行为，要怎么去处理呢？

案例解析

像故事中的这种情况是经常可以在家庭中看到的，孩子说谎可以说是非常普遍的行为现象。从心理因素上来讲，孩子说谎，可以分为两大类，一类是无意说谎，一类是有意说谎。无意说谎指的是，孩子年龄比较小，她处在想象力发展的时期，在这个时期里，她们会对未来的事物产生一种不自觉的幻想，继而她们把这种幻想当成一种现实，会表现出把一种事物的描述夸张化的行为，从而在无意识的情况下说了谎。而有意说谎往往是因为成人不正确的做法导致孩子出现这种被动的行为。

在成人面对孩子不正确或是不能达到自己的要求时，成人一般的态度就是生气，甚至会打骂孩子，这一行为的结果就是孩子在下一次犯错误的时候往往选择以说谎的方式去应对。孩子可能惧怕的并不是打骂，而是这种行为带给家长愤怒之后的沮丧和难过。勇于承担责任和说出道歉的话并不是孩子天生具备的，需要家长去引导去教育，所以，面对孩子说谎，家长能做的还有很多。

 解决办法

针对孩子说谎的现象，家长可以从以下几点着手解决：

1. 家长的角色不应该像检察官。在孩子说谎的时候，家长可以不要立即拆穿她，女孩的自尊心是非常脆弱的，家长可以对孩子说谎的这一情况表现出得过且过的状态。但是等到合适的时间，家长就要告诉孩子，说谎是一种不好的行为，告诉孩子，她在说谎的时候，其实家长是知道的，但是为了维护她的面子所以当时没有多说。然后提出要求，希望她下次不要出现说谎的行为了，要做一个有担当、有责任心、勇于承认自己错误的人。家长还要表示在遇到任何事情时家长都会陪在她身边，帮助她一起解决问题，所以没有必要去撒谎。

2. 家长的措辞要注意。家长在和孩子沟通问题时要就事论事，不要将事实扣上自己的臆断。就像面对孩考试不及格的情况时，家长不要这样说："你考试通过了吗？你确定考试通过了？你说谎的后果很严重你知道吗？你的老师已经告诉我你考试不及格了……"而是应该直接告诉孩子："你知道你考试没有及格，我们很担心你，如果在学习上遇到任何问题，你都可以找爸妈帮忙。"这样就不会增加孩子说谎的机会。

3. 不要问"为什么"。面对孩子说谎时，家长不要追问孩子为什么说谎，因为追问的结果只会勾起孩子受到责备的回忆，让孩子再次惧怕，促成孩子为了逃避责罚而再次撒谎的行为。

124. 逐步引导，让女孩喜欢沟通
——女孩不爱说话怎么办？

叮叮今年已经5周岁了，但是相比于同龄的孩子，明显内向得多，总是不爱说话。在和别的小朋友玩耍的过程中，叮叮也只是习惯于自己单独玩，不和其他的小朋友打成一片。叮叮的家庭是这样的，叮叮出生在湖南，但是叮叮的妈妈讲的是广东话，叮叮爷爷讲湖南话，平时在家里，大家都是说方言。所以妈妈思考是不是因为这个原因导致叮叮不爱说话。那么面对诸如此类的不爱说话的小孩儿，家长要怎么做呢？

 案例解析

故事中叮叮妈妈的想法其实是影响孩子不爱说话的因素之一，因为家里的语言环境多变，导致孩子不知道应该学习谁的，从而造成她语言系统的紊乱，最终导致她不爱说话。除了这个原因，孩子不爱说话的原因还有以下几点：

1. 可能是病理的因素。就是说一些疾病的发生导致孩子说话的时间比较迟。比如智力发育落后、脑性瘫痪、听力障碍、儿童孤独症、中枢神经系统受损或功能失调等，都会导致孩子说话延迟，在延迟的同时还会有其他的异常表现。

2. 可能是心理问题。当孩子还小的时候，她说话时往往会出现发音的错误，比如把"小狗狗"说成"小豆豆"等，如果这时外界反馈给她的是取笑的话，那么她很可能对说话这件事产生畏惧心理，从而不再爱说话。

3. 可能原因在于家庭的教育。如果家长总是很忙，没有时间与孩子交流，家里也没有什么人去陪孩子说话，或是家长对孩子的教育过于严厉，经常指责和限制孩子，就会给孩子营造一种一出生就非常寂静的环境，这种环境本身就不利于孩子的语言系统的发育，会延迟孩子说话的时间。还有就是如果家庭不和睦或是家长属于包办型的，那么孩子的语言能力也是得不到锻炼的。

 **解决办法**

打开孩子说话的通道，家长可以从以下几点入手解决：

1. 家长应该多多与孩子进行交流。一个可以说话交流的环境是非常重要的。所以家长在平时就应该多多与孩子交流。家里来了客人或是朋友也要教孩子怎么去称呼，应该说些什么。这样，孩子在见到陌生人的时候就不会产生过多的畏惧心理，也就不会因为害怕而不爱说话了。

2. 家长要扭转孩子太过内向的性格。有些孩子不爱说话是因为太内向了，所以，家长就要有意识地多带孩子去外面走动，让她多接触一些人，和开朗外向的人多加交流，从而改变孩子的性格，让她爱上说话。

3. 语言环境要统一。在家里大人最好说普通话，这样就不会造成孩子语言系统的紊乱，让孩子及时学会说话。

4. 树立孩子的安全感和自信心。如果孩子对外界缺乏安全感，对别人总有一种防备心理的话，孩子也会出现不爱说话的现象。所以家长不要只是忙于工作，而是要多花时间陪孩子，让她感受到爱。而且在孩子学习说话、与人沟通的时候，家长要对孩子给予肯定，帮助孩子树立自信心。

125. 肢体语言只是口头语言的补充
——孩子的肢体语言过多怎么办？

然然今年 4 岁了，是一个长得很漂亮的小姑娘，家人也对她宠爱至极，总是领着她去景区玩耍或是带着她去朋友家玩耍。但是然然有一个毛病，就是她的肢体语言多过她的语言表达。在妈妈每次送然然去幼儿园要走的时候，就让然然对自己说拜拜，但是然然就是不说，只用挥手来代替。而且当要求她对别人表达谢意和欢迎的时候，然然就是不说话而且用微笑来代替。平时也只是摇头、点头等，很少和别人用语言交流。那么，面对这种现象，家长要如何去做呢？

 案例解析

故事中的然然是一个在肢体语言表达上多过口头表达的孩子。面对这种情况的时候，作为然然的家长肯定会特别着急，可能会怀疑自己的孩子是不是存在一定的缺陷。我们完全可以理解家长的这种心情。但是一味地担心和焦急并不能解决任何问题。

故事中然然的问题其实是口头表达能力不佳，口头表达能力并不是一个孤立的能力，而是一个人综合能力的体现，包括思维逻辑的能力、组织语言的能力、知识面、反应能力、表情和肢体语言技巧等。并不是某一单方面的培养就可以让孩子的口头表达能力提升上去。所以，如果一个孩子出现肢体语言多过口头语言的话。家长就要从提高综合能力入手，然后侧重培养孩子的口头表达能力。

而且当孩子出现这种情况的时候，家长也要反思自己或者观察孩子周围是不是也有人像孩子一样，因为孩子的一些习惯往往是受到周围的人影响的。

 解决办法

家长在认识到口头表达的能力是一种综合能力的体现之后，我们建议家长可以从以下几点着手改善孩子的这种情况：

1. 增加孩子的知识储备。孩子要口头表达，但并不是说要孩子胡说八道，而是要有话可说。所以在平时的生活中，家长要带领孩子去认识大千世界或是让她多多看书。培养孩子看书的习惯也是一种技能，家长可以在家里营造读书的氛围，让孩子爱上读书，增长她的见识，让她有话可说。

2. 培养孩子的思维逻辑能力和语言表达能力。在与孩子的交流中，家长要有意识地培养孩子这两方面的能力。比如，家长可以让孩子去阅读一个故事，在看完之后，让孩子给自己讲述故事的重点而且要简明扼要。

3. 增加与孩子的交流。在平日的生活中，家长要营造一种平等的氛围，让孩子敢于与自己对话。

4. 增加孩子的自信心。在平时的生活中，要多多肯定孩子，让她建立自信心，能正确地进行自我认知。

5. 家长要给孩子讲述肢体语言和口语表达之间的关系。家长可以对孩子说："肢体语言是服务于口头语言而存在的，所以在日常的交流中我们要以口头表达为主要的方式而不是肢体语言。肢体语言只是为了让我们表达自己的观点更准确而存在的。"家长还可以给孩子播放一些视频资料帮助孩子加深对这一概念的理解。

126. 教育女孩说话直视对方的眼睛

——女孩说话总看别处怎么办？

彩彩已经是一名初中生了，但是妈妈发现彩彩有一个很不好的习惯，就是在和别人说话的时候，彩彩总是不能直视别人的眼睛。当彩彩的妈妈和彩彩说话的时候，彩彩的眼睛总是看着地面或是别处。在彩彩的妈妈看来，说话不看着对方的眼睛是一种很不礼貌的行为，也很担心彩彩在今后的日子里改正不了这个习惯，但是也不知道如何去纠正。那么针对孩子说话时不看着对方眼睛的习惯，家长要如何去应对呢？

 案例解析

我们总说眼睛是心灵的窗户，透过眼睛我们甚至可以看到一个人解决问题的方法、关注细节的持久程度以及能不能做到实话实说等。而当一个人在说话的时候不看着我们的眼睛的时候，就会产生各种不良的感受，或是她对我们所说的话并不感兴趣或是她不喜欢我，等等。所以，当故事中的彩彩出现在说话的时候不看对方眼睛的情况时，妈妈的担心是可以理解的。

孩子为什么在说话的时候不看对方的眼睛，可能存在以下的原因：

1. 孩子注意力不集中。她在和别人说话的时候可能在想其他的事情，关注点压根没在谈话上，所有她不会有心思集中精力跟别人说话，从而出现不看对方眼睛的做法。

2. 孩子心情不好。当孩子心情不好的时候，她就不会看着别人的眼睛说话。

3. 孩子存在自卑心理。因为存在自卑的情绪，所以在面对别人的时候，她不能做到坦然，这种情况也会造成孩子不敢看对方的眼睛。

 解决办法

针对孩子在说话时不看对方眼睛的情况，家长可以从以下几点着手去解决：

1. 家长做出表率。家长在平时和别人相处的过程中就要做到开朗大方，在和别人说话的时候要直视别人的眼睛，并提醒孩子注意自己的言行举止。在孩子接触别人的时候，家长可以先和别人交谈以让孩子对面前的人产生一种信任感，消除她可能存在的紧张情绪。

2. 尽量不要打扰孩子的自由时间。当孩子在玩耍的时候，家长不要强行拉着孩子与别人进行交流，这样的结果只能使双方都不愉快。孩子失去了玩的乐趣，不能做到专心和别人交流，别人也体会不到来自孩子的尊重。

3. 引导孩子直视对方的眼睛。家长在发现孩子不能直视对方的眼睛说话的时候，家长要进行引导。比如在和孩子说话的时候，对她说："宝贝，看着妈妈的眼睛说话，这样妈妈才能知道你表达的意思是什么。"

4. 建立孩子的自信。对于孩子自卑心理的排除，要渗透到生活中的方方面面，家长对此不能操之过急。建立孩子自信的方法有很多种，家长要在平时的生活中多对孩子进行肯定与激励。

127. 一定要戒掉女孩爱说脏话的习惯
——女孩说脏话怎么根治？

天天家里来了客人，客人是妈妈的好朋友，客人也把自己的孩子带了过来。在孩子玩耍的过程中，因为都喜欢同一个玩具，就发生了争执。在争执僵持的时候，因为天天的力气比较小，所以玩具被小客人抢过去了。于是天天非常不高兴，就开口骂了那位小朋友。听到自己的孩子骂人，天天的妈妈把自己的孩子拉过来教育，同时也因为没有教育好孩子而感到非常难堪。天天的妈妈也不知道什么时候自己的女儿会开始说脏话了。那么面对孩子说脏话的行为，家长要怎么去做呢？

 案例解析

孩子出现说脏话的行为的确让家长非常头疼和难堪。爱说脏话是一种不文明的行为，是一种缺乏教养的表现。在孩子成长的过程中，如果不及时纠正孩子的行为，就会影响到她和别人的交往。

那么孩子为什么会说脏话呢？一般原因有以下三点：

1. 孩子只是学着说脏话。孩子在年龄比较小的时候，是没有是非观念的，所以在日常的行为中，她会表现出一种别人怎么做我也怎么做的心理。所以说脏话只是她们进行模仿的其中一种行为罢了。

2. 孩子被迫骂人。孩子与孩子相处的时候，难免会发生冲突和矛盾，而且孩子一般不懂谦让，所以在受到欺负或是自己的意愿没有得到满足的时候，她就会采取骂人的方式宣泄自己的不满情绪。

3. 孩子习惯性骂人。孩子一旦养成骂人的习惯之后，那么在今后的生活中，她会不自觉地采取骂人的方式去解决面临的冲突和矛盾。

 解决办法

根治孩子爱说脏话的毛病，我们提供给家长以下解决方案：

1. 采取冷漠对待的方式。心理学认为，如果某一种行为反复出现而得不到强化的话，那么这种行为发生的频率就会降低。应用在孩子说脏话这件事情上，就是家长在孩子说脏话的时候可以采取一种冷处理的方式，孩子说脏话的时候不打不骂也不给她说任何道理，而是假装没有听到。慢慢地，孩子觉得这样做没有乐趣了，她就会不说了。提醒家长注意的是，在孩子说脏话的时候不要大发雷霆，这样不仅不会解决任何问题，而且会强化孩子的这一不良行为。

2. 让孩子模仿学习。孩子在遇到冲突和矛盾的时候，因为不知道更好的处理方式，所以一般会采取说脏话的方式去处理去宣泄。所以，家长就要在日常的生活中告诉孩子在面对冲突矛盾时另一种行之有效且有礼貌的解决方法。家长可以口头告诉孩子，可以编造一个故事去说明，也可以让孩子观看一些视频资料，可以让孩子学习一些表现好的孩子的行为方式，让她从小伙伴的身上学习更好的处理矛盾冲突的方式。

128. 不善表达可能是因为性格原因
——女孩不善表达怎么办？

果果是一名五年级的孩子，有一天果果的妈妈突然接到果果的老师打来的电话。在电话中，果果的妈妈了解到，原来果果和班里的一位同学发生了冲突，出现了推搡的行为，果果还把那位女同学推到了地上。果果的妈妈听到这件事非常惊讶，连忙到学校处理这件事。事后果果的妈妈才了解到，其实事情的过错并不在果果身上，因为果果是帮助一个受到欺负的小女孩才与那位同学发生冲突。但是果果在老师办公室的时候却一句话都没有说出来，只是一个劲儿地哭。妈妈觉得果果实在是太不善于表达了。那么面对不善表达的孩子，家长要怎么去做呢？

案例解析

孩子不善表达个性的形成，必然存在一定的原因，我们把可能的原因罗列如下：

1. 可能是孩子比较内向。孩子如果比较内向的话，她会在说话时就表现出一些紧张的情绪，甚至是伴随脸红、手心出汗的情况，那么这样的孩子必然是不善表达的。

2. 孩子的能力发展不全面。如果一个孩子的思维和口头语言能力发展是不协调的，那么她就可能会出现组织语言的速度跟不上思维的速度，表现为说话时不连贯、不够流畅，这样也会导致她不爱说话，不善表达。

3. 孩子缺乏自信。我们很难想象一个没有自信的孩子会足够流畅地表达自己的观点。

4. 孩子与外界的交流机会少。语言环境的缺乏势必会导致孩子不能很好地与人进行沟通，那么就造成她不善表达的个性。

解决办法

家长可以从以下几点改善孩子不善表达的个性：

1. 倾听孩子。当孩子在说话的时候，家长要有耐心地进行倾听，对孩子展现充分的关心。这样孩子就不会丧失表达的欲望，长此以往，孩子也就会善于表达自己。

2. 和孩子平等交流。在平时相处的过程中，家长要善于找一些话题和孩子进行交流，在交流的时候一定要营造民主、平等的氛围。不要粗暴地打断孩子的说话，而且要尽量让孩子多说话，不管说得对错与否。

3. 家长不要"好为人师"。在孩子小的时候，说话时难免会出现词不达意、语句不够完整等现象，这时家长不要立即纠正，要等孩子把想说的话全部说完之后再进行纠正。这种纠正不要批评孩子的说话内容，而是要从培养孩子的口头表达能力出发。

4. 家长要创造环境让孩子与外界沟通。家长可以带领孩子去参加一些活动，要鼓励孩子多与同龄人玩耍，这样她的语言系统和表达能力才能得到锻炼。

5. 丰富孩子的生活经验。孩子只有具备了一定的生活经验之后，才能在交流的过程中和别人有话可说。比如让孩子去阅读、去游玩等。

129. 逐步引导女孩戒掉口吃的毛病
——怎样纠正孩子口吃的毛病？

齐齐今年7岁了，但是在说话时偶尔会出现口吃的现象。就像有一次，齐齐的妈妈带着齐齐去逛商场，在商场里齐齐看上了一套特别漂亮的芭比娃娃的套装，但是因为前段时间刚买了一套，所以齐齐的妈妈就不打算给齐齐再买。但是齐齐不听妈妈的话，就和妈妈争论起来，在争论的时候就出现了口吃的现象。那么，家长在面对孩子有口吃的现象时，要如何去做呢？

案例解析

在孩子出现口吃的现象的时候，家长不用太过于着急，要知道，在小孩2~7岁的阶段，孩子出现口吃是一种正常的现象，家长不要将口吃与口吃病联系到一起。所以，在孩子出现口吃的现象时，家长不要刻意去矫正它，更不要给孩子贴上"口吃病"的标签，否则只会令情况恶化下去，容易将孩子从口吃引导到口吃病上去。

口吃是发生在孩子身上常见的一种语言障碍，它表现为讲话不流畅、阻塞和重复。一般孩子2~3岁的时候非常容易发生口吃的现象，这是因为孩子的形象记忆的效果要高于词语记忆的效果，也就是说孩子认识的事物已经很多了，但是掌握的词汇是相对较少的，所以在她表达自己的意思的时候往往会出现各种各样的问题，口吃就是其中一种。而且孩子一旦出现精神紧张，抢着和别人说话时也会出现口吃。在这个过程中，家长不要责怪孩子，也不要嘲笑孩子。

解决办法

纠正孩子口吃的行为，主要是靠家长和亲人的指导。我们列出几点建议供家长参考：

1. 家长给孩子做出示范。家长发现孩子有口吃的行为时，可以采取一种温柔和蔼的态度对待孩子。在这个过程中，家长可以对着孩子先说一句话，然后让孩子重复，在此期间不要急躁。当看到孩子有些许进步的时候就及时对孩子进行肯定与表扬。

2. 播放歌曲和朗读。平时在家里，家长可以播放一些声音优美、表达流畅、内容活泼的儿歌或是一些朗读的文章。在孩子听得比较熟悉之后，家长可以和孩子一起对文章进行朗读，或是学唱儿歌。在这个过程中就可以让孩子掌握语言的节奏。

3. 家长放慢说话速度。在平时和孩子交流的过程中，家长要有意放慢自己的说话速度，让孩子慢慢去听，让她慢慢去说。在她说的时候，家长不要打断她的讲话或是代替她去讲话。在她讲完之后，家长可以过一两秒钟之后再对谈话进行反馈，同样采取慢节奏去回答孩子。总之在此期间要展现出家长对孩子无私的爱。

4. 鼓励孩子。当孩子因为口吃受到别人的嘲笑时，家长要向孩子说明口吃的性质，向她说明现在的口吃是一种正常的现象，是可以改变的，以此增加她的自信，让孩子最终改变口吃。

130. 为女孩做出榜样，防止女孩没大没小
——面对没大没小的孩子怎么办？

素素今年已经 8 岁了。父母觉得素素的表现有点儿没大没小。比如有一次，当妈妈做好饭摆好餐具之后，让素素过来吃饭，但是电视里正在播放素素最喜欢的动画片，因此素素不愿意过来吃饭，总是说看完电视再吃饭。妈妈在命令素素必须过来吃饭的时候，素素表现得非常过分，对妈妈大喊大叫，说一定要看完电视再吃饭，否则就不认她这个妈妈了。素素的妈妈很伤心。那么对于这种没大没小的孩子，家长要如何去管教呢？

案例解析

现在的孩子一般都是娇生惯养，所以在家庭中表现得没大没小并不是个别现象。那么为什么孩子在别人管教自己的时候会出现没大没小的行为呢？原因主要有以下几点：

1. 孩子和家长的意见不同。孩子从 3 岁开始就有了自我意识，也就表明在此之后她有了自己对于事物的立场和观点。当家长的观点和立场与她发生冲突的时候，孩子就会与家长发生争论，而且有时会以命令的口吻让家长接受自己的观点。

2. 孩子在挑战家长的权威。当家长希望孩子去做某件事的时候，如果语气过于强硬，那么对于孩子，尤其是懂事的孩子来说，是一种不友好的形式，它会引起孩子的反感。孩子就会以并不礼貌的方式去顶撞家长，这时孩子表现得没大没小只是想引起家长的注意，以表达她的不开心，挑战家长的权威性。

3. 孩子的没大没小可能是无意的。如果孩子的性格属于心直口快的类型，那么她的没大没小很可能是无意识的。而且如果孩子长期生活的环境就是没大没小，那么她的行为也很可能是没大没小的。

解决办法

当孩子出现没大没小的行为时，我们提供给家长以下几点建议：

1. 引导孩子正确的表达方式。当孩子出现大吼大叫，对家长没大没小的行为时，家长首先要做的就是保持冷静，告诉她如果她要表达某种观点是可以采取另一种方式的。然后家长

可以向孩子演示另一种礼貌的行为方式，让孩子一目了然。这样的冷静处理可以有效地减少母女间情绪的冲突。

2. 隔离冷静。如果孩子借没大没小的行为来引起家长的注意，表达自己不满的时候，家长不要和她吵架，而是应该让她自己待着，让她冷静下来。等到她足够冷静的时候，再告诉她这种行为方式是错误的。当然在教导的过程中可以采用讲故事的形式，而且要将换位思考的含义说给孩子听，让她知道换位思考的好处。

3. 家长要给孩子做好榜样。家长是孩子学习的榜样，而且成长期的孩子很容易模仿学习家长的行为方式。所以在此期间，家长要给孩子做出一个好的行为榜样。比如，家长在遇到长辈或朋友时都要问好，经常对人说"谢谢、对不起"，不在孩子面前大喊大叫等。孩子有了良好的学习榜样之后，没大没小的习惯就不会轻易形成。

131. 让女孩敢于在人前说话
——孩子不敢在人前说话怎么办？

　　点点是个多才多艺的小女孩，自小就可以背诵很多唐诗宋词，在家人面前，点点总是可以大方地背诵很多首诗词为大家助兴，也很享受表演完成之后来自家长的肯定与夸赞。但是一旦家里来了其他亲戚或是朋友，点点就不敢说话了，更不要提在众人面前表演才艺。甚至有一次在班级上，点点的老师让点点当着全班同学唱歌，结果点点紧张得哭了。面对这种不敢在人前说话的孩子，家长要怎么办呢？

案例解析

　　在现实生活中，很多孩子都会出现类似点点的这种现象。大多数的这类孩子都属于性格相对内向、胆小敏感。所以，她们相比那些性格外向的人更难适应新的或是陌生的环境。就像故事中的点点一样，她们能在自己熟悉的人面前表现得活泼开朗，但是在突然面对很多人的这种陌生的情景时，她们就会表现出焦躁不安甚至是哭闹的情绪反应。

　　如果孩子有上述的表现，家长却采取了不适当的应对方法的话，孩子就会将这种消极逃避的态度继续下去。如果家长以纵容的态度去面对孩子不敢在众人面前说话这件事情，就会加重孩子的这种负面不良情绪。就像一遇到孩子人多就哭的时候，家长立即抱着孩子远离这个环境，那么孩子就会知道，一旦遇到人多，就马上哭闹，这样家长就会把自己带离这个环境。久而久之，孩子的社会适应性会越来越差。

　　因此，父母这个时候应该使用正确的方法与技巧，有效地改善孩子的这个"毛病"。

解决办法

　　下面提供几点意见供家长解决孩子不敢在人前说话的"毛病"：

　　1. 家长做出表率。在人多的时候，孩子会有畏惧心理是很正常的。往往会躲在家长的后面。那么在这种情况下，家长就要带领孩子走到人前，与众人大方得体地打招呼、聊天。这样长久下去，孩子就会模仿家长的言行举止去积极与别人互动。而且在事情发生之前，家长可以和众人打好招呼，当孩子与他们产生互动的时候，要积极热情地进行回应，这样就可以逐渐让孩子勇于在众人面前说话了。

2. 家长要告诉孩子在众人面前说话的方法。在众人面前得体地说话是一种技能，因为是技能，就需要有意识地进行训练，也就是说有一定的技巧和方法。在平时的生活中，家长就要传授给孩子培养口才的方法，丰富她们的知识，也可以播放一些具有良好口才的人的视频给孩子看，以让孩子进行学习模仿。而且，家长可以将孩子与他人说话的场景拍成视频回家观看，指出孩子的优势和短板，建立共同学习的关系。

3. 鼓励孩子参与到聚会中。让孩子时常参与一些集体活动，让孩子在这个过程中培养和学习说话的技巧和自信。家长要尽可能地给孩子创造在众人面前说话的机会，比如孩子的生日聚会等。

132. 说话脸红并不都是一件坏事
——女孩说话习惯脸红怎么办？

闹闹是个女孩子，虽然名字是闹闹，但是一点而也不闹腾，是个性格比较内向的孩子。平时在生活中，闹闹在和别人说话的时候总是脸红，不管是自己主动和别人说话还是别人主动和她说话。在见到陌生人的时候，闹闹也会脸红。所以闹闹平常都不爱和别人交流，也没有特别好的朋友，在人多的场合时，也会感到手足无措。那么，家长要怎么做才能改变孩子一说话就脸红的"毛病"呢？

案例解析

从心理学来说，像故事中的闹闹一样，一说话就脸红的现象可能与人的设防心理和害羞心理有关。所谓的设防心理指的就是，一个人在和别人相处的过程中，出现了防范的心理，比如担心自己的物品是否安全、害怕说出来的话被人所嘲笑，感到没有自己的空间等。其实适度的设防心理在人际交往中是有积极的作用的，它会帮助我们分辨真伪，但是一旦过度就会产生负面的作用，它会让一个人对外界产生一定的心理距离，阻碍与他人的正常交往。

关于害羞心理，我们比较熟悉，尤其是女孩的青春期，这种害羞心理会更加严重。出现害羞心理会使一个人过多地约束自己的言行，不能正常地表达自己的思想感情，外在的表现上就很有可能出现脸红的现象。一个女孩子适当有些害羞是会显得更加可爱的，但是因为害羞而影响到与人的正常交流，就要想办法进行克服了。

解决办法

针对说话脸红的孩子，家长可以根据以下几点建议去改善：

1. 让孩子放松心态。当孩子与他人说话出现脸红的现象的时候，家长不要过分紧张，让孩子知道这只是人的一种正常的现象，而且脸红也不是什么大事，根据科学实验，那些容易脸红的人更容易取得他人的信任、获得别人的好感。

2. 建立孩子的自信。如果孩子是因为不自信的原因导致在和他人说话的时候出现脸红，那么家长就要从建立孩子的自信着手，去改善孩子的这一现象。建立孩子的自信要渗透到孩子生活中的方方面面，尤其是在孩子与自己交流的时候要鼓励孩子多说话，在孩子成功表述自己的想法之后，对孩子的内容不做过多的评价，而是对孩子用于表达自己的观点语言表达提出表扬和激励。

3. 创造与人交流的环境。家长要时常带着孩子去接触各种各样的人，让她去适应各种各样的场合。在与人相处的过程中，孩子就会慢慢克服掉自己害羞的心理。在刚开始的时候可以鼓励孩子去与自己感觉舒服的人去交流，获得交流成功的体验之后，孩子就会更加自然更加自信地去与别人交流。在沟通交流的时候孩子就不再会担心自己说得不好或是其他，从而改善说话脸红的情况。

133. 建立自信，提高女孩的沟通能力
——如何帮助孩子提高沟通能力？

米米是一名初中女生，平时在家里乖巧可爱，是全家人的开心果，和爸爸妈妈相处时也是无话不谈。但是米米在接触外人的时候就显得有些内向，总是不愿意和陌生人多接触，甚至在有些时候会出现害怕陌生人的心理。刚上初中的时候，面对的都是新同学，米米曾经就因为与班级同学的沟通存在问题，无法很好地融入到班级中去。那么，家长如何提高孩子与他人的沟通能力呢？

 案例解析

如今，我们都知道沟通的重要性，沟通是连接人与人之间的桥梁，好的沟通就代表一种好的人际交往关系，拥有好的人际关系之后，在做任何事的时候就会如鱼得水，游刃有余。但是在知道沟通如此重要之后，还是会有很多人在沟通能力上有所欠缺，在成年人身上，这种现象也是普遍存在的。与他人的沟通能力并不是一蹴而就，而是要从小培养的。所以，如果家长希望自己的孩子有很好的沟通能力，那么就要在孩子小的时候进行有意识的培养和训练。

故事中的米米就存在沟通上的问题，在现实生活中，我们也会常常看到这样的情形。有的孩子在家活泼好动，聪明伶俐，但是一旦进入到一个新环境接触到陌生人时，就会显得害羞腼腆，甚至呆板笨拙，就像故事中的米米；还有的孩子在学校里总是独自玩耍，显得很不合群；有的孩子则在与人交往的过程中故意逞强，盛气凌人等，这些情况都反映了孩子在与人沟通的能力上存在问题。

所以，在家庭生活中，家长要负起责任来，要有意识地培养孩子与人沟通的能力，增强孩子的沟通能力。这对孩子今后的发展至关重要。

 解决办法

家长可以从以下几点着手去提高孩子的沟通能力：

1. 丰富孩子的业余时间。孩子在成长的过程中不是只有学习，家长要时常带着孩子出去活动，增加孩子与人交流的机会。这样，能够丰富孩子的生活经验，逐步扩大孩子的眼界。同时，在孩子观察周围的事物和其他人的实际活动中，也会逐步增强她们的交流能力。

2. 多与孩子沟通。家长在和孩子沟通的时候要讲求有效沟通，而有效沟通的前提是建立在尊重孩子、理解孩子的基础之上，这样孩子才能敞开心扉，达到相互理解的地步。家长不要总是给自己扣上威严的帽子，把自己的许多观点强加在孩子身上，而是要适当改变一下自己的角色，做孩子的知心朋友，在平等、和谐的氛围下有效交流。在这样的家庭氛围成长起来，孩子自然不会畏惧与他人交流沟通。

3. 建立孩子的自信。那些不自信的孩子往往都存在沟通上的问题，孩子的自信并不是与生俱来的，而是从小一点一滴地培养起来的。当孩子认为自己受到他人欢迎的之后，她们就会变得自信起来，从而在别人面前表现得落落大方。

134. 语速过快可能是因为性格问题
——孩子说话语速过快怎么办？

妞妞今年 5 岁了，是个可爱的女孩子，但是妈妈发现妞妞在说话这一方面存在一个问题，就是妞妞说话太快。有时一激动，妞妞说话的语速连妈妈都跟不上。有一次妞妞妈妈的朋友来家里做客，结果在听妞妞讲话的时候就出现了尴尬，朋友们没有一个人听得懂妞妞在说什么，最后还得妈妈翻译，朋友们才知道孩子在说些什么。那么，家长在面对孩子说话速度太快这样的情况时，要如何去做呢？

 案例解析

我们在现实生活中也会遇到一些成人说话特别快，但是他们一般可以清晰地表达自己的想法，所以并不存在很大的问题。而且一般说话语速比较快的人代表了一种性格——外向。一般这种人思维比较敏捷，应变能力很强，往往口才比较好。

那么孩子一般会在什么情况下说话语速比较快呢？可能孩子对别人提出的观点很感兴趣，因此比较兴奋，那么语速就可能加快；可能在家长谈论孩子的短处的时候，孩子就想用快速的语言形式去跳过这个话题；在孩子感受到不安的时候，也会反映在语速的提高上，因为这样就可以借着快速讲述其他事情来转移话题，掩饰和排解内心的不安情绪，这是一种逃避的心理。

如果在生活中孩子的说话速度已经影响到了正常的生活，那么家长就要想尽方法去改善孩子的这一毛病，但是如果这只是孩子的性格体现，而没有影响到正常生活，家长就不必多加干涉。

 解决办法

如果孩子说话的速度已经影响到了她的正常生活，对别人和孩子自身产生了不好的影响，那么我们建议家长可以从以下几点着手解决：

1. 如果孩子语速过快是因为在运用气息方面出现问题，那么家长就要引导孩子在说话的时候可以注意拉长一些音节，这样不仅话说得比较清楚而且说话的速度也能相应地降低下来。

2. 家长要反省自身问题。家长是孩子的第一任老师，所以，在孩子说话比较快的时候，家长就要反思是不是孩子在模仿自己。如果意识到自己本身说话速度就比较快，那么家长就要和孩子一起改正学习，在鼓励中双双把这一"毛病"克服掉。

3. 家长可以在家里播放一些朗读或是说话速度比较慢、声音比较悠扬的其他音频读物，让孩子在耳濡目染中学习正常的说话速度。

135. 正面面对女孩提出的尴尬问题
——女孩喜欢问尴尬的问题怎么办？

糖糖今天已经 4 岁了，是一个充满好奇心的女孩子，在平时的生活中，糖糖就时常展现"十万个为什么"的本性，在遇到任何事情的时候总是会问一句为什么。对此，糖糖的父母都觉得是一种好的现象，孩子有好奇心才能不断地去学习，有好奇心也说明孩子自己正在探索这个她所不熟悉的世界。但是有时糖糖的问题会让家长非常尴尬。有一天，糖糖问妈妈："为什么我不能去男厕所？为什么男孩子是站着尿尿的？"面对这些尴尬的问题时，糖糖的爸妈就不知道如何是好了。那么，在孩子提出比较尴尬的问题时，家长要如何去回应呢？

 案例解析

对于这个世界，孩子总是充满好奇心，她们每一个人的小脑袋瓜里都装着"十万个为什么"，在这"十万个为什么"中就会有一些尴尬的问题抛向父母，让家长不知如何去回答。甚至有的家长会为此感到惭愧，因为有些问题，他们自己也不知道，无法去正确应答孩子提出的尴尬问题。

孩子的尴尬问题一般会有这样几个分类：一种是关于"性"。就像故事中的糖糖一样，孩子有时就会提出："为什么男生和女生要分开睡觉？"这样的问题。在面对孩子提出的这样的问题时，家长之所以会感到无所适从，是因为他们找不到合适的字眼和方式去向孩子说明这个问题，太直白可能对孩子的成长不利，但是委婉的说法又一时找不到，所以很困扰。一种是关于死亡的话题。家长之所以很难回答关于死亡的问题，并不仅是因为怕让孩子受到惊吓，更多的是基于个人的原因，是家长本身也惧怕或是逃避这个话题。还有一种是挑战父母权威的问题,就像是:"为什么我要听你的话去早早睡觉,而你们不去?"还有一种是孩子对家长的私生活进行关注之后的问题,比如说:"你为什么要和妈妈离婚?"

总之,面对孩子众多的尴尬问题,家长要做到合适地去回答的确不易,但还是有法可循的。

 解决办法

在孩子提出尴尬问题时,家长要采取如下几点措施:

1. 正面回答孩子的问题。家长要跨越自己的尴尬,勇于回答孩子的问题,这一点是非常重要的。因为在家长如此郑重地回答了孩子提出的问题时,孩子会感受到自己是一个完完全全的谈话对象,她会感受到家长是尊重她的,这在她今后建立自己的人格、树立自身的信心都是非常关键的。另一方面,即使当时孩子并不能完全理解家长所说的话,但是孩子知道拥有了知情权,这一权利会让孩子探索更多的未知,而且再当孩子面临问题时,她也会愿意和父母进行沟通交流。

2. 家长不要撒谎。家长有时会担心真正的答案会给孩子造成一定的伤害,因此选择去说谎,但是家长更应该知道,真相有时会令孩子痛苦,但是如果孩子能在帮助和陪伴下经历悲痛,对孩子而言并不是一件坏事。而且,在将来有一天,孩子知道家长是在说谎时,她就很可能不再相信家长了。

3. 家长的态度很重要。有时孩子的发问并不是真正想要知道问题的答案,只是想看看家长是如何反应的。那么在孩子提出尴尬的问题时,家长首先要做的就是在态度上表现得积极,敢于面对、不回避,做到放松、自然。

136. 延迟女孩欲望的满足
——如何处理孩子的过分要求?

快快已经是一名初中生,也是家里的掌上明珠。对于快快的一些要求,家里总是会想尽方法去满足。快快的偶像是吴亦凡,每每有吴亦凡代言的产品,快快总是会第一时间要求家长给自己买回来。但是有一次在临近期末考试的时候,快快听说吴亦凡会在某地转机就央求着妈妈去给自己订机票,要去给吴亦凡接机。对此,妈妈很生气,毕竟都在考试的关头了,快快还提出这样过分的要求。那么,在孩子提出过分的要求时,家长要怎么去应对呢?

 案例解析

在家里,似乎每个女孩都是家里的掌上明珠,而且家长一贯秉承的观点也是"女孩要富养"。这个观点本身并没与太大的问题,但是落实在具体生活中上,有些家长就难以把握"富养"的度。有些时候,即使女孩提出过分的要求,有些家长还是会照单全收,其实这是一种非常不利于培养女孩自立能力的做法。

在平时的生活中,当女孩提出过分的要求时,家长就要反思自己的教育方法,这多半与家长自身的教育方式有关。正因为家长对孩子太百依百顺了，结果就造成她产生一种错觉，觉得只要是自己想得到的东西就一定能得到，同时也误以为家长是万能的，可以满足她们所有的要求。

还有一种原因会导致女孩提出过分的要求，就是她借这种过分的要求来表达自己内心的某种不满或是想发泄自己的愤怒，或许是因为她知道自己能力不足，所以需要家长的援手。

 **解决办法**

家长在面对女孩提出的过分要求时，可以从以下几点去解决：

1. 明确孩子为什么会提出过分要求，如果是要求家长给予自己充分的关注，而且是在无理取闹的话，家长就可以不用过多关注她，家长可以直接告诉孩子，我们需要安静一会儿或是有工作在忙。如果这时她还是继续无理取闹的话，家长可以给孩子安排一些事情，以分散她的注意力。

2. 尝试让孩子自己去解决问题。当孩子向家长提出一些要求的时候，家长要想方设法鼓励孩子自己去独立解决。比如，当孩子要求我们去为她倒一杯果汁时，家长就可以这样鼓励她："'果汁姐姐'藏到冰箱里了，你要不要自己去找找看？"也可以这样鼓励她："嘿，你已经是个大姑娘了，我觉得你一定能自己解决这些问题，我相信你的能力。"当然前提是孩子已经掌握了相关的生活技能。

3. 延迟孩子欲望的满足。在孩子提出要求时不要立刻满足她，而是要让她有等待的时间，这样她就学会了等待和忍耐。当孩子提出过分的要求的时候，家长要利用等待的时间与孩子去沟通交流，让她明白并不是她的所有要求家长都需要去满足的，而且家长的能力也有限。

4. 对于女孩过高的物质要求要有限制。家长要告诉孩子他们只能满足孩子基本的生活需要，孩子过分的物质需要没有办法完全满足，如果她实在想要，就要通过自己的努力去得到。由此限制她没有边际的要求。而且在孩子提出要求之前，家长就可以和孩子约定好物质的价值限定、数量限定等。这样也可以养成孩子遵守约定、不贪得无厌的习惯。

5. 树立家长的威严。家长在满足孩子要求的时候不能根据心情来做，要树立自己的标准，不能答应的一定不要答应，不要因为心情好就接受孩子的过分要求。而且在拒绝的时候，家长要晓之以理、动之以情，让孩子充分认识到她的要求是不合理的，从内心接受这样一种拒绝的结果。

137. 女孩模仿大人说话是一种交流方式

——女孩习惯模仿大人说话咋办？

铛铛是一个可爱、开朗的7岁小女孩，已经上了一年级。但是铛铛有个特别不好的习惯，就是她喜欢模仿大人说话。所以，在上学之前，铛铛的家人就十分担心铛铛到学校之后也会模仿老师说话。妈妈觉得这是一个非常不好的行为，有外人在时会让大人非常尴尬，但是，孩子从小就有这个习惯，现在改变非常困难。那么，家长在发现孩子模仿大人说话的时候，要怎么去做呢？

 案例解析

孩子在还小的时候，有些孩子就总爱重复、模仿别人尤其是父母说的话，有时还用阴阳怪气的方式。所以，有的家长就会思考为什么孩子喜欢重复、模仿别人说的话呢？这是一种坏习惯还是因为孩子太调皮了？要不要制止呢？其实，大多数情况下，孩子出现这种现象都是阶段性的，尤其是两岁左右的孩子，她会拥有很强的好奇心和模仿能力，这是孩子探索新鲜事物的一种方式。在这个阶段时，孩子重复、模仿大人说话不仅仅是一种学习，更是一种属于孩子的交流方式。

我们说。家庭是孩子的第一课堂。孩子最初的模仿都源于父母的语言。孩子总会把自己的父母当成参考对象进行模仿学习，从而逐渐适应这个她所不熟悉的世界。所以，孩子模仿、重复家长所说的话可以说是一种亲子交流方式。

但是，当孩子稍长大后，尤其是在家里有客人时，孩子还老是重复、模仿家长的话，就会使有些父母非常尴尬。所以，这时，家长也要思考一种方式去解决这一难题。

 解决办法

那么，我们就给家长提供以下几点建议：

1. 避免不良用语，培养文明礼貌。孩子在较小的时候，喜欢模仿、重复家长说的话，其实这也是一种亲子交流，也是属于父母对孩子教育的很好时机。所以，家长说话的用词和方式要特别注意。因为处在这个阶段的孩子没有是非判断能力，她也不不知道什么是对错，只会照单全收，所以，家长要避免使用不文明用语，努力培养孩子文明用语的习惯。而且家长在对孩子说话时，要避免一些不正常的措辞习惯，培养孩子正常的用语习惯。

2. 采取不干涉不阻止的态度。我们知道孩子模仿、重复家长的话是一种学习的方式，但是有时有些家长不免会觉得尴尬，但是，在这种时候，家长不要干涉制止孩子。如果家长强行制止，只会让孩子变得不敢开口说话，错过孩子发展语言系统的关键时期，也可能导致孩子变得内向自卑。

3. 如果孩子已经到了上学的年龄，还是一味地调皮，重复、模仿家长说话，家长可以采取不理睬的态度，这样孩子觉得没人理自己，就会觉得无趣，也就不再重复、模仿了。

138. 及时制止女孩爱接话的毛病

——孩子喜欢接话怎么办？

阳阳今年上三年级，据老师反映，阳阳在上课期间总是会接话。平时在课堂上，老师也鼓励孩子可以自由发言，使课堂气氛更加活泼。但是阳阳总是接话，而且接话的内容与课堂内容无关，不是在回答问题，而是一味地搞笑，惹得其他同学捧腹大笑，影响上课的秩序。老师私下也批评过阳阳，但是过了一两节课后，阳阳又变成了原来的样子。除了阳阳在课堂上接话，有些孩子也喜欢接别人的话。那么在面对孩子喜欢接话的情况时，家长要怎么去做呢？

 案例解析

家长在做学生的时候也可能会遇到这样一两个在课堂上非常活跃的人，她们总是爱接老师的话，去逗乐全班的人，学生们乐在其中，但是有时老师就会很生气，因为这打乱了她上课的节奏，影响她的思路，也浪费了一些讲课的时间。

其实，现在我们回想一下，那些在课堂上爱接话的人一般是比较聪明、思维比较活跃的孩子。所以，在对待这些同学的时候，老师不能一味地批评，而是要采取一种更为明智、更为有效的方法去解决这个问题。比如，在课堂上，老师可以采取一种宽容的态度去对待那些爱接话的孩子，但是并不是放纵或是漠视。在孩子接话的时候可以告诉她不要接话的原因，并与她建立一种共同维护课堂秩序的形式。

在家里如果孩子接话，家长也不能一味地看成是一种不好的行为方式，而是应该看到它的有利面，因为在孩子接话的时候也是在发展她的言语体系的时候，也说明了她在思考、在倾听。

 解决办法

如果发现孩子有接话的习惯，家长可以从以下几点着手解决：

1.了解孩子爱接话的原因。一般孩子无论是在课堂上接话还是在生活中接话，都会有各种各样的动机，也就是说孩子接话的原因是什么。可能是因为她想表达自己的观点，可能是孩子想以这种方式引起大家的注意，或是其他原因。总之，家长可以深入了解孩子接话的原因，当然了解的过程是建立在平等、和谐的氛围中，不然孩子不会告诉你真实的原因。

2.家长要表明自己的态度和老师的态度。不管孩子出于什么原因爱接话，家长都要表明自己和老师的立场。要明确告诉她，接话给别人带来了一定的困扰，在课堂上可能会打断老师的思路，使得老师不能正常地维持课堂纪律等。在家长说出这些态度和原因之前，家长还要肯定孩子接话带来的一定好处，比如带动了课堂气氛，说明你在认真听别人说话等，但是在权衡利弊之后，还是不接话带来的好处比较大，所以，建议孩子下次不要再接话了。

3.告诉孩子另外一种更好的方式。孩子接话最为重要的原因是想引起他人的注意，那么家长就可以告诉孩子用其他有效且礼貌的方式去引起别人注意，同时赢得别人的尊重。比如，在课堂上回答老师提出的问题，既可以引起别人的注意，又可以获得老师和同学的赞赏。

4.以其人之道还其人之身。如果孩子总是改不了接话的毛病，那么家长也可以采取这种方式，让她体会到别人在她说话的时候接一些无关的话所带来的不良感受，以此让她改正这个毛病。

139. 锻炼女孩说话抓住重点
——女孩说话抓不住重点怎么办？

跳跳是个 7 岁的小女孩，平时是个话比较多的孩子。但是跳跳的家人发现跳跳在说话方面总是抓不住重点，别人问她一个问题，她就开始滔滔不绝地去说，但是在说了好久之后，好像并没有在回答别人提出的问题，而只是在自言自语一样。等她真正要说到重点的时候，别人也不再想听她说了。有一次，妈妈向跳跳讲了排队时要注意的规则。然后让她总结，于是跳跳就说，排队时不要转来转去，如果转来转去会如何，然后说为什么转来转去不好云云。对此，妈妈甚是担心，因为说话没有重点就不利于孩子未来的成长啊。那么，孩子说话没有重点，家长要如何去应对呢？

 案例解析

故事中的跳跳说话总是抓不住重点，其实这与家长的教育方式有一定的关系，毕竟家庭是孩子的第一课堂。所以家长要负起责任来，认识到孩子存在的问题，然后想办法去解决。

孩子说话没有重点，看似说了很多，但总是说不到点子上。如果孩子这样说话，既浪费时间也解答不了任何问题。其实不止是孩子，许多成年人在说话的时候也存在这个问题。

孩子说话没有重点，这属于语言表达的问题，父母在平时的教育中就要从培养孩子良好的表达习惯入手，去解决孩子面临的这个问题。孩子语言系统的建立和强化是有关键的敏感期的，所以在孩子小的时候，家长就要有意识地去培养孩子说话的能力，不然就会错过孩子发展语言的黄金时期。

在情商管理中，会说话，怎么去说话才能更为准确、更为被别人所接受是个重要的命题。培养孩子的表达能力就是在为孩子的情商铺路，而情商的高低在社会上又是非常重要的，机会决定了一个人的成败。所以，家长要从小重视起来，别让孩子输在起跑线上。

 解决办法

面对孩子说话没有重点的问题，家长可以从以下几点着手解决：

1. 尽可能给孩子创造表达的语言环境。孩子说话的方式是要经过训练的，而训练是要通过时间和环境的。所以，家长在生活中，就要尽可能给孩子创造说话的环境，没有说话的环境，孩子没有机会去说话，那么何谈说话的好与坏。而且，如果孩子没有说话的机会，家长也没有机会去及早发现孩子在说话的时候存在的问题，也就无法及早解决问题。良好的语言环境下，孩子也可以在观察别人说话的时候去进行模仿学习。总之，对于孩子而言，一个好的语言环境是非常重要的，所以家长创造的语言环境越多越好。当然在与孩子的交流中，家长采取的态度应该是平等、民主的，这样孩子才能打开心扉与家长进行沟通交流。

2. 家长要引领孩子多读书。读书一般先从简单入手，然后慢慢加大难度与深度。在读书的过程中，家长一开始可以让孩子只是复述书籍的重点内容，比如，如果是故事书，可以让孩子把故事复述给别人听。当孩子大了之后，家长可以让孩子对书籍中的内容进行总结概括，从而锻炼孩子识别重点的能力。

3. 家长在平时说话的时候，可以有意识地对孩子说，自己的哪句话是重点，重点是什么等，这样的好处就在于让孩子知道说话时讲求重点是非常重要的。

140. 引导女孩戒掉自言自语的毛病
——孩子总是自言自语怎么办？

花儿是一个可爱的小女孩，是家里的独生女，平时都是花儿自己在家一个人玩耍。但是花儿似乎并不觉得孤单，因为花儿的嘴就没有停下过，总是在喃喃自语着什么，就像在自编自导故事一样，显得不亦乐乎。有时她甚至告诉家人不要打扰自己。花儿在与别人的交流中不存在什么问题，就是会自言自语，花儿的家人觉得有些别扭。那么，在面对孩子自言自语时，家长要如何去对待呢？

 案例解析

故事中关于花儿的案例其实并不是一个个例，有许多家庭的孩子都存在这样的问题，她们在没人的时候总是喜欢自言自语，好像乐在其中。在自言自语的孩子中，独生子女占了很大的比例。这种自言自语的"独立生活"模式其实在表明孩子在心理上想要疏远父母，在自言自语中，她收获的是一种安全感。如果孩子成长到 8 岁的时候，还经常自言自语，则有点让人担忧，这就和家庭环境以及教育方式有很大的关系。对于这样的孩子，家长就要和孩子多加沟通，找出其中的原因解决这一问题。

孩子喜欢自言自语，一般有以下几点原因：

1. 可能是孩子想获得注意。如果孩子自言自语是因为想要获得家人的关注，那么家长就要教她们怎么去获得别人的注意，呼喊她们的名字可以阻止她们自言自语。

2. 可能是孩子在逃避。当家长或是其他人在让孩子做事情时，孩子也会用自言自语方式去逃避问题。

3. 可能孩子是在表达需求。孩子自言自语可能是一种表达自己需求的消极方式，如果孩子有了合适的表达需求的方式，她就不会自言自语了。

 解决办法

如果孩子出现自言自语的情况，家长可以从以下方面着手解决：

孩子不关注外界，喜欢和自己玩，自言自语，是大部分孤独症孩子都有的特点。但是有时正常孩子也会自言自语，这只是她们的癖好而已，这时家长只需做一些相应的引导帮助孩子改掉自言自语的习惯。作为家长，在发现孩子习惯于自言自语而不喜欢和他人交流的时候，家长首先要认识到，孩子自言自语的出现并不表示都是坏事，至少证明了孩子的言语能力没有什么问题。

当孩子在自言自语的时候，家长可以适时找机会打断孩子，转移她的话题，追问孩子一些问题，并鼓励孩子去回答家长提出的问题。而且在这个时候，家长可以与孩子交流，以帮助她建立自己的认知系统。

最为重要的一点在于，当孩子回答出家长的问题或是能够用语言与外界进行交流的时候，家长要对孩子进行及时的鼓励与表扬，从而建立她的自信，让她敢于表达自己，与他人进行交流。

孩子喜欢自言自语，说明她的注意力只在自己身上，并没有关注到外界的人或事。所以，家长要创造机会让孩子与他人交流，尽量找一些事情让她去做，让她参与到具体的活动中去。在活动中，孩子能够学习到需求的表达、心情的表达、欲望的表达等，从而慢慢戒掉自言自语的习惯。

141. 刻意训练，让女孩流畅说话
——女孩说话一字一顿怎么办？

丹丹是一名 5 岁的小女孩，长得特别可爱，周围的人都很喜欢她。丹丹很聪明，在很小的时候就可以背诵一些唐诗宋词，认知方面的能力也很强，同时还会唱很多儿歌。但是丹丹在说话方面却存在一些问题，就是每次在说话的时候，每说一个字就要停一下，然后喘一口气再说下一个字，感觉她说每个字都很困难似的。面对这种说话一字一顿的孩子，家长要如何去纠正呢？

 案例解析

故事中的丹丹说话一字一顿的现象肯定有其背后的原因，我们同样可以预测到，一定是孩子在刚开始学说话的时候受到了不正确的训练，从而导致今天说话一字一顿。所谓治病就要除根，解决问题就要找到原因。所以，家长在面对孩子出现这个问题时就要寻找孩子出现说话问题的根本原因。就像案例中的丹丹，很可能在她刚开始学习语言的时候，由于气流量比较小，不会说话，家长在这个时期给予她大量的口型提示，慢慢地，丹丹学会发出一些简单的音节，家长就紧接着进行双词、多词的训练，而且在训练丹丹说话的时候过多地强调了学习深呼吸、换气，这样就导致丹丹说话一字一顿。也可能是孩子依赖口型的提示进行说话。有的孩子之所以说话一字一顿，可能是因为孩子在家庭的语言环境下进行模仿，让孩子学习了不正确的说话方式。

总之，在孩子出现说话方面的问题时，家长就要认识到这是在语言的训练及表达上面出现了问题，那么就要从这个方面去着手解决问题，从而不影响孩子未来的成长道路。

 **解决办法**

面对孩子说话一字一顿的情况，家长可以从以下几点着手解决：

1. 家长在对孩子进行语言训练的时候，不要给予太多口型提示。这样做的好处就在于孩子不会总是依赖家长的口型进行说话，也就不容易造成孩子说话一字一顿的情况。当孩子不会说话，无法表达自己的意思时，家长可以从听觉方面着手训练，也就是说孩子说不出来的时候，可以给她听一些语音提示。总之，要尽可能避免孩子依赖家长的口型进行说话。

2. 在对孩子进行语言训练的时候，家长可以适当加快语速。当家长加快语速去说话的时候，孩子会感知到她接收信息的频率加快，那么也就很有可能刺激她输出信息的速度加快，从而提高她说话的速度，也就改善了她说话一字一顿的情况。

3. 对孩子语言的训练要从易到难。家长要注意循序渐进的重要性，切不能操之过急，造成孩子语言系统上的问题。

4. 提高孩子的气流量，学会断句与换气。如果孩子的气流量达不到一定的要求，那么在她说一些比较长的句子的时候就不可避免地出现断断续续的情况。但是气流量达到一定的要求并不能全部解决问题，还需要孩子学会正确的断句，家长让孩子学会断句的方法就是让孩子明白这句话到底是什么意思，家长可以有意识地训练孩子把长句分成短句、短句切换成长句的方法。

5. 家长要给孩子营造足够多的说话机会。在真实的说话场景中，孩子自然而然地会掌握说话的技巧与能力。

142. 口齿不清会影响人际交往

——孩子说话不清楚怎么办？

奥奥今年准备上一年级了，但是奥奥在说话方面存在一些问题，就是说话不是很清楚。虽然奥奥的话家人大概知道是什么意思，有时也需要奥奥去重复几遍才能听清楚到底在说些什么。在与外人的交流中，奥奥的问题就比较大，有时因为别人听不懂自己的意思，奥奥就会表现得非常愤怒。奥奥的家人非常担心，如果奥奥上学之后还这样，必然会出现很多问题。那么，在面对孩子说话不清楚的情况时，家长要采取哪些措施呢？

 案例解析

故事中的奥奥说话不是很清楚，给家人和周围的人以及奥奥自己都带来了诸多不便。其实在儿童语言发育的过程中，口齿不清是一种常见的发育迟缓的情况，如果家长及时给予重视并及时纠正，那么孩子口齿不清的问题是可以得到解决的。但是如果这个问题得不到及时的解决，就有可能导致孩子形成一些不良的发音习惯，造成她吐字不清，最终导致比较严重的语言障碍。一旦这个障碍形成，那么就会影响孩子的阅读，影响孩子的学习成绩，甚至影响孩子成人之后的生活和工作。

所以，在孩子小的时候，家长就要及时认识问题、解决问题。孩子说话不清楚，可能是因为舌系带过短造成的，舌系带过短造成孩子说话不清楚就是我们常说的"大舌头"；可能是孩子存在听力的缺陷，如果孩子听力有缺陷，也会导致孩子在语言表达方面存在问题；还有可能是因为孩子所处的语言环境不同，导致孩子语言表达不清楚，比如家里有人说方言，有人说普通话，就会导致孩子语言混乱，造成孩子不知如何去表达；也可能是因为孩子没有足够的说话机会，导致孩子的语言系统得不到训练，这样也会导致孩子出现各种各样的语言表达问题。

 解决办法

如果孩子出现说话不清楚的情况，家长可以从以下几点着手去解决：

1. 家长首先要带孩子进行听力的检查，排除孩子的听力障碍。现在的听力筛查技术可以在婴儿出生后 3 天进行听力检测，能在 3 个月内明确其听力的状况，并能在孩子一岁左右的时候进行听力的康复，进行强化语言的训练。所以，家长要有一颗敏感的心，去及早发现孩子的问题，及时进行解决。

2. 检查孩子的舌系带。说话不清楚可能是因为舌系带过短导致的，所以，家长可以让孩子张开嘴巴，检查孩子舌系带的情况，如果发现孩子的舌系带过短，要及早带孩子去医院进行舌系带矫正手术。

3. 家长要抽更多的时间去陪伴孩子，与她们多多进行交流。没有语言的交流，就会导致孩子的语言能力发育迟缓甚至是不健全。

4. 统一家庭的语言系统。比如在家都说普通话，而不是各种方言和普通话的混合。这样就不会导致孩子的语言系统紊乱。

5. 家长要建立孩子的自信。当孩子说话不清楚的时候不要去打断她，不要去代替她说话，要做到有耐心，从而建立孩子的自信，让孩子勇于去表达自己。

6. 如果孩子的口齿不清是因为心理行为问题，例如孤独症、口吃、选择性缄默症等，就需要家长带领孩子到专业医院诊治。

Part 9
女孩的智力培养：莫以成绩论成败

143. 教育女孩体验变通的做法
——女孩做事太死板怎么办？

爱爱是一名初三的学生，由于今年要面临中考，所以，爱爱每天放学回家吃完饭就去学习，每天都会学习到夜里 12 点左右。但是爱爱的学习成绩并不是很理想，在周末的时候，爱爱的妈妈还给爱爱请了家教。在与家教的聊天中，家教告诉爱爱的妈妈："爱爱平时学习有些死板，不会融会贯通。比如当爱爱做一个简单的比例计算的时候，爱爱也会列出方程式去解决，这样在考场上肯定浪费时间，很有可能出现答不完卷子的情况。"对此，爱爱的妈妈甚是担心。那么，在面对孩子做事比较死板的情况，家长要如何去做呢？

 案例解析

故事中的爱爱一看就是一个比较乖巧懂事的孩子，对待学习也比较认真，但是她对待学习上的认真可能并不是出于她的本意，而是因为体恤自己的家长，不想让他们失望，从而比较刻苦地努力学习到很晚。但是在这个过程中，爱爱并没有真正体会到学习的乐趣，从她学习到很晚但是却没有学习效率这一点上就可以看出来。在这个故事中，虽然展现出的是孩子学习上的问题，但归根结底是孩子心理的问题。要让孩子在学习上有所突破，让她在比较轻松的状态下灵活学习，就要去除孩子心理上的一些障碍，否则一切都没用。

而且，故事中孩子做题方面比较死板，这就在一方面映射出孩子在做其他事情上也可能出现做事比较死板的情况。那么家长就要在与孩子的交流中去认真、多角度地分析孩子做事死板的原因，从而对症下药，让孩子多角度看待问题，养成灵活看待问题的习惯。

 解决办法

孩子做事太死板，家长可以从以下几点着手解决：

1. 家长要加强与孩子的沟通。在平时的生活中，家长要经常与孩子进行沟通交流，一定要抽出足够的时间去了解自己的孩子，也要与学校的老师进行及时的沟通交流，这样在孩子一旦出现任何问题时，家长可以较早地想办法去解决，而不是让孩子一个人独自去面对。

2. 家长要及时更新自己的教育观念。社会在不断变化，新的教育理念也在不断地涌现出来，家长要及时补充自己的教育知识，以便在孩子遇到问题时，很快找到解决方案。

3. 学会耐心倾听孩子。在孩子做出任何事情的时候，可以问问孩子这样做的原因是什么，当然谈话的氛围应该是和谐平等的，不然孩子不会敞开心扉与家长沟通。在沟通的时候，家长要有意识地了解孩子做事死板的原因，然后进行一定的引导，让孩子知道解决问题的方法其实有很多种，不能总套用格式去解决问题，要灵活应变。

4. 让孩子亲身去体验变通的解决方法。在孩子遇到问题时，家长可以首先问问孩子的解决办法，在听后给孩子提出更好的解决方案，然后让孩子以此去解决。当孩子顺利解决问题之后，就会认识到解决问题有很多方法，不是只有一种。在这个过程中，家长也可以和孩子共同讨论解决问题的诸多方法。

144. 引导女孩开动脑筋
——孩子习惯不动脑筋怎么办？

宝宝今年已经 8 岁了，是一个活泼开朗的小女孩，因为是家里的独生女，所以，宝宝在家里如同一位小公主一样。无论遇到什么问题，宝宝的爸爸和妈妈都为宝宝想尽办法去解决，从来不舍得让孩子承受任何委屈。但是，宝宝的妈妈发现，宝宝不爱动脑筋。就像学校的老师布置了什么任务时，宝宝回到家中总是寻求别人的帮助而不是自己先去思考解决；当别人问宝宝问题的时候，宝宝也只会回答一句"不知道"了事。那么，孩子出现不爱动脑筋的情况，家长要如何去做呢？

 案例解析

故事中宝宝不爱动脑筋的情况其实与宝宝的家人有很大的关系，因为在孩子的成长经历中，宝宝已经习惯了不动脑筋就能获得一切的这种体验。这就是当今很多家长对待孩子的方式——溺爱。家长替孩子包办一切，从而让孩子养成了"衣来伸手，饭来张口"的习惯，孩子成了一个吃饭穿衣的"机器"，在思维方面就自然而然地懒惰起来，形成了一种强烈的依赖心理，懒于去思考问题，于是就会像故事中的宝宝一样，凡事寻求别人的帮助，凡事不爱去思考，只是回答一句"不知道"就逃避问题。

孩子不爱动脑筋也可能与家庭和老师的教育方法不当有关。有些家长和老师会问一些超出孩子能力范围之外的问题，渴望孩子能给自己满意的答案。当孩子回答不出的时候，就会严厉地批评或是指责孩子，这样做的结果就是造成孩子的心理负担，使孩子不敢再去思考问题。

还可能是因为孩子不擅于与人交往，导致孩子性格内向，或是缺少与人交流的机会，导致孩子缺乏与人交流的能力，社会适应能力差。这样的孩子对待别人给自己出的问题时也会选择逃避的态度。

 **解决办法**

家长要培养孩子爱动脑筋的习惯，可以从以下几点着手：

1. 培养孩子动脑筋的兴趣。我们常说："兴趣是最好的老师。"一旦孩子对某件事情充满兴趣，那么她就会集中精力想方设法地克服她所遇到的困难，以此来达到自己的目的。在培养孩子的兴趣爱好的时候，家长起到诱导与指引的重要作用。

2. 家长要有意识地去培养孩子的某项兴趣爱好，在孩子从事这种兴趣爱好的时候，适时给孩子提出一些问题，激发孩子解决问题的欲望，引导孩子开动脑筋去解决问题。

3. 家长不要操之过急。对于从来不爱动脑筋的孩子，家长要有耐心，不要在刚开始的时候就对孩子提出很高的要求。家长要根据孩子具体的情况，从实际出发，从最容易最直接的问题着手，一点点加大难度，让孩子体会到解决问题带来的快乐。

4. 培养孩子看书的习惯。通过阅读引导孩子去思考问题。

5. 采取一些有效的激励手段。在平时的生活中，当孩子通过自己的思考解答出一个问题时，不管是否正确，家长都要有一定的激励措施，让孩子可以享受到思考带来的好处与喜悦。当然在此期间，家长也要告诉孩子问题的正确答案。

145. 惯性思维会导致"刻板印象"
——怎么帮助女孩改变思维定式？

楚楚是一名初中生，一直生活在爸爸妈妈给她营造的童话世界里。楚楚喜欢米老鼠，喜欢芭比娃娃，向往王子与公主之间的美好爱情，相信这个世界总是美好且和谐的，总是依靠人或物的表面去做出判断。比如楚楚看到两个人的照片，一个人外表是英俊的，一个人外表是丑陋的，楚楚就会本能地认为丑陋的那个人是坏人。楚楚明显是有惯性思维的。于是，楚楚的家人就担心楚楚缺乏一种认清事实的能力，将来在社会上吃亏。那么面对孩子具有惯性思维，家长要怎么去处理呢？

 案例解析

惯性思维也叫作思维定式，一个人之前的经历会在这个人内心形成固定的认知从而影响之后的看法或做法。如果在环境不变的情况下，惯性思维可以帮助我们应用已经掌握的方法去很快地处理新的问题。但是如果环境已经改变，还是采取之前的经验去判断的话，就很有可能出现偏差。惯性思维是一种在长期的生活中定型化的思维方式，在感性认识阶段也被称为"刻板印象"。

在环境不变的情况下，惯性思维对提高我们解决问题的质量与效率是有帮助的。但是我们每天面对的环境都是在改变的，自然环境在改变，周围的人和事也在改变，在大多情况下，采取惯性思维去思考问题都会出现差错。所以，在平日里我们要谨防惯性思维扰乱我们的认知。但是惯性思维又是我们大部分人的通病，并不是一个容易去克服的思维误区，成人如此，更不要说孩子了。

惯性思维的克服不是一件容易的事，但并不是无法克服。孩子相较于成人，对于惯性思维不像成人那样根深蒂固。所以，从这点上讲，孩子也有其天然的优势。

那么家长在发现自己的孩子存在惯性思维的时候，就要及时采取一些措施，提醒孩子惯性思维可能造成的错误，尽可能避免孩子落入惯性思维的误导当中。

 解决办法

家长可以从以下几点帮助孩子尽可能克服惯性思维：

1. 利用事实讲解惯性思维所带来的错误认识。孩子对于惯性思维可能并不熟悉，也不知道惯性思维可能带来哪些坏处，那么家长就有义务让孩子对惯性思维产生认知并知道惯性思维可能存在哪些危害。在讲解惯性思维的时候，家长不应该凭空去说，而应该举事例说明。例如，就像故事中的楚楚，在她指出丑陋的人是坏人的时候，家长就可以搜出网上的一些资料去说明丑陋的那个人是好人，而长相英俊的那个人是杀人犯。这样对于孩子的认知冲击是巨大的，也可以让她非常深刻地认识到不能凭借表面或是之前在影视作品上的印象去判断事情。

2. 家长要传授给孩子一些方法。在孩子知道思维存在局限性，惯性思维会导致我们无法做出正确的判断之后，家长要给孩子提供一些认清事实真相的方法。比如做出判断之前要有充分的证据，让孩子知道结论是架构在事实之上的。

3. 家长要以身作则。家长是孩子的第一任老师，所以，在与孩子的相处过程中，家长尽量不要因为惯性思维去轻易地做出判断，要用事实说话，给孩子做出榜样。

146. 女孩做事极端，问题可能出在家长
——如何引导做事很极端的孩子？

冰冰平时在家是一个乖巧可爱的女孩子，但是最近发生的一件事情让冰冰的妈妈不得不思考对冰冰的教育是不是出现了问题。有一天，冰冰的班主任打来电话说，冰冰在学校把自己的同桌给打了。在赶到学校之后，冰冰的妈妈了解到，冰冰的同桌一直是冰冰的好朋友，但是最近两个人之间出现了一些矛盾，彼此都不说话。于是，在冰冰的同桌和别人说说笑笑的时候，冰冰心生怒气，就打了同桌。其实，冰冰的内心是想和好，但是却采取了这样极端的方式去表达自己。那么，当发现孩子做事比较极端的时候，家长要如何去应对呢？

 案例解析

不可否认的是，当今越来越多的孩子在遇到事情时都极其容易采取极端的做法去解决。当孩子偏向采取极端的做法去应对问题，而外人不加建议与阻止的时候，就很有可能演变为青少年犯罪，那时的后果就难以去估量了。所以，一旦发现孩子做事比较极端，那么家长就

要及时采取对策去应对，以防孩子走上犯罪的道路。

孩子做事比较极端的原因可能有如下几种：

1. 有些家长的教育方式有偏差。或是一味训斥、打骂孩子，或是一味夸奖孩子等等，因为教育上存在偏差，就会导致孩子的性格存在问题，就有可能导致孩子做事比较极端化。

2. 家长在对孩子进行教育的时候，对于度的把握并不是很准确，夫妻双方的教育理念不一致也会导致孩子在认知上存在问题。

3. 孩子与家长的交流不够充分，家长只是一味地在"教"，但是对孩子的接受程度却没有考虑，这样也会导致孩子出现心理上的问题。

4. 家长对孩子的关注度不够，导致孩子的心理需求得不到满足，渐渐地，也会导致孩子出现心理问题。

5. 有些家长的认知本身就存在问题，在教育孩子的过程中，必然会把不正确的认知传授给孩子，影响孩子的认知，这样也会导致孩子形成极端的心理，做出极端的行为。

 解决办法

在家庭教育中，降低孩子做事极端的可能性，家长可以从以下几点做起：

1. 不能一味满足孩子对物质的欲望。如果孩子要什么，家长就立马给她什么，长此以往的话，孩子就会觉得她得到任何东西都是应该的，都是理直气壮的，跟父母要也是理所应当的事情。那么，在她长大之后，发现别人无法响应她的要求时，就会出现难过、伤心甚至是愤怒的情绪，在这种不良情绪的引导之下，孩子就很有可能采取一些极端的做法去满足自己的欲望。所以，家长在孩子小的时候，即使再爱孩子，也要明白不能凡事都满足孩子的欲望。只有这样，孩子对物质的要求与欲望才会有所降低，即使得不到也不会过分沮丧而采取极端的措施。

2. 要允许孩子自己处理问题。在孩子遇到一时解决不了的问题时，家长不要着急插手去解决，而是要当一位旁观者，养成她独立解决问题的意识与能力。久而久之，在人生中遇到问题的时候，孩子就很可能会找到一个好的解决途径而不是采取极端的措施。

3. 引导孩子做出正确的做法。在平日里，家长要与自己的孩子建立有效、和谐、平等、自由的沟通模式，家长要放低姿态去与孩子做好朋友，那么在遇到任何问题时，孩子都会乐于与家长进行沟通，了解解决的方式和方法。在此过程中，家长就可以引导孩子选择正确的解决方案而不是极端的处理办法。

147. 引导女孩建立独立做事的意识
——如何培养女孩独立做事能力？

畅畅已经是一名初中生了，但是在解决问题方面存在的问题比较多，不能独立解决问题的现象比较突出。在班级中，老师会划分一些学习小组让大家讨论问题，然后推举出一个代表进行发言。在这样的活动中，畅畅总是起不了应有的作用，久而久之别人也不会寄托希望在她身上。畅畅的妈妈也发现，每次遇到问题时，畅畅首先想到的就是让别人去解决，从来不主动去思考解决问题。那么，面对孩子不能独立解决问题，家长要怎么引导孩子呢？

 案例解析

我们在谈到独立去解决问题时，像是成人所需要面对的问题，其实不然，孩子是我们国家未来的希望，她们将来是国家的主人，等到她们长大成人之后，她们需要独自去解决很多问题。如果在她们小的时候就"有脚不会走，有脑不会动"的话，就会导致她们在成长的道路上遇到问题时不知所措。

培养孩子独立解决问题的能力非常重要，当今的孩子都是家里的掌上明珠，父母担任了"包办"的角色，其实这不是正确的对孩子的爱，家长要认识到孩子有一天终归会离开父母独立生活，独自去经受风雨，而在此之前，家长就要有意识地培养孩子抵抗风雨的能力，也就是帮助她们建立自己解决问题的能力。当家长真正给予孩子解决问题的能力的时候，就相当于给了孩子美好的未来。

 解决办法

要想让孩子拥有独立解决问题的能力，家长可以从以下几点入手去做：

1. 适时解放家长的角色。当孩子的身心发展到一定阶段的时候，也就是说，在这个时期，孩子完全具备生理和心理能力去解决一些问题。那么，家长就要放开手脚，让孩子拥有独自去解决问题的权利与机会。如果不这么做，而是帮助孩子大包大揽，实则是剥夺了孩子的权利与机会，扼杀了孩子独立解决问题的能力。所以，在平日的生活中，家长要适时解放自己做家长的角色，放开手脚，做一个旁观者，孩子的事情让她自己做。可能在刚开始的时候，孩子完成事情的时候会搞得乱七八糟，但是家长不要去指责，孩子自会在不断的练习中自己习得经验与教训，从而做得一次比一次好。

2. 家长要培养孩子的独立意识和能力。在国外的许多家庭中，孩子会利用假期出去打工，体验生活，提高自己解决问题的能力。在这一方面，中国是欠缺的，但我们也应该向他们学习，努力培养孩子的独立意识和能力。比如，在孩子遇到问题的时候，家长不要急于给孩子意见与建议，而是应该让孩子独立分析，然后解决目前遇到的问题。在这样的生活体验中，孩子就会逐渐培养起遇事冷静分析，然后努力尝试自己解决问题的意识，这样的意识培养起来，慢慢多加锻炼就会形成自己解决问题的方法。

3. 有意设置问题，提高孩子独自生活与解决问题的能力。在日常生活中，总会遇到各种各样的问题，这时，家长就可以把其中一些问题留给自己的孩子，让她去思考如何解决。在这个过程中，家长给孩子创造机会去遇到问题、解决问题，那么，在不知不觉中，孩子独立生活的能力和独立解决问题的能力就会逐渐提高。

4. 及时进行表扬与激励。孩子解决问题的能力当然不如成人，但是我们家长要用欣赏的眼光去看待。给予她们足够的信任与激励，这样她们才能树立自己解决问题时的自信，才会敢于去独立解决问题。

148. 女孩的创造力需要从小培养
——怎样系统培养孩子的创造力？

恩恩是一名小学生，在小学的课程表中，有一节课是手工课。顾名思义，手工课的意思就是在课堂上让学生们根据书籍上的教案去做一个手工的工艺品，工艺品包括折纸、陶泥制作等。有时在课堂上，老师也会要求孩子自由发挥想象去做一些小东西出来。恩恩在手工课上的表现是这样的，如果是照着书本上做，恩恩就会做出非常精美的手工艺品，但是在独立发挥想象做东西的时候，恩恩就会陷入窘境当中，因为其他学生都做出来了，她还是不知道自己要去怎么做。老师认为恩恩在创造力方面比较缺乏。那么，家长在平时的生活中要如何提高孩子的创造力呢？

案例解析

讲到创造力，一般我们会想到建筑师、艺术家等，似乎在我们的意识中，只有从事这些职业的人才有强烈创造的渴望，这是一种谬误。创造力更多的是指运用大脑解决问题的方式。从古至今，不可否认创造力在我们的生活中起着极其重要的推动作用，时代发展到21世纪，创造力改变着我们每个人的生活方式，渗透在我们每个人生活中的方方面面，未来还需要利用创造力去解决更多问题。如果我们的孩子能够拥有创造力，就意味着她有足够的竞争力去解决未来可能面对的问题。

但是有许多孩子就像故事中的恩恩一样缺乏创造力，尤其是中国的孩子。其实缺乏创造力大多不是孩子本身的问题，孩子自出生开始就是一张白纸，只是现今的教育方法让孩子在成长的过程中将创造力慢慢磨灭，或是说我们没有注重孩子创造力的培养。

除了学校教育，家庭的教育中也鲜少在乎孩子创造力的培养。家长可以反思一下，是不是将孩子的日程安排得满满当当，没有给孩子留出充足的自我时间。这样的做法就导致孩子没有时间去思考自己的想法，导致孩子像机器一样去运转，何谈创造力？

解决办法

撇开教育大环境存在的问题，家长可以从以下几点去着手培养或是维护孩子的创造力：

1. 在孩子年幼时期，家长要给孩子充足的时间去"玩耍"。在孩子年幼时期，家长不应该把孩子的学习作为首要的考察对象，而应该给孩子营造一个健康、快乐的童年，在这个充满欢乐的童年里，孩子的创造力才不至于被磨灭。家长可以给孩子找一所学习任务不是特别重的幼儿园，考察幼儿园是不是在培养孩子创造能力上有所侧重，比如不光有认识字母的道具，还有可以培养孩子创造力的沙盘、小木偶等。

2. 和孩子一起头脑风暴。解决问题的能力是创造性思维中重要的一环，所以在孩子遇到一些困难或是难题时，家长不要急于给出孩子正确的解决方案，而是提供给孩子一些开放式的解决思路，最终解决问题的对象要落到孩子身上。当孩子因为解决不了问题而难过的时候，家长可以陪伴孩子一起进行头脑风暴，以此培养孩子的创造性思维。

3. 找到孩子的兴趣点，激发孩子的热情。一样东西越能让孩子着迷、喜欢，就越能激发出孩子的创造力。所以，家长可以帮助孩子找到自己所钟爱的事情，然后利用孩子的兴趣点去发现许多未知的知识，扩大孩子的眼界，以此培养孩子勇于探索的精神。在这个过程中，孩子的想法也会很多。

4. 给孩子以激励。在孩子出现一个带有创造性的想法的时候，家长要及时给予孩子激励与肯定，帮助孩子树立自信，更好地激发孩子的创造力。

149. 想象力匮乏是一种不好的现象

——孩子缺乏想象力怎么办？

安安是一个 6 岁的小姑娘，安安的爸爸和妈妈都是非常优秀的高中老师，从小对安安的教育都抓得非常紧。所以，别看安安只有 6 岁，她相比同龄孩子显然聪明很多。唐诗三百首和《弟子规》背得滚瓜烂熟。有一天，安安妈妈朋友的孩子来家里玩耍，是一个中外混血的孩子，长得像个洋娃娃一样。在相处的过程中，安安的妈妈就发现安安相比于这位小朋友，想象力缺乏的不只是一点点。就像大人问："你们说，夜晚的天空上除了星星还有什么？"那位小朋友知道很多，但是安安却除了星星说不出任何其他来。那么，家长在孩子成长的过程中，要如何培养提高孩子的想象力呢？

案例解析

惠普的前总裁卡莉·菲奥莉娜曾在她的一本书中这样写道："虽然中国人很有天赋，但创新和创业意识不是他们的长项。他们的社会和教育体系过分追求学生同质化发展，对学生管理过严，而不鼓励他们去冒险以及发挥想象力。"从这段话中，我们可以解读出菲奥莉娜的意思，也就是非常直白地在说：中国人的想象力是严重匮乏的。对于这一点，我们不得不承认。

但是想象力有时是极其重要的，想象力体现着人类思维的能动性和自由性。想象力是一种特别的能力，它不是智力、记忆力，而是一种联想的能力，是将事物联系在一起的能力，为人们展现出一个前所未有的新世界。想象力在各行各业中都非常重要。没有想象力，科学家就无法提出假说；没有想象力，艺术家的创造也就无从谈起。

中国的孩子之所以普遍缺乏想象力，是因为传统教育没有重视孩子想象力的培养，甚至是在抹杀孩子的想象能力。中国的所谓超前教育，在孩子很小的时候就开始进行理性的学习，丧失了很大程度的感性认知，使得孩子们的想象力无法发展；学校教育模式的刻板，让孩子丧失了自由的想象力，"标准化"成为唯一条件；而且，现在生活水平提高，孩子似乎不需要想象力就可以去拥有自己想要的东西，这也导致孩子缺失了想象能力。

所以，在大环境一时改变不了的时候，家长更有责任去维护和培养孩子的想象力，让孩子的思维插上双翼。

解决办法

维护和培养孩子的想象力，家长可以从以下几点着手：

1. 利用大自然发掘孩子的想象力。孩子从出生后就开始感受她所不熟悉的世界，去一点一点地认识这个她所不熟悉的世界。当孩子成长到有主观意识的时候，孩子就会对周围的事物充满浓厚的兴趣，这正是孩子发展想象力的时候。这时候，万事万物都可以成为启发和丰富孩子想象力的宝贵资源。家长要经常陪同孩子一起去感受世间的万事万物，在此期间孩子的想象能力也会得到发展。

2. 保护和激发孩子的好奇心。由于对外界充满了强烈的好奇心，孩子会不停地向父母发问，问题千奇百怪。这时，对待孩子提出的问题，家长千万不要置之不理或是觉得孩子很烦，这样只会抹杀掉孩子的好奇心。不管是否能够回答出来，家长都要采取重视孩子问题的态度，珍惜孩子将问题刨根问底的态度，呵护孩子的想象力的活跃状态。

3. 鼓励孩子多想敢想。在平时的生活中，在孩子表现出与众不同的想象时，家长要及时发现，然后及时给予充分的肯定和激励。

4. 家长要引导孩子想象的目的性。孩子要有想象能力，但并不是胡思乱想，所以在生活中，家长要有意识地进行引导，比如可以设定问题、假设场景、亲身参与等方式去进行，也可以在游戏的过程中培养孩子的想象能力。

150. 激发女孩的好奇心

——孩子没有好奇心怎么办？

梦梦是一名小学二年级的学生，平时在生活中比较害羞内向。但是在家里，梦梦还是一个比较开朗活泼的小女孩。突然有一天，梦梦的妈妈对梦梦说："我发现你与之前不一样了，我记得你以前总是有很多问题追着我们问，什么为什么狗狗的声音和猫咪不一样？为什么男生和女生要分开上厕所？等等，但是，妈妈发现现在你已经不问问题了。为什么呢？""觉得没有什么问题，所以就不问啊。"梦梦回答道。但是妈妈还是觉得这样有些不好，孩子丧失了原本的好奇心。那么，孩子没有好奇心，家长要如何去做呢？

案例解析

从故事中，我们可以了解到，梦梦并不是一开始就没有好奇心的，只是妈妈发现梦梦的好奇心好像一下子没了。那么为什么梦梦会出现这样的情况呢？其实孩子的好奇心是天生就具有的，因为在面对未知的世界时，孩子是具有强烈的认知的欲望的，她需要外界为自己所了解，于是她就会提出各种各样的问题去问周围的人，这就是孩子好奇心的表现。在这个过程中，家长对待孩子的态度就直接影响了孩子好奇心这一特性的保持程度。有的家长在面对孩子的问题时会表现得充耳不闻，觉得孩子的问题比较幼稚甚至是可笑，于是采取沉默的态度；有的家长在面对孩子提出的问题时会表现得非常不耐烦；有的家长因为无法解答孩子的问题而引导孩子去做其他事情；有的家长会因为孩子的答案不对而批评孩子等。这样的态度都会扼杀了孩子的好奇心。

有的家长只关注孩子的学习成绩，没有给孩子充足的自由时间，没有注重孩子兴趣爱好等的自由发展，这样的限制也会导致孩子缺乏好奇心。

 解决办法

维护和发展孩子的好奇心，家长可以这样去做：

1. 家长要给孩子创造一个新奇、有趣的成长空间。我们说孩子的好奇心是与生俱来的，但并不是说孩子对任何事物都有好奇心，孩子只会对那些新奇有趣的事物表现出强烈的好奇心。所以，家长在孩子成长的环境中要营造一个新奇有趣的环境，可以在孩子的房间或小床边放些色彩鲜艳的图片和能发出悦耳声音的玩具，促进孩子探索心理的发展；可以给孩子讲故事、做小手工等，以此激发孩子的好奇心，吸引孩子去探索未知的知识领域。

2. 采取正确的态度对待孩子的"为什么"。面对孩子诸多的问题，家长要表现出浓厚的兴趣，不要冷漠处理。同时，在回答孩子的问题时要具有启发性，要注意引导孩子，把孩子的好奇心引导到善于分析和积极思考的方向上。对于孩子听不懂的回答，家长不要多做勉强，而是要告诉孩子在未来掌握知识之后，她自然会理解，以此鼓励孩子进一步学习知识。

3. 正确对待孩子的破坏行为。孩子如果因为好奇心而做出一些破坏行为，家长不要一味地对孩子进行严厉指责，而是要在保证孩子安全的前提下，引导她们的行为。

151. 让女孩养成良好的观察习惯
——如何培养孩子的观察能力？

珍珍的班级这周要去郊游和野炊，老师对她们说这次郊游的目的就是要培养她们观察周围事物的习惯，回来之后要写一篇观察游记。珍珍在听到要郊游的消息已经兴高采烈了，压根儿没有注意到郊游的目的所在。珍珍和老师同学来到一个鸟语花香的地方，周围有很多珍贵且奇特的树木，同学们也是各有分工地忙碌着。在郊游结束之后写游记的时候，珍珍遇到了难题，因为她不知道要写什么。妈妈告诉珍珍可以写她所看到的一切，但是珍珍就是死活想不起来她看到了什么。珍珍的观察能力明显不足，在遇到这种情况时，家长要如何去做呢？

 案例解析

观察是一个人积累知识、发展智力的重要途径，我们时常会发现，虽然所在的环境是一样的，虽然都具有同样的一双眼睛，但是不同的人对事物的观察是不同的。观察的点不一样，观察的全面性与准确性也不一样。有的孩子能在脑子里留下准确、完整、丰富且深刻的印象，但有的孩子就只能在脑子里留下支离破碎的模糊的印象。所以，我们可以得出结论，观察能力并不与生俱来，人人都一样的，而是需要可以培养的一种能力，同时孩子的观察能力的培养也是孩子开发智力的重要内容。

如果一个人没有好的观察能力，没有良好的观察习惯，那么这个人就没有敏锐的观察力，也就谈不上聪明可言，这也是很多孩子的学习始终不理想的原因之一。拥有观察能力，让我们更加透彻地了解自然与社会，是我们了解万事万物的一种途径。

人利用眼、耳、鼻、舌、身感知客观事物的能力，也是一个孩子在完成学习任务时所必备的能力。孩子学习知识需要从观察开始，即使是间接地从书本上获得知识，也离不开眼睛、耳朵等感官的观察活动。孩子观察力差，就会导致学习成绩不好，导致思考能力和判断能力低下。所以，培养孩子的观察能力是非常重要的，家长要在平时的生活中注重对孩子观察能力的培养。

 解决办法

家长可以从以下几点入手去有意识地培养孩子的观察能力：

1. 指导孩子的观察目的。孩子对周围事物的观察往往是目的不明确的，她们在没有别人指导的时候一般只会观察到那些她们感兴趣的部分。所以，在这个过程中，家长可以介入到其中，明确孩子的观察目的，让孩子有目的地进行观察，这样孩子的注意力就会集中，观察也会越细致和深入，观察的效果也就会越好。所以在教育孩子要观察的时候，就要对孩子说明为什么要观察，观察什么。

2. 培养孩子的好奇心。著名物理学家李政道博士说："好奇心很重要，要搞科学就离不开好奇。道理很简单，只有好奇才能提出问题，解决问题。可怕的是提不出问题，迈不出第一步。"我们很难想象一个没有好奇心的孩子会习惯于观察事物，所以，培养孩子的好奇心也会促使孩子发展自己的观察能力。

3. 在观察后对孩子进行提问。对孩子进行提问，一方面可以检验孩子观察的效果如何，一方面也是增加孩子自信的途径。因为在回答家长提出的问题后，孩子会有强烈的自豪感，那么她就体会到观察所带来的乐趣，从而去享受观察的过程。

4. 传授给孩子观察的方法。观察是有方法可言的，有了好的方法那么观察的效果就会事半功倍。比如，告诉孩子在事物较多的场所进行观察的时候，可以采取重点观察法，就像在野生动物园里，要着重看几种珍稀动物。有时可以采取比较观察法，比如，比较松叶与一般树叶形状的差别。有时采取顺序观察法，比如，观看一个工艺品从坯料到成型的过程等。

5. 要注重观察和输出的关系。观察是一种获得外界信息的能力，将所获得的信息表达出来才真正达到观察的目的，才能提高孩子的整体智力水平。所以，在观察之后可以让孩子口头叙述自己的观察，也可以写成游记或是采取其他方式进行表达。

152. 思维能力的培养对女孩同样重要
——如何培养女孩思维能力？

丁丁是一名小学生，有一天放学回家做老师留下的习题，妈妈在旁边陪着丁丁一起做，以便及时解决孩子可能遇到的困惑。丁丁的妈妈发现有这样两道题很有趣，一个是"A 大于B，B 大于 C，所以，A（ ）C"，丁丁在做这道题的时候很容易地填上了"大于"二字，但是在第二道上却有些犹豫不知所措了。题目是这样的"所有的少先队员都是学生，她是少先队员，所以（ ）"，丁丁就不知道应该在括号里面写些什么。妈妈觉得很简单，但是向丁丁讲了好久，丁丁才明白其中的道理，妈妈觉得丁丁的思维能力还有待加强。那么面对这种情况，家长要如何去做呢？

案例解析

在故事中，丁丁的妈妈发现丁丁在思维能力上有所欠缺，可能在面对简单的问题时，这种短板不容易被发现，但是问题稍有难度，就暴露了出来。其实，在生活中，我们会发现很多孩子存在这样的问题，尤其是女孩子，因为女孩相比于男孩更倾向于感性的思考，她们的思维能力在大多数情况下会稍逊于男孩。所以，家长对于女孩的思维能力更要有意识地去培养。

思维能力是智力结构的核心，也是培养一个有创造力孩子的最为重要的智力因素。什么是思维？思维是人的大脑对客观事物间接概括的认识过程，透过这个过程，人才能把握事物的本质。所以，在提高孩子的思维能力方面，家长要足够重视。如果孩子的思维能力不够，不仅在学习上得不到收获，更不会有创造力的发展。

解决办法

提高孩子的思维能力，家长可以从以下几点入手：

1. 给予孩子丰富多彩的生活环境。任何一种思维能力都离不开知识和经验的积累。孩子的知识越丰富，思维就会越活跃，因为这些丰富的知识和经验可以让孩子产生无限的联想，使孩子的思维更加活跃。当孩子掌握的知识运用到实践活动中去的时候，就很容易产生新的思想，在活动中发展智力和创造力。所以，家长在生活中要带领孩子去观察大千世界，参与到丰富多彩的活动中去。

2. 培养孩子爱观察的习惯。观察习惯是需要长期培养的，而且是有目的性地、有计划地进行培养。家长可以带着孩子观察熟悉的、感兴趣的事物，然后逐渐扩大她的观察范围，在日积月累中养成观察的习惯。

3. 留给孩子自由时间。孩子的生活不应该只是学习，还应该包括玩耍。在与他人玩耍的过程中，孩子会接触一些新奇的东西。而且，在孩子自由玩耍的时候，更有利于家长观察孩子，发现孩子的兴趣所在，然后顺势而为，培养孩子的兴趣爱好，养成孩子动脑筋、勇于学习、坚持不懈的品质。

4. 培养孩子提出问题的能力。在生活中，家长要鼓励孩子多提出问题，即使有些问题很可笑，家长也不要嘲笑，而应该耐心讲解。

5. 教给孩子正确的思维方法。思维的方法有很多种，比如归类、类比、对比，从不同的事物中找出相似之处，从相似的事物中找出不同之处等。

153. 引导女孩避免自以为是
——怎样改变自以为是的女孩？

红红今年6岁，做起事来比较霸道，常常自以为是。她做任何事情的时候都不允许别人说什么，即使别人用的是商量的语气。比如有一次，红红和妈妈一起观察一只知了，然后由红红凭着印象在纸上画出来。妈妈觉得红红的知了画得有些圆了，就对她说："我觉得你这个知了画的有点儿圆了，知了的下边是不是有些尖尖的呀？我们再观察一下再画好吗？"但是，红红却语气肯定地说："我觉得就是这样的！就是圆的，我才不要再画！"听到这些话，妈妈很生气。那么，在日常生活中，面对有些自以为是的孩子，家长要如何去处理呢？

案例解析

从故事中小小的事件中，我们就可以看出红红做事是有些自以为是。在发现红红自以为是的毛病之后，红红的妈妈不应该只是感觉到生气，更应该反思自己的教育观念与行为。因为孩子的行为与思想都与她日常所接触到的人有关，而父母是孩子接触最长时间的人，所以，孩子出现任何问题，家长都要首先做出反思，以便找到问题的症结所在，然后去解决问题。

孩子自以为是，觉得自己都是对的，是因为孩子没有形成正确的自我观念，对自己的认识不充分，从而觉得自己做都是对的，这样也就不会听取别人的意见与建议。如果孩子出现自以为是的毛病而得不到解决的话，那么未来在人生道路上就会面临更多的挫折，也就不能与他人建立良好的人际关系。

所以，解决孩子自以为是的毛病，要从教育行为上着手，要让孩子重新认识自己，知道是人就不可能凡事做得完美，要敢于听取别人的意见与建议。在这个过程中，家长不要扮演严厉的教官角色，不能一味地对孩子发火，这样不能从根本上解决问题。

解决办法

改正孩子自以为是的毛病，家长可以从以下几点入手解决：

1. 家长发现孩子有自以为是的毛病之后，不要一味地发火，而应该采取良好的态度与孩子进行沟通交流，要帮助孩子树立正确的价值观和世界观。可以给孩子讲一些她所熟悉的名人虽然博学多才但依旧谦虚、善于听取别人的意见的故事；可以带领孩子去参与一些活动，让她有小小的挫败感，从而知道"天外有天，人外有人"。

2. 如果孩子只是一味地自以为是，听不进去任何人的意见与建议，那么就适当地让她承担自以为是所带来的不良后果。比如，像故事中的红红一样，觉得自己画的知了没有问题，那么就请家庭的其他成员进行简单的评价，然后指出她画的缺陷，让她在家人面前小小地"出丑"一下。这对改掉孩子自以为是的毛病也是有帮助的。

3. 家长在平时的教育中要将服从渗透给孩子，要让孩子知道纪律的重要性。不要都以商量的口吻和孩子说话，该强硬的时候就要强硬，让孩子知道所有的事物并不是围绕她在转，在该服从的时候就要选择服从。孩子自以为是往往是家长在平时太娇惯造成的。

154. 帮助女孩改变自卑的心理
——女孩觉得自己很笨怎么办？

有一天，涵涵放学回家就钻进了自己的房间，直到晚上吃饭的时候才出来，在饭桌上，妈妈发现涵涵也是一副闷闷不乐的样子。于是在吃完饭就找涵涵了解情况。起初，涵涵只是趴在桌子上不说话，眼睛里隐隐有些泪水，妈妈还以为是在学校受了别人的欺负。在妈妈的追问下，涵涵终于开口说了实情。涵涵之所以心情不好，是因为觉得自己很笨，在数学课上，别人都能回答上来的问题，涵涵却总是回答不出来。那么，在孩子觉得自己很笨的时候，家长要如何去做呢？

案例解析

故事中的涵涵因为在课堂上回答不出来数学问题就觉得自己很笨，其实，这是很多孩子都存在的一个问题，尤其是那些敏感、脆弱、自尊心很强的孩子。如果孩子在学习上或是生活上因为某件事情觉得自己很笨，但却得不到及时的疏导时，孩子往往就会出现情绪低落的情况，久而久之，她的自我认知就会出现偏差，开始怀疑自己的能力，甚至有可能形成自卑的心理。所以，一旦孩子告诉家长或是家长主动发现孩子有自我否定的倾向的时候，就要及时与孩子沟通，帮助孩子正确地认识自己，建立孩子的自信，这对孩子的一生而言都非常重要。

故事中的涵涵回答不上来数学问题，家长就要引导孩子知道这并不是她自身智商有问题，并不是因为她笨。要让孩子知道人与人之间智商的差别实际上很小，问题出现的原因有很多，可能是因为学习方法不对，可能是因为最近状态不好，没有及时掌握知识点，也可能是因为学习效率不高等。

解决办法

面对那些觉得自己很笨的孩子，家长可以从以下几点入手解决：

1. 提高孩子的学习效率。有些孩子每天学习到很晚，但是在课堂上的表现和考试成绩都不是很理想，这时她就很有可能出现否定自己的情况。那么家长就要引导孩子做出符合孩子情况的学习计划，帮助孩子建立自己的学习方法，从而提高孩子的学习效率。学习效率提高上去，孩子的学习压力就没有之前那么大，而且对知识的掌握更加全面与牢固，在这样的学习氛围之下，孩子就会建立起对自己的信心，也就不会出现认为自己很笨的想法。

2. 家长不要一味地将学习成绩、课堂表现作为衡量孩子的标尺，这样只会让孩子倍感压力，而且因为将主要的关注点放在学习上面而忽略了其他方面，比如人格品质、兴趣爱好等。家长要给孩子树立正确的人生观、价值观，不要让孩子的成长过程太功利化，以致沦为学习的"机器"。

3. 培养孩子的兴趣爱好。孩子兴趣爱好的培养要建立在充分观察孩子、了解孩子的基础上。孩子培养了自己的兴趣爱好之后，就会在快乐的学习过程中学会肯定自己，可以增加孩子的自信心。家长也要在孩子取得一定的进步之后及时肯定与激励孩子，帮助孩子建立自尊、自信。

155. 逆向思维和正向思维同样重要
——如何培养孩子逆向思维能力？

琳琳今年上一年级，学习成绩一般。在琳琳做数学卷子的时候，妈妈就发现琳琳的逆向思维能力很差，只会做一些直来直去的题目，如果题目中有需要采用逆向思维的题目，琳琳就会跳过去，然后回头花很长的时间再去解决，但是计算的结果往往是错误的。不光在数学上，在其他方面，琳琳逆向思维的能力也是非常差。那么，面对逆向思维能力很差的孩子，家长要如何去做呢？

 案例解析

我们知道法拉第成功发现电磁感应定律就离不开逆向思维的运用，在前人发现电可以产生磁效应之后，法拉第随即想既然电可以生磁，那么磁场是不是也可以生电，就是在这样逆向思维的支持下，通过无数次的失败之后，法拉第终于成功发现磁场的确可以产生电。所以，从这件事上我们可以看出逆向思维对于我们解决问题、发现问题都具有十分重要的帮助。

什么是逆向思维？逆向思维指的是为了实现某一创新或是解决一个用常规的方法解决不了的问题时而采取的一种反向思维去寻找解决问题的方法。逆向思维是一种科学的、复杂的思维方法，它因为不同于传统的、根深蒂固的观念，所以，应用逆向思维的方法去解决问题的时候对运用者有很强的要求，运用者对思维对象必须有全面、深入、细致的了解，有时还要求运用者有敢于承担风险的精神。

故事中的琳琳的做法其实不难理解，我们在平时的生活中运用最多的就是正面思维去解决问题，对于逆向思维的使用就会显得异常生疏。所以在平时的生活中，家人就要有意识地去培养孩子的逆向思维，不要让孩子因为传统观念或是平常的思维习惯去阻碍创造性思维的运用。

 **解决办法**

培养孩子的逆向思维，家长可以从以下几点着手：

1.让孩子多多接触运用逆向思维解决问题的例子。逆向思维的培养可以通过专门的学习，也可以通过某些方式去训练。在平时，可以让孩子观看和阅读一些应用逆向思维解决问题的影视和书籍。平时让孩子多读一些侦探小说，有利于孩子由果推因的能力，比如《名侦探柯南》，孩子在看的时候不会觉得枯燥，而且还能在不知不觉中培养孩子这方面的能力。在看的时候，家长要进行适当的引导，比如对孩子说什么是"果"什么是"因"，让孩子去总结故事中的人物是如何利用"果"找到"因"的；还可以讲一些历史典故，比如司马光砸缸的例子，去告诉孩子逆向思维在很多情况下的妙用。

2.家长要引导孩子倒过来想问题。倒过来想问题就是让孩子从对立面、反面的角度去思考解决问题的方法。当孩子在解决具体的问题之后，家长可以引导孩子想一想还有什么别的解决方案。引导她参考司马光砸缸救小孩的例子去思考解决问题的方式。

3.及时给予鼓励。在孩子考虑运用逆向思维解决问题的时候，不管是否解决成功，对于考虑到用这一思维方式去解决问题，家长就要提出表扬去激励，以便让孩子形成良好的习惯，敢于在处理问题时想到使用逆向思维。

156. 引导女孩正确看待困难

——女孩遇到困难习惯逃避怎么办？

肖柔今年上初一，是个活泼美丽的小女孩，也是家里的独生女，家人非常娇惯她，平时在生活中会尽量满足她所提出的任何要求。在刚上初一的时候，因为肖柔看到别的同学都有一些才艺，就马上让妈妈给自己报了一个舞蹈培训班，决定学习一项才艺。妈妈虽然担心肖柔坚持不下来，但是最后也给肖柔报了班。过了不久，妈妈担心的事情就发生了，因为一个舞蹈动作学不会，肖柔就哭着喊着再也不学舞蹈了。妈妈只好领着肖柔回家再也不去学舞蹈了。那么，在生活中对这种遇到一点困难就选择逃避的孩子，家长要如何去做呢？

 案例解析

现在的大多数孩子都是独生子女，是在父母的过分庇护下成长起来的，完全习惯了娇生惯养，是"温室里的花朵"，经不起任何的风吹雨打，这就导致她们在面对任何困难时会本能地选择逃避，畏难心理在她们身上普遍存在。

我们在生活中常常会看到一些反映孩子畏难心理的行为。比如，孩子在学游泳，呛了一口水之后，便再也不愿意下水去学习；在学校因为被老师批评了一下，就不愿意去上学了；在学习某种技能时，因为一时解决不了一个难题就选择从此不再学习等。

孩子遇到困难就选择逃避是非常危险的行为，现在社会发展迅速，必然要淘汰那些无法适应的人和物，如果孩子不能正确地处理所面对的困难，而一味地选择逃避的话，就会被社会所淘汰。在孩子还小的时候，如果孩子一遇到困难就选择逃避，也没有得到及时的纠正的话，孩子就会形成一种惯性意识，导致在今后的生活中无论出现什么难题都本能地选择逃避不去解决，只要遇到问题就不假思索地直接放弃，畏畏缩缩，最后导致孩子一生一事无成。而且，在逃避困难的同时孩子在心理上也会出现问题，她不能及时排解自己的负面情绪，影响自己情商的发展，甚至导致焦虑、抑郁的产生。

　　总之，对待孩子面对困难就退缩的情况，家长要足够重视，及时引导转变孩子的态度。

 解决办法

　　面对遇到困难就选择逃避的孩子，家长可以从以下几点引导孩子：

　　1.家长要引导孩子正确认识困难。家长要告诉孩子困难其实并不可怕，只要一点一点去克服，困难就会消失不见。在日常的生活中，家长也要言传身教地让孩子知道吃苦受累都不是什么大事，能享受所做的每一件事才是最为重要的。家长要加强与孩子的沟通，了解孩子目前所面对的问题是什么，让孩子习惯于开口向自己倾诉，然后耐心地向孩子讲解如何去处理目前所面临的难题。

　　2.家长可以在平时的生活中刻意给孩子设定一些困难，然后让孩子去尝试解决。在面对困难、解决困难的过程中，孩子就会体会到克服困难所带来的成就感，久而久之就形成坚强的自我意识，发现自己是优秀的，是可以克服困难的，从而建立孩子的自信心。

　　3.家长要学会放手让孩子自己去解决问题。有些家长总是害怕孩子受到伤害，于是就采取大包大揽的方式去对待孩子面临的问题，久而久之，孩子就自然而然地形成自己不动手和逃避的行为。所以，家长要给孩子自己动手的机会，要知道孩子终究有一天要自己去面对世界。这样去做不仅解放了家长也提高了孩子承受问题、解决问题的能力，对孩子自信心的建立也是有很大的帮助的。

157. 爱钻牛角尖的女孩一般自以为是
——为何女孩总爱钻牛角尖？

　　美美从小就是一个打破砂锅问到底的女孩，为了不损害孩子的好奇心，美美的家长在处理美美的问题时总是显得非常有耐心，这也养成美美喜欢钻研的精神。另一方面也让美美成为一个对自己要求非常高的人，美美的学习成绩很好，很多时候都是班级里的第一名。但是近来，美美的妈妈发现美美有些爱钻牛角尖，使人非常头疼。比如在妈妈说了一个道理之后，美美总是想着如何去反驳妈妈，即使知道妈妈说的是对的。有时，明明知道自己是错的，美美也是想方设法去证明自己是对的，异常固执。那么，对待这种爱钻牛角尖的孩子，家长要如何引导呢？

案例解析

钻牛角尖这件事本身其实是可以一分为二来看待的，如果这种习惯用在好的方面，比如在学习中习惯于深入思考，不断地提出新的问题及想法，把很多细节问题考虑在内，这就可能造就一个在学习上异常认真爱思考的人，可以养成一种很好的习惯。但是，如果像故事中的美美，明明知道自己是错的，还一味地钻牛角尖证明自己是对的话，那么这种习惯就是不好的，需要家长去引导孩子克服这个缺点。

爱钻牛角尖的孩子一般会显得固执己见，她们对自己要求很高，想把自己做的每件事都完成得很好，所以，在做事的时候往往会反复思考、反复检查。对自己要求很高的孩子做事往往会比较讨成人的欢心，成人对她的肯定也会促使她继续"要求完美"。但是这样的情况家长要小心，不要让孩子染上爱钻牛角尖的习惯。

家长在面对孩子爱钻牛角尖的情况时，要仔细分析孩子的这一行为，要采取措施尽快地让孩子从爱钻牛角尖中走出来，让她意识到这件事情完全是在浪费时间与精力。

 解决办法

家长要从以下几点着手，让孩子不要在没有意义的事情上钻牛角尖：

1. 在解决问题时家长要冷静。爱钻牛角尖的孩子一般比较固执，她们会活在自己的思维方式里，有一种"不撞南墙不回头"的韧劲。家长看到孩子在没有意义的事情上钻牛角尖难免会生气，但是家长要知道生气解决不了任何问题。这时，家长一定要冷静，要帮孩子客观地分析，让孩子看到事情的不同面，甚至可以通过一些游戏，比如讲故事来让孩子明白事物的多面性和多元性。

2. 先肯定后建议。孩子爱钻牛角尖可能是出于对完美的要求，所以，家长要先对孩子追求完美的初衷给予肯定，在肯定之后再给出自己的建议，并且要结合一定的实例。家长要放低自己的姿态，不要让孩子认为自己是在命令她，要让她感觉还是自己做主，只是父母在给自己建议，这样孩子会重新考虑问题的。

3. 喜欢钻牛角尖的孩子一般是以自我为中心的，家长不能一味地进行说教，把自己的观点强行灌输给孩子，要讲究方式方法。而且，家长要培养孩子的兴趣爱好，让孩子多接触生活，引导孩子学习辩证思维，提高孩子对事物的分析能力。

Part 10
女孩的体格培养：运动不是男孩的专利

158. 运动有益身心健康
——如何让孩子爱上运动？

甜甜是一位10岁的小姑娘，平时在家比较听话，但是唯独在运动这一点上，甜甜比较坚持自己的做法，就是不去运动。因为甜甜的父母都是大学的体育选修课老师，所以他们深知运动对健康的影响，但是却拿自己女儿没有任何办法。每次一叫甜甜去运动她就会找各种各样的理由拒绝，比如说腿疼。当父母的态度比较强硬的时候，甜甜直接就会以哭的方式来反抗。那么，家长在面对自己的孩子不爱运动这件事时要如何去引导呢？

 案例解析

我们经常听到的一句话就是"生命在于运动"，这是著名作家伏尔泰的一句名言。他的这句话影响非常深远，运动不仅仅是生命迹象的体现更是我们生命活力与健康的保证。

我们知道保持良好的运动习惯可以增强我们的体质，提高我们的免疫力，从而减少疾病的发生。而且在坚持运动时，也培养了我们坚强的意志，带给我们克服困难的决心与毅力。再者，在运动的同时，我们也可以结识朋友，扩大自己的交际圈。

但是，现在的很多孩子还是像故事中的甜甜一样不喜欢运动，甚至把运动当成一种折磨，以哭泣来抵抗这一有益身心的事情。不得不说，这是一个遗憾。其实出现类似甜甜的这种情况，不能只是责怪孩子不爱运动，责怪她懒。这在中国是普遍存在的现象，究其原因就是我们在教育体系中没有给予体育运动充分的重视，加上我们的传统习惯导致它无法像刷牙、洗脸一样成为一个人的日常活动。

但是即便大环境如此，我们家长也要尽可能从自身做起，努力培养孩子爱好运动的习惯，让运动成为孩子日常生活中的一部分。

 解决办法

运动作为一种良好的健康习惯，家长对孩子的培养越早越好，具体做法可以参考以下几点：

1.让孩子了解运动。在孩子比较小的时候，她对于运动是一无所知的，也是比较不排斥的时期，家长就可以利用这一时期，让孩子了解运动，让运动在孩子的头脑中形成深刻印象。家长可以带着孩子去公园观看运动锻炼的人，增加孩子与运动的亲近感，以此让她逐渐熟悉运动。

2.给孩子说运动的好处。家长可以比较形象地给孩子讲一些大道理，要讲究一定的趣味性，要结合孩子自身的情况去说。比如，女孩希望自己苗条，那么家长就可以说坚持去运动就可以让自己身材苗条，变得和明星一样。

3.选择孩子喜欢的运动方式。运动并不是只有跑步，家长可以尊重孩子自己的选择，只要在保证安全的前提下达到锻炼身体的目的。

4.家长可以和孩子一起运动。这样不仅给孩子树立了运动的榜样，而且增加了家长与孩子之间的互动。

5.可以让孩子观看一些影视资料。孩子在观看的时候，家长要进行适当的引导，这样孩子就很有可能对运动产生兴趣。

159. 学习好和运动并不冲突

——学习好就不用运动的观念对吗？

娜娜是个初中生，学习成绩很好，但是就是有些体弱多病。娜娜的妈妈觉得将来孩子要面临中考、高考的压力，没有一个很好的身体肯定是不行的，所以，决定和娜娜商量，在家门口的健身房办一张健身卡，每天放学回家之后让娜娜先去健身房运动 40 分钟，然后回家吃饭，再去完成作业。但是在和娜娜商量的过程中，娜娜有些生气，觉得自己学习压力那么大，成绩已经那么好了，为什么妈妈还要给自己增加额外的负担，就是不同意去运动。面对这种情况，家长要如何引导孩子呢？

案例解析

从故事中我们了解到，娜娜是一个品学兼优的好学生，但是面对妈妈要给自己办一张健身卡这件事却显得有些急躁。面对这种情况时，家长不要总是以"我都是为你好"为由强行让孩子服从自己，不顾及孩子的感受。而是要逐步开导，家长如果有足够的耐心，孩子最终会明白家长的良苦用心。

在现实生活中，像娜娜那样对运动与学习有对立观念的孩子其实并不是少数，这不能责怪孩子，而是我们的教育工作中没有将运动和学习适当处理。家长一味地抓孩子的学习，认为学生学习好才是最为关键的，于是将孩子大部分的时间剥夺，督促孩子进行学习。久而久之，孩子受家长的影响也觉得只有学习是最为重要的，其他一切都是小事，就不会把运动这件事看得那么重要。但是我们都知道身体是革命的本钱，在合理的运动之后，人的身体和精神会比之前要好，那么自然学习的效率也会提高。

所以，面对孩子认为学习好就不用运动这种情况，家长要做的就是帮助孩子厘清运动和学习之间的关系，让她认识到两者并不是对立的。

 解决办法

面对孩子觉得学习好就不用运动的情况，家长可以从以下几点着手解决：

1. 家长要冷静处理，不要急躁。有时家长会觉得自己一切都是为了孩子好，所以要求孩子必须服从自己的命令。其实这是相当错误的，孩子是独立的个体，她有自己的自由意志，所以，家长的态度应该是建议而不是命令，家长要在平等的角度上以理性、客观的态度给孩子说明情况，这样才能不引起孩子的逆反心理，才有可能转变孩子对运动的误解。

2. 家长要向孩子说明学习与运动的关系。家长在说明运动的好处的时候，要针对孩子的具体情况。孩子如果觉得学习好就不用运动，说明她觉得运动是占用她的时间，运动是对学习不好的一种惩罚。所以，家长要扭转孩子的这一想法，要告诉她，运动并不是一种惩罚，是为了更好地学习，运动之后人的精神状态会变得很好，学习的效率也会提高上去，会让自己学习起来更加轻松。

3. 家长要让孩子自行选择运动方式。在帮助孩子梳理清楚运动和学习的关系之后，家长要及时让孩子做出尝试。这时孩子是不会特别排斥的。而且家长要让孩子自由选择，可以是孩子的身体情况允许下任何运动形式。

160. 运动的前提是健康且合理
——女孩怕累拒绝运动怎么办？

灵灵的爸爸和妈妈都是比较注重养生的人，他们虽然工作非常辛苦，但是还是会每天坚持去公园跑步，有时是早上，有时是晚饭过后。但是灵灵却不愿意和爸妈一起进行运动，原因是有一次灵灵心血来潮和爸妈一起运动，绕着公园跑了 10 公里。但是在运动结束后的一周，灵灵的胳膊和腿的肌肉开始酸痛，连上楼梯都有些困难。妈妈告诉灵灵这是运动后的正常现象，但是在此之后，灵灵就拒绝运动了。那么，在这种情况下，家长要如何引导孩子再次开始运动呢？

 案例解析

运动健身的确可以给我们的身体及生活带来很多好处，但是对于刚开始运动的人来说，有时运动又是痛苦的，因为肌肉长时间不运动已经适应了这种状态，一旦开始运动，打破原有的状态时就会出现酸胀、疼痛的感觉。运动的人都知道这是正常现象，只要坚持几天之后，酸胀、疼痛的感觉便可消除。但是刚开始运功的人却会把这种痛苦放大，甚至会因此放弃运动，就像故事中的灵灵。

对于刚开始运动的人来说，运动的强度和运动的时间都不宜太强和太久，要给身体以适应的时间，不能操之过急。就像故事中的灵灵，在刚开始运动的时候就跑了 10 公里，对于从不运动的人来说，这个距离太远，导致灵灵运动之后酸胀感异常明显。再者，我们发现在灵灵运动前后并没有进行一些拉伸等的热身，这样不正确的运动方式也会导致孩子运动之后的不适感。

所以，在家长引导孩子进行运动的时候，要注意循序渐进，讲究方式方法。

 解决办法

孩子因为运动之后身体有不适感而拒绝运动，家长可以从以下几点入手解决：

1. 家长首先要懂得如何健康合理的运动。家长要扮演一个引导者的形象，首先要做的就是保证孩子健康、合理地去运动。家长要指导孩子在运动前后进行拉伸等热身活动，把身体调整到运动的状态之后再开始集中运动。这样既能保证身体不受伤，也能最大限度保证在运动之后把身体的不适感降到最低。

2. 家长引导孩子进行运动要注意循序渐进。孩子的适应需要时间，所以，在引导运动的过程中，强度和时间都要一步步加上去，不能一蹴而就。不然只会加重孩子运动后的不适感，甚至导致孩子不再愿意去运动。

3. 引导孩子变换运动的方式。运动的方式多种多样，可以让孩子多加尝试，确定几项自己最喜欢的，然后坚持运动下去。这样的变换，可以增加运动的趣味性，也可以缓解运动带来的不适感。

161. 运动的目的之一就是"强身"

——如何鼓励体质差的女孩运动？

蓝蓝从小身体素质就比较差，总是一副懒洋洋的样子，在学校上体育课的时候，蓝蓝也不和同学一起进行体育锻炼，而是一个人窝在一个角落看书或是发呆。刚开始的时候，班里的同学也会叫蓝蓝一起去玩耍，但是蓝蓝总是以自己身体不好为由拒绝了，所以，后来也没有人叫她一起玩耍了。蓝蓝的妈妈对此非常担心，担心蓝蓝的身体会因为缺乏运动而越来越弱，也担心蓝蓝会因此不会社交。那么，面对孩子体质比较差，不愿意运动的情况，家长要如何去做呢？

 案例解析

故事中的蓝蓝从小身体不好，因而拒绝运动。可能在蓝蓝的心目中，运动是一项消耗体力且毫无用处的事情。我们知道这是错误的想法，关键在于怎么扭转孩子的想法。

"生命在于运动"，合理的运动不仅不会消耗我们的精力而且会助长我们的精力，会增进我们的身体健康。所以，像故事中的蓝蓝这种情况，家长更要有意识地让蓝蓝参与到运动中来，强健她的体魄。但是因为蓝蓝的身体素质较差，所以，家长在引导孩子进行运动的时候要格外讲求方式方法，要让孩子在没有任何压力的情况下进行体育锻炼，如果超过孩子的承受范围，那么运动的目的就达不到而且有可能适得其反。

运动不仅仅是一项强身健体的简单方法，它的另外一个益处在于在运动的时候可以与周围人产生互动，从而有利于扩大自己的交际圈，会让孩子的性格逐渐开朗起来。像蓝蓝这种情况，从不参与体育锻炼，就有可能失去朋友，与周围人的关系变得疏远。

在了解到这些情况之后，家长就要采取有效的方法让体质较差的孩子爱上运动。

解决办法

女孩体质比较差，家长可以从以下几点引导孩子进行体育运动：

1.兴趣是最好的老师。爱因斯坦曾经说过："我认为一切情况，只有热爱才是最好的老师。"这也就说明，只有一个人对某项事情感兴趣之后，她才会付诸行动去实践。而只有一个人愿意去实践，她才可能在实践中获得满足与快乐，从而长久地坚持下去。所以，让孩子爱上运动也是同样的道理。家长可以带着孩子去观看一些竞技比赛或是给她观看有关影视资料，让她对运动产生兴趣，从而产生想要尝试的冲动。

2.要给孩子营造运动的机会。对于体弱多病的孩子，在她的内心可能也是渴望运动的，但是又害怕自己无法胜任，所以对运动采取拒绝的态度。这时家长就要带领孩子去尝试一些强度较小的运动，让她体会到运动的快乐，也建立起自己可以胜任的自信心，这样一步步地去引导，孩子就会逐渐爱上运动，从而自发进行运动。

3.让孩子和同龄人结伴运动。在和孩子商量去运动的同时，家长可以给孩子找一些同龄人，让孩子先去和同龄人建立友谊，然后再让孩子去运动。运动伙伴之间关系的融洽，可以促使孩子爱上运动。

4.家长要给孩子说明运动的好处。这样会让孩子知道运动是可以帮助改善自己的身体状况的，而良好的身体状态对于将来的成长有至关重要的作用。这样就可以让孩子从态度上重视运动。

162. 引导女孩认识运动会的意义
——女孩不愿参加运动会怎么办？

露露的学校要开展一年一度的秋季运动会了，但是露露对此的兴趣并不是很大，其他同学都在课后讨论自己要报哪项比赛的时候，露露或者是在看书或者只是听着别人说，自己从不说话。别人问她报什么项目的时候，她表示没有兴趣，觉得运动会很无聊。回到家，妈妈问她有没有在运动会上报项目的时候，露露也是表现出一脸不屑。露露表示不知道为什么学校要举办运动会，学校不应该只是学习的场所吗？面对这种情况，家长要如何引导孩子呢？

案例解析

从故事中我们可以了解到露露不参与学校举办的运动会，是因为她不知道运动会的意义是什么，从而采取一种不屑参与的态度。

学校对于学生而言并不是一个单纯的提高学习成绩的"工厂"，而是一个可以让孩子全面发展的场所，所以，学校开展任何活动都有其合理的意义。有些学校除了运动会还会利用平时的时间开展"绘画比赛""故事比赛""歌唱比赛""书法比赛""生活技能类比赛"等活动。这些活动都是为了提高学生的艺术修养，培养孩子的竞争与合作的意识，从而达到德、智、体、美、劳全面发展的目的。如果孩子都像故事中的露露一样采取不参与、不理会的态度，那么学校的活动就开展不起来，也不能使孩子各方面的素质得到提高。

所以，对从不参与学校组织活动的孩子，家长首先要从改变孩子对待活动的态度开始，这样才能进一步鼓励她参与其中。

 解决办法

对于从不参与运动会的孩子，家长可以从以下几点着手去解决：

1. 家长要善于与孩子进行沟通。如今的孩子成熟得比较早，有自己独立的想法，所以，家长在平时的生活中要尊重孩子在家庭中的存在，让孩子参与到某些事情的讨论中来，而且是在轻松、和谐、平等的环境之下。可以就是否要参加学校的运动会展开家庭讨论，在讨论中让孩子知道自己是班级的一员，是学校的一员，积极参与活动是爱集体的一种表现，在参与的过程中可以获得很多的锻炼，如果不参与就失去了这样难得的锻炼机会。要告诉孩子参与活动的目的不在于获奖，而在于参与本身。

2. 给予孩子赞美。当孩子为了他人或是集体付出自己的努力之后，家人要对此进行肯定与激励，这对帮助孩子建立自信和建立集体荣誉感都至关重要。而且在激励的过程中，孩子的积极性也会得到提升，下次再有集体活动的时候，孩子更能积极地参与其中。

3. 帮助孩子建立自信，鼓励她自我挑战。自信心的建立对孩子非常重要，会影响她一生的发展。一旦孩子建立起自信，她就会有勇气在任何场合展示自己。所以，在平时对孩子的教育上，家长要采取积极的态度，既要对孩子的优点进行及时的肯定，也要对孩子的缺点采取接纳的态度，然后进行积极的引导去弥补孩子的缺点。在这个过程中，孩子会对自己有一个正确的自我认知，也会因为父母的态度要使自己变得更好、更强大，同时也会帮助孩子建立起克服困难、勇于挑战的自信。这样，孩子就不再会拒绝参与学校开展的运动会。

163. 制订假期时间规划表
——假期生活作息不规律怎么办？

云云的妈妈抱怨道："现在都不想让云云过假期了。平时上学，云云的作息还是比较规律的，但是一到假期就完全打乱了。在假期里，云云每天不是玩电脑玩到很晚，就是端着水果和可乐坐在电视机前看电视看到很晚。第二天，云云总是睡到很晚才起床，起床之后不是看电脑就是看电视。整个假期过得相当颓废，人也显得很没精神。"那么，对待假期里生活作息不规律的孩子，家长要如何去处理呢？

案例解析

在假期里，其实有很多的孩子都像故事中的云云一样，自己给自己放假，每天都是在看电脑或是电视中度过，一个个都变成了熬夜的"猫头鹰"。面对家长的指责，她们只是"嗯"一声应付过去或是干脆对家长的唠叨报以不理睬的态度，继续我行我素。没有任何规律可言。在假期中，以这样的状态生活的话，等到开学她们就会显得无精打采，一时适应不了上学的节奏，从而导致学习的效率低下。

作息不够规律是孩子在假期里出现的最大问题，在上学期间养成的好习惯一到假期可能全部被推翻了，她们从平时的"百灵鸟"变成了"夜猫子"，甚至有些孩子直到半夜还在看电视或是玩游戏。由于没有明确的作息时间，她们原有的生活规律会被打破，睡眠的时间得不到保障，体内的生物钟也会紊乱。如果假期一直处于这样的生活状态，孩子就很有可能患上"假期综合征"。患上假期综合征的孩子在假期过后就会出现体虚、疲惫、记忆力减退、注意力不集中等现象。

孩子的自制力一般比较差，所以，在假期里，家长就要起到监督的作用，让孩子在假期里依旧有良好的作息习惯，这样在开学之后才能具有良好的精神状态。而且规律的生活，良好的自律习惯会在孩子的一生中起到至关重要的作用。

解决办法

假期孩子的作息没有规律，家长可以从以下几点着手解决：

1. 家长最好在假期之前就和孩子达成共识，在假期要做到作息有规律。家长要留出充足的时间让孩子自由放松，一般孩子会认为假期就是玩的时间，就是一个放纵自己的机会。在潜意识中，她会排斥家长安排她的假期生活。所以，家长要耐心地去说服孩子。但是，家长要明白，假期毕竟是假期，不能要求孩子像上学一样，要留出时间让孩子尽情去玩耍。

2. 家长可以给孩子制订假期时间规划表。孩子没有规律的生活不仅仅是缺乏自律的表现，而且会导致孩子的身体状态出现问题。所以，家长在假期里一定要规划时间让孩子早睡早起，适当运动，合理安排一天的活动，有了规矩之后，就会避免孩子作息不规律的现象。但是在制订时间规划的时候最好是和孩子共同进行，要结合她的实际情况征求她的意见和认可。对于不遵守规矩的孩子，家长要拿出权威进行干涉。

3. 家长可以在征求孩子的意见之后，在假期安排她学习一些新的知识或技能。这样也会避免孩子出现作息不规律的情况。

164. 运动有效的前提是一定的时间和强度

—— 孩子拒绝专门运动怎么办？

雅雅是一名小学生，因为学校离家很近，所以雅雅每天都是步行上学和放学回家。雅雅平时比较懒，每天回到家里就是捧着妈妈的手机看动画片。看到这样的雅雅，妈妈总是很无奈，这样长期下去，雅雅的视力与体能肯定会受到影响，妈妈决定让雅雅每天做一些运动，可以是跑步，可以是跳绳或是转呼啦圈等。但是雅雅不愿意运动，她觉得每天上下学走路 40 分钟已经是锻炼了，为什么还要做额外的锻炼？那么，在这种情况下，家长要如何去做呢？

 案例解析

故事中的雅雅认为每天上下学走路 40 分钟已经是运动了，其实这个观点是不对的。我们通常所说的运动不仅仅是要求身体动起来，而是要求在"动"的时候有强度和时间标准。

雅雅每天上下学走路 40 分钟，时间是足够的，但是运动的强度是欠缺的，对于想通过运动达到健身的人来说，这个是不足以达到要求的。如果想要通过运动达到健身的目的，那么就要保证运动时间和运动强度都达到要求，大部分锻炼应该表现为消耗一定体力、心跳加速、呼吸加速。每隔一天，还要进行大强度的锻炼，比如互相追逐跑等，让身体各部分都得到较为剧烈运动。

对于上下学走路这样的运动，可以算是有氧运动，但是维持身体的强健并不够，必须依靠有氧运动和一些力量的练习、柔韧性的训练等，只有这样才能保障和促进身体的正常生长发育。

所以，如果孩子觉得走路就达到锻炼身体的目的，那么家长就要告诉孩子这远远不够，任何目标的达到都是需要付出一定汗水的，要鼓励孩子在走路之余进行专门的运动，这样才能保证身体健康。

 解决办法

让孩子除了走路还要进行运动，家长可以从以下几点做起：

1. 告诉孩子运动的要求是什么。就是我们所讲的运动不只是时间的要求还要有强度的要求。如果其中有一项达不到就不会达到运动的目的。走路上下学虽然达到运动时间的要求，但是走路的过程中，人的肌肉是放松的，运动强度不够，达不到健身的目的。所以，在走路之余还要进行相应的体育锻炼。

2. 孩子有这样的想法，可以看出其实是她没有足够的运动积极性。所以，家长还要从调动孩子的积极性着手去让孩子爱上运动。可以是找到同伴和孩子一起去运动，可以是变换运动的方式等，以此来激起孩子运动的积极性。

3. 如果孩子只是想通过走路去运动，而不愿意增加其他的方式，那么家长就要告诉孩子要采取怎样的走路方式能达到健身的目的。比如走路时腰背是要怎样的状态，走路的速度是怎样的等。如果孩子发现这样的走路方式其实更累，她也很可能会放弃运动，这时，家长就要调整战略思考如何让孩子爱上运动了。

165. 体育课和课外运动必不可少

——上了体育课就不用再运动吗？

欣欣是一名小学生，课业压力并不是很大，所以欣欣的家长时常鼓励孩子去室外运动，和小朋友一起去踢毽子、捉迷藏等，平时也会给欣欣说运动是如何如何好，可以强身健体，而且可以去结识新的朋友。但是欣欣始终对其不感兴趣，欣欣会对家人这样说："学校已经安排了体育课，我就不需要额外进行运动了，而且我在体育课上可认真锻炼了。"那么，面对有这样想法的孩子，家长要如何去做呢？

 案例解析

故事中的欣欣有这样的想法其实很正常，孩子会觉得学校已经留出时间让我们进行运动了，就保证了我们的身体健康，就不需要在课外进行运动了。面对这样想法的孩子，家长不要加以指责，而是要给孩子说明道理，逐步养成孩子运动的习惯。

学校之所以安排体育课，是要培养孩子运动的意识和技巧，起到调节孩子学习的压力，但是在课堂上进行的体育锻炼远远达不到运动的要求。

孩子在一周的时间内上体育课的次数很少，而且体育课每节40多分钟，在这40多分钟内，包括老师讲解的过程，真正让孩子们进行运动的时间是非常少的。再者，有些学校对于体育课的重视程度远远不够，更导致体育课起不到健身的目的。所以，综合这些情况来看，孩子在课外进行体育运动是非常必要的一件事。

运动对我们每个人来说都至关重要，因为它对我们的身体有益。所以，我们对待运动应该像对待每天要吃饭一样。家长就要从小给孩子树立这样的观念，让孩子爱上运动，坚持运动。

 解决办法

针对那些认为学校有体育课就不用额外运动的孩子，家长可以从以下几点着手解决：

1. 家长首先要让孩子认识到学校里的体育课达不到健身的目的。家长在给孩子说这件事的时候要结合学校体育课真实的情况。比如家长可以这样对孩子说："我知道你们有体育课，但是你们在上体育课的时候是不是老师要先讲话，有时老师担心你们动作不标准还要进行演练，在演练之后，你们还有一个学习动作的过程，所以，留给你们真正锻炼的时间是非常少的。而且在上体育的时候，老师无法关注到你们每一个人，有时动作不标准也达不到健身的目的。"家长这样对孩子解释后，孩子就会明白体育课上的锻炼是远远不够的。

2. 如果孩子是因为不喜欢运动而拒绝运动的话，那么家长就要着重激发孩子运动的激情，然后逐渐让她养成运动的习惯。激发孩子运动的兴趣，可以是通过观看别人运动，可以观看一些影视作品，总之，可以引起孩子对运动的兴趣就可以。

3. 家长可以和孩子一起去运动。家长可以选择孩子感兴趣的运动，然后和她一起去做，这样既能让孩子体会到运动的乐趣也能增进孩子与家长之间的感情。

4. 家长可以和老师进行沟通，让老师告诉孩子运动的好处。一般学生都会对老师充满敬重之情，也愿意听老师的话，所以，家长不妨借老师之口，达到让孩子运动的目的。

166. 动手能力的培养有益大脑发育
——怎么提高孩子的动手能力？

舒舒是个可爱的小女孩，舒舒从小的动手能力就非常差。舒舒已经 8 岁了，扫地也扫不好，女孩都喜欢的折纸她也不会，更不要说别的了。舒舒的妈妈看到孩子已经那么大了，却什么都不会干很着急，同时也在自责，因为妈妈认为舒舒如今动手能力差是自己太过于娇惯，没有让舒舒掌握动手做事的技能。那么，家长要如何从小提高孩子的动手能力呢？

 案例解析

舒舒妈妈的自责是有道理的，孩子的动手能力应该从小培养，家长在孩子生理条件允许的情况下，就要允许孩子自己动手去解决问题，这对孩子的成长有非常重要的意义。

动手能力的培养有利于孩子大脑的发育。从心理学我们可以了解到人的心理活动是大脑机能的一种体现。一个人智力水平的高低，是否有创造力都与大脑机能的发育是否健全有关。孩子在动手能力的培养中也能促进大脑某活动区域的发展。动手能力对于孩子的创造力的培养非常重要。有些孩子可能不善于表达，但是通过动手能力的培养，她的创造力思维可以找到一个出口。再者，通过动手能力的培养，也可以增强孩子的自信心，让她获得敢想敢做、坚持到底的人格品质。实践证明那些聪明的孩子通常动手能力都很强。

动手能力对于女孩也同样重要，一个心灵手巧的女孩往往给人以美好的印象。所以，家长在女孩小的时候就要有意识地培养孩子动手的习惯。

 解决办法

家长可以从以下几点培养孩子的动手能力：

1. 家长要转变观念。我们不得不承认大部分孩子动手能力差是家长的原因，因为家长总是把孩子的学习放在第一位，任何活动都要为学习让步。所以，在平时的生活中，家长不会让孩子亲手去做一些事情，而是让孩子抓紧一切时间去学习。这样就造就了"高分低能"的孩子。

2. 孩子力所能及的事要让孩子亲自做。家长在孩子自身条件允许的情况下要尽量放手让孩子自己去做事，比如刷牙、吃饭、上厕所、穿衣服、整理书包等，这样才能让孩子尽快成长起来，培养孩子的动手能力。

3.家长可以让孩子参加一些手工制作。这样不仅锻炼了孩子动手的能力，还锻炼了手眼的协调能力。

4.在孩子的课余时间，家长要鼓励孩子参与到家庭劳动当中去，可以让孩子在自己做饭的时候帮助择菜，在扫地的时候帮助倒垃圾等。这样既能锻炼动手能力，又能提高孩子的自制能力。

167. 太"宅"不利于女孩的成长
——孩子不喜欢出门怎么办？

星星是一个初中生，用现在很流行的话说，星星是一个很"宅"的姑娘。平时也没有什么特别的爱好，周一到周五，星星每天放学回家，吃完饭就会回到自己的房间，不是写作业就是自己玩游戏。好不容易有个周末，星星也不出去玩耍。妈妈每到周末都希望星星可以出门去活动，但是星星就是觉得出去太累，还是在家舒服。那么，面对这样不喜欢出门的孩子，家长要如何去做呢？

 案例解析

现在生活水平提高了，大家纷纷住进了小区，住进了楼房，但是这样的居住环境也造就了人与人之间的交流越来越不容易。加上现在的影视娱乐节目越来越多，孩子的课业压力越来越大，就会出现很多像故事中的星星一样的孩子。她们就是喜欢待在家里，或是学习，或是玩游戏、看电视等，就是不愿意出门去活动。

一个孩子如果长期自己在家，不接触外人，那么对她的身心发展都是不利的。孩子的人际交往能力需要在实践中慢慢提高上去，如果不社交也就意味着不能提高自己人际交往的能力，而当今社会对于一个人的情商要求是非常高的，所以，就有可能影响孩子未来的发展。另一方面，孩子长期待在家里，身体得不到充分的锻炼，那么身体的素质就不会太好，俗话说："身体是革命的本钱。"有了健康强壮的体魄，孩子才能更好去学习与生活。所以，不管从哪个角度来讲，孩子不喜欢出门活动都是一件不容忽视的大事。

对于比较"宅"的孩子，家长要想方设法让孩子参与到其他的活动中去，让她走出家门，这对孩子的身心发展都是至关重要的一步。

 解决办法

针对孩子不喜欢出门的情况，家长可以从以下几点着手去改变孩子：

1.家长要找到孩子不喜欢出门的具体原因。孩子不想出门的原因是多种多样的，那么家长就要了解自己的孩子为什么不喜欢出门。在进行了解的时候，家长要讲求方式方法，要营造平等、和谐的气氛，以便让孩子打开心扉去告诉家长真实的原因，这些原因可能是喜欢看电视剧，可能是找不到小伙伴去玩等。

2. 找到原因之后，家长就可以对症下药，一步步做引导，把孩子"赶"出家门。例如，孩子如果是因为迷恋影视作品不愿意出门，家长就可以利用看电影的机会带领孩子走出家门，出了家门之后，家长可以有意识地去引导孩子进行更多的户外活动，让她认识到室外还有更多有意思的事情。如果孩子是因为不知道出去找谁去玩，那么，家长可以让孩子的同班同学来家里玩，培养她与同学之间的友情，之后孩子出门就有人可以陪伴，也会主动提出出门的要求。

3. 在孩子愿意出门之后，家长就要有意识地培养孩子的兴趣爱好，让孩子的出门变成一种常态。家长可以征求孩子的意见，她喜欢什么就给她报相应的兴趣班。

4. 家长还可以利用假期带领孩子去游山玩水，领略大自然的风光。在这个过程中，孩子不仅可以增长见识，身体也可以得到锻炼。

5. 家长是孩子最好的老师，所以，在平时的生活中，家长一定要尽心尽力给孩子做出榜样——经常走出家门，去亲近大自然，与朋友相处，培养自己的兴趣爱好。

168. 借口是因为对运动缺乏兴趣
——女孩找借口不去运动怎么办？

文文是一个北京的女孩子，在生活方面相对比较懒惰，不爱去运动也不爱出去玩耍。有时文文的妈妈会嚷着让她出去运动，也向文文说了很多关于运动的好处，但是始终说不动文文。有时文文对妈妈的唠叨采取消极抵抗的态度，嘴上答应着，却没有实际的行动。曾经有一段时间文文实在抵不住妈妈的唠叨，终于出门运动了，但是正赶上北京的空气质量变差，文文就借此机会不去运动了，从此之后的借口就是："空气质量太差，不适合去运动。"那么，对于这样的孩子，家长要如何去应对呢？

案例解析

人如果在空气质量比较差的情况下进行户外有氧运动，就很有可能造成呼吸功能的损害，在确定空气质量比较差的时候，家长不要硬逼着孩子去进行户外的运动。一味地要求她去坚持，不仅达不到强身健体的目的，而且有害于身体。

在平时，家长要保持清醒的头脑，不要让孩子为了运动而运动，一切要从运动的目的考虑。在空气质量优良时，多多鼓励孩子进行户外的运动，锻炼孩子的心肺功能；如果室外的空气质量很差，就要避免孩子进行户外运动。但是从故事中我们可以看出，文文考虑空气质量的问题，最主要的原因是想逃避运动。文文的妈妈要做的还是要让文文打心眼儿里爱上运动。

解决办法

孩子借口空气质量差而不去运动，我们给家长提供以下几点建议：

1. 要适时拆穿孩子的借口。如果孩子一直拿空气质量不好来拒绝运动，那么家长就要在合适的时候拆穿孩子的借口。家长可以关注空气质量的情况，在孩子提出空气质量不好不适合户外运动的时候，家长就可以用事实说话，拆穿孩子的借口，这样孩子就不会总拿空气质量差来应对不想去运动。而且，家长要借机对孩子进行教育，让她知道找借口是一种非常不好的行为。

2. 如果所在城市的空气质量时常很差，那么家长就要考虑给孩子办一张健身卡，将孩子的运动场所由室外移到室内。这样，孩子进行运动时就不会受到空气质量的影响，让孩子无法找理由去拒绝运动。

3. 家长要从根本上让孩子认识到运动的好处，激发孩子对运动的热情，自愿投入到运动中去。家长可以让孩子系统地了解运动的好处，比如运动对女孩保持身材苗条有很好的作用等，还可以利用孩子喜欢的明星进行诱导，总之要激发孩子对运动的兴趣。由兴趣出发，孩子就会自觉地进行运动，再也不会提出各种借口去逃避运动。

169. 运动健身理念要灌输给女孩
——孩子不能坚持去运动怎么办?

艳艳身体比较瘦弱，决定锻炼身体，艳艳要求妈妈监督自己每天早起运动。于是艳艳开始6点起床，不吃早餐就开始在小区里跑步半个小时，然后再洗澡、吃饭、去上学。但是艳艳的锻炼生涯只坚持了5天，因为到了周末，艳艳就想赖床，就再也没有坚持运动下去。那么，在面对明明知道运动对身体有好处，但是却不能坚持的孩子要如何去做呢?

 案例解析

我们在日常生活中保证孩子身体健康的方式除了注重饮食，就是督促孩子进行体育锻炼了。运动对一个人增强体质，塑造强健的体魄都是非常有用的，坚持正确的锻炼方式的益处有以下几点：

1. 适当的锻炼可以促进全身血液循环，保障骨骼、肌肉、脑细胞充分的营养，促进长高激素分泌以及肌肉、韧带和软骨的生长。

2. 如果每天坚持运动，不光是强健了体魄，使肢体变得灵活，而且可以促进智力水平的发展。我们在日常生活中也会发现，一个行为迟钝的人很难智商超群，也就是说大脑思维的灵活性与肢体的灵活性是有密切关系的。所以，锻炼了身体的灵活性也就促进了思维的发展。

3. 坚持运动会提高一个人的视觉跟踪能力。我们在平时会发现，一个在学习上存在问题的孩子，她们往往视觉跟踪能力较差，体现在阅读上就是常常会出现丢字、串行、看错数的情况。这与她们的眼肌控制力差有关。大脑对眼肌的控制，必须是在充分的活动中展开，而进行一些有追踪目标的运动对眼肌的发展有提高作用。

4. 坚持运动对一些注意力不集中的孩子有帮助。那些注意力不集中的孩子往往内耳前庭发展不平衡，而内耳前庭的发展，正是在奔跑和锻炼中实现的。

所以，运动对我们每个人来说都是有百利而无一害的，但是前提是要坚持下去。

 解决办法

家长在督促孩子运动的时候，千万不要忘记坚持的重要性。面对不能坚持运动的孩子，我们建议家长可以采取以下几点措施：

1. 如果家长知道自己的孩子意志力比较差，做什么事都很难坚持，那么，在刚开始运动的时候，家长可以给孩子找一个合适的小伙伴陪同孩子一起运动。这样孩子在有人陪伴的情况下就会感到有趣，容易坚持下去。

2. 家长可以丰富孩子的运动方式。运动并不是只有跑步一种方式，家长可以给孩子尝试更多运动，让她在其中体会到快乐，这样她也就不会轻易厌倦运动本身。

3. 家长可以抽时间陪孩子一起运动，这样既可以给孩子以精神的鼓励又可以增进家长与孩子之间的感情。

4. 家长在孩子取得一定进步的时候要及时给出鼓励，这样孩子会有更大的坚持运动下去的动力。

5. 家长可以让孩子制订运动计划，并把运动计划公布给身边的人或是发布在社交平台上。把计划公布于众会更有利于督促孩子坚持下去。

170. 良好的运动是避免长痘的关键
——女孩怕长痘抵制运动怎么办？

微微很长时间都没有运动了，这些天心血来潮打算去运动，为了更好的身体，也为了保持自己的身材。于是，微微开始每天跑步40分钟，然后做一些拉伸，之后再跳一段健身操。但是在运动后的第三天，微微的脸上开始长痘。不是说运动可以改善人的皮肤状况吗？怎么运动之后还开始长痘了？微微百思不得其解。于是就把运动这件事搁浅了。那么，面对这种情况，家长要怎么去做呢？

 案例解析

女孩子都希望自己的皮肤很好，长痘对于任何女生都是一个困扰问题。所以，我们完全可以理解故事中微微的心情，在运动之后开始长痘的确是一件比较糟心的事情。

一般情况下，坚持运动对女孩子改善自己的皮肤状况是有好处的。但是出现微微这种情况也不无可能。从故事中，我们可以了解到微微有很长时间没有运动了，所以，在刚开始运动的时候，体内的激素水平被打破，就可能出现长痘的情况。如果一个人运动不得当且饮食过多，尤其在天气寒冷的情况下，体内就可能产生过多内热，导致长痘痘。在运动之后对于皮肤清洁不够彻底也很有可能出现类似微微的情况。

　　运动本身是有利于改善皮肤状况的，但是要配合正确的方式。如果孩子出现像微微一样运动之后长痘痘的情况，家长要及时疏导，给孩子正确的想法与做法，不要造成孩子对运动的排斥。

 解决办法

　　女孩出现运动之后长痘的情况，心情一般会比较糟糕，所以，家长在这时不要不顾孩子内心的感受，一味地要求她去运动，这样只会让孩子反感。正确的做法是首先要给予孩子足够的理解，用心体会她长痘之后的负面情绪，然后想办法疏导她的不良情绪。这样孩子就会明白家长是足够关心她的，是足够爱她的。在她心情平复之后，家长就可以给孩子说明运动之后为什么会长痘以及如何在以后运动不长痘的方法。

　　家长在给孩子讲解这些知识的时候要注意方式方法，维护女孩子脆弱的心灵。家长还要告诉孩子运动本身是没有错的，是有利于身体健康的，问题出在其他方面。

　　1.家长要告诉孩子在准备运动之前不能化妆。运动时势必会出汗，如果女孩子在脸上涂抹了太多的化妆品，那么就容易堵塞毛孔，汗液不能及时排出，毒素也会淤积，就很有可能会长痘。

　　2.在运动时出的汗要及时擦干净。运动时毛孔会张开，汗液如果长时间留在皮肤上，干了的话就会滋生大量的细菌，这样也可能导致长痘。

　　3.运动要根据身体状况适当进行，不要超过个人极限。运动是必要的，但是凡事都有一个"度"的要求，过了反而不好。

171. "运动枯燥论"是不对的观念
——女孩觉得运动很枯燥怎么办？

　　千千的妈妈平时很注意孩子的饮食，家里一日三餐也会格外注意各种营养的搭配。千千很爱吃妈妈做的饭，但是千千的体重也飙升了上去。为了让孩子减重，千千的妈妈就想着如何让千千爱上运动。于是妈妈有时就带着千千在公园溜达，但是一段时间下来，千千还是不愿意运动，觉得运动很枯燥。那么，在面对孩子觉得运动很枯燥时，家长要如何去做呢？

 案例解析

　　运动是一件需要长期做下去的事情，如果想让孩子能够坚持下去，就要激发孩子对运动的兴趣。像故事中的千千觉得运动是一件很枯燥的事情，也就是说她对运动是没有兴趣的，这样孩子就不会去运动，更不要说坚持运动了。在引导孩子去运动的时候，千千妈妈的做法是值得肯定的，能够带千千去小区观察他人的运动形式，目的是让千千爱上运动。但是千千在观察的时候只发现了跑步、打太极这些运动形式，这些运动形式并没有引发千千的兴趣，她觉得运动就等于是在跑步和打太极这些项目中做出选择，而两者都没有意思，于是她就会觉得运动是一件很枯燥的事情。所以，千千的妈妈在发现孩子对小区里仅有的运动形式不感兴趣的时候，就要思考带领孩子去接触其他的运动，如此孩子才能发现运动的多样性，才不会认为运动是一件很枯燥的事情，同时也会愿意去尝试运动。

解决办法

孩子觉得运动是一件很枯燥的事情原因在于她没有认识到运动形式的多样性，没有切身体会到运动所能带来的乐趣。所以，在孩子觉得运动很枯燥的时候，家长可以从以下几点入手去解决问题：

1. 在有条件的情况下，家长可以带领孩子去健身房或是少年宫等场所，在这些地方孩子可以看到很多平时不常见的运动形式，从而对运动这件事产生强烈的兴趣，而且在众多的运动形式中，孩子可以自由选择自己感兴趣的运动，从而积极地投入到运动中去。到这些场所的另外一个好处就是，孩子可以体验练习，有这样切身体验的机会，会使孩子对运动加深了解，更加清晰直观地认识到运动对人的帮助。而且在这些场所中，人群的集中性会给孩子带来强烈的参与感和集体感，让她不容易觉得运动很孤单。

2. 家长可以陪伴孩子一起运动，在带领孩子运动的时候，给她们安全感。而且有家长的陪伴，可以指导孩子做更多运动形式的尝试，让她感受到运动所带来的乐趣。

3. 家长在平时的生活中可以给孩子观看一些关于运动的视频资料，让孩子认识到运动的内涵、意义与乐趣，在潜移默化中，孩子就会对运动产生兴趣，也乐于去做出尝试。

172. 让女孩了解运动的多种目的
——女孩身材好就不需要运动吗？

小新是个长得很漂亮的初中生，皮肤白皙，身材很好，有一双很长很直的腿。全班的女生都很羡慕小新的身材和皮肤。但是在小新妈妈的心中一直有个担忧，就是小新虽然长得很漂亮，身材很好，但是身体素质很差，隔三岔五地就要感冒一次，小新的力气也很小。于是小新的妈妈就有意让小新进行运动。但是小新完全没有意识到运动的好处，只是说："我身材已经那么好了，压根不用再运动了！"孩子出现身材好就不用运动这种想法的时候，家长要如何去引导呢？

案例解析

小新是一名初中生，正值青春期，在这个年龄段，女孩子开始对自己的身材投入更多的关注，加之女孩子的心思比较细腻，在体察到别人对自己的眼光之后，也会异常关注自己的身体。在众多女孩子心中，减肥、保持好的身材、运动这三件事就成为三位一体的事情。像故事中的小新，她就觉得运动的目的就是维持好的身材。那么，在孩子出现这样的想法之后，家长就有义务向孩子传达正确的运动价值观,把运动的目的完整地告诉给孩子。这样孩子才不会产生这样极端的想法,只是单纯地将运动和减肥与造就好的身材捆绑在一起。

 解决办法

孩子觉得自己身材很好就不用运动,根本原因就是缺乏对运动的正确认知。所以,家长就要将正确的运动认知观念传授给孩子,让孩子了解运动的好处。家长可以从以下几点做起:

1.家长要明确告诉孩子运动的意义。现在的社会,人们的生活条件好了,于是出现了很多肥胖的人群,而且,在生活质量提高上去之后,人们更加关注自己的身材,于是有很大一部分人群是为了维持好的身材去运动、去健身。这样的人群出现之后,孩子就有可能觉得运动就是为了维持好的身材。家长要对孩子说,运动不仅仅是为了预防、改善肥胖,保持好身材。运动是一个人正常生长发育的需要。而运动不仅能维持好的身材而且会达到强身健体的作用,对于一个人的一生都有至关重要的作用。

2.家长要告诉孩子运动和学习之间的关系。运动不仅仅锻炼的是人的身体素质,而且会带动人的智力发展。在长期运动肢体的过程中,人的智力水平也会得以发展。合理的运动之后人的精神状态会更加有利于学习。

3.家长可以给孩子制造危机意识。孩子目前的身材很好,但是不代表未来的身材依旧会很好,那么坚持运动的话,就可以维持好的身材,这对于爱美的女孩子而言也是非常有力的说辞。

173.让女孩迈出运动的第一步
——怎样让女孩走出运动第一步?

浅浅今年上初中,浅浅出生的时候,有一块胎记长在了左边脸上,因为这个原因,浅浅在人前总是有些自卑。如今到了上初中的年龄,浅浅更是注重自己的外貌,更加自卑。因为自卑的缘故浅浅在与人交流上就出现各种各样的问题,甚至不愿意出门见人也不愿意参与体育活动,为此浅浅的家人非常担心。那么,如何说服浅浅出去运动呢?

 案例解析

故事中的浅浅因为胎记而自卑,因为自卑而不愿意出去与人交流也不愿意参与体育运动。家长要明确,孩子不参与运动活动并不是不喜欢运动,而是因为自卑的心理导致的,所以要让孩子出门运动,关键在于怎么帮助她克服自卑的心理。

家长在帮助孩子克服自卑心理的时候要有足够的耐心,要知道这可能是一场持久战。如果自己的孩子像故事中的浅浅一样,在外貌上有些许不完美的话,家长应该提早地为孩子建立自信心,不要等到她处在青春期这个年龄段再去正视这个问题。像故事中的浅浅的情况就有些晚,帮助孩子建立自信心的困难程度就有些大。

不光是自信心的建立，还要帮助孩子建立正确的自我认知，不要因为过分注重自己的外貌而忽略其他方面。如果孩子有正确的自我认知，就不太会出现类似浅浅的这种情况。

但是一旦孩子出现这种情况，那么家长就要给予足够的重视，要采取正确的方法与态度去对待，使孩子拥有一个健康、乐观、自信的人生。

 解决办法

如果孩子因为觉得自己丑而不愿意出门运动，那么家长就要从建立孩子的自信和建立正确的自我认知入手，这样才能从根本上解决问题。

1. 建立孩子的正确的价值观。在平时的生活中，家长要谨防自己的言行，不要将过多的关注放在一个人外貌的评价上面，而是要多关注一个人的品德和才艺。这样做的好处就是不要让孩子对外貌这一点有太多的关注，让她知道比长相更为重要的是一个人的内在品质和才艺。

2. 从小培养孩子的兴趣爱好。在孩子还小的时候，家长就要观察孩子，发现她的兴趣所在，然后进行有目的的培养。在她习得一项才艺之后，就有利于她建立自信。在这个过程中，当孩子取得一定的进步之后，家长就要及时进行肯定和鼓励，这样有利于孩子建立自信心。

3. 建立孩子正确的自我评价观念。家长可以给孩子讲一些故事，让她明白一个人的外表并不能代表什么，内在的美好才会让一个人熠熠生辉。

4. 在扭转孩子观念的同时，家长如果想让孩子拥有良好的身体素质，可以先让孩子在家进行一些室内的运动，比如瑜伽、健身操等，在这个过程中，孩子能够体会到运动的快乐。家长可以在此基础上引导孩子出去运动，可以用一些更有意思的运动形式作为诱导。

174. 引导女孩建立正确的运动观
——女孩心情不好不去运动怎么办？

妮妮平时喜欢运动，她比较喜欢的运动方式就是慢跑。妮妮之前的皮肤状况并不是很好，在坚持了一段时间的慢跑之后，皮肤状况明显改善，脸色看起来也比之前好很多。但妮妮是一个典型的双鱼座女生，平时的情绪波动比较大，每次心情不好，妮妮就不愿意做任何事，更别提什么慢跑了。妈妈总觉得运动不应该因为心情不好而中断，曾经告诉妮妮这个道理，但是妮妮明显更固执。那么，家长面对因为心情不好就不运动的孩子就如何去做呢？

 案例解析

妮妮是一个从运动中得到益处也喜欢运动的人，但是有时她也会拒绝运动，原因在于心情不好。在现实生活中，成人也会有这样的体验，就是在心情不好的时候不想去做任何事。这是人的正常的情绪。在发现孩子因为心情不好而拒绝运动的时候，家长不要一味地采取强迫的方式。这样会使孩子的逆反心理更加严重，即使勉强去运动效果也可能并不好。

对于情绪的管理属于情商的范围，所以，家长在处理这件事的时候也要注重平日里对孩子情商的培养，尤其是情绪管理这一方面。每个人都会出现情绪不好的时候，关键在于如何快速地将这一负面情绪排解出去。像故事中的妮妮，如果能在情绪不好的时候迅速排解掉自己的不良情绪，那么她的运动计划就会如期进行。所以，关键还是要让孩子学会管理情绪，排解不良情绪。家长要给孩子灌输运动有帮助人排解不良情绪的作用，这样孩子就会在情绪不好的时候采取运动的方式去释放。

 解决办法

在孩子因为心情不好而拒绝运动的时候，家长可以从以下几点着手解决：

1.家长要表示理解。孩子出现心情不好而不想去做任何事情的时候，家长不要一味地拿家长的权威去命令孩子，而是要明白孩子也是一个独立的人，是人就会有心情不佳的时候。所以，家长首先要抱有理解的态度，然后试图去了解孩子为什么会心情不好，以便帮助她疏导不良情绪。在不良情绪消除之后，孩子自会主动进行运动。如果孩子的心情没有得到缓解，也可以暂时让孩子休息一天，但并不是说单纯地休息，而是要让她及时调整好自己的状态，保证在第二天投入到运动当中去。

2.对于孩子情商的培养，尤其是情绪管理的培养要渗透在生活的方方面面。家长可以培养孩子阅读的习惯，让她在知识的学习中扩大自己的胸襟，拥有更大的人生格局。可以给她讲一些名人的事迹，让她知道自身情绪管理的重要性。

3.在孩子心情不好不想去运动的时候，家长可以先鼓励孩子和自己一起去做一些简单的运动，在运动的过程中让她体会到其实运动有利于排除自身的不良情绪。当她认识到运动是可以帮助自己消除不良情绪的时候，那么在以后的日子里她就不会因为心情不好而拒绝运动了。

175. 树立女孩正确的竞争意识
——女孩不愿和同龄人运动怎么办？

小七平时也比较喜欢运动，因为小七的妈妈是一名瑜伽教练，所以平时在家里就会做些瑜伽动作。看到妈妈在做的时候，小七就会跟着做，久而久之，对于瑜伽的动作也非常娴熟。有时妈妈不在家，小七也会铺开瑜伽垫自己做运动。有时候，自己也会去公园跑跑步，在健身器材那儿压压腿。但是小七有一个"怪癖"，就是她不喜欢和同龄人一起运动。小七在家喜欢运动，但是到了学校上体育课她就不喜欢运动了。有时住在同一小区的同学叫她一起去运动，她也会拒绝。那么，面对这种情况，家长要如何去处理呢？

 案例解析

从故事中，我们可以了解到小七对于运动并不排斥而且很喜欢，但是她不喜欢和同龄人一起运动，在要求和同龄人一起运动的时候，可能小七采取的就是拒绝的态度。家长有时并不会察觉到这有什么问题，可能会认为只要孩子喜欢运动，能够拥有好的身体素质就可以了，但是，家长没有意识到的是，健康的含义并不是单单包括身体健康，还包括心理健康。

孩子喜欢运动，但拒绝和同龄人一起运动或是在和同龄人运动的时候表现出不开心的话，其实就表明此时孩子的心理已经出现了一些问题。在孩子的内心深处，当一个人做事（包括运动）时，不会有任何人和她作比较。但是，在和同龄人一起做事的时候，她就会产生一些看不见的"压力"，她们不想自己的表现比别人差，不想成为挨批评的那个，这种压力就会变成一种竞争意识。但是人天生是不喜欢压力的，所以，我们也就能理解孩子拒绝和同龄人一起运动的行为。

再者，如果孩子相对比较内向，在集体生活时，她就会产生恐惧不安的心理，这种心理也会导致她们拒绝和同龄人一起运动或是进行其他的集体活动。

所以，在处理这件事的时候，家长首先要做的就是调整好孩子的心态，还要关注孩子的性格问题。

 解决办法

面对孩子不喜欢和同龄人一起运动的情况，家长可以从以下几点着手解决：

1. 要建立孩子正确的竞争意识。家长不是要让孩子凡事不要去竞争，也不要养成孩子凡事都要去竞争的心态。现在的社会竞争和合作都是非常重要的，正确的竞争意识可以督促孩子去进步，但是如果竞争意识太过于强烈也会带来一些问题，最直接的表现就是不知如何去与人友好相处，就像故事中的小七一样。家长要给孩子说明平时的运动并不存在竞争关系，运动的目的是强健自己的身体，而且在运动的时候也可以与人建立良好的友谊关系，并不需要与其他人比较动作做得有多规范，速度有多快等。

2. 家长要给孩子说明与同龄人一起运动的好处。自己运动固然会自由很多，但是偶尔与他人一同运动也会收获颇多。与他人在一起时，相互之间可以交流如何把动作做得更标准等，而且可以说一些与运动无关的话题，增进友谊，这样交际圈就会逐步扩大，这对于孩子的成长来说是非常重要的。

3. 如果孩子是因为性格问题导致害怕或是羞涩而不愿意参与到集体活动中，那么家长就要从改变孩子的性格入手去解决这一难题。

Part 11
女孩的性格培养：塑造女孩完美的性格

176.悲观是一种不好的生活态度
——如何改变生性悲观的孩子？

翩翩是个上初中的小姑娘，长相甜美但是性情比较悲观。别人总是能从一件事上看到乐观的因素，翩翩总是看到悲观因素。比如，有一次数学小测试，因为考试前一天，翩翩没有休息好，于是她在考试的时候就总是担心自己会眼花看错题。考试之后，她也一直沉浸在深深的担忧之中，害怕自己考不好。总之，翩翩在生活中，对于一切事情都持悲观的态度。那么，面对这种情况，家长要如何应对呢？

 案例解析

有很多人认为一个人的性格是天生的，也就是说一旦生下来是性情悲观的人，很难再改变。其实这是一种错误的看法，性格是可以改变的。性格形成的具体因素是非常复杂的，但是可以概括为两个方面的因素，即遗传因素和后天的环境。因为性格的形成与遗传有关，所以，一个人的性格是具有稳定性的，但是因为性格又与后天的环境有关，比如家庭环境、所受教育，所以，性格又具有可变性。

我们知道性格的悲观和乐观对一个人影响极大，它关乎孩子的心态，甚至关乎孩子对待人生的态度和拥有怎样一个人生。一个孩子生性悲观的话，那么这个孩子就很有可能在学习上表现得不积极主动、没有自信心，在生活中不喜欢与人交朋友，甚至害怕与人交流。所以，家长如果发现自己的孩子像故事中的翩翩一样生性悲观的话，那么就必须引导孩子改变悲观的性情，让孩子拥有一个乐观的人生。

 解决办法

面对生性悲观的孩子，家长可以采取以下几点措施来改变孩子的性格：

1.家长要明确自己孩子的性格。面对悲观的孩子，家长要有充足的耐心和信心来转变和培养。性格是在具体的生活中养成的，所以，家长首先要与孩子进行沟通交流，在沟通交流的过程中，要有意识地引导孩子正确地面对困难和挫折，因为生性悲观的孩子在面对困难与挫折时往往表现得十分消极。

2. 家长要多多发现孩子的优点。家长可以拿这些优点和孩子崇拜的人物进行比较，使孩子在心中认定自己和他们的性格是一样的，从而激发孩子向他们学习的欲望，这样孩子在行为表现上也会向他们靠拢。经过孩子积极主动的学习之后，孩子会逐渐发现自己的优点，那么自我认可的意识也会越发强烈，她们的性格就会得到改善。

3. 家长要给孩子创造一个畅所欲言的家庭环境。在这个环境中孩子可以自由表达自己的观点并能受到家长的重视，家庭成员之间可以就某种观点或是某件事进行讨论。在此过程中，家长随时都要注意引导孩子以积极的心态去自我排解心中的不快。在为人处世上，家长也要给孩子做出榜样，随时保持乐观积极的态度。

4. 家长要经常夸奖自己的孩子，好孩子是夸出来的。在发现孩子的优点或是孩子做出一些成绩之后，家长就要及时进行表扬。在发现孩子的不足及缺点之后，家长不要直接指出，而是要找出问题的原因，然后在适当的时候找孩子谈话，从源头解决问题。

5. 家长可以以自己为例给孩子讲解一些面对挫折与困难时应有的乐观心态。孩子的年龄还小，生活的阅历远远不够，所以，家长在给孩子讲这些之后，势必会对孩子产生影响，这时家长就是她的镜子和榜样。

177. 乐观不等于没有危机意识
—— 乐观的女孩如何培养危机意识？

乐乐是一个像她的名字一样快乐、乐观的孩子，由于家庭条件非常优越，所以，乐乐就像一个生活在现实世界中的童话里的公主一样，生活中没有任何挫折与磨难。这就造成乐乐是天生的乐天派，她不知道烦恼是什么，也不知道危机意识是什么。因为学习比较好，从没考虑到自己不努力就很有可能被他人所超越。那么，在面对这种太乐观的孩子，家长要如何让她有危机意识？

 案例解析

当今社会的家庭条件普遍较好，孩子从出生开始就享受着家人最为温暖的关怀和最为充裕的物质生活。但是充裕的物质生活虽然给了孩子得天独厚的成长环境，同时也给了孩子很强的优越感，滋生了孩子懒惰散漫、奢侈攀比的心理。

现在越来越多的孩子认为，只要自己的爸妈能挣钱，那么自己的生活肯定差不了。即使不好好学习也可以拥有一个光明且有前途的未来。一旦孩子有了这样的思想，那么无论在学习还是生活中，孩子都会缺乏努力的动力，没有任何危机意识，也必定会造就一个对未来毫无忧患的人。

所以，在教育的过程中，即使家庭条件非常优越，家长也要向孩子传达"不努力就会出现危机"的思想。长久坚持下去，孩子就会在头脑中形成危机意识，就会不断地努力学习，将危机意识渗透在生活的方方面面当中。只有那些不甘现状、未雨绸缪的孩子，才能赢在未来，获得自己的人生幸福。

解决办法

家长要从小培养孩子的危机意识，可以从以下几点做起：

1. 家长要明白即使家庭条件再优越，也不要让孩子的欲望太过于满足。如果孩子平时在生活中就是衣来伸手，饭来张口的状态，我们很难想象她是一个有危机意识的人。家长在爱孩子的时候要讲究方式方法，不要一味地用物质去溺爱孩子，这样对孩子的成长与人格的发展都是极其不利的。

2. 家长可以用一些非必需品奖励孩子的优秀表现。家长都希望自己的孩子可以无忧无虑地成长，要保证孩子的身体健康。但这并不需要过多的生活非必需品。对于孩子需要一些生活非必需品，比如玩具之类的时候，家长就要适当要求孩子以优秀的表现作为交换。这样做的好处在于，孩子从小就会知道只有在付出之后才能得到，这才是这个社会的法则。

3. 家长要鼓励孩子的正确行为。家长在平时的生活中要让孩子懂得艰苦朴素是一项优秀的传统美德。孩子如果有正确的行为，就要使她获得一定的成就感，这样就会让她明白正确的行为方式是怎样的。在培养孩子的危机意识的时候，家长不要一味地批评和限制孩子，在她取得一定的进步的时候，家长也要及时地进行表扬和激励。

4. 家长要培养孩子将危机意识化为一种习惯。在平时的生活中，家长要提醒孩子在学习生活中考虑危机，这样才能成为一种习惯。

178. 性格内向的女孩容易性格软弱
——怎样改变性格懦弱的女孩？

杉杉各个方面的表现都很好，但就是性格太过于懦弱。在生活中，即使有人抢她手里的玩具，她虽然心里不高兴，但是也不敢抢回来。杉杉的妈妈在面对这种情况时会鼓励杉杉把玩具要回来，但是杉杉依旧不动。有一天，杉杉的妈妈带杉杉去公园玩秋千，玩得正高兴时走过来一个小女孩，命令杉杉下来，她要玩。结果杉杉就真的下来了，一点儿反抗都没有。面对这样的杉杉，妈妈非常担心，怕她在长大之后依然如此。那么，面对这种性格比较懦弱的孩子，家长要怎么去改善呢？

案例解析

从故事中我们可以看出杉杉是一个生性懦弱的孩子。家长不希望自己的孩子争强好胜，但是也同样不希望自己的孩子是懦弱的。做事畏首畏尾、缺乏独立性、过分依恋亲人、在生人面前不敢说话等，都是性格懦弱的孩子突出的表现，这样性格的养成，与孩子所受到的家庭教育密不可分。

1. 让孩子受到过分的保护，家长过于溺爱孩子，不让孩子做力所能及的事情，生怕孩子苦了累了……家长就这样把孩子保护在一个绝对安全的生活状态中，孩子就不能学会自我保护，不知道如何正确地处理来自外界的侵扰。这样的孩子势必变得懦弱。

2. 当孩子所处的环境过分严厉的时候也会变得懦弱。孩子面对家长的压力，无法逃避，于是就会做出消极应对的姿态。随着时间的推移，孩子就会在家长面前表现得服从，在外人面前表现得懦弱。

3. 家长对孩子进行不良的暗示也会导致孩子懦弱。

4. 家长对孩子不适当的表扬也会导致孩子懦弱。表扬是对孩子的行为给予鼓励以及肯定，它对孩子的心理起着强化的作用。如果家长对孩子进行了不适当的表扬，就会导致孩子的行为向不良的方向发展，从而就有可能形成懦弱的性格。

5. 孩子的性格是受身边的人影响的，所以，如果家长的性格是内向害羞、懦弱的，那么孩子很有可能也是如此。

6. 如果孩子的不良情绪没有发泄的空间，家长只是一味压抑孩子的不良情绪，那么长期下去，孩子就会在这种情绪产生时竭力进行压制与平息，那么孩子也就会变得不信任自己的感受，并且出于对表达后果的恐惧，不去表达自己。那么，在外界看来就是懦弱的表现。

 解决办法

改善孩子懦弱的性格，家长可以从以下几点做起：

1. 家长要让孩子自己学会生活，把握自己。家长替孩子做一切决定、包办孩子的一切事情是孩子形成懦弱性格的重要原因之一。所以，家长在平时的生活中不要对孩子百依百顺，不让孩子做任何事情。这看似是爱孩子的一种表现，实则剥夺了孩子自我表现的机会，导致孩子生活能力的萎缩。心理学指出，孩子的性格在生活当中的细节表现得最为明显，同时也是纠正孩子不良性格的最佳途径。所以，想要纠正孩子懦弱的性格，家长可以让自己的孩子和胆大、勇敢的孩子在一起玩耍，利用孩子爱模仿的天性，逐渐摆脱懦弱的性格。

2. 家长要尊重孩子，不当众揭孩子的短。性格懦弱的孩子一般内向，感情比较脆弱。这时，家长如果当众揭露孩子的短处，就会造成孩子的自尊心受挫，让孩子更加懦弱。

3. 家长要鼓励孩子大胆说话。在生活中，家长一定要时常鼓励孩子不怕陌生、大胆说话。一些内向懦弱的孩子一般不敢在人前说话，更不敢表达自己的观点。家长就要创造一些机会让孩子习惯在人前讲话，并对孩子提出及时的表扬与赞赏。如果孩子说得不对，或表达得不确切，也不要责怪孩子，不要让她感到难为情，应指导孩子，让她自己思索为何说得不对。这样，可以不断提高孩子说话的能力，克服孩子懦弱的性格缺陷。

4. 家长要培养孩子不甘示弱的勇敢精神。懦弱的孩子一般比较怕事，不管遇到什么事情，第一个反应都是害怕。所以，家长要消除孩子"怕"的心理，大胆去表现自己。

179. 形成正确的自我认知
——女孩性格太自负怎么办?

思思总是表现得太自负。她的舞蹈跳得很不错,家人和亲戚朋友总是夸赞她,大家也比较喜欢她。她在做任何事的时候都不希望家人说别人比她强,一旦夸了别人,思思就会不高兴。有一次电视上播放儿童表演的舞蹈节目,她就会说别人没有她跳得好,如果这时家长不附和她的话,思思就会不开心。因为她的性格,很多小朋友都不喜欢和思思玩,她也会对别的孩子表现出不屑。思思的妈妈很是苦恼。那么,面对自负的孩子,家长要怎么办呢?

 案例解析

孩子形成自负的性格原因有以下几点:

1. 孩子的自负性格可能是受到遗传因素的影响,也可能是家长后天榜样的影响。孩子在生活中很容易模仿家长的行为,如果家长在生活中就表现得扬扬得意、目中无人,那么孩子就很有可能形成自负的性格。

2. 家庭条件比较优越。优越的家庭条件容易滋长孩子虚荣傲慢的心理,从而形成自负的性格。

3. 孩子如果接受过度的夸奖,也会促使孩子形成自负的性格。他人的评价就像是一面镜子,孩子往往会通过别人的评价来认识自己。如果孩子在成长的过程中总是听到夸赞,那么她就会认为自己是一个完美的人,长久下去,自负的性格就会自然形成。

4. 孩子如果在自我认知方面产生了偏差,也会导致她形成自负的性格。孩子只会看到自己的优点,然后把优点夸大,不会看到自己的缺点。但是却往往看到别人的缺点,这样就会导致孩子形成自负的性格。

5. 有些孩子自尊心比较强,她不想有某一方面不如其他人,害怕别人看不起自己,那么她就会首先表现出满不在乎的样子显示出自己的清高,这样的孩子虽然表现得自负,但实则是过度敏感。

6. 孩子缺少适当的挫折与磨炼也会导致自负的形成。现在的生活条件一般都很优越,在这样的环境下,孩子就会觉得自己无所不能,从而形成自负的性格。

骄傲自负会对孩子的发展产生消极影响,骄傲自负的孩子常会形成与外界的隔膜,这使她们的心胸变得很狭窄。儿童自以为了不起的自负心理,是自我认知不正确的一种表现。处处瞧不起别人,对大人也常常傲慢无礼,是一种缺乏自知之明的心理。所以,家长要及时发现孩子自负的性格并及时采取措施改变孩子的性格。

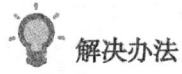 **解决办法**

面对孩子自负的性格,家长可以采取以下措施进行改变:

1. 耐心教导孩子，让孩子学会正确评价自己。孩子出现自负的情绪往往是因为过高地评价了自己，认为自己比其他任何人都要强，只看到自己的优点，而没有看到自己的缺点。所以，家长就要让孩子知道世界上任何人都有自己的优点与缺点，没有人是十全十美的，对自己进行评价的时候就要兼顾自己的优点与缺点。家长还要规范孩子的行为，督促她们改正自负的性格，告诉孩子在与人交往中应该怎样去做，怎样去评价他人。对孩子好的行为给予肯定，对不好的行为要及时给予制止。

2. 家长在对孩子进行表扬的时候要显示出差别。有些家长在孩子取得一点点进步的时候就表现出欣喜若狂的样子，对孩子赞不绝口。久而久之，就会助长孩子的自满情绪。正确的做法是感情真挚，"浓淡"适宜。有时一个微笑也会起到很大的作用。家长还要避免在人前处处夸奖孩子，这样做的结果只会让孩子觉得自己满是优点，从而形成自负的性格。

3. 家长要以身作则。平时注意自己的言行，不要表现出自负的行为来，要待人谦和友善，这样孩子在模仿的过程中就不会形成自负的性格。

4. 家长要对孩子的不足给予适当的批评与指正。家长对孩子的批评也要恰如其分，既不能以偏概全，也不能掩耳盗铃、视而不见，要客观地指出孩子的不足。这样可以帮助孩子正确地认识自己。

180. 让女孩认识到哭解决不了任何问题
——面对爱哭的女孩怎么办？

梅梅是家里的独生女，集全家人的宠爱于一身，过惯了衣来伸手、饭来张口的日子，越来越娇气。在生活中，如果家长因为一件小事批评了她，梅梅就会开始哭。在生活中，梅梅的家长在对梅梅进行教育时都要小心翼翼，因为一句话说不对，梅梅就会泪眼模糊。梅梅在生活中就是一个打不得、骂不得、批评不得的孩子，因为一旦出现这种情景，梅梅就会开始哭，惹得全家人人心惶惶的。那么，面对这种情况，家长要如何去做呢？

 案例解析

心理学家表示，孩子哭只是一种行为的结果，是某些问题的外在表现。孩子出现哭的行为必然伴随着心理的活动。所以，面对爱哭的女孩，家长要做的就是找到孩子哭的原因，这样才是解决问题的关键。

孩子哭有时是因为悲伤，有时是因为寂寞，有时是因为感受到痛苦或是其他刺激等。孩子爱哭一般就是希望家长安慰自己、同情自己。而且爱哭的孩子大都是胆怯的孩子，当受到小朋友的欺负或是小朋友不和她玩耍时，她也会采取哭的方式进行情感的宣泄。在解决这一问题时，家长要明白仅仅劝她不要哭是解决不了问题的，而是要关心她为什么哭，她的心情是怎样的，然后对她的情绪做出同情的表现，才有可能止住孩子的哭泣。这时家长不要用大道理去批评孩子而无视她们的情感需求。

所以，孩子在出现哭的行为时，家长要接纳孩子的情绪，当孩子的情绪得到疏解后，孩子就会逐渐改掉她们爱哭的毛病。

 解决办法

面对爱哭的女孩，家长可以采取以下几点措施：

1. 家长在平时的生活中，可以给孩子立好规矩，明确奖惩措施，树立起孩子的是非观念。在制订这些措施的时候，家长要让孩子充分参与进来，因为毕竟这和她有关，制订好措施之后，家长就要严格执行规定。在孩子做了好事之后，家长就要依据规则进行奖励，在孩子做了坏事或是出现不良的行为时，就要接受惩罚，即使哭也没有用。这样做的好处一方面是树立孩子正确的是非观，另一方面也让她明白哭有时解决不了任何问题。

2. 家长要让孩子尽早独立，自己的事情自己去解决，培养起独立能力与精神之后，孩子也不会轻易用哭来解决遇到的问题。

3. 家长要对孩子的优秀行为及时地夸赞。孩子一直在学着怎样去生活，一直在接受知识，所以，家长不要觉得孩子不需要夸赞，而是要及时进行夸赞，对孩子好的行为进行强化，这样孩子才会有不断求知的动力。很多时候，孩子爱哭是因为没有得到家长的认可，所以，鼓励孩子会帮助孩子改掉爱哭的毛病。

4. 培养孩子坚强的性格。孩子一直处在优越的环境下，就会丧失面对挫折与批评的勇气，所以，锻炼孩子坚强的性格非常重要。家长可以带孩子去爬山，让孩子自己坚持爬完，锻炼孩子的毅力与忍耐力。还可以让孩子和自己一起做家务，让她明白家长的辛苦，从而产生分担的意识，养成坚强的性格。

181. 受不了批评的女孩一般比较敏感
——孩子受不了一点儿批评怎么办？

灵灵是一个9岁的小女孩，平时家长十分注意对她的培养，尤其是自信心方面，希望她自小就是一个有自信的女生。灵灵的爸妈给灵灵报了一些兴趣班，培养她的兴趣爱好。灵灵也没有让家人失望，从小就多才多艺，非常讨大人喜欢，自信心方面也没有一点儿问题。但是灵灵有一个毛病，就是不能接受任何一点儿批评，家长或是外人一批评她，她就采取抵触的行为，表现得非常不开心或是干脆动手打人。那么，如果孩子出现这种情况，家长要怎么去做呢？

 案例解析

家长总是希望自己的孩子是有自信的，一个人有自信当然是一件好事，但是，人一旦过于自信，就会容易自以为是，骄傲自满。一个人如果过于自信，她就会不想承认自己做的事有错，不想接受别人的批评和指正。如果听不进去别人的批评，那么一个人也就无法进步，所以，接受不了一点儿批评是一个孩子的坏习惯，家长要及时发现，及时采取措施改正孩子的这一毛病。

孩子不能接受批评，一般可能有两个方面的原因：

1. 可能在平时的生活中，家长对孩子的要求过高、过于严苛，对孩子的表现要求完美，孩子怎么样表现，家长表现出的都是不满意的状态。所以，在生活中，家长总是过多地批评孩子，让孩子觉得自己一无是处。这样就会引起孩子的反感，孩子一旦反感家长的批评，自然就会采取反抗的措施，从而抵触批评。

2. 平时家长对孩子总是表扬，过多且过于频繁，不管孩子做得如何，家长都对其表扬。总是把"你真棒！""你做得很好！"放在嘴边。这样无原则性的夸赞是非常廉价且不应被推崇的，因为那不是在教育孩子，而是在"哄孩子"。这样做的结果就是让孩子认为自己做什么都是对的，都是应该受到表扬的。逐渐地，孩子丧失了正确的自我认知，于是就变得不虚心了，这样就给家长批评孩子制造了障碍。家长再批评孩子，她采取的态度就是不接受和不高兴了。

 **解决办法**

为了避免孩子接受不了一点批评，家长在平时的生活中应该这样去做：

1. 家长在平时的生活中发现了孩子的缺点或是毛病，先不要去批评，而是采取一种适当的方式去启发、引导孩子自我反思与反省。对孩子的毛病和缺点不采取直接批评的方式，可以减少孩子的对立情绪。这样做并不是要放任孩子的缺点不管，而是用一种更加智慧的方式去帮助孩子改掉自身的毛病和缺点，成长为更好的人。

2. 家长在平时的教育中，可以模拟一些教育情景，置身在具体的情景当中，孩子会自然而然地暴露自己的缺点和毛病。这样家长可以及时指出，使得孩子心服口服，无法狡辩。

3. 家长要认识到那些不能很好接受批评的孩子是非常敏感的，所以，对于这样的孩子，家长在对其进行表扬和批评的时候要注意分寸的拿捏，不要夸大、过分。家长在进行教育的时候要随时关注孩子的情绪波动，不能急于求成，而是要循序渐进，逐步改变孩子的性格。

182. 切记：夸赞别的女孩要适度

——女孩不愿父母夸别人孩子咋办？

曼曼今年已经上五年级，曼曼自小在别人的眼里都是一个不起眼的孩子，没有什么特长，学习成绩也不是太好，总是处在班里的中等位置。曼曼的家长在平时就会用"别人家的孩子"来刺激曼曼，想让曼曼向优秀的孩子看齐，但是曼曼似乎并不懂得家长的良苦用心，每次父母夸别的孩子的时候，曼曼都会表现得非常生气，有时甚至会说："别的孩子好，那你让她做你的孩子啊！"那么，家长在面对这种孩子时，应该采取怎样的措施呢？

案例解析

　　曼曼在听到家长夸别的孩子的时候就会表现得非常生气，从总体上来看，曼曼会生气并不能全部责怪曼曼，故事中家长的做法也是欠缺考虑的。在教导孩子形成好的习惯或是希望孩子取得进步时，家长要格外讲究方式方法，采取这种对比的方式有时并不能达到家长希望的目的，反而会使孩子产生愤怒而拒绝听取家长的意见。

　　孩子如果对家长夸别人的孩子表现出反感，也可能与孩子的性格有关。这个过程可能暴露出孩子善于嫉妒的个性。家长在夸赞别的孩子的时候，往往不会提及别的孩子的缺点而只是一味地告诉孩子别人的优点，这导致孩子觉得自己的父母可能更喜欢别人家的孩子而不怎么喜爱自己，由此就衍生出很强的嫉妒心理，孩子自然不会希望自己的家长再夸奖其他的孩子。

　　但是孩子因此出现生气的现象并不都是坏事，这说明在孩子的内心有一定的自我意识，也有了一定的自尊需求，这时家长要正确地引导孩子，不能一味地责怪孩子，要把孩子的自我意识与自尊需求引导到正确的方向上来。

 解决办法

　　家长想要扭转这种局面，在平时的生活中就要遵循以下几点建议：

　　1. 家长在平时的生活中不要放大孩子的优点，不要一味地去夸赞自己的孩子。如果孩子一直生活在夸赞之中，她就会认为自己是完美的，自己是没有缺点的，而且会认为自己是比任何人都要优秀的。这种不正确的自我认知会导致她受不了自己的家长夸奖别的孩子，于是就会在父母夸别的孩子的时候表现出生气的情绪。家长在平时的教育中要就事论事地夸奖孩子，也要对孩子的缺点进行提醒，让她知道每个人都有优点和缺点，要善于发现别人的优点，也要善于夸奖别人的优点。家长可以和孩子约定去发现周围人的优点，然后对周围人的优点进行夸奖。久而久之，孩子就会加入到夸奖别人的行列中去而不会因此生气。

　　2. 家长都希望自己的孩子是优秀的，有时就会通过夸奖别的孩子来教育自己的孩子，在这个过程中，有些家长会对自己的孩子冷嘲热讽，其实这是非常不对的，女孩都是敏感脆弱的，采取这种方式很可能让孩子丧失自信，也会加重孩子对其他孩子的抵触心理。家长想要孩子向优秀的孩子看齐，大可以让孩子与那些孩子成为朋友，在相处的过程中，让孩子潜移默化地学到优秀孩子身上的优点。

　　3. 家长在夸奖别的孩子的时候不要表现出对自己孩子的嫌弃。有时孩子生气的主要原因是因为觉得自己在家长心里的地位受到了威胁。家长在夸别的孩子的时候要真诚地赞扬，对孩子提出期许而不是批评，这样孩子才很有可能向那个孩子看齐。

183. 疏解女孩攀比的心理
——女孩虚荣心很强怎么办？

小灿出生在一个工薪家庭里，爸爸妈妈都是公司普通的职工，家庭条件不是很差但也不是特别优渥。但是为了让小灿接受很好的教育，在小灿高中的时候，小灿的家长就把小灿送到美国去读书，希望小灿有一个美好的前途。在国外接受了良好的教育的确开阔了小灿的眼界，让小灿对外面的世界无比渴望。但是也带来了一些问题，比如，造就了小灿的虚荣。小灿的爸妈为了让小灿出国学习总是省吃俭用，但是小灿为了和同学攀比，经常要求买一些奢侈品，这让小灿的爸妈非常头疼。那么，面对孩子的虚荣心较强的现象，家长要如何去做呢？

 案例解析

任何事情要一分为二地去看，孩子有了虚荣心其实并不都是坏事，在孩子还小的时候，她是不会有虚荣心的，因为她并没有自我意识，当孩子有了一定的虚荣心，说明她长大了，有了自我意识。她开始知道需要用一些物质或是精神方面优于别人的形式来证明和炫耀自己了。其实每个孩子内心都有虚荣心的渴求，只是方向和深浅的程度不一样罢了。如果孩子的虚荣心表现在精神方面，表现在对荣誉、褒奖、表扬等方面的热衷，这对于孩子来说有着积极的作用。一个对名誉特别看重的孩子，她必然是努力的。她会千方百计取得理想的成绩，以获得认可和赞赏，这是一种上进心。但是如果孩子像故事中的小灿表现在物质需求上面，则是不好的虚荣心了。当下的孩子存在各种的攀比现象，比如，攀比谁的衣服比较贵，谁用的手机比较高级，谁的零花钱比较多等，这些虚荣心是不应该被支持的，明智的家长要对此加以限制。

故事中小灿的家庭经济状况属于中等水平，即使家庭条件非常优越，家长也不要让孩子过于与众不同，孩子过分的要求也不要满足。否则只会助长孩子的虚荣心理，不利于孩子的健康成长。

 解决办法

孩子的虚荣心比较强，家长可以采取以下方法加以纠正：

1. 家长要创造机会让孩子通过自己的劳动获得想要的东西。在平时，孩子如果提出的要求是合理的，那么家长可以提供给孩子一些途径让她通过自己的努力获得自己想要的东西。比如，让孩子做一些家务，分担家长的一些劳动，然后从中获得回报。让孩子知道一分劳动才能获得一分收获。衣来伸手，饭来张口不仅不光彩而且行不通。

2. 家长要以身作则，不要和别人进行攀比，以免孩子模仿自己的行为去攀比其他人。家长也不要总是给孩子买东西，这样孩子也会形成习惯，让她觉得自己接受东西是应该的，而且她会不断地要求家长买给自己，这样她的虚荣心也会因此形成。

3. 家长要客观地评价自己的孩子，对于优点要及时进行肯定与鼓励，以强化孩子的优点。对于孩子的缺点也是及时指出并鼓励其努力克服与改正。如果家长只是一味地夸赞自己的孩子，她就会认为自己是完美的，从而不能客观地评价自己，就会形成孩子虚荣的性格。

4. 家长在平时的生活中要多给孩子灌输正确的价值观，让她学会理性消费，让她学会正确地对待自己的欲望。

184. 家长以身作则造就好脾气女孩

——如何让孩子的脾气小点儿？

小乔的脾气特别大，在生活中遇到自己不满意的情况就会立马发脾气，完全不顾及其他人的感受。有一次，小乔犯了一些错误，小乔的妈妈就耐心给小乔讲解为什么她做错了，希望她下次不要再出现类似的行为，但是在妈妈说的过程中，小乔突然就大发雷霆，摔门而出，直到傍晚家人好说歹说，小乔才肯回家。明明是她的不对，到头来家长还要向她道歉。那么，面对这样脾气暴躁的孩子，家长要如何处理呢？

 案例解析

从心理学的角度来看，孩子发脾气是一种心理需求的表现。孩子从婴幼儿时期，随着自身生理与心理的发育，她开始逐渐接触更多的事物。但是面对这些事物的时候，她们不能像成人一样去做出理性的分析，然后形成正确的判断。她们只会凭着自己的情绪与兴趣来参与到具体的事件当中。因此，当孩子遇到挫折或是不舒服的时候，她就会很自然地通过发脾气来表达。如果孩子处在比较小的年龄阶段，这种发脾气并不能称之为孩子的习惯，只是她的一种表达情绪的方式。如果孩子自小缺少家人的关爱，也会助长孩子的坏脾气。

家庭的生活环境对孩子性格的形成影响非常大。家长是孩子的第一任老师，如果家长是脾气暴躁、易怒的，就会给孩子的心理上造成创伤，也会在潜移默化的过程中让孩子像爸妈一样在遇到不顺心的事情时，采取发脾气这样简单粗暴的方式去解决。

一个在情感上非常"饥饿"的孩子，她在与人沟通方面会存在一些问题，即使她想向其他小伙伴示好却不知道如何去表达。为了引起周围人的注意，有时就会采取打人或是发脾气的方式，这样脾气暴躁的孩子其实内心是非常脆弱的，她只是用武力去保护自己罢了。

 解决办法

家长不希望自己的孩子是脾气暴躁的，就要遵循以下几点建议：

1. 家长要以身作则。家长是孩子的第一任老师，孩子的言行举止大多是从家长的身上潜移默化而来的。所以，为了不让孩子动不动就发怒，家长首先就要控制好自己的脾气，不要让孩子看到自己暴怒的样子。家长要和善待人，为孩子营造一个平和、宽松的环境。在这中环境下，就会使孩子易怒的心境渐渐地变得平和。

2. 家长要常与孩子沟通。父母要多关心爱护孩子，平时多过问孩子在生活、学习或交友中遇到什么问题，给予孩子一定的帮助、鼓励或安慰，使孩子体会到父母的关爱。这种爱有利于孩子以爱心待人，当想要发怒时，会因为爱心而尽量控制住。

3. 家长要多带孩子去外面散心。可以晚饭之后带着孩子散散步，看看花草，听听风声等，让孩子在大自然中感受到生活的乐趣，从中陶冶情操，利于帮助孩子提高自我的控制力。

4. 面对已经发火的孩子，家长要"晓之以理，动之以情"。家长在这时不要硬碰硬，对孩子妄加指责。而是应该在她气消之后，用冷静的态度让她认识到自己的行为使家长非常伤心，鼓励她树立信心，把坏脾气改掉。

5. 在孩子想要发火的时候，可以转移她的注意力。比如让她出去玩，或是看她比较喜欢的东西，这样孩子浮躁的内心也会渐渐平复下来。这样在之后的日子里，在她想要发火的时候也会自然地转移自己的注意力来释放自己的不良情绪。

185. 任性一般是因为娇惯
——怎么改善孩子任性的性格？

前几天发生的一件事儿让谢彤的妈妈不得不正视自己女儿的问题。事情的起因经过是这样的，星期天的一个下午，谢彤的妈妈和朋友带着谢彤和朋友的孩子一起去逛商场，主要是给两个小孩买换季的衣服。谢彤看上一个无比精美的毛绒玩具，但是价格不菲。由于谢彤的妈妈没有带足够的钱，于是就劝说谢彤下次再来买，今天没有带那么多钱。但是谢彤不听，当着很多人的面大哭大闹，摆出一副不买就不走的架势。迫于无奈，妈妈只好让朋友出钱让她把玩具带回家。这件事情让妈妈充分认识到自己女儿的任性。那么，面对如此任性的孩子，家长要如何去做呢？

 案例解析

从心理学的角度去看，任性是孩子意志力薄弱、缺乏自控能力、飞扬跋扈的一种表现。主要是因为心理发育不成熟，对很多事情缺乏认识和判断能力所造成的，任性是一种不良的品行，是不利于孩子的健康成长的。孩子的任性并不是天生的，而是在后天的不良环境中习得的，以下情况就会导致孩子形成任性的性格：

1. 家长不懂得孩子的心理发育特征，不知道在恰当的时期给予孩子恰当的教育。比如在孩子2岁左右，孩子不肯按父母的意愿去做事，而只是凭着自己的心意去做事，这时父母并没有给孩子进行适当的教育，反而听之任之，那么孩子就很容易形成任性的性格。

2. 家长没有原则的溺爱是孩子养成任性性格的重要因素。所谓没有规矩无以成方圆。如果家长对孩子的任何需求都加以满足，甚至是一些不合理的要求也迁就，那么，孩子就会以自我为中心，形成孩子任性所为的行为习惯。

3. 家庭教育的不一致也会导致孩子形成任性的性格。比如，妈妈在教育孩子的时候，爸爸出面护着；爸爸在教育孩子的时候爷爷出来护着。这样就会让孩子觉得无论自己犯怎样的错误，都会有人出面护着自己，于是就肆意妄为。

因此，从一开始，家长就应该坚持有原则、有技巧地爱孩子，而不是事事顺从的溺爱，遇事要与孩子讲明道理和规则，让孩子懂得办事要既要尊重规则也要尊重别人的不同意见，不要以自我为中心。

对于已经形成任性性格的孩子，家长要善于调控和引导。在预测到孩子可能要任性时，主动地转移他们的注意力，从心理上调整孩子的做事方式。

 解决办法

为了不让孩子养成任性的性格习惯，家长可以从以下几点着手去做：

1. 如果孩子的任性是因为娇惯养成的，那么家长就要狠下心来，坚持原则，在孩子哭闹的时候不予理睬，不迁就孩子。等她停止哭闹之后，要给她讲道理，并告诉她以后越哭闹就会越得不到自己想要的东西。还要告诉她无论自己想得到什么，都要有积极的协商态度，不可以采取任性的态度去获得自己想要的东西。这样不但可以纠正孩子的任性，而且能够培养孩子用积极方法处理问题的好习惯。

2. 家长要在平时多和孩子进行沟通交流，要摒弃落后的教育观念和粗暴的教育方式。要尊重孩子，平等地对待孩子，多和孩子进行沟通，多给她讲一些道理，要允许孩子犯错，允许孩子按照自己的意愿去做事，当她按自己的方式解决不了问题时，家长提出的建议会更加受到重视，也会使她心服口服。这样培养出的孩子不但不会任性，而且会养成自信坚强，善于改正错误的好习惯。

3. 家长不要在人前人后讲孩子的坏习惯，这样不利于帮助她淡化自己的坏习惯。而且家长要对孩子好的行为进行肯定与表扬，帮助孩子建立平和的心态。当孩子偶尔倔强的时候，要采取宽容的态度，允许孩子按照自己的意愿去做事。在孩子发泄完自己的不满之后，要及时和孩子谈话，让她的倔强与任性一点点消失，变得随和起来。

4. 家长要做出榜样。俗话说："身教重于言教。"家长在平时要注意自己的言行，在孩子面前树立一个好形象。自己做不到的事不要乱许诺，也不要用欺骗的语言哄孩子，以免使孩子误以为大人心虚、没理，从而更放纵自己任性的行为。同时，家长不要宠惯、溺爱孩子，以免助长孩子任性的行为。

186. 嫉妒是一种不利于身心发展的情绪
——女孩妒忌心太强怎么办？

小小是家里的独生女，小小的妈妈近来发现小小存在很强的嫉妒心理，比如，小小发现别的孩子有好的东西，就想让妈妈也买给自己，如果自己没有，她就会破坏别人的东西；在学校里，小小常常欺负那些受到老师喜爱的小朋友，甚至破坏她们的书本及铅笔之类的东西；当小小的家人夸别的孩子时，小小就会对那个孩子显露出很强的敌意。面对小小的嫉妒心理，妈妈也不知道如何是好。那么，在发现自己的孩子嫉妒心理很严重之后，家长要如何去做呢？

 案例解析

在人的情绪当中，嫉妒是一种消极的、不利于身心发展的情绪之一。它会破坏人与人之间的关系，伤害同学之间的友好感情，甚至有时会发生冲突导致悲剧的发生。一个孩子拥有嫉妒心理之后，她在伤害别人的同时也在用别人的优点来折磨自己，使自己变得沮丧、愤怒、自卑等，最终使得她情绪低落，丧失自信和前进的动力。

嫉妒是人类的一种正常情绪，人人都会出现嫉妒心理。但并不是说父母可以无视孩子嫉妒心理的出现。如果家长一味无视孩子的嫉妒心理，久而久之，就会演变成人格的一部分。而且，孩子如果嫉妒心理过强，也容易受到外界的刺激而产生很多不良的情绪，不仅影响自身的发展，也影响身心健康。

孩子嫉妒心理强，出现的原因可能有以下几点：

1. 家长的教育方式不当。比如一些家长总是用赞美的方式来教育孩子，时间一长，孩子就会产生骄傲的情绪，当发现别人比她好时，就会产生嫉妒心理。

2. 孩子的认知有限，也会促使她产生嫉妒心理。比如孩子认为好的东西都应该是自己的，发现别人的东西比自己的好之后就会产生嫉妒。

3. 孩子的个性如果比较敏感，但是家长却没有察觉到孩子的敏感，还是一味地将其与其他孩子进行比较，孩子也会因为不服气而产生嫉妒。

4. 孩子攀比心理的出现也会催生出孩子的嫉妒心理。

 解决办法

家长要纠正孩子的嫉妒心理，可以从以下几点入手：

1. 家长要给孩子营造良好的环境。嫉妒心理的产生是受多方面因素影响的，孩子自身的消极因素和外界环境的消极影响是非常显著的。如果在家里，家庭成员之间互相猜疑、互相看不起，或是当着孩子的面议论、贬低别人等，就会影响孩子的心理。所以，家长要给孩子营造一个团结友爱、互相尊重、谦逊容让的环境，以防止孩子形成不良的心理。

2. 家长要正确评价孩子。家长不能一味地赞赏孩子，对于孩子的优点当然要提出表扬与肯定，但是对于孩子的缺点也要加以提醒，这样孩子才不会认为自己满是优点，认为别人都不如自己，也不会在知道别人优于自己的时候产生嫉妒心理。

3. 在孩子已经形成嫉妒心理之后，家长可以提高孩子的能力来改善；当家长发现自己的孩子在有些方面不如其他孩子的时候，不要当面指责而要私下交流提醒，这样有利于帮助孩子克服嫉妒心理。

4. 家长要时常对孩子进行谦逊美德的教育，嫉妒较多地产生在有一定能力的孩子的身上，孩子往往因为自己有能力，但没有受到注意和表扬，因而对那些受到注意和表扬的小朋友产生嫉妒。所以，家长要让孩子明白即使别人没有称赞自己，自己的优点仍然存在，不要因为别人没有称赞自己就嫉妒。

5. 家长要给孩子树立正确的竞争意识。有嫉妒心理的孩子一般都有争强好胜的性格。爸爸妈妈要引导和教育孩子用自己的努力和实际能力去同别人相比,竞争是为了找出差距,更快地进步和取长补短,不能用不正当、不光彩的手段去获取竞争的胜利,要把孩子的好胜心引往积极的方向。

187. 教育女孩不要养成嘲笑他人的习惯
——女孩喜欢嘲笑别人怎么办?

肖欢是一个初中生,在和同学们相处的过程中,肖欢遇到了诸多问题。她自己并不知道问题出在哪里,大家好像都不太喜欢自己。其实,肖欢的学习成绩很好,尤其是数学成绩,每次都能考到 90 分以上,按理说成绩好的学生会比较受到同学们的喜欢,但是肖欢则不是。因为成绩比较好,肖欢就总是会嘲笑那些成绩考不好的同学,因此大家觉得她非常讨厌。那么,面对喜欢嘲笑别人的孩子,家长要如何去做呢?

 案例解析

孩子的言行离不开家庭和周围环境的影响,孩子喜欢嘲笑别的孩子造成人际关系紧张也与其有着密切的关系。孩子喜欢嘲笑别人大致有以下几个原因:

1. 成人对孩子的影响。如果孩子在家里听到自己的父母在议论别的孩子的缺点,孩子在遇到这个孩子之后就很有可能嘲笑这个孩子。比如,孩子听到家长说某个孩子不讲卫生,那么在遇到这个孩子之后,她很可能会对他说:“你这么脏,我才不要和你玩!”

2. 一些家庭条件很优越的孩子,也会因为自身的虚荣与骄傲因而形成嘲笑别人的毛病。比如,在看到别人穿的不如自己的时候就会嘲笑他:“你穿的是什么啊,这么丑,衣服这么便宜。”

3. 如果孩子经常得到大人的夸奖,她就会认为别人都不如自己,这样也会导致她喜欢嘲笑别人不如自己。

所以,要改变孩子喜欢嘲笑别人的毛病,家长就要注意自己的言行,这样才能培养出品行良好的孩子。

 解决办法

不让孩子养成嘲笑别人的毛病,家长可以从以下几点着手:

1. 家长要注意言传身教。家长是孩子最好的老师,在发现孩子有嘲笑别人的行为之后,家长就要及时进行干预,立刻采取正确的方式去告诉孩子这是一个不好的行为,需要进行改正。同时,家长要进行自我反省,反省自己之前的言行举止,有没有给孩子传达错误的观念。这样才能帮助孩子树立正确的是非观,从而改正她的不良行为。

2. 家长不要过于溺爱孩子，而是应该经常给孩子讲一些有教育意义的故事或是儿歌，让她知道幸福生活来之不易。要教育她助人为乐，学会分享，要让她知道不歧视别人是对他人最起码的尊重。

3. 家长对孩子的表扬与赞赏要就事论事，不能一味地表扬。这样只会助长孩子的优越感，让她形成不良的自我意识，以致逐渐建立"自我中心"意识。这样也会很容易让她形成看不起别人因而嘲笑别人的毛病。

总之，在发现孩子有嘲笑别人的行为时，不要置之不理，应分析其原因，以正确的教育方法引导孩子。帮助孩子消除嘲笑心理，将有助于完善个性，有利于孩子的健康成长与不断进步。

188. "公主病"真的是一种"病"
——女孩患上"公主病"怎么办？

梦梦是全家人的掌上明珠，全家人都宠着她，生怕她受任何一点儿委屈。但是这样做的结果却是助长了梦梦的"公主病"。现在梦梦的脾气越来越差了，全家人都要顺着她做事，每天都在看她的脸色行事。稍微不如她的意，梦梦就会生气。现在梦梦的状态就是想怎样就怎样，每天都是吵吵闹闹，令全家人头疼。那么，家长要如何纠正她这种公主病呢？

 案例解析

在当今的家庭中，公主病是常见的。因为孩子从出生开始就是全家人的宝贝，上有爷爷奶奶、姥姥姥爷的疼爱，下有爸爸妈妈的宠爱，在这样的情况之下，孩子就很有可能患上所谓的公主病。她会很难与其他人建立友好的人际关系，在面对挫折与失败的时候轻易选择退缩，很容易生气；而且在生气之后不懂得如何正确地排解自己的不良情绪，不知道如何与人分享，和别人的互动能力很差，同时不够礼貌，希望别人都可以让着自己等。

患上公主病的孩子还会有以下具体的行为。比如喜欢尖叫，当孩子的欲望得不到满足的时候，她就采取尖叫的方式去表示。当她通过尖叫的方式满足自己的欲望之后，也助长她下一次继续尖叫的行为；孩子在得不到满足的时候还会大哭大闹，即使她知道她的要求很过分。就像她想要一个很贵的玩具，她也知道价格很贵，但是还是会通过哭闹的方式试图让爸妈满足她的需求。孩子会寻求家人的帮助，一般家里的长辈会比较溺爱孩子，那么孩子就会在受到批评或是需要帮助的时候寻求家中老人的帮忙。

孩子出现公主病，大多是因为家人太宠爱孩子，剥夺了孩子的独立意识和学习的机会，从而出现所谓的公主病。

 解决办法

孩子患上公主病是因为家长太宠爱孩子，家长就要寻求一种方式既可以充分表达自己对孩子的爱又可以不过分溺爱孩子，只有这样孩子才能建立正确的人格，不患上包括公主病在内的其他消极人格。怎样才能不宠过头，家长可以从以下几点做起：

1. 情感可以宠溺，但是物质不要。不能过分宠爱孩子，就是要求家长不要对孩子提出的要求全部满足，而是要根据具体情况进行选择性满足。在情感上，家长要让孩子知道自己是百分之百爱她的，但是在物质满足上，家长就要有节制，不能满足她提出的过分要求，以免孩子过于骄纵。

2. 家长要给孩子建立规律性。有些家长会过分保护孩子，这样是不对的，家长在保证安全的前提下，要多让孩子跑跳、自己活动，让她承担一些家务，这样孩子的性格才能有良好的发展。在这个过程中，家长要注意建立孩子的规律性，否则自己就会太累。

3. 家长要满足孩子的必要需求，对于不必要需求的满足就要视情况而定。在满足孩子的需求的时候要注意不要让孩子觉得自己的需求可以轻易得到，适当的时候可以让孩子付出一定的代价。

4. 在拒绝孩子的任性要求的时候，家长的态度要坚定而温和。家长不可以凶孩子，但是态度一定要坚定，让她明白你的态度、察觉到你的情绪，这样孩子也会收敛自己的任性需求。这样也是在培养孩子察觉别人情绪的能力。

189. 自我意识太强易造成女孩占有欲过强

——如何削弱孩子的占有欲？

如意是一个占有欲很强的小姑娘，在平时的生活中，因为这一点也严重影响了她与其他小朋友的人际交往，其他小朋友似乎都不太喜欢和如意一起玩耍。有时如意妈妈的朋友会带着自己的孩子来家里玩耍，在和如意玩耍的过程中，如意就会把自己的玩具紧紧地抱在怀里，不让别人玩。如果别人有什么好玩的玩具，如意就会让别人给她玩，而且在别人要回的时候就会采取拒绝的态度，好像东西是她的一样。那么，在面对占有欲很强的孩子时，家长要怎样去做呢？

 案例解析

孩子到了3岁左右，就会产生非常明显的"以我为中心"意识，她在考虑任何问题的时候都会从"我"出发，而不知道还有"你"、有"他"、有别人，这就导致孩子出现占有的行为。就像故事中的如意一样，一些孩子对于自己喜欢的东西，即使自己不用或是不经常玩，但是在其他的孩子来到家里，想带走或是想玩的时候，她们也会表现得很生气，很大声地对他人吼道："这是我的！"有些孩子在听到自己的爸爸妈妈想再要一个孩子的时候也会表现得很生气，觉得自己的爸爸妈妈要被别人抢走了。有些孩子在吃饭的时候会把自己喜欢的食物夹到自己的碗里，把自己的东西藏起来等，这一切都是孩子的占有欲的表现。

与自私自利不同，占有欲是一种正常的心理，不光是孩子，成人也会有占有欲。当看到孩子独占、抢夺别人的东西的时候，家长不要大惊小怪，更不要一味地责怪孩子，而是应该给予孩子正确的说教和指导，让孩子学会与他人分享。如果孩子表现得不愿意，父母可以拿出给孩子准备好的玩具和食物问她要不要分享，让她明白，只有分享才能享受到不同的食物和快乐。

 解决办法

削弱孩子的占有欲，让孩子学会与他人进行分享，家长就要从小对孩子进行教育。

1. 家长要教会孩子什么是你的，什么是我的。对于年龄比较小的孩子，她不会懂得什么是你的，什么是我的。所以，孩子看到任何自己想要的东西时，都会自然而然地觉得是自己的，这个时候，家长就要告诉孩子这个东西不是你的，是别人的。从而让孩子能够分辨你我的东西。

2. 当孩子与其他的小朋友分享自己的东西，得到小伙伴和其他家长的认可与夸赞之后，家长就要抓住机会给孩子传授正确的价值观，让她知道分享的确是一件非常好的事情，在分享之后，别人会更加喜爱自己，别人也会从中得到快乐。这样孩子就会认识到分享的重要性和必要性。

3. 家长要有意淡薄孩子的自我中心意识。孩子"占有欲"是孩子成长发展中出现的一种正常心理现象，随着孩子年龄的增长，通过教育，"以我为中心"意识逐渐淡薄，这种"占有欲"会逐渐地减少或消失。

4. 对于那些占有欲特别强的孩子，家长可以采取适当的惩罚。家长在认真分析孩子占有欲强的原因之后，要寻找教育的对策，给予孩子适当的惩罚，并要在平时的生活中注意自己的言行，给孩子起到表率的作用。有时家长的溺爱也助长了孩子的占有欲。

190. 胆小体现的是自我保护

——怎么做才能让孩子变得胆大？

格格是一个胆子很小的小姑娘，在平时的生活中，格格的家人带格格出门在路上遇见熟人或是带着格格出去见人的时候，格格总是会扭扭捏捏，不敢和别人打招呼，甚至不敢看别人。格格不喜欢出去见人，她喜欢在家里不去参与任何活动。格格的家人都认为这是一种不好的现象，不利于孩子的健康成长，将来的人际交往也可能出现问题。那么在面对如此胆小的孩子时，家长要如何去做呢？

 案例解析

现在有许多孩子都像故事中的格格一样，比较胆小。造成孩子胆小的原因有以下几种：

1. 现在孩子的父母一般工作比较忙，很多孩子都是家里的爷爷奶奶或是姥姥姥爷带着，这些老人在平时很少见到陌生人，也不会经常带着孩子和其他小朋友一起玩耍。我们知道一些平常接触人比较多的孩子性格会比较活泼，不认生。但是老人带着的孩子没有这样的条件，于是就变得胆小怕生。

2. 胆小是孩子的一种正常的自我保护行为，等孩子稍微长大一些之后，胆小的性格会逐渐消失。但是有些家长就会认为胆小是孩子的一种缺点，就会急于去改变孩子，强迫她去做一些事情，在孩子不愿意去做的时候就会给孩子贴上胆小的标签，这样的标贴就会促使孩子内心认为自己就是胆小的，从此变得胆小害羞。

3. 有时家规太严也会让孩子变得胆小。有些家长会告诉孩子什么不许碰、不准玩等，这样孩子就会习惯按"规矩"做事，从而缺少冒险与创新的精神。

4. 家长对孩子呵护备至，一切帮助孩子代办，过分传授给孩子安全意识，也会让孩子觉得只有待在父母身边才是安全的，从而变得胆小。

 解决办法

家长想要培养出不过分胆小的孩子可以从以下几点入手：

1. 要创造条件让孩子多接触外界的人和事。只有那些经常接触陌生的人和事的孩子，她才有可能在面对陌生的人和事的时候采取一种淡定从容的态度，很难想象一个从不接触陌生人的孩子在见到陌生人的时候会表现得不羞涩、胆小。

2. 家长不要经常责备自己的孩子。孩子经常受到责备就会促使她不敢自己做事，生怕做错了受到批评与指责，这样也会造成孩子胆小的性格。

3. 通常胆小的孩子都缺乏自信。家长要多加鼓励孩子，可以让孩子做一些简单的事情来锻炼孩子，从而让她找回自信。家长可以给孩子报一些兴趣班，通过培养兴趣爱好帮助孩子建立自己的自信心。

4. 家长不要溺爱孩子，要放手让孩子自己去做事。如果孩子的事情家长全部包办，那么孩子在遇到任何问题的时候都会想着让家长去解决，就会导致她没有自信去做好事情，也就没有经验去处理事情，从而显得孩子异常胆小。

191. 引导女孩理智解决问题
——女孩用暴力解决问题怎么办？

小荣是个长相甜美的小女生，但在解决问题的时候常常采取武力的方式，不懂得与人沟通解决。小荣在1岁左右的时候，想要回小伙伴手中的玩具就会采取咬别人的方式。现在长大了不会再去咬别人，但是在解决问题的时候总是容易情绪激动，实在解决不了的时候就会采取动手打人的方式，对此小荣的妈妈非常担心。那么，孩子喜欢用暴力解决问题的时候，家长要如何去做呢？

 案例解析

其实孩子和大人一样，她不会无缘无故地发脾气，如果孩子在年龄比较小的时候习惯用武力去解决问题，肯定是有她自己的原因。就像故事中的小荣在小的时候，通过咬别人来达到自己的目的，原因是她语言表达处在比较贫乏的阶段，她无法将自己的感受与要求表达出来，也就是说她无法与别人建立有效的沟通，所以她选择咬人或是打人来发泄自己的不良情绪。孩子在年龄比较小的时候崇尚武力，也可能是孩子的一种自卫行为。

当孩子稍大一些，甚至到了青春期，如果还是一味地采取武力去解决问题的话，那么就说明孩子在与人沟通方面和控制自己的情绪方面都存在着较大的问题。这时家长的首要任务就是帮助孩子建立与人沟通的良好方式，让她学会正确的处理问题的方法，在与人发生矛盾的时候懂得如何去宣泄自己的情绪，让自己保持冷静，然后寻求正确的处理问题的方法。

 解决办法

女孩习惯用暴力去解决问题，家长可以采取以下几点措施进行纠正：

1. 家长可以引导孩子进行"想象与假设"。也就是说在平时的生活中，家长和孩子一起设置可能出现的矛盾冲突，然后家长引导孩子想象事情发生之后，孩子可能采取的应对方式，想象这样做之后可能带来的后果，可能出现的不良影响等。这样做的好处就在于在问题没有发生之前让孩子知道暴力解决问题可能带来的不良后果，让孩子知道自己的暴力并不能解决问题，而且会造成很多不好的结果。这样孩子在真的遇到这种情况时就会冷静下来，不再采取暴力的方式。而且这种生活中的演练会变成孩子在处理具体问题时的思考方式，让她在处理矛盾的时候不自觉地进行想象与假设后果，然后摒弃暴力的处理方式。

2. 家长要教会孩子在面对自己随时爆发的情绪面前敢于喊停。家长可以在家里设置规矩，也就是家庭成员之间约定，在遇到冲突与矛盾的时候，感觉自己的情绪将要崩溃与爆发的时候，有一个人一定要喊停，喊停之后，矛盾双方停止冲突，在情绪平复之后再思考解决问题的方法。久而久之，在这样的训练之后，孩子就会形成习惯，在外面与别人发生冲突的时候就会在内心自我喊停，这样可以防止她的情绪爆发，也赢得时间去正确地处理问题。

3. 平时家长就要告诉孩子解决矛盾的诸多方法，让孩子认识到解决问题最为明智的做法是和平解决。

192. 家长要及时制止女孩欺负他人的行为

——面对爱欺负人的孩子怎么办？

小文是一个比较活泼的孩子，因为从小个子就比同龄的孩子高，所以在玩耍的过程中总是处于"老大"的位置，就像一个孩子王。但是小文的家长发现别的孩子和小文在一起玩耍并不是因为喜欢小文，而是因为害怕小文。因为别人如果不理小文，小文就会去打别人，然后命令别人和自己一起玩，别的孩子因为不想被小文欺负也就勉强和小文在一起玩，总是处处让着小文。而小文在欺负别人的时候也倍感快乐。那么，面对爱欺负人的孩子，家长要怎么办呢？

案例解析

在现实生活中，我们经常会遇到一些孩子生性比较好斗，她们在与其他孩子进行交往接触的过程中，喜欢欺负那些看起来比较好欺负的孩子，看到别的孩子哭泣就会显得非常开心。她们把自己的快乐建立在别人的痛苦之上，以欺负别人作为乐趣。如果孩子喜欢欺负别人，而家长却不作为的话，那么势必会影响孩子与其他人之间的友谊，而且会使孩子丧失同情心变得蛮横无理，也会给家长带去无穷无尽的麻烦。如果孩子在年龄比较大之后依旧喜欢欺负别人，那么她很可能存在人格方面的问题，甚至会走上犯罪的道路。在新闻媒体十分发达的现在，校园暴力事件也屡屡曝光，在感慨校园暴力如此猖獗的同时，家长要谨防自己的孩子不要成为受害者，也要谨防自己的孩子成为施暴者。在发现自己的孩子从小喜欢欺负别人的时候就要给予重视，否则会对孩子的健康成长造成不利的影响。

 解决办法

面对喜欢欺负别人的孩子，家长可以采取以下措施进行纠正：

1. 对待孩子的欺负行为，家长要及时表明态度并注意自己的言行。在发现孩子欺负别人的时候，家长要坚决地持反对的态度，在平时的生活中也不要渗透给孩子"欺负人是对的"的暗示。而且在平时的生活中，家长要注意自己的言行，有时家长在发生争吵的时候，不光会互相谩骂而且会大打出手，这些都会是孩子模仿的负面教材。有的家长习惯用暴力来教育孩子，这样只会让孩子模仿大人，在遇到任何问题时采取欺负他人的做法。

2. 家长要注意培养孩子的自我控制能力。家长可以利用游戏的方式对孩子进行培养，比如"老狼老狼几点啦"，孩子就可以在游戏的时候学习到规矩，学会自我控制。

3. 现在网络非常发达，许多崇尚暴力的孩子是因为受到媒体传播的影响。那么，家长就应该挑选一些有利于孩子身心健康的节目，避免让孩子接触暴力血腥的节目。

4. 在孩子出现欺负人的行为时，家长可以就情况对孩子进行惩罚。这样孩子就会知道这种行为会导致自己受到惩罚，从而不敢再去欺负别人，而且家长要对孩子的和善行为进行肯定与鼓励，以强化孩子的和善行为。

5. 家长要让孩子对欺负他人的行为感到不安，同时要培养她们的同情心，把自己想象成受欺负的对象，去切身体会被欺负的痛苦，这样也能有效地减少孩子欺负他人的行为。

193. 解决冲动的毛病也要分情况
——女孩遇事爱冲动怎么办？

小雨的个性比较冲动，在遇到别人不理解自己的时候，小雨的做法就是会大喊大叫，甚至出手打人。有一次因为在学校和别人发生冲突，其实冲突的原因是对方的错，但是小雨不擅于处理这种事情，就先动手打了人，导致自己受到很严厉的批评。在与家长发生口角的时候，小雨也会动不动摔门而出，有一次甚至出现了自杀的行为，吓得小雨的家长现在不敢惹小雨过于生气，生怕她再做出什么出格的行为。那么，面对孩子个性比较冲动，家长要怎么去应对呢？

案例解析

个性比较冲动是指一个人情感特别强烈但是缺乏理性控制的一种心理现象。一个人如果个性比较冲动，那么在生活中因为一些小事，她就会处于非常激动的状态。容易冲动的孩子在遇到一些挫折的时候或是出现自己认为不合理的情况的时候就会情绪爆发，轻者会大喊大叫、动手打人，重者可能对生活悲观失望，产生轻生的念头。冲动是一种消极的情绪，孩子应当避免。导致孩子情绪冲动的原因主要有以下几点：

1.有些孩子的情感兴奋性比较高，她们的情绪稳定性就会非常差，这样的孩子就会因为一些小事引起强烈的情感反应，从而产生冲动。

2.有些孩子容易冲动是因为年龄比较小，她们缺乏社会经验和辨别是非的能力，这样就会导致她们容易感情用事，做事冲动。

3.有些孩子从小娇生惯养，她们的心理发展不平衡，从而导致她们任性暴躁。容易冲动。

4.有些是因为孩子所处的环境给她们的刺激过于强烈，导致她们无法忍受，这样也会形成她们容易冲动的个性。

解决办法

家长可以采取以下措施纠正孩子容易冲动的毛病：

1.如果孩子是因为年龄比较小导致她做事比较冲动，这时家长不必过于担心。因为随着年龄的增长，孩子处理矛盾的能力会得到发展，孩子控制和调节自己的情感的能力也会逐步改善。此时家长要做的就是帮助孩子提高认识，丰富她的知识，树立正确的是非观念，使得孩子能够判断出事物的好坏、美丑与善恶，这样就会健全完善孩子的爱憎好恶的情感和处理事情的能力。家长要告诉孩子克制自己的欲望，在面对集体利益的时候要懂得适当舍弃自己的个人利益。

2.如果孩子是属于神经兴奋和抑制不平衡，兴奋占优势而产生的冲动，家长可教给孩子一些控制情绪的方法，预防冲动的发生。家长可以提醒孩子在遇到任何问题的时候要告诉自己不要感情用事，要在做出行为之前考虑一些行为产生的后果。家长可鼓励孩子学会处理负面情绪，使孩子面对不顺心、不如意以及其他事物时，能冷静对待。

3.如果孩子是因为被娇生惯养导致的冲动，那家长就应该先做反思，戒掉自己不适当的溺爱，要在爱孩子的时候保持理智。对于孩子合理的要求进行满足，对于孩子不合理的要求要坚决地拒绝，而且要向孩子讲明道理。此外，在家庭中要营造一种温暖、舒适、和谐、文明的环境，这对于孩子克服冲动也是有益处的。

194. 注意影响阻碍女孩成长的因素

——孩子做事比较幼稚怎么办?

聪聪是家里的独生女,从小家人给她营造的环境都是舒适且温暖的,在遇到任何问题的时候,家人也是想着如何帮助聪聪去解决,从不让聪聪自己面对。如今聪聪已经上初中了,是寄宿性质的私立学校,家长不能陪伴在聪聪身边,暴露了聪聪很多的能力问题,尤其是做事比较幼稚这一点。就像面对好朋友突然不理自己,聪聪就会在好朋友面前哭,而不想着怎么去解决问题。那么孩子做事比较幼稚,家长要如何引导呢?

 案例解析

故事中的聪聪做事比较幼稚,其实这并不是个别孩子的个别现象,现在许多孩子都会出现做事比较幼稚的情况,也就是说年龄已经很大了但是行为方式、心理年龄却与实际年龄不符。如果家长发现自己的孩子有这种情况,就要进行自我反思。因为这种状况的出现主要责任在家长身上,就是家长没有和孩子建立良好且有效的沟通,家长没有进入孩子的内心世界,没有引导孩子往心理成熟的方向去发展,造成孩子的心理年龄没有赶上生理年龄的发展。家长要意识到作为家长不仅仅只是满足孩子的生理需要,还要时刻关注孩子的内在发展。只有这样,孩子的心理年龄才会随着生理年龄一起成长。

在孩子的成长过程中,家长要与孩子经常沟通,让孩子在任何情况下都可以表达自己的意见,不仅仅是讨论可以接受的、安全的话题,而且是允许讨论和争辩。这对于孩子的发展非常重要。可以建立孩子良好的自我形象和自信心,让她知道一个小孩说的话和做的事都不一定是非常完美的。就社交谈话而言,她可以体会到小孩子的权利是什么,社会允许的限度又是什么。这样可以培养孩子的思考能力。家长可以对孩子幼稚的想法和行为进行合理的反驳,这样可以帮助孩子形成看法,强化逻辑,教给她如何真正地、自信地发问。这一切都要建立在良好的沟通之上。

 解决办法

从小与孩子建立良好的沟通,可以避免孩子在独自处理问题时过分幼稚,所以,我们提出的建议是有关家长与孩子沟通方面的。

现在一些家长很难和自己的孩子建立良好的沟通,这样就导致她们不能进入孩子的内心世界,继而就不能帮助她们解决做事比较幼稚的难题。与孩子进行沟通,家长可以遵循以下两点建议:

1.家长要以肯定和赏识代替对孩子的否定和贬低,这样可以增强孩子的自信心。每个孩子都有其优点和长处,家长要善于发现孩子的这些优点,然后给予充分的肯定;对于孩子的缺点也不要进行严厉的指责,而是要进行鼓励。如果一味地贬低孩子,只会让她丧失学习及发展的信心，使其心理停留在幼稚的年龄。

2. 家长以表扬和鼓励替代批评和斥责，这样能够呵护孩子的自尊心。在生活中家长要及时肯定孩子的进步，并进行鼓励，这样会增加孩子的自尊感和责任感。

总之，要利用一切孩子乐于接受的方式使孩子乐于与自己进行沟通，然后从内心出发引导孩子成长。

195. 在恋父情结的初期及时给予纠正

——女孩有"恋父情结"怎么办？

王女士有一个 14 岁的女儿叫小冰，小冰现在上初中。有一天，小冰的班主任向王女士说了一些女儿在学校的表现。班主任告诉王女士，小冰平时在学校非常喜欢男老师，有时候就会和男老师玩得特别疯，而且小冰也特别喜欢和男同学一起玩。王女士听到老师这样说之后觉得是因为女儿缺乏父爱的原因，因为小冰的父亲工作比较忙，常年在外出差，很少和女儿见面，所以造成女儿缺乏父爱。那么，面对这种情况，家长要怎么做呢？

 案例解析

故事中的小冰喜欢和异性玩耍、对男老师有好感只是她的情感渴求的表现，不一定就是恋父情结，家长不要以自己的角度与看待这一时期孩子对性的认识。

但是从故事中我们也可以了解到，小冰的父亲长期出差，也就是说在小冰的成长过程中，父亲的角色是时常缺席的。如果孩子在成长的过程中某一敏感时期缺乏父爱，是有可能导致孩子存在"恋父情结"的。

如果女孩的恋父情结比较正常，那么女孩可能只是在择偶的时候喜欢像父亲一样的男性。如果女孩的恋父情结比较严重，那么就会演变成排挤自己的母亲，希望父亲与母亲分离，这种心理是不健康的。

 解决办法

在孩子成长的过程中，母亲和父亲的角色对于孩子来说都非常重要，如果一个家庭中父亲因为一些外在原因不能时常陪伴孩子，那么，母亲就要采取一些措施帮助孩子得到正常的父爱，避免让女儿出现严重的"恋父情结"：

1. 作为父亲的人缺席但是父亲的形象不能缺席。母亲要加强父亲在孩子心里的位置，比如，把父亲的照片挂在非常醒目的位置，时常给孩子讲一些关于父亲的故事等。

2. 现在的通信工具非常发达，母亲要利用电话、电脑等保证孩子与父亲之间正常的沟通。

3. 母亲可以安排另外一位年长的男性多与女儿进行接触，比如爷爷、舅舅等，这样男性的角色在女儿的心中是不能缺席的，这样也可以减少女儿恋父情结的概率。

4. 家长不要强调女儿与异性亲密的行为是不正确的，这样只会强化她对男性的性意识，孩子很有可能向着家长担心的方向发展。

在父爱母爱都不缺席的家庭里，如果孩子表现出来恋父情结，家长不要一味地去责备，父亲要注意和女儿之间的亲密程度，在潜移默化中弱化孩子的恋父情结。

196. 建立自信，让女孩不再自我否定
——女孩总是自我否定怎么办？

学校要举行文艺会演，每班要排练出一个节目。小谷所在的班级要排练话剧，老师和同学们都选出小谷来演话剧的女主角，因为小谷长相甜美，而且身高合适。但是在听到这个消息之后，小谷一点儿都不开心，她觉得自己不行，会耽误大家的排练时间，而且万一在台上演砸了，会给班级丢人，总之就是各种否定自己的理由。那么，面对这种情况，家长要如何去做呢？

 案例解析

心思比较细腻，想得比较多是女孩的天性。因为女孩想得比较多，所以在考虑事情的时候往往考虑周全；但是有时因为女孩想得太多，在做事的时候就会显得畏手畏脚。比如，就像故事中的小谷一样，她考虑太多的结果就是认为自己绝对不可能完成某件事情，她会认为自己不行。如果一个孩子在做任何事情之前都有这种考虑，那么在这种消极否定的自我暗示下，她就会自动放弃很多机会，错过更多的参与活动的机会。

孩子出现这种自我否定的情绪，有时也与家长给她的消极暗示有关，这有时会成为她自我否定的主要原因之一。就像在家庭中，有些家长会时不时地表露出"女孩的数学就是不行，就别费什么劲了"，那么在家长这中暗示之下，女孩的内心也会觉得自己的数学成绩不可能进步，就这样吧，不用努力了。

我们在日常的生活中会发现暗示的重要性，所以，家长在平时的生活中就要重视暗示，不要一味地给予孩子消极的心理暗示，而是一些积极正面的暗示，这样在孩子成长的过程中，她才不至于自我否定，错过很多人生路上的风景。

 解决办法

女孩出现自我否定的主要原因是缺乏自信，所以，家长在平时的生活中可以从以下几点入手解决孩子自我否定的问题：

1. 家长要适时夸奖孩子取得的成绩。夸奖本身就代表一种积极的肯定，当女孩取得一定的成绩的时候，家长不要吝啬自己的夸赞。当然，这里所说的成绩还包括女孩在其他方面取得的进步。通过家长的夸奖，她就会知道很多事情如果自己肯去努力，那么一定会有所成就。不过家长在夸奖的时候不要盲目，要就事论事，否则女孩就不能对自己有一个很清晰的认识，就会变得骄傲甚至出现自负的情况。

2. 家长要培养孩子相信自己的实力。有时女孩在某些方面想要得到的就是一句鼓励，但是家长在这时却有可能泼了一盆冷水。所以在平时的生活中，家长要知晓孩子的心理，要多多给出鼓励，让孩子相信自己的实力，这样才能帮助女孩建立自信。

3. 家长要告诉女孩，不要让她对自己太过于严苛。有时女孩子不敢在众人面前展示自己是因为对自己要求太严。所以，家长要告诉女孩，对自己要求严格是一种好事，但是过分挑剔变得畏手畏脚就不好了。家长要让孩子正视自己的能力，将能做好的尽量做好。当孩子不再过于关注自己的弱势，她就很有可能变得自信起来了。

197. 接受女孩的秉性给予正确引导
——孩子不敢表现自己怎么办？

刘女士的女儿小芳今年已经6岁了，平时在家里比较活泼好动，而且在家人的培养下，是个多才多艺的小女孩儿。但是刘女士和自己的丈夫平时工作比较忙，所以，更多的时候是爷爷奶奶陪伴小芳。有一次，临近六一儿童节，刘女士非常积极地鼓动自己的女儿去参加班级举办的才艺表演，但是女儿死活不愿参与。刘女士就在想，平时报了那么多兴趣班，而且小芳本身才艺那么多，不去展示不就可惜了吗？但是怎么劝都劝不动小芳。那么，面对孩子不敢展示自己的情况，家长要如何去做呢？

案例解析

其实孩子不敢去展示自己与我们传统的文化有着很大的关系，我们深受孔孟之道的浸染，由此形成了我们祖祖辈辈含蓄、内敛、谦卑的民族性格。但是在如今的社会中，过分地遮掩自己的才华就很有可能错过一次机会，而机会则一去不复返。所以，这也就要求我们在适当的时候要勇敢地说出"我行"。因此，在现代的家庭中，培养孩子自我表现的勇气和习惯就显得非常重要。

孩子不敢去表现自己，有以下几种原因：

1. 可能是因为孩子天性敏感。如果孩子心理敏感，她就很容易对陌生人和事产生一种紧张、畏怯的情绪，从而产生一种回避和退缩的行为。如果这时家长一味地责怪孩子的畏怯，就会加重她的畏怯心理，从而再也不敢在人前展示自己。

2. 可能是孩子成长在不良的环境中造成的。比如在案例中，小芳就是由爷爷奶奶照顾的，这种隔辈教育会导致孩子的人际交往经验严重不足，导致孩子出现内向、退缩的个性。

3. 孩子在外人面前不敢展示自己的根本原因是自信心不足。因为孩子不相信自己拥有这份能力，于是就会表现出犹豫不决、退缩不前等。

解决办法

面对孩子不敢展现自己的行为，家长可以从以下几点进行纠正：

1.家长首先要接受孩子的秉性。其实性格并没有好坏之分，每种性格都有其优点和缺点。那些不敢在人前展示自己的孩子一般是性格比较内向的，这种孩子一般遇事比较沉着、善于思考，但是她们也容易产生自卑的情绪。所以，内向性格并不都是弱势。家长在引导孩子的时候不要想着改变她的个性，而应该是注重增加孩子的自信心。

2.家长要给予不敢表现的孩子更多耐心。面对性格内向的孩子，家长不要操之过急，要给予孩子更多的耐心。每个孩子都希望得到家长的鼓励与夸赞。在这个过程中，家长就要给予孩子更多的积极的心理暗示，对孩子畏怯的行为也要给予充分的理解。建立孩子的自信心要循序渐进，不要对孩子一下子提出过高的要求。

3.家长在平时的生活中要善于培养孩子的兴趣爱好，利用孩子的特长培养她的自信心。当孩子在展示特长之后，家长要及时给予肯定，然后逐步引导孩子在陌生的环境下进行展示。在这样的过程中，孩子的自信心也会得到提高。

4.家长要给孩子创造接触外界事物的机会，以此增长孩子的见识。家长要有意识地扩大孩子的接触面，让孩子经常与陌生的人和环境接触，这样就能逐渐减轻不安的心理。家长也可以带着孩子出门旅行，既能增长见识又能接触陌生人。随着孩子见识的增多，她在面对别人的目光的时候就会多出几分坦然。

198. 培养女孩的幽默感，从家长做起
——如何培养孩子的幽默感？

小飒似乎是一个天生幽默的女孩子，无论她走到什么地方，都能给人带来愉快幽默的聊天氛围。所以小飒的人缘很好，在遇到什么不开心的事情的时候，周围的小伙伴都喜欢和小飒一起聊天，小飒有很多朋友，一个名叫朱丹的小朋友就是其中一位。朱丹觉得说话风趣幽默是一件非常令人羡慕的事情，但是自己是一个非常不幽默的人，她想要改变自己。那么，孩子想要成为一个幽默的人，家长要如何去做呢？

案例解析

一些教育专家表示，幽默感是情商的组成部分，在社交中起着举足轻重的作用。我们在现实生活中也会有这种体验，我们都讨厌那些冷漠、忧伤，总是一副忧心忡忡的人；相反，我们都喜欢那些可以给周围的人带来欢乐，具有幽默感的人。

一个具有幽默感的人往往是乐观的人，她们在生活中会不断地制造欢乐，让周围的人感受到轻松愉快，同时自己也会收获满满的成就感，也会因此变得富有成就感和自信。而且，一个有幽默感的孩子会更容易获得友谊，身心发展也会比较和谐。所以在国外，许多父母在婴儿刚刚出生6周就开始对她们进行早期幽默感训练。

有研究表明，一个人的幽默感有30%来自于天生的性格，有70%是靠后天培养而来的。由此家长就可以了解，如果孩子一出生是缺乏幽默感的，但是也可以通过后天进行培

养。在与孩子的相处过程中，家长对孩子的影响是巨大的，所以，家长不仅仅影响孩子的性格，也影响孩子的幽默感，我们很难想象一对没有幽默感的父母会培养出具有幽默感的孩子来。

 解决办法

培养孩子的幽默感，家长可以从以下几点做起：

1.家长首先要是幽默的人。幽默感主要是靠后天的培养，而家长是孩子最好的、也是第一任老师，家长是孩子最为真实的一面镜子，家长许多的性格会在潜移默化中影响到孩子。所以，要培养爱孩子的幽默感，家长首先要做的就是成为一个比较幽默的人，即使家长无法真正成为一个幽默的人也要在态度上真正地欣赏幽默。

2.家长要教育孩子乐观、宽容地对待人和事。乐观、宽容是幽默的精髓，一个孩子要学会幽默就要学会宽容大度，克服斤斤计较的狭隘思想，还要乐观豁达。在培养孩子乐观的心态的时候，最为重要的就是在孩子遇到困难的时候站在孩子的这一边，给予孩子积极的鼓励与支持，帮助孩子积极进取。只有这样孩子才能真正习得幽默。

3.家长可以在平时的生活中，多给孩子看一些幽默的故事，多给孩子讲一些生活中发生的有趣的事情。在潜移默化中，就会培养起孩子的幽默感。而且在给孩子讲故事的时候，故事中主人公乐观面对生活的态度也会影响到孩子。

4.家长要培养孩子热爱生活、用心感悟生活的行为习惯。其实生活中处处是幽默，只要用心感悟，孩子就能在面对相同的事情时采取一些幽默、诙谐的方式去应对。这样孩子的幽默感自然也会培养出来了。

199. 不懂分享不等于自私
——面对不懂分享的孩子怎么办？

晴儿是家里的独生女，是家里所有人的宠爱对象。晴儿自小喜欢卡通人物，什么美少女战士、芭比娃娃更是她的最爱，所以，家人就会给晴儿买很多以卡通人物做成的毛绒玩具，以便晴儿在家里能自己玩耍。但是晴儿的家长发现，晴儿在与人分享方面存在比较严重的问题。比如当有别的小伙伴来家里玩耍的时候，晴儿就会把自己的玩具藏起来，不让她们看见，即使她们看见了，晴儿也会拒绝把自己的玩具给她们玩。那么，家长面对如此不懂得分享的孩子时，要如何去做呢？

 案例解析

家长不能把孩子不懂得分享的行为看成自私，孩子不懂得分享其实是有原因的。

孩子不愿意分享与日常生活经验较少密切相关，有些孩子知道把自己的食物分享给其他人，食物就会被吃掉，不可能再归还，那么她们就会认为分享玩具也是一样的道理，自己分享玩具就会失去玩具。于是孩子不能非常自愿地分享自己手里的东西。在得到方面，孩子也会觉得应该首先分给自己，要先确保自己有一份，然后再把多余的分给别人。她们在分享的时候会以交换作为条件，渴望得到别人的表扬。

孩子的分享是与心理发展有关的，在孩子心理发展水平有限的时候，孩子会根据对象来做出是否要分享的决定。我们会发现，对于亲近的人孩子会乐于去分享，但是对于相对陌生的人孩子就不会轻易分享，就是这个道理。

现在的家庭中，很多成人都是围着孩子转的，成人在不断满足孩子的各种需求，以至于她们没有机会去锻炼自己分享的能力，这样也会导致孩子不懂分享。

还有就是成人逗孩子的方法不得当，也会导致孩子对分享的意识被误导。比如，有些家长想让孩子去分享，在孩子做出分享到的动作之后，便对孩子说："我是在逗你，自己留着吧。"这样就会让孩子觉得其实分享是一种游戏，即使我分享出去，东西依旧会在我手里，于是就嫌麻烦，不再去分享。

总之，孩子分享的能力需要家长在日常生活中逐渐培养起来。

 解决办法

家长想让自己的孩子懂得分享，可以从以下几点做起：

1. 在平时的生活中，家长要给孩子创造有借有还的生活经验。孩子不愿分享可能是因为孩子觉得分享之后，东西就不再属于自己，自己不再掌握对东西的控制权。所以，家长就要扭转孩子的这一认识，让她知道分享出去的东西最终还是会回到自己手里。比如，家长可以在家玩围围巾的游戏，家庭成员之间互相借围巾，戴 10 分钟之后另一个人借走，最终再回到最初佩戴围巾的人手里。这样孩子就会知道围巾最终会回到自己手里，就不会对分享过分恐惧。

2. 家长要注意引导孩子进行分享，但不要苛求真正的分享。真正的分享是即使自己的东西不富足也会拿出来给他人，在给他人之后得到的是心灵的满足感而不是失落感。但是孩子的年龄尚小，她的心理发展还处在不成熟的阶段，所以在这个时期内，家长不要苛求孩子进行真正的分享，只要适当地引导孩子有分享的意识就可以了。而且一般孩子会处在慷慨与吝啬共存的阶段，家长可以根据孩子的实际情况，逐渐要求孩子进行分享。

3. 分享的确是一个人应该具备的品质，但是在孩子不懂分享的乐趣之前，分享也意味着不舍、犹豫与忍耐。所以在要求孩子分享之前，要给她足够的时间去欣赏自己的东西，让她习得所有权的意识。而物权和所有权作为孩子自我意识的一个部分，也是通向分享的必经之路。

200. 教育女孩树立正确的失败观
——如何鼓励女孩尝试新鲜事物？

小迪是一个活泼聪明的小女孩，因为是家里的独生女，所以，小迪的家长对小迪投入了全部的爱。但是在正常的爱与溺爱之间，小迪的父母明显是溺爱居多，在平时的生活中，小迪的家长不舍得让小迪受到一点儿挫折。每当小迪在遇到困难求助的时候，小迪的家长更多的是直接帮助小迪解决。这就造成了小迪喜欢待在安全区域，从来不敢尝试新鲜未知的事情的性格。那么，家长要如何教导自己的孩子，让其勇于尝试新鲜事物呢？

 案例解析

从故事中，我们可以看出是因为家人的过分溺爱导致小迪不敢去尝试新鲜事物。的确，每个家长都希望把自己最深的爱给予自己的孩子，但是当这种爱变成溺爱的时候就会促使孩子形成不敢去尝试新鲜事物的性格。在生活中，孩子自己去处理一些事情对于孩子的成长是至关重要的，在这个过程中孩子能够了解、掌握自己的能力，做事的积极性也会得到提高。如果家长一味包办，只会让孩子的胆子越来越小，从而不敢去尝试新鲜事物。

除了家长的溺爱，家长过分的期望也会导致孩子丧失尝试新鲜事物的积极性。孩子的能力不能与成人相提并论，但是有许多家长却不懂得这个道理，只是一味地按照成人的要求去要求孩子，当孩子达不到家长的期望之后，她就会产生很强的挫败感，久而久之就会逃避失败的结果，变得不再敢于尝试。

还有一些孩子，她们天性敏感，做任何事都比较谨慎小心，她们在面对新鲜事物的时候就会需要很长的时间去适应，这是无可厚非的，家长也不要过分担忧。

 解决办法

要培养孩子勇于尝试新鲜事物的习惯，家长可以从以下几点做起：

1. 家长在平时的生活中要鼓励孩子尝试日常生活中她所不熟悉的事物。有些家长会过分低估孩子的承受能力，怕她在某件事情中受到伤害，其实孩子的能力远比我们想象的要强。所以，家长不要把孩子约束在一个绝对安全的区域，要让孩子多一点儿尝试，在尝试的过程中孩子也会体会到快乐，这样有助于增强孩子的自信心，也会锻炼孩子的胆量，让她以后有胆量有积极性去尝试新鲜事物。

2. 不光是日常生活中的琐事，家长要创造机会让孩子多去尝试新鲜事物。比如，家长可以让女孩和自己一起做手工或其他活动。在活动中，孩子不但能够发挥自己的动手能力和思维创造能力，孩子还能体会到敢于尝试的乐趣，在获得成就感之后，孩子就会培养起敢于尝试的性格。

3. 家长在孩子尝试的过程中要视情况给予一些帮助，在孩子完成后要给予孩子充分的肯定与鼓励。孩子在进行第一次尝试的时候，难免会产生畏难心理，也会因为不熟悉显得笨手笨脚，这时家长可以适时地帮助孩子一起完成。最为重要的是让孩子体会到自己亲自去尝试所带来的成就感，加之家长及时的鼓励，孩子就会逐渐养成敢于亲自尝试的习惯。

4. 家长要给孩子树立正确的失败观。在做每一件事情的时候都可能存在失败的结果，对于失败的经验也是一种尝试。而且家长要告诉孩子失败并不可怕，失败是一次尝试的基础，要在失败中汲取教训，这样才能更好地获得成功。了解了失败的意义之后，孩子也不会因为害怕失败而不敢去尝试了。

201. 冒险精神与"乱来"区别开很关键
——怎么培养孩子的冒险精神？

豆豆是一个可爱乖巧的小女孩，因为是女孩子，豆豆的家人非常注重对她的保护。家长都希望豆豆生活在安全没有危险的环境中，这当然是没有错的。但是豆豆的家长逐渐发现豆豆的胆子非常小，例如在天黑的时候，豆豆就会害怕出门；去游乐园的时候，豆豆也只会玩旋转木马之类的游戏，连魔鬼屋都不敢进。家长觉得豆豆缺乏冒险精神，但是也不知道如何去培养孩子的冒险精神。那么，面对没有冒险精神的孩子，家长要如何去做呢？

案例解析

从故事中我们可以发现，豆豆是一个胆子比较小的孩子，因为一直生活在家长的呵护下，豆豆在冒险精神方面是相对欠缺的。冒险精神并不只是去做一些需要胆量的事情，而是一种勇于创新的精神。在 21 世纪的现在，作为国家未来支柱的孩子将来会承担更多的责任。在开拓未来的道路上，孩子们更需要一些创新的精神。创新并不是单纯地重复前人的劳动，创新是对未知的探索，在探索的过程中没有既成的道路，全部都是新鲜的。所以，在这个过程中，就需要孩子拥有一种勇于冒险的精神，在这种精神的支持下，孩子们会不惧未来，不怕失败。

现在，我们都知道创新的重要性，它是推动社会发展的动力，也是人才脱颖而出的摇篮。只有在创新的基础上，社会才有可能进步，科技才有可能发展。所以，这个社会需要敢于创新的人，也就是说需要有冒险精神的人。冒险精神的形成除了遗传因素，更多是后天的培养。在国外的家庭中，家长都非常重视孩子冒险精神的培养。而在国内，这样的培养就有些缺乏，作为新时代的父母，我们有责任让孩子树立冒险精神，从而能够成为国家的栋梁之材。

解决办法

培养孩子的冒险精神，家长可以从以下几点着手：

1. 家长首先要树立正确的冒险精神的理念，将冒险精神与"乱来"区分开来。在日常的生活中，家长既不能放纵孩子的不良习惯和不良行为，但同时更不能扼杀孩子的冒险精神。对于孩子的不良行为，家长要进行严厉的批评，要严加管束。但是对于孩子对未知世界的探索，家长应该给予鼓励、引导和支持。

2. 家长要设置一些通道，激活孩子的冒险精神。在生活中，成人很熟悉的事物在孩子心目中是陌生的；对于成人来说是很平常的事情，在孩子心中可能就是新鲜刺激的。所以，家长要根据孩子的具体情况去设置一些具有冒险元素的事情，让孩子试着去冒险。在实施的过程中要循序渐进，万不可操之过急。比如，在家庭经济条件以及孩子身体条件允许的情况下，也不妨让孩子坐坐过山车，参加滑雪、登山、高台跳水和漂流等活动，让孩子玩玩"心跳"，让孩子在这种"玩心跳"的过程中，品格更坚强、更勇敢、更富冒险和探索的精神。

3. 家长要正确引导孩子的冒险行为。有些孩子在小的时候会喜欢拆东西，有些家长在面对这种情况的时候就会采取批评的态度，其实这是不对的。孩子喜欢"搞破坏"，本质上来说是一种积极的行为，是一种探索的精神，家长对此要给予支持，要引导孩子进行正确的拆装，这样既保护了孩子的冒险精神又让孩子掌握了组装的基本原理。

202. 家长要及时纠正女孩自私的行为
——女孩总是很自私怎么办？

　　月月是一个小姑娘，因为家里只有她一个孩子，所以家里有什么好吃的都是月月的，只有在她不想吃的时候，家长才吃。长此以往的结果就是月月非常自私，每次遇到自己喜欢吃的东西，都是嘴里塞满，手里拿着，甚至还把自己喜欢吃的东西藏起来。月月的奶奶来家里，月月都不把好吃的拿出来给奶奶吃。月月的家长每次问月月要东西，月月采取的都是拒绝的态度。那么面对如此自私的孩子，家长要如何去做呢？

 案例解析

　　自私是一种非常不好的行为，在孩子出现自私的行为的时候，如果家长不及时进行纠正，在孩子长大之后极有可能会破坏孩子与他人之间的关系，影响孩子健康的成长。孩子自私是说孩子在日常的生活中会过分关注自己，她只会注意自己的欢乐与幸福，会很少或是几乎不会考虑别人，一切都是在满足自己的需求。孩子为什么会自私呢？有许多的家长无法理解孩子自私的行为。因为孩子心理水平和智力的发展有限，使得她们没有认识到人们是从各种不同的角度、以不同的方式去看待同一问题的，她们也不会知道别人和她们有着不同的情感。所以，对待任何事情，她们自然会以自我为中心。随着孩子逐渐长大，她们的自私的行为也会逐渐消失或是削弱。有些孩子的自私行为其实是在家长的错误教育下形成的。比如，有些家长会对孩子过分严厉，对孩子的行为表示鄙视或是嘲讽；还有些家长会过分宠溺自己的孩子等，这些不良的教育方式都会使孩子变得自私。

　　孩子自私行为的形成一方面是因为天性使然，另一方面也是由于家长的错误教育。所以，家长如果希望自己的孩子是不自私的，那么就要学会正确的教育方式，不能只是一味地责怪孩子的自私行为却没有任何作为。

 解决办法

　　要想培养不自私的孩子，家长可以从以下几点着手解决：

　　1. 家长要在平时的生活环境中创造出懂得分享的氛围。在家庭中，孩子刚开始独占的可能是食物，这时家长就要对孩子的这一行为进行纠正，在纠正的过程中，给孩子讲明道理。强制的行为要坚决，对于孩子的哭泣或是其他反抗行为，家长要选择性漠视，这样孩子就会从家长的态度上知道这一行为是不好的，是应该杜绝的。

2. 对待孩子合理的要求，家长要尽可能满足，但是对于不合理的要求，家长就要视情况而定，而且在可以满足的情况下，也要让孩子学会等待，不能过分地迁就孩子。即使在这个过程中孩子可能表现得非常强硬，家长也要不留余地，不作妥协。

3. 家长要引导孩子懂得体谅他人。在生活中，家长可以给孩子制造一些小挫折，然后适时地进行教育与引导，帮助孩子认识到自私的人是不会受到大家欢迎的，只有友善、懂得分享才能赢得大家的喜欢。

4. 在生活中，家长要以身作则。无论做什么事都要互相关心、爱护，要让孩子看到自己懂得分享，懂得关心他人的一面，这样孩子就会从家长的身上学习到这种良好的品质。

203. 引导女孩形成正确的表现欲
——怎么控制孩子的表现欲？

小紫的出生给家人带来很多的乐趣，自小家人就非常重视对小紫兴趣爱好的培养，希望在培养特长的过程中，让小紫的自信心得以建立。小紫也非常争气，是一个多才多艺的孩子，平时在家里就会不断地给家人表演自己学习到的技能。刚开始，小紫的家长觉得这样很好，但是在被小紫的班主任告知小紫在上课的时候也总是抢老师的话，喜欢打断别人说话之后，小紫的父母觉得她的表现欲太过于强烈了。那么，面对这种表现欲非常强的孩子，家长要如何去做呢？

案例解析

每个人小的时候都会有那么一个时期，总是以自我为中心。从小孩子开始关注自己开始，表明她有了自我意识。如果在这个时期，孩子有很强的表现自己的欲望，也表明孩子正在积极发展自我意识。孩子敢于表现自己是一种自信心的体现，也表明这个孩子是活泼开朗的，而且在语言表达方面也极有天赋。一般来说，处在上幼儿园阶段的孩子都会过高地评价自己的能力，直到8岁左右，孩子才能对自己的优点和缺点有一个比较客观的认识。

如果一个孩子太过于喜欢表现自己，是不利于她自我认识的正常形成的。我们希望孩子是个性张扬，敢于表现自己的，但是个性过于张扬却是不好的。孩子喜欢施展才华是好事，她希望通过施展才华来赢得他人的重视，但是凡事讲求度，过度也就不利于孩子的健康成长。而且如果孩子过分表现自己也会给周围的人带来不适，甚至会引起别人的反感。另一方面，孩子过分表现自己也会导致她盲目自信，忽略自己的不足，这对孩子形成正确的自我认知都是极其不利的。

解决办法

面对表现欲过于强烈的孩子，家长可以采取以下措施进行纠正：

1.家长首先要了解孩子在哪些方面比较喜欢表现自己。家长可以通过自己的观察和老师或是同学进行收集了解，只有在了解了孩子喜欢在哪些方面喜欢表现自己之后，家长才能对症下药，以帮助孩子削减过分的表现欲望。

2.接下来，家长就要分析孩子喜欢表现自己的原因。到底孩子是因为想向别人表明自己很聪明，还是因为纯粹的精力释放或者还是其他的原因。

3.家长要与孩子进行沟通，根据孩子喜欢表现自己的原因，引导孩子进行正确的自我表现。孩子一般比较小，这时家长可以在日常的生活中逐渐渗透给孩子，不可以操之过急。

4.孩子不正确的自我表现欲望也可能是缺乏正确的行为礼仪。家长可以给孩子购买一些关于礼仪的书籍，帮助孩子建立正确的礼仪观念。

5.孩子喜欢表现自己并不是一件完全错误的事情，只是有时孩子表现自己的方式和场所不对。这时家长可以给孩子提供一个展示自己的舞台，让孩子尽情展示自己。在这个过程中，孩子的表演欲望不仅可以得到满足，而且孩子的自信心也会得到建立。

204. 矜持的女孩更美丽
——孩子不懂矜持怎么办？

已经上六年级的小新是一个活泼开朗的小女孩，在学校里可以和好多的同学打成一片。最近，小新和班里的一位男同学都喜欢《麦兜响当当》，于是每天都待在一起，互相之间聊得非常开心。老师因为他们俩走得太近了，以为他们在早恋。小新的妈妈得知情况之后，就找到小新了解情况，小新告诉妈妈真实的情况之后，妈妈不禁笑着对小新说："女孩子要懂得矜持一些，妈妈不反对你和男同学玩耍，但是玩的时候要有度。"如果在生活中女孩子不懂得矜持遭遇误会的话，家长要如何去做呢？

案例解析

一个人活泼开朗是一件好事，不仅会使自己很快乐，也会带给周围的人快乐。但是开朗也要维持在一定的限度之内，尤其是女孩子。作为家长，我们在生活中要提醒孩子，为人处世一定要遵循一个适度的矜持原则，否则，她就可能因为过分开朗而引起别人的误会，就像故事中的小新。

在谈到矜持的时候，有很多人就会想到过去的女孩。在中国古代，人们对女孩的约束非常严格，要求她们笑不露齿、长袖遮面，一切都以含蓄甚至是保守作为原则。所以她们在走路的时候会格外讲究，在说话等方面也会格外注意。当然，在现代的社会中，我们不再提倡用这种封建传统来束缚女性，但是女孩子讲求一定的矜持是没有错的。现代父母在培养活泼开朗的女孩的同时也要告诉她们矜持的重要性，以免以后她们因为不懂得如何矜持而出现问题。

 **解决办法**

培养孩子的矜持意识，家长可以从以下几点入手：

1.在生活中，家长要对孩子过分开朗的言行进行及时的制止。在生活中，我们都见过那些言行过于开放的女孩子，让人感觉尴尬无奈。有些女孩子的家长在面对孩子的这种言行的时候，因为过于溺爱而选择不去责怪，不去教育，这是不对的。这样只会纵容孩子的行为，使得孩子在以后的岁月中不懂矜持。正确的做法应该是及时纠正孩子的行为，教导女孩如何规范自己的言行，保持基本的行为礼仪等。

2.家长要教孩子认识并学会含蓄。一个孩子懂得矜持就必须要懂得如何含蓄地去说话做事。让她平时注意自己的言辞，戒掉抖腿等不良动作，要告诉她在与男生正常的交往中要保持适当的距离等。这里要注意，我们说的含蓄并不是以牺牲孩子的开朗作为代价，只是让孩子的开朗行为变得更加理性。

3.家长要告诉女孩什么是真正的矜持，矜持是要求人在待人接物的时候要有一种庄重的态度，并不是自闭或是其他消极的处世态度。女孩懂得矜持是拥有一种优雅的气质，家长可以通过一些故事让女孩子充分理解其中的意思。

205. 培养女孩不急不躁的性格
——孩子脾气很急躁怎么办？

花花今年上小学五年级，在学习的过程中，花花表现得有些浮躁。比如说在课堂上，老师刚讲了一个知识点的前半部分，后半部分还没有讲，花花就觉得自己已经会了，于是就开始不认真听课，回到家做作业的时候就会遇到很多难题。每次考试之前，花花就会发现自己还有很多不会的，于是就开始变得急躁起来，害怕自己考不好。平时在生活中，花花也是一个容易急躁的孩子。那么，面对这种脾气急躁的孩子，家长要如何去做呢？

 案例解析

很多人会觉得，男生一般是容易急躁的，女孩子一般会表现得非常温婉，遇到事情时会比较沉着冷静。但时至今日，家长会发现越来越多的女孩也表现出脾气急躁的性格来，她们遇到一点儿小事就按捺不住性子，甚至有时候还大喊大叫，不去思考如何解决问题，而是不断地去抱怨，不断地去发脾气。很多家长在遇到女孩子这种情况的时候因为太宠溺孩子，而只是一味地去安慰，让她不要太着急，但是却没有告诉她如何安静下来。这样做的结果就是女孩变得越来越急躁。

故事中的花花的性格就非常急躁，在学习中她从课堂上就表现得非常急躁，在考试之前也越发急躁。她一直在急着学东西，同时又在为考不好而急躁。

其实我们在生活中会发现，那些脾气急躁的人在做任何事的时候都会表现得急躁，因为她们在做任何事的时候都习惯不加考虑、没有计划，她们只想提高做事的速度，只想看到事情的最终结果。在遇到困难的时候，因为急躁的脾气也会使得她们在处理问题的时候毛手毛脚，导致问题处理不好。急躁的性格会使一个本来可以温婉的女孩子变得具有攻击性。

家长在面对脾气急躁的女孩时，如果采取一味地妥协与疼爱的态度是解决不了任何问题的。家长要做的就是采取一些措施让女孩变得具有忍耐性，让她做事不再急躁，真正静下心来做事并将事情做好。

 解决办法

改善孩子脾气急躁，家长可以从以下几点入手解决：

1.家长在教育孩子脾气不要急躁的时候，首先自己要先做到遇事不急躁。孩子在最初的成长中是与家长长期待在一起的，她的很多行为方式是受家长的影响的。有时女孩在遇到事情的时候已经表现得很急躁了，这时如果家长采取急躁的方式来处理她的问题，就会使得她越发急躁。所以，家长在平时的生活中，在处理任何问题的时候，都要心平气和，要先锻炼自己的耐心。在家长努力保持平静地去处理问题的时候，其实就是在对孩子产生影响的时候。她们就会努力学习家长保持平静的样子，以耐心去处理发生在她身上的问题。

2.有时成人在遇到一些棘手的问题时，情绪上肯定是非常急躁的，但是成人会想办法先让自己平静下来，有时就会在内心告诉自己要冷静。家长可以把此种方法告诉还不知道如何让自己冷静下来的孩子，告诉她们在心情非常急躁的时候，要在内心告诉自己"要冷静！"除此之外，还可以告诉孩子一些调节自己心情急躁的方法，比如深呼吸、出去散步等。孩子在不断地练习中，就会变得越来越有忍耐性。

3.家长可以利用游戏培养孩子不急不躁的个性。比如，在平时家长可以和孩子一起学习下象棋，一起学习织毛衣，一起学习刺绣等这些需要耐心与细心的事情。通过这些活动可以让孩子慢慢养成不急躁的个性。在培养的过程中，家长不要操之过急，要明白这是一个长期的过程，不能要求孩子一蹴而就。

206. 培养女孩的耐心要循序渐进

——孩子没有耐心怎么办？

小安今天要过生日，小安的妈妈答应小安要给她买一个蛋糕，而且这个蛋糕是小安一直想吃的那家店的。妈妈下班一般比较晚，于是就嘱托小安的爸爸下班之后去蛋糕店把蛋糕取一下。本来想着在女儿放学回到家，蛋糕就已经拿回家了。但是由于一些特殊情况导致妈妈都下班回到家了，爸爸还没有取蛋糕回来。于是小安就开始失望，开始抱怨。刚开始是抱怨蛋糕店的工作效率和工作态度，到后来竟然抱怨妈妈怎么不提前拿蛋糕。妈妈告诉小安原委并希望小安能够耐心地等待爸爸，但是明显小安还是在生气。那么，面对孩子没有耐心，家长要怎么去做呢？

案例解析

现在的孩子一般就是家里的"霸王"，家长无止境的宠爱与娇惯使得她们要风得风，要雨得雨。但是在这样的溺爱之下，孩子往往会失去原本应该具有的耐心。我们回头想想生活中的一些孩子，她们不能安安静静地坐在自己的位置上写完作业，在和朋友玩游戏的时候也会突然变得没有耐心，甚至没有耐心去听家长对自己的教导。如果自己的要求没有被及时满足，那么她们就会变得脾气急躁，会变得焦躁不安。这是最让家长头疼的问题。

像故事中的小安，因为蛋糕没有被及时拿回来，她就开始不停地抱怨，甚至埋怨一直为她操心的妈妈。由此可见，一个没有耐心的孩子很容易变得心胸狭窄，以至于形成自私的性格。

在培养孩子耐心的时候，我们可以用延迟满足的方法。延迟满足是一种心理学的概念，就是在教孩子学会忍耐。是为了长远的利益而自愿延缓目前需要的满足。这是一个人情商的重要的构成部分，往往也是一个人心理成熟的表现。所以，在日常的生活中，家长在应对没有耐心的孩子时，就可以采取这一方法进行教育。

 解决办法

培养孩子的耐心，家长可以利用以下几种方法进行纠正：

1.面对没有耐心而发脾气的孩子，家长可以采取转移注意力的方法来暂时处理孩子的急躁表现。比如，在遇到像案例中讲的小安的情况，家长可以找到一些小安平时喜欢看的书籍来和小安一起阅读。在阅读的时候，小安自然不会把注意力都放在等待蛋糕这件事上。当然不光是看书，还有其他方式，家长要找到可以转移孩子注意力的事情，以让孩子从当前的急躁中脱离出来。在做其他事情的过程中，家长也可以适时教导孩子等待的必要性与重要性。

2.如果孩子处在没有耐心和急躁的表现当中，家长不要在这时给予孩子过多的关注。这时孩子一般会出现哭泣、打闹、撒娇的行为等，她们这样做的目的是博取家长的同情，激发家长的宠爱心理，是逼迫家长立刻满足她的需求的方式。家长要非常清晰地认识到这一点，不要妥协。家长可以自己去忙自己的，让孩子自己相处。这样她的情绪会慢慢平复下来，也会知道她的哭闹并不能达到目的。在下次出现问题的时候她就不太可能使用同样的方式来达到自己的目的。

3.家长在培养孩子的耐心的时候要循序渐进，不要一开始就对孩子要求太高。家长可以逐渐增加孩子等待的时间，在完成等待后及时给孩子一些精神的奖励以增强她的自信心。

207. 避免女孩抵触父母的教育
——女孩抵触父母的教导怎么办？

小佳在小的时候是一个非常乖巧的小女孩，她会尽量满足父母对自己的要求，家人都夸小佳是个懂事的好孩子。但是不知从什么时候起，小佳对待父母的态度有了改变，对待父母的说教，小佳表现得极其不耐烦。有时小佳的父母的确是爱唠叨，但是小佳的态度也的确有些过分，让父母很伤心。那么面对孩子抵触自己的情况，家长要如何去做呢？

 案例解析

从故事中我们了解到，小佳在和父母的沟通上确实出现了较大的问题，但是我们也知道没有一个孩子从一开始就是不喜欢和父母进行沟通的，也没有一个孩子从一开始对待父母的教育就是抵触的。只是在成长的过程中因为一些原因导致孩子与父母不能正常沟通交流。

孩子出现抵触家长的教育可能有以下几种原因：

1. 孩子觉得自己不被父母所理解。有些孩子在刚开始时曾试图与家长建立良好的沟通，但是因为家长的消极应对态度导致孩子觉得不被父母所理解，于是在以后的生活中就不再与父母进行沟通交流，而且在对待父母的态度上相对冷淡。

2. 孩子可能是因为害怕父母责骂自己，因而变得不再与父母沟通交流。有时孩子可能出现比较奇怪的想法，在她告诉家长之后得到的是家长的指责或是其他消极的对待时，那么在之后的日子里她就会为了避免家长的指责而变得不再与家长沟通交流。即使有沟通也是浮于表面，不再与家长掏心。

3. 孩子之所以对家长的教育抵触，很大可能是因为家长采取了一种孩子不接受的方式进行教育。比如，女孩心思都比较敏感、脆弱，但是家长却在有很多人在场的情况下揭露孩子的缺点，孩子的自尊心势必会受到伤害，这样孩子就会反感家长的教育。

 解决办法

家长要明白孩子并不是一开始就对自己的教育抵触的，根本原因可能出现在自己身上。在这里，我们给出以下方法，以帮助家长与孩子建立良好的沟通，使孩子不再对自己的教育持反感抵触的态度。

1. 在平时的生活中，家长要营造一个良好的沟通环境，在这个环境中孩子可以随意说出自己的想法，然后大家互相讨论，当然家长也是如此。家长和孩子的地位是平等的，气氛应是融洽且轻松。如果孩子自小处在这样的沟通环境中，孩子就会知道自己的想法是重要的，父母尊重自己的意见，那么孩子自然也就会尊重父母对自己的意见。孩子就不会在未来的日子里出现抵触家长的教育这种情况了。

2. 家长对孩子的教育要讲究方式、方法和场合。一般女孩的心思比较细腻，她们比较容易受到伤害，对自尊心需求也更强烈一些，所以，家长在对其教育的时候要格外注意方式与方法，不要对孩子进行过于严厉的批评，而且教育的场合最好是私下，避免在人多的时候对孩子进行批评教育。

3. 家长对孩子的教育要有理有据。一般家庭中妈妈是比较唠叨的，而且常常是随时随地对孩子进行教育，不管当下孩子是不是在犯错。这样做的结果就是引起孩子的反感，所以家长最好是在孩子犯错的时候进行教育，这样孩子既无法反驳也会收到不错的效果。

208. 冷静对待女孩的屡教不改

——孩子总是屡教不改怎么办？

奇奇有一个坏毛病，就是在无聊或是在做作业的时候自己啃自己的手指，就像一个很小的小孩一样，但是其实奇奇已经7岁了。奇奇的家人一致认为这是一种非常不好的毛病，而且手上那么多细菌，对奇奇的身体也不好。于是大家约定好了，在奇奇想把手放在嘴里的时候就要严厉斥责她，想着这样训斥一两次之后就可以改掉孩子的这一毛病。但是万万没有想到，奇奇的这一毛病一直没有改掉，奇奇总是当时被制止了这一行为，但是下次依旧喜欢把手放进嘴里。那么，面对这样屡教不改的孩子，家长要如何去做呢？

 案例解析

家长似乎都会有这种体验，就是当孩子有了一定的语言能力和行为能力之后，她就会经常犯错误，犯错误之后，家长就要纠正她的错误。在这个过程中，孩子的一些错误可以被纠正，但是有一些坏毛病或是坏习惯怎么都纠正不过来，出现屡教不改的情况。有时家长在面对这种情况的时候，出现第一次的时候会耐心地给孩子讲这是不对的，孩子第二次犯的时候就会有些小情绪，当孩子还是纠正不过来的时候就会控制不住怒火。

但是面对这些屡教不改的孩子，家长有没有想过孩子为什么会一直犯相同的错误呢？是因为孩子太小记性不好？是家长采取的教育不够狠？其实其中有一个很重要的也是很容易被家长忽略的原因，就是孩子并不知道家长惩罚自己的原因到底是什么。有些家长会觉得惩罚孩子的原因一目了然，但是实际情况可能并不是如此。有时孩子会暂时停止犯错是因为被家长的威严震慑到了。她的关注点只是在家长的愤怒上面，是为了让家长消气而急于承认自己的错误，但是孩子并没有进行认真的反思与思考。她们在下次做事的时候只会思考这样做家长会不会生气，而不是我为什么会挨打。孩子只是盲目地屈从家长的权威，在错误的道路上谨小慎微，但是却不知道自己的哪些行为是错误的。

所以，家长面对自制力非常差的孩子，做一些惩罚是必要的，但是在惩罚孩子之前要让孩子知道自己犯了什么错，正确的做法是什么。不能只是简单粗暴地对待，在惩罚的时候家长要讲究技巧与原则。

 解决办法

面对屡教不改的孩子，家长可以采取以下措施进行纠正：

1.面对屡教不改的孩子，家长应该平静下来，和孩子进行沟通，找出孩子屡教不改的原因是什么。究竟是孩子故意为之还是因为缺乏生活经验导致犯错。如果是前者，家长就要对孩子进行适当的批评教育；如果是后者，家长就要采取耐心的态度去教导孩子，要对孩子说明她的错误在什么地方，然后做出正确的示范，以帮助孩子纠正错误。总之，家长在纠正孩子屡教不改的毛病的时候，要找出其中的原因，然后才能对症下药。

2. 家长在对孩子进行批评的时候要有理有据，不要把重点放在孩子的错误上面，要把重点放在如何纠正孩子的错误上面，要顾及孩子的自尊心，不能爆粗口更不能打孩子。如果家长在面对孩子一直纠正不过来的坏毛病采取的是不由分说地打一顿，孩子肯定是抗拒的，而且解决不了根本问题，甚至会对孩子的身心健康造成不好的影响。所以，家长在对孩子进行教育的时候要讲究方法，运用孩子可以听懂的语言去教育她。

3. 家长在批评完孩子之后要注意孩子的情绪和行为，在孩子表现好转的时候及时进行肯定与表扬，这样有利于建立孩子的自信心，也有利于孩子改正自己的错误。但是家长要明白，孩子改正自己的毛病需要时间，不要一下子对孩子要求过高。

社会篇

教会女孩正确认识
这个世界的方法

Part 12
女孩的品格培养：修德立品，马虎不得

209. 谦让是一种美好的品质
——怎么培养女孩的谦让？

李娜有个女儿叫铃花，最近李娜在她身上发现了一个问题，就是孩子在某些时候不懂得谦让他人，总是因为一些小事与人争吵。比如，李娜带孩子去公园玩，中途孩子在公共洗手间与别的小朋友一起洗手，可能另外的一位小朋友先开的水，但是铃花想先洗，结果两个人谁也不让谁，最后竟然因为这个打了起来。这让李娜感到很头疼。那么在生活中应该怎么培养孩子的谦让品质呢？

 案例解析

孩子在生活中不谦让的原因主要有以下几点：

1. 孩子个人中心意识太强。孩子在这个年龄段都存在自私的行为，她们认为自己想要做什么就做什么，不会站在别人的立场上去思考问题。有个人中心意识的孩子与别人相处起来比较困难，而且不懂得分享，自我意识感过于强烈。

2. 孩子没有谦让意识。孩子的年龄还比较小，谦让的观念还没有形成，所以当两个孩子都想做一件事情的时候会出现抢夺、吵闹的现象，这些行为说明她们还缺乏理性思考的能力。

3. 父母对孩子的言传身教还不到位。可能日常生活中对孩子在谦让方面的教育还不够，以至于孩子对这方面的认识还比较匮乏。

 解决办法

1. 教孩子不要以自我为中心，父母要让孩子学会感恩。在孩子的成长过程中，父母应当教导孩子如何表达感恩和感受感恩。要告诉孩子，得到别人的帮助要表示感谢。说"谢谢"就是表达感恩最直接的方式。

2. 鼓励孩子学会谦让。在日常生活中，父母要对孩子做正确的引导，父母可以多鼓励孩子学会谦让。比如，去公园玩的时候只有一个秋千，孩子已经玩了很长时间了，这时候看到别的小朋友也想玩，父母可以鼓励孩子把秋千让给其他小朋友去玩，这样每个人可以轮流去玩，大家都会很快乐。

3. 父母的言传身教很重要。父母是孩子的第一任老师，也是孩子最重要的老师。父母的一些行为会对孩子产生潜移默化的影响，所以父母的言行会影响孩子的思想和行为。作为父母首先自己就要为孩子做好榜样，在日常生活中对他人要礼让。比如，带孩子坐地铁时，可以主动给有需要的人让座，形成礼让的好习惯，用行动为孩子示范，让孩子深刻地认识到谦让的好处和意义。

210. 培养女孩宽容的心态
——怎样培养女孩的宽容？

莉莉家有一个可爱的女儿叫优优。在生活中，优优总是因为小事与别的小朋友发生争吵，而追究起来通常情况下都是因为谁碰了谁一下或者是因为争抢洋娃娃等一些小事情所引起的。那么遇到这种情况，父母应该怎样让孩子懂得尊重、宽容对方呢？

案例解析

孩子不懂得尊重、宽容他人主要由以下几点原因造成：

1. 孩子不会站在对方的角度考虑问题。孩子的自我意识感过强，遇到事情总是最先想到自己，而忽略别人的感受。

2. 孩子的自私心理。孩子自私心理的产生是其心理发展与后天的环境和教育交互作用的结果。这个年龄段的孩子正处于自我意识的萌芽期，孩子开始出现了占有欲。她们会刻意地去区分"你的"和"我的"，不允许别人动自己的东西。她们不会自我控制，所以才会出现抢夺的行为。

3. 孩子没有宽容他人的意识。孩子认为自己的东西就是自己的，别人不能去动属于自己的任何东西。她们不会与人分享，也不会用宽容的心态去对待别人。

解决办法

1. 培养孩子宽容的心态。父母首先要告诉孩子自己对他的要求，这样孩子在潜意识里就会慢慢接纳父母倡导的宽容的观点。父母也要时刻反省自己本身有没有什么偏见，并有意识地改掉自己这个缺点，不要让孩子被自己引向误区。

2. 让孩子学会理解他人。理解能得到宽恕，宽恕能带来和谐。父母应该让孩子明白，人人都有缺点和不足，只要不是特别不能让人接受，就应该去理解他人和宽容他人。

3. 教会孩子善待他人。让孩子明白善待他人就是善待自己，对其他人多一分宽容，其实就是在帮助自己。要告诉孩子"送人玫瑰，手有余香"的道理。孩子一旦学会善待他人，就学会了宽容别人，因为孩子有了一颗善良和友善的心。这样一来，孩子自然也就在日常生活中容忍和宽恕他人了。

211. 要避免让女孩以自我为中心
——如何让女孩学会尊重别人?

张阳有一个女孩,叫乐乐,已经 6 岁了。前一段时间,张阳带着孩子去参加朋友聚会。整个晚上,乐乐让张阳费尽了心力。在聚会中,乐乐不断地嚷嚷着要喝饮料,要么就是让张阳陪她玩,跟她说稍等一会儿她也不干。如果不能满足她,她就当着朋友的面大喊大叫还摔东西,对周围的人一点儿也不尊重。张阳很苦恼,孩子总是以自我为中心应该怎么办呢?

 案例解析

孩子总是以自我为中心,不考虑他人的原因主要有:

1.孩子的自控能力比较差。孩子对周围环境的认知能力有限,她们还不懂得什么是能在公共场合做的事情,什么是不能做的事情。她们认为自己想要什么父母就应该去满足,不懂得去考虑父母的处境。如果父母违背了她们的意愿,她们就会产生负面情绪,甚至会失控地摔东西。

2.孩子过于任性。在日常生活中可能父母对孩子提出的要求过于满足,父母的这种做法养成了她们"任性"的习惯,以至于孩子期望的事情得不到满足就会出现一些过激的行为。

3.家长的教养方式不当。孩子任性时家长态度如何,家长是否注重教育孩子的日常行为规范等,这些都是孩子有这样行为的原因。随着我们生活条件的不断改善,家长总是不断满足孩子的要求,孩子想怎么着就怎么着,缺乏自我约束的能力和行为规范的认识。家长在日常生活中对孩子思维行为习惯、社会适应性等方面教育得还不够,总是孩子想做什么就做什么,这种不当教育方式必然会造成孩子一系列叛逆的行为。

 解决办法

1.读懂孩子的心。孩子年龄比较小,通常都不会接受大人讲道理,所以家长们很难读出孩子的"心"。如果家长站在孩子的立场,用孩子的眼光去看世界,试着去感受孩子的内心世界,那么在教育孩子的时候就会觉得轻松不少。

2.以合理的方式满足孩子的需求。在生活中孩子的一些行为是为了争取某种他们需要的满足。作为父母应当告诉孩子,满足他们的需求是需要条件的,不是任何时候任何情况下任何条件都能去满足的,对于不能或者不该去满足的东西,父母一定要坚守自己的原则,丝毫不能妥协。

3.给孩子创造集体生活的机会。孩子总是过于以自我为中心而忽略别人的感受。而集体活动正是让孩子解除自我为中心最好的途径。集体生活有规矩有要求,所以可以多让孩子参加一些夏令营等户外的实践活动,让孩子明白遵从集体规范是参加集体活动和与其他人相处的前提,让孩子在集体生活中去体会摸索。

212. 耐心引导，让女孩学会尊老爱幼
——如何让女孩懂得尊老爱幼？

刘女士有一个可爱的女儿叫米米。前不久刘女士带米米坐公交车回姥姥家。正赶上晚高峰所以车上的人比较多，米米找了一个靠窗的座位刚要坐下，这时上来了一位将近七旬的老人，这时刘女士引导米米把座位让给老人，但是米米却一脸不乐意的样子，说道："我先上的车所以应该我坐而不是让给别人坐。"米米的话使得刘女士很担忧，孩子不懂得尊老爱幼应该怎么办呢？

 案例解析

孩子不懂尊老爱幼主要由以下原因造成：

1.孩子过于自我。当一个孩子很自私的时候，她往往会处处都没有礼貌，就像米米的行为一样。并且会表现得很傲慢，只要自己得到的东西就不会给别人。

2.父母的教育强度还不够。可能在日常生活中父母对孩子礼让方面的教育还不够深刻，所以孩子对于这一方面的认识还比较欠缺。

3.孩子缺少最基本的善心和同情心。可能在孩子的成长过程中缺乏关爱，导致孩子的心理受挫。

 解决办法

1.耐心引导，增强谦让意识。父母要经常给孩子讲讲关于友爱、谦让、尊老爱幼的道理，不要任何事情都以孩子的意志为转移，并纠正孩子"自我为中心"的思想意识。例如，可以给孩子讲讲"孔融让梨"的故事，让孩子明白应该向孔融学习什么，以便给孩子树立一个学习的榜样。生活中也要引导孩子学会文明礼让，形成好习惯。再如，当孩子有机会与别的孩子玩耍时，要鼓励孩子把自己的玩具分给别人一起玩，而不要怕孩子吃亏，限制孩子的分享行为。

2.父母要积极为孩子提供锻炼的机会。在生活中父母要适当地给孩子创造锻炼的机会，让孩子学会尊老爱幼，比如要适当地让孩子为家里的老人做一些事情，拿个水果、倒杯水、做做按摩等。此外父母应当多带孩子去小朋友多的地方玩耍，与同伴们一起游戏、玩乐，才能让孩子真正体验到交往、合作的乐趣，容易懂得只有平等、友好地与他人相处，才能得到别人的认可、友爱和帮助的道理。并且要有意识地去引导孩子在玩乐的过程中谦让、尊重他人。

3.进行游戏表演，传授交往技能。家长不仅要多提供机会让孩子得到锻炼，还应该对孩子进行一些必要的训练。有些社会交往的技能必须是用"教"的方式才能让孩子理解，比如怎样招待客人，如何使用日常的文明礼貌用语；在公交车上怎么礼让；怎样与同伴分享玩具、

零食;怎样对同伴的友好行为做出回应;怎样给予长辈以关心帮助等。经常向孩子传授这些文明礼让的知识,比单纯给孩子讲道理要好得多。

213. 太理性的女孩会缺失一定的魅力
——怎么让女孩不要太理性?

赵女士发现自己上幼儿园的女儿越来越理性了,对于生活中的有些事情甚至表现得很冷酷,不理世情。可能是因为孩子逐渐长大,在幼儿园经历很多事情,让她变得越来越理性吧,但是赵女士不想让孩子因为某些事情就拿来代表所有事情。赵女士为了让孩子增加一些感性,就叫她课余时间写写日记,别一天到晚活在自己的世界里,会很累。可是孩子却说"NO",不带一点儿的情感,这让赵女士跟到非常困惑。怎么让孩子不要太理性呢?

 案例解析

孩子太理性有以下这几点原因:

1. 父母对孩子的管教过于严格。在生活中父母处处妨碍孩子的自由,压抑孩子的个性。这种过于严格的管教会给孩子身心留下阴影,时间久了,孩子就会变得对人对事都过于理性,没有情感。

2. 孩子过于"听话"。孩子在生活中对父母的要求绝对服从,父母让做什么就做什么,让学什么就学什么。孩子从不说出自己的想法和意见,总是生活在父母的"控制"之中。时间久了,这种"控制"和"服从"就让孩子失去了体会"感性"的机会,所以孩子就被理性所填满,甚至没有感性。

3. 周围环境对孩子的影响。可能生活中父母就是非常理性的人,在日常与家庭成员的交流和相处中,或者是处理日常生活中的大小事情的时候总是过于理性,于是孩子就会模仿父母的这种"理性",从而变得与父母一样。

 解决办法

1. 不要压抑孩子的情绪。孩子除了喜与乐,怒和哀也是正常的反应。在生活中父母要让孩子有机会散发他们内心的感情。如果孩子遇到事情一哭,父母不分青红皂白就是一顿训斥和责骂。这样孩子表面会表现得听话,内心其实是积压了更多的恐惧,孩子害怕会失去父母的爱、会被父母处罚。成长的经验一再压抑、否定自我的情感出现时,就会"训练"出一个缺乏自信、无法体谅别人情绪的孩子。所以,情绪的发泄是很重要的一件事情,生活中父母应该允许孩子抒发自己的情绪,并对孩子的情绪适当进行疏导。

2. 作为父母,要学会鼓励孩子花更多的时间在自己的兴趣爱好上。女儿喜欢看小说,就每周挑一本有教育意义的儿童故事绘本给她看;女儿喜欢写作和画图,父母就教她用电脑写自己喜欢写的东西,然后加上图片、照片,变成一本书,印成漂亮的彩色画册,送给亲友。对孩子没有兴趣的课，父母只要求孩子尽力地准备，尽力地学习，对成绩没有特别的要求。这样，不仅增强孩子的自信心，对孩子日后的发展也是有好处的。

3. 生活中多听听孩子的意见。很多时候，倾听是一种非常有效的手段。在家庭生活中，父母一定要多与孩子沟通，了解孩子的内心想法，要让孩子释放自己的天性和个性，并且能积极地表达自己的情感。通过这些方式，孩子自然就不会太过于理性了。

214. 正视女孩争强好胜的行为
——面对争强好胜的女孩怎么去做？

肖依有个可爱的女儿叫可可，已经 5 岁了。可可在生活中事事都争强好胜，最近，可可总是因为在幼儿园里得到的奖励比别人少而闹情绪，或者因为自己的玩具不是同学里最好的而发脾气。肖依对此很是烦恼，面对事事争强好胜的孩子应该怎么做呢？

案例解析

孩子争强好胜有以下两点原因：

1. 和父母不正确的引导有关。生活中，可能父母总是有意无意地要求争第一，比如，"看谁第一个穿好衣服""看谁第一个吃完饭""看谁第一个收拾好玩具"……时间久了，这些语言就慢慢地演化为孩子的一种心理暗示，她们认为只有做到"第一"才是最棒的，孩子的好胜心理就产生了。

2. 孩子把结果看得过于重要。孩子在做事情的时候太在意结果的好坏，可能她们认为得了"第一"才是成功者，成功者能赢得父母的表扬和奖励，而失败者可能只会得到父母的批评甚至打骂。这样就会形成孩子争强好胜的负面心理。

解决办法

1. 父母应该正视孩子争强好胜的心理与行为。父母在生活中，应该多与孩子沟通，了解他们身上产生这种心理的原因，应该引导孩子积极地看待这一问题，不要总是想着消极的一面。

2. 要引导孩子正视输赢。父母要注意自己的一言一行，为孩子树立好的行为榜样。通过实际的行动来引导孩子面对失败，告诉孩子不是什么事情都要争第一，不是第一也没关系，输了也是一种成长。

3. 避免语言暗示。在生活中父母应该避免对孩子进行不正确的语言暗示，比如"看谁第一个做完"等类似的暗示，这样传递给孩子的信息是"只有第一名"才是好的，只有"得了第一"才是优秀的，会给孩子制造一种认识上的误区。

215. 让女孩建立对他人的信任感

——如何增加女孩对他人的信任感？

饶莉有一个女儿叫佳佳。在生活中，饶莉发现了一个很严重的问题，孩子对他人没有信任感。比如，佳佳总是表现出对她的不信任，她要到什么地方去玩，如果对她说晚上吃过饭以后妈妈再带你去，接下来每隔几分钟就会听到她在不停地问："妈妈，吃过饭，你带不带我去那个地方玩"？如果回答"带"，她又会问"真的假的？"

 案例解析

这种问题有以下几点原因：

1. 孩子和父母之间的信任没有建立起来。比如，生活中可能父母对孩子做过一些食言的事情，所以孩子怕相同的事情还会发生，就一直产生这种"恐惧的心理"。孩子通过这种反复的确认来得到心中的安全感。

2. 孩子缺乏安全感。孩子对父母答应自己的事情产生怀疑，这种怀疑就是不信任的表现。

3. 父母说过的话经常不去实现。可能日常生活中父母经常会轻易地对孩子说一些承诺，比如"明天会带你去游乐园""写完作业就带你去买零食"等。可能这些只是父母为了要孩子达到他们想要的状态随口说出来的，可能父母并没有在意什么，大部分情况都不会去兑现。久而久之，孩子就不会再相信父母说的话了。

 解决办法

1. 要真正做到尊重孩子。真正的尊重是让孩子做真正的自己，让孩子可以有她们自己的见解和思想。

2. 培养孩子对他人的信任感。父母要从生活中的小事做起，让孩子学会相信别人。使孩子产生信任感的最佳方法就是满足孩子的基本需求。孩子饿了就带孩子去吃东西，答应孩子去游乐园就要兑现承诺，父母的这些行为都是建立信任感的前提条件。

3. 家长要为孩子树立榜样。在日常生活中，家长要时刻为孩子树立榜样，父母在平时与其他家庭成员沟通时，也要注意守信，答应别人的事情就要完成。以身作则，任何时候身教都重于言传，说到做到，孩子才会信任。

216. 感性的女孩也需要理性

——怎么让女孩不要太感性？

宋绢有一个漂亮的女儿叫阳阳。最近宋绢发现孩子存在一个问题，就是太感性。前不久，阳阳说家里的鱼缸空了很久了，于是宋绢就买了几条小鱼放了进去，没想到第二天有一条就死掉了。不料孩子看见之后哭得一塌糊涂，怎么劝都不管用，宋绢面对孩子的反应，一时也不知道该怎么办，怎么能让孩子不要太感性呢？

 案例解析

孩子太感性的问题有以下这几点原因：

1. 孩子接受不了这个结果。对于孩子来说，小鱼是她们钟爱的小生命，她们一时接受不了自己钟爱的小生命死掉，她们很伤心，而哭泣就是对伤心最直接的表达方式。

2. 孩子还不会控制自己的情绪。孩子因为年龄的限制，还不会通过其他的途径或者方式把自己内心的想法和情绪表达出来，所以用哭泣的方式来发泄内心对这个结果不满的情绪。

3. 孩子只是真实的情感表达。对于年龄小的孩子来说，哭是交往的一种方式，她们的语言表达还不流畅，往往要靠哭来表达她们的情感和挫折。

 解决办法

1. 告诉孩子发泄自己的情绪要适可而止。父母应当告诉孩子有的时候遇到事情是需要自己表达情感的，但是要学会适可而止，一些事情点到为止就可以了，不要一直抓住不放。要告诉孩子有些结果是任何人都预测不了的，既然发生了那么就要学会理性面对这个结果。

2. 帮助孩子真正了解自己的感受。孩子只有自己了解自己的感受，才能正确对待情绪。父母可以告诉孩子：感受只是暂时性的，是随着事情的发展不断变化的，只是一时的感受，不会永远地去伴随着你，要拿得起放得下。

3. 鼓励孩子表达自己的真实感受。在日常生活中，父母要引导孩子让她们把自己内心的感受用语言表达出来。孩子不可能一开始就能把话说得很清楚，但是家长可以试着去猜测她们真正所要表达的是什么。父母一定要用提问的方式引导孩子自己确定她们想要说的到底是什么，家长不要用肯定句。

217. 引导女孩学会承担责任

——家长如何教导逃避责任的女孩？

赵女士有一个可爱的女儿，已经上了小学。前不久孩子的期中考试成绩很糟糕，当赵女士批评她的时候，她却找出了一大堆理由来推卸自己的责任。比如，老师讲课自己听不明白，同学不告诉她作业的答案，这次考试的题目太难，考场选择的地点让她不习惯，考试时旁边的同学总是做小动作让她受到了影响，老师没有强调哪些是重点让自己复习很吃力等。与此同时，赵女士还发现，孩子最近撒谎的次数明显增多了，而且除此之外，在别的事情上她也总是尽力去推卸自己的责任。赵女士认为孩子所讲的这些理由显然很牵强，明显是在逃避和推卸责任。那么对于习惯逃避责任的孩子，父母应该怎么去教导呢？

 案例解析

孩子逃避责任主要有以下这几点原因：

1. 只是不愿意承担考试考砸的后果而已。孩子所讲述的这些理由中，没有一条与她自己本身有关系，好像考试考砸了全是别人的过错，与自己半点儿关系也没有。

2. 孩子的人格还不成熟。孩子的性格和习惯也是一个慢慢提升的循序渐进的过程，就像孩子的智力水平的发展一样，从孩子出生到性格成熟，每个阶段都会出现相应的问题，这些问题促使孩子不断进步和成熟。

3. 孩子喜欢逃避责任，主要是由于缺乏信任感造成的。孩子在成长过程中，如果父母给孩子的关爱和理解过少，不信任自己的孩子，经常对孩子实施冷暴力，久而久之孩子会受到父母的误导，在潜意识里形成一种"我要是承担责任，一定不会有好结果"的观念。这样一来，孩子就会有意识地撒谎，有意识地去逃避责任，这种情况会让孩子形成畸形的人生观，时间久了心理上和生理上也会出现问题。而且一旦遇到什么事情，就会千方百计寻求推卸责任的方法，让自己免于受到惩罚。

 解决办法

1. 父母对于孩子的教导首先要保持一个良好的心态。作为父母要知道，孩子的良好习惯都是长期教育培养的结果，父母一定要以身作则，自己要做好榜样，坚持自己勇于承担责任，这种榜样的作用对孩子潜移默化地产生影响，从而养成孩子良好的性格和心理素质。

2. 父母要在心理上让孩子意识到孩子和家长在人格上是平等的。比如，让孩子自己单独住一个房间，独立地去做自己的事情，自己整理和布置，自己完成清洁工作，父母不去过多干涉等，让孩子感觉自己受到了家人的尊重和重视，已经是一个单独的个体，完全有承担责任的能力。孩子真正明白以后，在生活学习中所遇到的问题自然就会迎刃而解。

3. 父母在日常生活中不要对孩子过于严厉。父母应该去接纳孩子的错误和缺点，给孩子成长的时间和机会，允许孩子犯错误。孩子毫无畏惧，自然就不会逃避责任了。人都是在错误中成长的，孩子做错事情的时候更需要父母的帮助，父母作为成年人应该给孩子正确的引导和示范，而不是训斥或者责骂。变追问和训斥为正确的示范更有助于孩子改正，有助于孩子成长。

218. 帮助女孩卸下冷漠面具
——如何让冷漠的女孩热情起来？

肖洋有个可爱的女孩叫斐斐，已经上了幼儿园。肖洋通过与老师的沟通了解到，斐斐在幼儿园总是以一种很冷漠的态度与人相处，比如，其他的小朋友邀请她一起游戏的时候，她总是表现出一副不太与人交流的态度。小伙伴们一同讨论问题的时候，她也不愿意加入进来，似乎对班上的小朋友没有什么感情。这让肖洋很是担心，孩子对人对事都很冷漠的情况，应该怎么去处理呢？

 案例解析

孩子的这个问题主要有以下这几点原因：

1. 孩子性格的问题。可能因为孩子的性格天生就比较孤僻，不太善于与他人沟通交流，所以使得周围的人觉得他比较冷漠。

2. 孩子太过于敏感。在这个年龄段，有些孩子对事物过于敏感，总觉得别的孩子在议论自己，疑神疑鬼，久而久之自然会将自己的朋友推离身边；有的孩子过于自卑，只会远远地羡慕别的小伙伴，胆怯与别人交流，用这种表面的冷漠去掩饰胆怯的心理。

3. 家长的教育方式出现问题。可能是因为日常生活中家长对孩子采取封闭式的教育，使得孩子总是封闭在家里，这样的孩子接触的人和事是有限的，对外界认知的局限性导致孩子形成冷漠性格。

 解决办法

1. 父母要挤出时间亲近孩子。每天父母要有一定的时间与孩子交谈。节假日要带孩子去走亲访友，积极创造条件让孩子与他人接近。

2. 鼓励孩子多参加体育活动。体育是一种直接与人正面接触和竞争的集体性活动，不仅能让孩子增加人际交往能力，更能让孩子在运动中培养兴趣，触发运动的激情，能够让孩子放下冷漠，用另一种方式来与周围的人相处。

3. 父母应该强化孩子接受邀请的行为，如果父母发现孩子偶尔会接受其他小朋友的邀请，即使孩子表现得比较勉强，也要给予孩子一些鼓励，这是让孩子卸下冷漠最为关键的一步。

219. 微笑的力量是巨大的

——怎么让女孩懂得微笑的力量？

赵飞有一个可爱的女儿叫嘟嘟。有一次赵飞带着女儿去小花园散步，嘟嘟闹着要吃棒棒糖，当嘟嘟把糖果刚要拿起来的时候，有个小朋友的球不小心打到了她的糖果上，糖果掉到了地上。小朋友连忙道歉，赵飞本来觉得没有什么，笑一笑也就过去了。没想到女儿嘟嘟竟然闹起了情绪，还说不会原谅人家。面对孩子这样的状况，应该怎么办呢？

 案例解析

这种情况有以下这几点原因：

1. 孩子自身思维的影响。这个年龄段的孩子对同伴缺乏宽容心，通常会因为一些小事就大吵大闹。孩子的思维有自我为中心的特点，所以孩子在考虑问题时总是以自我为出发点，不懂得站在别人的立场去考虑问题，只知道维护自己的利益和快乐，不懂得宽恕别人的过失。

2. 孩子没有宽容的心。孩子的自我意识有一定的局限性，所以她们对于宽容的意义还不是很了解。

3. 父母的教育还存在问题。可能在日常生活中父母对孩子的品德教育还不是很到位，孩子还没有真正地认识到要宽容他人，所以在遇到事情的时候，孩子并不会用"微笑"的方式去处理。

 解决办法

1. 创造机会让孩子多接触同龄人。在生活中应当多让孩子接触同龄的孩子，在相处中双方互相取长补短，提高人际交往的能力和适应能力，在人际交往中培养良好的性格。

2. 及时对孩子进行疏导。当孩子在人际交往中遇到矛盾时，父母可以适当地给孩子一些安慰，并帮助孩子们分析事情发生的原因，从中找出自己或他人做得不对的地方。父母应当告诉孩子，不是遇到纠纷或矛盾就要与人争吵，有的时候要学会宽恕他人，学会用微笑的方式去原谅他人，微笑的力量是强大的。

3. 教孩子掌握原谅的标准。在生活中教会孩子正确处理发生的问题。告诉孩子哪些应该采取原谅的方式，哪些不能原谅，必要的时候让孩子体验一下不原谅别人的害处。总是与他人因为一点小事斤斤计较，这样周围的小伙伴就会害怕你或者不喜欢与你做朋友，这样不仅得不到他人的道歉，他人也不会理睬你。

220. 乐于助人也要量力而为
——如何培养女孩乐于助人的习惯?

李乐有个可爱的女儿,虽然天真活泼,但是由于从小受到父母的宠爱,只知道接受别人的帮助,却不懂得帮助人。比如,李乐带着她过马路,看到步履蹒跚的老奶奶,李乐想让她过去帮助一下老奶奶,但是她很却不情愿。孩子这种态度让李乐开始担心,她怕因为孩子不懂得帮助别人而影响人际交往。那么怎样才能培养孩子乐于助人的习惯呢?

案例解析

孩子没有乐于助人的习惯主要有以下这几点原因:

1. 孩子成长需要有一个自我构建的过程,孩子的年龄还小,帮助他人的意识还没有完全地构建起来,所以孩子对这点并没有过多的了解。

2. 孩子对自己还不自信。大部分原因都是孩子的自信心还没有树立起来,有的时候可能她们也很想去帮助别人,但是她们认为自己做不好,或者说她们认为自己的能力还不能去帮助他人。

3. 孩子的认知体系还不完善。这个年龄的孩子会有一些大人们不能理解的烦恼,生活中的很多事情都经常让她们手足无措,孩子会认为她们什么都做不好,怕在他人眼中不受欢迎,不被接纳。

解决办法

1. 让孩子相信自己能帮助别人。有的孩子在与同伴相处时看到同伴需要帮助会比较迟疑或者没有付出行动,这时,父母就应该培养孩子的处理能力,尽量让孩子自己的事情自己完成,并多多给予孩子鼓励和表扬,让孩子对自己的能力产生信心,相信自己的力量能去帮助别人。

2. 让孩子学会观察需要帮助的人。有的时候并不是孩子不愿去帮助别人,而是孩子并没有察觉到对方需要帮助。在生活中父母应该多多锻炼孩子"察言观色"的能力,教会孩子怎么从别人的表情和语言中判断是否需要帮助。这种能力的培养不仅仅是为了让孩子能够懂得助人为乐,更多的是为了让孩子能够懂得他人的情感变化。

3. 要教会孩子量力而行。父母在教会孩子助人为乐的同时也要告诉孩子有些时候要量力而行,也要懂得拒绝。比如,看到有人落水了,自己并不会游泳却还要上前去救人,不仅达不到助人为乐的目的反而让自己的生命受到威胁,要让孩子充分地认清自己的能力,量力而行。

221. 自私的女孩心中往往缺乏爱
——如何改善女孩自私的性格？

杨迪有个女孩叫多多，已经 6 岁了。在生活中，杨迪在多多的身上发现了一个很严重的问题，就是自私。比如前些天，杨迪带她去小区的公园里玩沙土，这时来了几个跟她们年龄差不多的小朋友要加入其中，但是她们没有带挖沙土的工具，这时杨迪想让孩子把工具拿出来和其他小伙伴们一同分享，没想到多多却说道："这是我自己带来的工具，我自己还要用，不能给你们。"多多的举动让杨迪很困惑，如何改善孩子自私的性格呢？

 案例解析

造成孩子自私的行为有以下几点原因：

1. 孩子的自我构建还没有完善。孩子刚出生时是没有自我的，她们是和世界混为一体的。孩子的成长是一个自我完善、自我构建的过程，在这个过程中，孩子是通过占有属于自己的东西来区分自己和他人的，孩子对于自己的物品，总会把"这是我的"放在嘴边，她们认为"自己的东西"就是自己的，"别人的东西"就是别人的，并不懂得分享。

2. 孩子天性就是自私的，她们的心理动因就是："一切都是为了自己。"孩子的世界总是以"我"为"中心"，谁也没有"我"重要。她们的生活准则就是得到，得到，还是得到。

3. 孩子缺乏爱。自私的孩子往往缺乏爱，缺乏分享精神。孩子的自私，除了天性以外就是孩子所处的环境的因素和家庭因素带给孩子的影响。

 解决办法

1. 教育孩子如何去承担责任，如何分享和如何替他人着想。父母在生活中要让孩子明白世界不只有她一个人存在，还有成百上千、成千上万的人与她一起生活。告诉孩子她考虑自己的同时也要站在对方的角度上去想一想。要有意识地引导孩子去主动与他人分享。比如在公园中遇到同龄的小朋友，家长可以引导她做一些互动，互换玩具、互换零食等，让孩子在行动中体会分享的快乐。

2. 父母要做出榜样。孩子的品质培养是一个长期而艰巨的工程，往往父母的身教大于言传。父母要为孩子们营造一个奉献与爱的环境，并在恰当的时机进行有效的教育。

3. 让孩子意识到自己在家庭中的责任，从小就对孩子提出关心他人的要求。每个孩子都是家庭中的一员，家庭成员之间要互相关爱。要告诉孩子这是理所应当的责任，孩子在享受家庭成员对她关爱的同时，也应该像关爱她的家庭成员一样尽自己的职责和义务。父母要给孩子制订规矩，并且要对孩子时刻进行监督。

222. 挫折教育让女孩卸下报复心理
——怎么疏导女孩的报复心理？

江雪有个可爱漂亮的女孩叫悠悠，在生活中，悠悠与小伙伴经常因为一点小事而争吵，最近，江雪发现她与别人争吵还不够，竟然学会互相报复了。前不久，小伙伴来家中做客的时候不小心把悠悠最喜欢的布娃娃弄脏了，悠悠得知之后非常生气，对小伙伴大发雷霆，在江雪的一再劝说下才冷静下来。不料事情并没有结束，悠悠为了报复小伙伴，竟然故意把小伙伴喜欢的玩具弄坏，于是引发了两个人的第二次争吵。江雪很是头疼，对于孩子的报复心理，应该怎么去劝解和疏导呢？

 案例解析

孩子的报复心理有以下这几点原因：

1.孩子用报复的行为去表达自己内心的情绪。孩子出现这种带"问题"的行为时，说明孩子内心是"缺少东西"的，孩子不懂得如何去表达自己的匮乏，所以用这种"报复"来缓解自己内心的负面情绪。

2.孩子用这种方式寻求归属感。孩子渴望得到父母的爱与呵护，并渴望拥有在家庭中的归属感。但是孩子误以为用这种行为能让她们达成所愿。

3.对孩子来说"有仇必报"是她们的行为准则。在孩子们看来，对于让自己的利益受损害的人就应该去报复，这样她们才能发泄心中的不满，使自己的情绪得到充分的释放。

 解决办法

1.多给孩子一点儿挫折教育，她们的内心才会更坚强。意志力软弱是孩子不能承受挫折的主要原因，需要父母在平日的生活中多培养孩子的性格，这样孩子在遇到问题的时候才能更加坚强，而不会因为一时的冲动去做出格的事情。

2.父母要注意自己的教育方式，避免给孩子施加压力。有的父母对子女过于严厉和粗暴，教育孩子的过程中没有耐心，总是因为一点儿小事就对孩子训斥。通常情况下孩子面对父母的训斥都不敢说话，久而久之，这种压力和负面情绪就会积压在孩子的心中，这就是孩子叛逆的根源。尤其是女孩的性格比较软弱，在遇到对自己的利益产生影响的事情的时候，情绪得不到舒缓，就会产生报复的行为。所以，在生活中要多注意孩子的情绪，不要总是给孩子施加压力。

3.给孩子营造一个宽松的环境。教育孩子时，要经常与孩子谈心，交流对周围的人的看法等，让孩子感受到父母的关心与爱护。要让孩子多与小伙伴接触交流，培养同伴之间的友谊。

223. 感恩是一种能力，也需要训练
——怎样培养女孩感恩的心？

刘佳有个女儿已经上了小学，叫文文。最近刘佳发现文文在生活中不懂得感恩。比如，当她从长辈手中接到水果的时候，从来不会说谢谢，即便有的时候刘佳提醒她，她也不愿意说出口。去朋友家做客接受朋友送的礼物的时候，她认为送礼物是理所应当的，连一句感谢的话都不说就自顾自地玩上了，这让刘佳很是烦恼。怎么才能让孩子具有一颗感恩的心呢？

 案例解析

女孩不懂得感恩，原因主要有以下几点：

1. 父母的教育方式不当。在日常生活中父母对孩子过度溺爱，孩子说什么父母都去满足。这一系列的行为导致孩子觉得父母对她们的付出和爱是理所当然的，对父母不存在感恩之心，更不要说孝顺父母了。

2. 父母对孩子过度干涉。可能父母在生活中对孩子的行为过度干涉，小到出门穿什么衣服、买什么书、去哪里玩，到报什么辅导班、选什么学校等，孩子都要服从父母的安排。这样孩子会觉得做这些都是为了父母，一心只为成为让父母骄傲的孩子，当然不会感谢。

3. 孩子认为自己的需求并未得到满足。父母觉得自己给孩子的都是最好的，但是孩子可能并没有感受到父母对自己的好，孩子自然就不会去感恩。

 解决办法

1. 不要为孩子打理一切事情。父母总是觉得孩子太小了，很多事情都做不好，所以通常很多事情都帮孩子去做，甚至一些孩子可以自己完成的事情也不例外。父母对孩子做得越多，孩子就会越觉得这一切就是理所当然的，久而久之，孩子就会很难去感恩父母了。

2. 不要让孩子觉得一切都来得太容易。作为父母，总是会想着把最好的东西给孩子，随着生活条件的改善，孩子的吃、喝、穿、玩父母都给最好的，生活中总是面面俱到，时间久了，孩子不但不会去感谢，反而还会不珍惜。所以对于孩子提出的要求，父母应该先考虑一下是不是合理，如果不合理就要果断地拒绝，而且还要告诉孩子为什么不合理。在生活中也要适当地给孩子一些面对挫折的机会。当孩子通过一些努力取得所需的时候，她才会知道在父母的爱和保护下才是幸福的，自然就学会感恩了。

3. 接受孩子的"回报"。生活中当孩子想要帮父母做一些事情的时候，父母一定要接受孩子。因为对于孩子来说，学习做人是一件很重要的事情，学习做人是孩子在日后能好好读书的基础。孩子懂得付出、懂得"回报"，才会懂得珍惜，懂得感恩。

224. 身教大于言传，让女孩学会孝顺
——如何让女孩树立孝顺的观念？

宋女士有个女儿。已经上了小学，孩子的各科学习成绩都很好。但是有一个缺点，就是似乎不太懂得孝顺长辈。前不久奶奶庆贺六十大寿，全家欢欢喜喜，这时孩子急着想吃蛋糕，爸爸说："等一等，今天是奶奶的生日，应该让奶奶先吃。"孩子不满意，犯了横："不让我先吃，你们谁也别想吃！"说着一巴掌把蛋糕从桌上打翻在地。孩子这样的行为令宋女士很担忧，到底该怎样树立孩子孝顺的观念呢？

 案例解析

女孩没有孝顺的观念主要有以下几个原因：

1. 孩子的自我意识太强烈。孩子太过于以自我为中心，认为自己才是最重要的，所以自己想做的事情就要得到满足。

2. 孩子想故意挑衅。让长辈们的权威受到侵犯，在顶撞与反抗的背后传达的不是"己之所欲"，而是对长辈的不顺从与不满。

3. 孩子不会站在对方的立场上去思考问题。孩子过于心直口快，不清楚什么是不礼貌的表达方式，也不知道对方听了心里会不会难过或者受伤。

 解决办法

1. 让孩子学会分享。每次给孩子吃东西时，父母应该当着孩子的面，自己也分一份与孩子一起吃，目的是让孩子明白一个道理：吃东西要让长辈先吃，在给孩子的心中埋下"孝顺"这颗文明品行的种子。同时，对食物的冷热甜苦辣先行尝试，可以显示关心，以利增进两代人之间的感情。

2. 让孩子从父母身上学习。如果父母在家庭中处于既是父母又是儿女的情形，就更要注意在孩子面前树立自己的形象，要时刻注意自己的一言一行。父母是怎样对待孩子的姥姥姥爷的，孩子在这个年龄就会模仿父母，身教比言教的影响更大。如果家中有老人，有吃的喝的要先给老人品尝，逢年过节应带着孩子给老人送礼物。如果老人住得比较远，应该经常给老人打打电话。要让孩子看到父母不仅对自己有爱，对长辈也有爱。在潜移默化中培养孩子孝顺长辈的意识。

3. 父母在日常生活中应该常与孩子叙旧。随着生活条件的改善和物质的丰富，孩子早就把父母的养育之恩忘得无影无踪了，而父母只是默默地尽着义务，毫无怨言，很少计较报酬和得失，这样会导致孩子对于养育之恩有"受之无愧"的心理，孩子认为这是她应该得到的。因此在空闲的时候父母可以以叙旧的形式，把家长为她付出的一些往事，讲解给孩子听，潜移默化地烙在孩子的记忆中，这会使孩子慢慢增加孝敬父母的心理，对孩子以后的发展也是有好处的。

225. 引导女孩养成诚实守信的好品质
——女孩不诚实守信怎么办？

张女士有个可爱的女儿叫珍珍，前不久张女士为珍珍整理书包，无意间发现一枚从未见过的钥匙扣，于是问珍珍它的来历。珍珍说是同学送给她的，当时张女士并未在意，后来过了几天，珍珍同班的孩子找到了张女士，说珍珍拿了她的钥匙扣一直都没有还给她。张女士得知真相之后开始为女儿这种不诚实的行为感到担忧。面对孩子不诚实守信的行为，作为父母应该怎么做呢？

 案例解析

孩子不诚实守信有如下几个原因：

1. 孩子心理发展的水平导致他们产生不诚实的行为。这个年龄段的孩子通常会把自己看到的东西、联想到的事情、真实发生的事情与自己所希望的事情进行混淆，从而说出一些与实际情况不符的话，没有明确的认知能力。

2. 孩子分不清，将别人的物品拿回家。这种情况一般可以分为有意和无意两种。家长一定要问清楚是哪种情况再处理，告诉孩子未经别人的允许不能拿别人的东西。

3. 家长的言行引起孩子说谎。例如在日常生活中，父母经常对别人说谎话，孩子也会受到父母的影响跟着说谎。

 解决办法

1. 父母要了解孩子，要明白孩子愿意做什么，能做什么，希望得到什么，喜欢什么，这些作为父母一定要了解。并且要试着了解孩子的心理与能力，然后让孩子去做。在孩子做的过程中，父母要帮助孩子去发现存在的问题，并且要孩子主动地去解决，并且可以适当地给孩子一些奖励。要消除孩子说谎的动机，鼓励孩子诚实地去做事情。

2. 对孩子进行适当地暗示。譬如有两个孩子在一起玩，一个孩子是诚实的，另一个孩子是喜欢说谎的，父母要对那个诚实的孩子进行奖励，使那个说谎的孩子受到打动，从而让她学会诚实。再比如，当孩子跑来报告父母事情的时候，作为父母要信任孩子，不要对孩子发出"真的吗？你不要骗我呀"这类的质疑。如果父母总是质疑孩子，那么在孩子的心灵上，就会种下一个说谎的种子，她会认为说话原来可以骗的。所以父母必须用正确的暗示去引导孩子，而不是去给孩子制造说谎的动机。

3. 父母应掌握好处理孩子说谎的分寸。父母要积极引导孩子主动说出真相，使孩子从中学到应该诚实待人的道理。切忌用逼迫恐吓的方式让孩子说出真相，强迫孩子坦白是最糟糕的方法。

226. 鼓励女孩勇于突破现状
——女孩总是安于现状怎么办?

冯女士有个女儿叫朵朵,现在已经上小学了。在生活中朵朵是个很乖的孩子,但是最近冯女士发现朵朵没有进取心。前不久朵朵刚进行完期中考试,当冯女士问朵朵与上次比有没有进步的时候,朵朵却表示能及格就行了,没必要比来比去。朵朵这种对待学习的态度让冯女士很担忧,孩子总是安于现状,不思进取怎么办呢?

 案例解析

孩子总是安于现状,不思进取,主要由以下几个原因造成:

1. 家长有意无意的挫伤。比如在孩子没有达到父母所期望的样子的时候,父母会比较严厉地去责备她。孩子原来有上进心,但是父母对她的上进心不屑一顾,甚至言辞中常露出不在意,甚至讽刺、嘲笑,这些行为严重打击了孩子的积极性。

2. 家庭环境的影响。有些家庭中,父母可能就"乐于接受",不是特别有上进心,有时会忽视孩子相应情感方面的需要。同时,如果没有对孩子明确的行为指导,极少和孩子交流谈心,会压抑孩子改变现状的积极性。

3. 孩子自身的情况决定。孩子天生贪玩,不能对自己做出正确评价,不能自我调节、自我监督,没有改变现状的想法和计划,家长对孩子缺乏相应的鼓励和支持,使孩子对于改变将会带来的结果没有成就感。

 解决办法

1. 家长多对孩子开展一些支持和指导。在生活中要给孩子一些自由的空间,鼓励孩子去完成一些任务,同时给予孩子一些配合,会对孩子积极改变的观念有所帮助。

2. 父母用自己对事业的进取精神去影响孩子,对孩子产生积极的潜移默化的作用。孩子的一言一行绝大部分是模仿得来的,模仿学习和观察学习是孩子最擅长的。父母的言行影响着孩子。因此,父母必须从自身做起,用自己积极上进的言行影响孩子。

3. 对孩子提出合理要求,并跟进目标完成的情况。只有让孩子在家庭生活中,既感到父母的温暖,又感受到父母严格要求自己的拳拳之心,爸爸妈妈的教育才能产生巨大的激励作用。

227. 经验的缺失导致女孩"事后诸葛亮"
——女孩总是"事后诸葛亮"咋办?

王女士有一个可爱的女儿叫苗苗,有一次,许多朋友一起出去玩,吃饭的时候,孩子拿起菜单就点菜，并不征求别人的意见，王女士觉得很不妥，想试图制止孩子，但是孩子并没有听。回家以后，苗苗主动对王女士说：吃饭是大家的事情，每个人的口味都不同，要照顾到大家的喜好，不能我一个人说了算，我认为确实是我做得不对。这种"事后诸葛亮"的事情已经在苗苗身上发生了很多次了。王女士为此很是烦恼，如何对待总是"事后诸葛亮"的孩子呢？

 案例解析

这个问题有以下这几个原因：

1. 孩子本身的性格问题。孩子可能天生就是这种后知后觉的性格，所以对待事情总是会"事后诸葛亮"。

2. 孩子不会观察周围的人、事、物，更不习惯于去观察。可能孩子在生活中并不善于观察自己周边的事物和人，所以对于一些东西的认知还不够，敏感度还不够，做事缺乏考虑，冲动、不理智。

3. 孩子当时并没意识到自己做的是错的。孩子在当时还没有意识到自己的行为对周围的人造成的影响，所以并不认为是错误的，当孩子在不断的反思后才认识到自己的错误，但是为时已晚。

 解决办法

1. 帮孩子做合理的分析。父母应该帮孩子分析，指点清楚孩子有哪些没有发现的问题，让孩子对周围的人、事、物有明确清楚的认识。其次父母要教育引导孩子对周围的人、事、物进行分析，让孩子对自己身边的情况逐渐敏感起来，一步步让孩子自己来做，最终孩子就会习惯去分析研究，遇到事情就不会再后知后觉了，也就不会出现"事后诸葛亮"的现象。

2. 培养孩子体察事物的多面性。父母应该告诉孩子在观察事物的时候不要看到一面后，就不再观察其他的角度。告诉孩子宁可多花些时间去做分析，也不要因为害怕麻烦就不去分析。而且切记不要让孩子的脑袋处于"空想"状态，也就是俗话说的"发呆"状态。

3. 让孩子及时发现自己的错误。父母应该告诉孩子要敢于发现和认识自己的错误。当遇到孩子做的事情不对或者不尽人意的时候，父母应该及时地指出孩子的错误所在，并且让孩子敢于承担并及时地去解决问题。要培养孩子自己纠正错误的能力，从而避免"事后诸葛亮"的情况。

228. 教育女孩尊重他人的劳动
——如何教导女孩尊重他人的劳动？

刘女士的女儿燕燕今年 8 岁。孩子有一个很严重的问题，就是不尊重他人的劳动成果。比如说，刘女士刚刚把房间打扫干净，转眼间燕燕就把房间弄得一团糟。刘女士刚刚把晾干的衣服折好码放整齐，燕燕就用各种理由把衣服弄乱。燕燕的这种行为让刘女士很烦恼。女孩不尊重他人的劳动应该怎样去解决呢？

 案例解析

对于孩子不珍惜他人劳动有以下这几点原因：

1. 孩子没有付出过。在生活中，孩子并没有为别人付出过，或者没有得到过为他人服务的机会，所以自己并不能理解和体会为他人服务的感受。久而久之，孩子自然就不会去珍惜他人的劳动成果了。

2. 父母对孩子的宠溺。生活中，父母总是过于纵容孩子，并且对孩子的照顾无微不至，孩子每天都过着衣来伸手饭来张口的生活。久而久之，孩子就会认为父母所做的一切都是应该的，即使弄脏了也无所谓，父母就应该为自己服务。所以孩子认为父母的劳动是理所应当的。

3. 他人对孩子的影响。在生活中，父母或者其他家庭成员有过不尊重他人劳动成果的现象，孩子看到了之后，就会有样学样。

 解决办法

1. 父母要认真反省自己的教育方式是否正确。父母的教育方式不当，往往是出现坏习惯的直接原因。很多父母总认为自己的教育方式是对的，是为了孩子好，总是对孩子"强制管理"，也正是这种"强制管理"带来了孩子对一些事情的反感。所以父母应该尽快改变这种态度，并且要多与孩子沟通，遇到事情倾听孩子的意见和建议，改正自己的教育方式。孩子一旦能接受父母的教育方式，那么所有的问题就会迎刃而解。

2. 要培养孩子的责任心。在生活中，父母可以多为孩子制造一些为他人服务的机会，比如说吃饭之前摆碗筷，帮助家人打扫房间等。在做家务的过程中，父母不要介入，更不要去帮忙。让孩子在这些点滴的小事中培养责任意识，当孩子体会到做家务活的辛苦的时候，自然就会尊重他人的劳动成果了。

3. 教会孩子换位思考。在生活中，父母要教会孩子换位思考。比如父母刚刚收拾完的房间被孩子弄脏了，这时候，父母应该走过来告诉孩子，并且对孩子说："如果你收拾房间，收拾完你很辛苦。但是没一会儿房间就被别人弄脏弄乱，你看到了会是什么感觉呢？"并且给孩子留出足够思考的机会。当孩子明白了之后，就会逐渐把不尊重他人劳动成果的坏习惯改掉。这样做不仅能锻炼孩子独立思考的能力，又能让孩子懂得珍惜他人劳动成果的重要性，对孩子以后的发展也是非常有益的。

229. 培养女孩的团队意识要趁早
——如何帮助女孩树立集体意识？

刘女士有一个女儿叫晶晶。刘女士通过老师得知，在学校里，凡是集体游戏、集体活动，她都没有兴趣，情愿一个人独自玩耍。班级中轮到值日，她总是借故请假，对集体的工作总是不热心；在学校的各类评比检查中班级获得了荣誉，同学们兴奋不已，她却显得很冷漠；同学之间相处时，晶晶也总是一个人独来独往，和同学难得讲上一句话。对于晶晶的这种现象，刘女士非常担心。应该怎么来帮助孩子树立集体意识呢？

案例解析

孩子出现问题有以下这几点原因：

1. 孩子过于以自我为中心。可能生活中父母对孩子过于宠爱，使得孩子成了家里的"中心"，孩子习惯了被照顾、被呵护、被宠爱，因而变得冷漠、孤独、不喜欢集体生活，不懂得去关心别人，不善于与他人相处，晶晶就是这样一个心里只有"我"的孩子。

2. 孩子不会与他人相处。孩子偏差的行为习惯导致她心中无人，这种情况将来走向社会也不可能很好地与别人合作共事。晶晶缺乏和同龄相处的机会，自然也缺乏和同龄人分享、合作的经验。

3. 孩子可能不喜欢所处的集体。孩子可能缺少在集体中深度融合，所以对所处的集体并没有很深的了解，并没有体验到集体给她的快乐和乐趣。因为对于集体观念还没有清晰的认识，所以致使她并不喜欢这个环境。

解决办法

1. 父母利用家庭生活中的小事培养孩子的团队意识。父母应该从孩子身边熟悉的生活小事做起，比如，定期组织全家一起外出野餐，家庭成员可以一起讨论关于野餐的活动计划，然后分配好每个成员所负责的任务，让每一位家庭成员尤其是孩子都清楚自己的职责。可以根据孩子的能力给孩子安排合适的任务，让孩子准备餐具、烧烤的调料、水果饮料等，让孩子感知自己是集体中的一员。对孩子负责的任务，要试着让孩子独立地去完成。如果由于孩子疏忽忘记了自己的职责，父母也不要过多地去批评孩子，只是让孩子明白所带来的后果：想喝饮料没有准备，烧烤的食物因为调料出现问题而没有味道、眼看着美味却没有餐具等，让孩子理解感受到，由于她们自己的疏忽，不但影响了自己，也影响了集体活动的进行，还使本来快快乐乐的活动大受影响。这样的教育，比任何语言都有效，让孩子懂得了作为集体中的一员，应该具有集体意识，做好自己分内的事情，相互合作才能使集体活动圆满成功。

2. 利用游戏培养孩子的集体意识。每个孩子都喜欢做游戏，许多游戏都属于集体活动，父母可以通过这些游戏来培养孩子的集体意识。比如父母可以与孩子一起搭积木，一起将积木拼成一个形状。再比如，可以和孩子一起画画，先明确分工，让孩子画动物，父母画花草，孩子涂红色，父母涂绿色等。父母可以和孩子一人一笔，或者一人画一部分，直至与孩子共同完成一幅完整的作品。这种作画更需要相互配合，既要考虑自己应该怎样画，又要考虑留好位置让别人如何画。孩子在这些身临其境的游戏中，慢慢就会体验什么是集体意识，什么是合作精神。

3. 创造机会培养孩子的团队意识。生活中父母可以通过让孩子参加夏令营、冬令营、户外拓展活动等集体项目来培养孩子的集体意识。在这些活动中，来自不同学校的不同性格的孩子相聚在一起，无论主题是学习英语、游戏、素质培养还是体育拓展训练，都要求孩子融入一个新的集体中去完成。孩子在各种各样的集体活动中逐步获得了锻炼，集体意识也会在潜移默化中起培养起来。

230. 树立爱心榜样，让女孩爱护动物
——如何让女孩善待小动物？

王女士有一个 5 岁的女儿，叫琳琳。琳琳在日常生活中总是喜欢养一些鱼类，但是不知道珍惜它们的生命，总是捞来捞去的，以致最后小鱼都死了；养的好几只彩色的小鸡也是让琳琳给捏死的，王女士对此很是苦恼。有什么办法能让孩子善待小动物呢？

 案例解析

孩子不善待小动物有以下这几点原因：

1. 孩子对自己的行为缺乏控制力。孩子看到小动物可能会心生喜爱，但是由于孩子的年龄比较小，对自己的行为把控不住，有的时候对小动物的喜爱有些过度了，反而会伤害到它们。

2. 孩子对小动物的喜爱方式存在问题。孩子对小动物的认知和对生命的概念还存在问题，孩子并不认为自己对小动物的行为会危及它们的生命。

3. 父母对孩子的教育还不够。可能在日常生活中父母对孩子爱心的培养还不够到位，孩子缺乏认知，不觉得自己做的事情是错的。

 解决办法

1. 让孩子把宠物照顾好，是培养孩子善待小动物的最好方法。父母可以给孩子买一只宠物，可以是一只小猫，也可以是其他一些小动物，让孩子把自己的宠物照顾好，并且要和自己的宠物成为好朋友。这样做不仅让孩子养成了关心别人的好习惯，也会很好地培养孩子的爱心和责任心。

2. 给孩子树立爱心榜样。在日常生活中父母可以经常带孩子去救助一些流浪的小动物，比如给流浪的小猫咪喂食、喂水等。还可以让孩子多看一些关于好心人救助小动物的资讯，让孩子从中学习应该怎样去对待小动物，让孩子意识到自己存在的问题，并且引导孩子积极去改正错误。

3. 父母要让孩子学会珍爱生命。父母要告诉孩子人和小动物都是有生命的，要善待生命，并且引导孩子在生活中抵制购买皮革制品等，让孩子明白小动物是需要被爱护的，要采取正确的方式去对待它们，不能伤害它们。

231. 鼓励女孩的善意之举
——怎么培养女孩的怜悯之心？

冯女士有一个女儿，今年6岁。在生活中冯女士发现女儿经常与小区里同龄的孩子一起玩耍，最近还总是和她们一同去欺负邻居家身体有残疾的孩子。看见女儿的这种过激行为，冯女士感到很愤怒。那么应该如何培养孩子的怜悯之心呢？

 案例解析

孩子没有怜悯之心有以下这几点原因：

1. 孩子缺少道德观念。孩子表现出来的行为，显然与她们的认知能力和道德观念薄弱有关。可能父母在生活中对孩子缺乏道德方面的教育，导致孩子出现这样的行为。

2. 孩子不能抑制本能的攻击性。孩子的这种攻击是人的本能的反映，这种本能必须靠道德的约束才能加以压抑。孩子的年龄和认识能力有限，所以她们遇到事情并不能压抑自己的本能反应，而是直接随意地表现出来。

3. 孩子缺乏同理心。孩子不会站在别人的视角去思考问题，她们这样去做可能是为了图个"一时痛快"，却从未站在残疾人的角度去考虑问题。孩子不会替他人着想，过于以自我为中心。

 解决办法

1. 让孩子对残疾人产生同情心，是制止孩子欺侮残疾人的有效手段。在家里可以让孩子蒙上眼睛模仿盲人行走，体会盲人的痛苦。孩子一旦体验到残疾人的痛苦，就会产生对他人不幸的同情心和怜悯心。培养孩子的同情心，克制残忍行为，是培养孩子良好的道德品质和善良的情感的起点。

2. 通过游戏情境培养孩子的怜悯心。游戏是孩子最主要的活动形式。家长可以通过游戏促进孩子的情感发展，培养她们的怜悯心。生活中可以通过角色游戏，让孩子扮演病人、医生等角色，体验生病时的痛苦，体会医生给人治病的快乐；感受妈妈做家务的辛苦、爸爸下班归来后的劳累等。从而懂得要热爱、关心自己的父母，并且去同情、帮助有困难的人，久而久之，孩子的怜悯心就会被培养起来。

3. 对于孩子的善良行为予以支持。凡是孩子在生活中的善良行为，比如：给乞丐零花钱，帮助残疾人或者给灾区捐款等，父母都要尽可能无条件地去配合。尽管有时孩子的行为并不太完美，但是她们的善良和同情心应该得到保护。父母在孩子的心里种下一颗善良的种子，将来就会收获一片爱的树林。

232. 一些女孩也可能像男孩那样粗心

——如何让女孩细心起来？

张女士有一个女儿，已经上了小学。孩子有一个很严重的问题，就是做事情不细心，总是马马虎虎粗心大意。比如，在学校交作业本忘记写名字、老师的要求经常漏记几条、早上出门穿错袜子等。对于女儿的这些粗心大意的问题，张女士很是担忧，应该怎样培养孩子的细心呢？

案例解析

孩子不细心主要有以下这几点原因：

1. 孩子做事情的时候注意力不集中。这个年龄段的孩子注意力相对于成人来说，是很短暂的。而且每个孩子的性格秉性不相同，所以注意力保持的时间也不一样，有的比较长，有的比较短。孩子可能对于事情的专注程度还不够，做事情的时候还不够用心，所以总是会出现丢三落四、马马虎虎的情况。

2. 外界环境对孩子的干扰。对于孩子来说，外界一切新奇多变的事物都能吸引到她们，干扰她们正在进行的活动。比如，孩子正在做作业，外界的音响、流动的人和车辆等都可能分散孩子做作业的注意力，导致孩子出现作业忘记写名字的现象。

3. 孩子的注意转移能力差。由于年龄较小的原因，孩子注意转移的能力还没得到发展，因而常常不能根据需要及时将注意力集中在应该注意的事物上，这也是注意力分散的一个原因。

解决办法

1. 父母要与孩子多进行沟通，并且适当地陪伴孩子。孩子在学习的时候，注意力的集中程度是有限的，这时候，父母在一旁的陪伴对孩子是一种支持的表现。父母可以在孩子身旁细心做自己的工作，给孩子树立一个细心认真做事的榜样，但不要对孩子说话，给孩子创造一个安静的学习环境。

2. 父母可以给孩子多讲一些名人专心细致的故事，用这种方式来激励孩子。孩子都喜欢听故事，父母可给孩子讲一些名人专心致志学习和细心工作的生动故事，如居里夫人、爱迪生、华罗庚等，激励孩子向他们学习，让孩子通过听故事的方式来学习和吸取名人身上的优点。

3. 在生活中父母还可以充分利用各种机会培养孩子的专注性。父母应该告诉孩子做事情要有始有终。做完事情后，东西要放回原处摆放整齐。因为孩子还不能像成人那样做到有持久性、完整性。家长要负责监督要求其完成，教育她做事要有始有终，告诉孩子要为自己做的每一件事情负责，对待任何事情都要认真仔细，不能马马虎虎。这是家长应尽的责任。

233. 教导女孩凡事大局为重
——女孩做事不顾全大局怎么办?

孙女士有一个可爱的女儿,今年7岁了。前不久,孙女士带着女儿去参加朋友的生日聚会,在聚会上,当孙女士跟朋友说话的时候,女儿总是吵着要这要那,不是要饮料就是要去外面玩,孙女士对她怎么劝阻都不听,弄得孙女士在朋友们的面前很是尴尬。对于做事情不考虑别人、不顾全大局的孩子,父母应该如何去引导呢?

 案例解析

孩子不顾全大局主要有以下这几点原因:

1. 孩子过于以自我为中心。孩子认为"一切我最大",对于这个年龄段的孩子来说,她们并没有站在别人的角度去想问题的意识,也没有"大局"观念,她们并不清楚哪些事情应该做,哪些事情不应该做。

2. 孩子缺乏基本的社交礼仪。可能父母在孩子日常生活中很少注重孩子的礼仪教育,所以孩子对于基本的社交礼仪并不是很了解。

3. 孩子缺少集体活动。生活中可能孩子很少参加这种集体活动,所以孩子缺乏与人交往的能力。面对集体场合,孩子并不知道面对"大局"应该怎样做。

 解决办法

1. 父母要注重培养孩子的礼仪观念。父母是孩子最好的老师,所以父母要在生活中注重与家人相处的礼仪,与家庭成员相处时,一言一行都要符合礼仪规范,为孩子做出示范和表率,积极为孩子创设养成良好行为的物质环境和精神环境,力求对孩子进行潜移默化的礼仪教育。要引导孩子在日常生活中面对同学朋友要有礼貌,久而久之,孩子的礼仪观念就会树立起来,面对大局也就不会出现出格的行为了。

2. 教会孩子以大局为重。父母要告诉孩子,不是任何时候都是以自我为重的,要教会孩子站在大家的立场上去考虑问题,在集体活动的时候,并不是自己想怎样就怎样,自己想要做一件事情的同时要想一下事情的后果,不能一味地去满足自己而不考虑大家的感受。

3. 运用移情方法。父母在生活中要引导孩子设身处地地对待别人。比如,父母带孩子去参加朋友聚会,孩子想要喝饮料时父母就可以引导孩子,让孩子自己喝饮料的同时也要拿给在场的其他人喝,并且告诉孩子,不是只有她要喝饮料,其他人也是要喝的,这时孩子就会明白,就会懂得考虑别人的想法。孩子就会通过父母的引导走出自我中心。作为父母,要通过讲故事、做游戏和打比喻等手段引导孩子认识他人、理解他人、同情他人,促进孩子从"自我"走向"他人",由自己想到大局。

234. 培养女孩坚持不懈的品质

——如何培养女孩做事坚持不懈？

刘女士有一个可爱的女儿，已经上了小学。刘女士发现孩子在生活中有一个很严重的问题，就是做事总是不知道坚持，经常半途而废。比如，放暑假，孩子今天想学画画，可没学几天就提不起兴趣不再学了，过几天又想学拉琴，但是琴买回家不久就不再去碰了。对于孩子的这个问题，刘女士很是担心，怎么能把女儿培养成做事情坚持不懈的孩子呢？

 案例解析

孩子做事不能坚持不懈，有以下这几点原因：

1. 孩子感觉枯燥，丧失新鲜感。无论是画画还是弹琴，任何一项技能都是需要长期的反复训练和练习才能有所成就。而这种反复的练习过程通常都是枯燥乏味的甚至是很痛苦的。当孩子失去了最开始的新鲜感，就失去了学习的动力。

2. 孩子长期受挫，缺乏成就感。孩子在追逐自己的爱好时，其过程是漫长辛苦的，挫折往往多过满足，孩子的这个年龄段还是在打基础的阶段，被不断地指出这不对、那不对，这不行、那也不行，批评太多鼓励太少，使得孩子的自信心和自尊心一再受挫，孩子就会选择放弃。

3. 孩子行动受限，缺少同伴。以学习画画为例，每天去学习一个小时，每天父母都要把孩子在同样的时间送到指定的地点待上一个小时。本来这个年龄段的孩子对事物的专注程度就比不上成年人，孩子的年龄越小，这一个小时的时间就越漫长。孩子在想，别的孩子可以去看电视、吃零食、去游乐场，自己却不能参与其中，这种情况之下，孩子就会产生一种被孤立的心理，她们感觉自己被孤立、被隔离、被遗忘，就会产生不满的情绪。

 解决办法

1. 让过程充满新鲜感。父母可以用孩子喜欢的方式去引导她们，尤其是对于年龄比较小的孩子。可以让孩子在玩中学，学中玩，这是保持兴趣新鲜感最好的方法，这样不仅能让孩子学到喜欢的东西，又能让孩子持之以恒把自己的兴趣坚持下去。

2. 通过群体学习排除孩子的孤立感。单独学习很容易让孩子半途而废，所以父母可以让孩子找到同伴一同去学习。父母可以让孩子找到平时关系好的同学或者小伙伴一同去兴趣班。孩子有了同伴的陪伴，就不会感到自己被孤立，这样每当孩子做完一件事情，她们就会有"我会善始善终"的自信心。父母和朋友的陪伴，是让孩子保持自信心和持之以恒的重要因素。

3. 制订学习短期目标。以学画画为例，每当孩子学会新的绘画手法，父母就要给予孩子一定的肯定和鼓励。父母可以让孩子在家中办一个小型画展，邀请家庭成员都来参加，让孩子体验成功，收获自信，将成功的喜悦转化成前进的动力。

Part 13
女孩的行为培养：做行为规矩的好女孩

235. 女孩爱发脾气可能是某种心理需求
——一些女孩为什么爱向父母发火？

周女士有一个女儿，马上要4岁了。随着一天天长大，脾气也一天天大了，当周女士还没弄清楚怎么回事的时候，她就开始大哭、大喊、躺在地上打滚，有时还会过来打周女士。周女士还发现对她越厉害她就越凶，一副跟自己硬杠的架势。有时候周女士怎么去哄都不管用，一时不知道怎么办才好。那么面对爱向父母发火的孩子，应该怎么做呢？

 案例解析

孩子爱向父母发火，主要有以下这几点原因：

1.孩子发脾气是心理需求的表现。孩子随着生理、心理的不断发育，开始逐渐接触更多的事物。她们对周围事物的认知缺少理性的分析，只是凭着自己的情绪与兴趣来参与，就很容易遭到失败。当孩子遇到挫折或是不顺心的时候，很自然地就会通过发脾气来宣泄自己的情绪，比如摔东西或是拉扯妈妈的头发。

2.孩子以自我为中心。孩子认为自己是最重要的，所以她们通常有什么不合自己心意的事就会发脾气、摔玩具，和父母或者小伙伴闹别扭就挥起小拳头。孩子在成长的过程中都会出现一个反抗期，这是每个孩子必经的一个成长过程。只是有些孩子表现得明显，有些孩子表现得不明显而已。

3.周围环境对孩子的影响。可能在生活中父母的性格比较暴躁、易怒，经常发生家庭战争，这些行为会给宝宝的心灵造成创伤。时间久了，孩子就会把自己积压在内心的负面情绪发泄出来。

 解决办法

1.消除孩子的不良情绪。当父母发现宝宝脾气暴躁时，要及时与孩子沟通，以便找出孩子叛逆的原因，并且尽早消除。父母要对孩子的不良行为及时提出批评，并要采取措施，教育孩子学会如何处理矛盾的方法。

2. 帮助孩子将情绪用语言表达出来。父母首先要让孩子安静下来，必要的时候可以暂时隔离，或者重申一下对孩子提的要求"不要大叫，不要乱丢东西！"要求孩子平静地说话，而不大喊大叫。一旦孩子平静下来，父母要问清孩子发脾气的原因，帮助孩子养成习惯，将她们的感受和原因用语言表达出来。

3. 父母要聆听并回应孩子。如果孩子将感受说了出来，那么父母就要做好孩子的聆听者。如果孩子表达出来有困难，要给孩子一些帮助："所以这让你很生气，你觉得很失败是吗？"如果有问题需要解决或者需要道歉，要给予孩子相应的帮助。很多时候，只需要让孩子知道父母能听她们说话并且理解她们，就能让她们重新平静下来。但是在认同孩子的感受的同时，也必须让她们清楚地知道愤怒不是做那些不恰当行为的理由，告诉孩子就算真的非常生气也不能去打人，明确地告诉孩子乱发脾气是错误的行为。

236. 做事扭捏的女孩一般性格内向
——面对做事太扭捏的女孩怎么办？

刘女士有一个可爱的女儿已经上了小学，前不久刘女士发现了一个问题，就是女儿在面对别人或者做事的时候总是很扭捏。比如，带孩子和小伙伴去小区里的花园玩，刘女士让女儿把带来的水果分给小伙伴，但是孩子却表现出一副扭扭捏捏的样子，磨磨蹭蹭半天也没能将水果分发给小朋友，这种情况让刘女士很是担忧。那么面对做事情太扭捏的孩子，应该怎么办呢？

案例解析

孩子做事扭捏，主要原因有以下几点：

1. 孩子过于敏感。对外界环境表现出异常的敏感，外界稍微有变化就使她紧张与不安。

2. 孩子不善于人际交往。孩子可能在生活中很少与人交往，所以人际交往的能力比较差，喜欢独自安静地玩一些自己比较熟悉的游戏，不愿意融入到别的小伙伴的队伍中去。

3. 孩子的性格问题。孩子的性格可能比较内向，所以遇到事情行为就比较缓慢退缩，情绪比较平静。

解决办法

1. 帮助孩子熟悉周围的环境。孩子在接触和适应新的环境时，需要父母前期的陪伴，父母可以在孩子逐渐熟悉的基础上，有意识地引导孩子表现自己。比如，孩子要上幼儿园了，父母可以先提前带孩子去幼儿园参观几次；孩子在进入幼儿园之后，父母可以陪孩子在班级中待一会儿再离开，使孩子对新的环境有一个熟悉的过程，用这种方式逐渐改变孩子扭扭捏捏的习惯。

2. 设置"最近发展区"的任务给予挑战，激发孩子内在的能力。比如，孩子目前不愿意和陌生人打招呼或者不愿意和其他小朋友一起玩耍，这时候父母就可以引导孩子在父母和陌生人说话的时候，拉着父母的手慢慢转到人们前面来。

3. 父母要调整自己对孩子的态度和教育方式。在生活中父母面对孩子的胆小与敏感，脾气急躁，父母对孩子的急躁会使孩子变得更胆小，非常不利于孩子成长。父母在教育孩子的过程中应该多一点耐心，少一些冲动，用平和的心态与孩子讲道理。

237. 从欣赏出发改善女孩张扬的作风
——女孩行事喜欢张扬怎么办?

于女士有一个女儿叫萍萍，已经上小学了。前段时间，孩子去基地参加拓展训练，从基地训练营回来后，整个暑期状态良好，开学两周后的摸底考试成绩也不错。可她张扬的性格导致先后与语文、数学、外语老师发生很多次摩擦。于是孩子语文课基本不听，成绩直线下滑。于女士感觉孩子做人的问题严重性已经超越了学习成绩，于女士很担心。那么对于张扬行事的孩子应该怎么改变呢?

案例解析

孩子张扬行事有以下这几个原因:

1. 孩子想通过这种方式引起大家的注意。处于成长期的孩子喜欢在众人面前表现自己，争强好胜，以博得他人更多的关注。

2. 孩子不愿意受老师的约束，所以她们更容易做一些与众不同的事情。

3. 孩子对于一些事情过于自信。孩子张扬是自信的表现，但是当孩子过于自信的时候，对于自己的行为往往自己都不能掌控。

解决办法

1. 父母要学会用欣赏的眼光看待孩子的张扬。只要是积极的、上进的，就该大力支持，因为这样做有助于孩子获取成就感，能够激发其积极向上、争取更大进步的信心和决心。父母要积极当好孩子的向导，掌握好孩子表现的度。孩子爱出风头，争强好胜是件好事，要让孩子掌握好"火候"，控制好自己的情绪。不要让孩子过度地发泄。该表现的时候，就积极地鼓励孩子去表现、去张扬，反之，则要收敛。父母应该用自己的亲身经历和体会，来与孩子说明争强好胜的危害性，让孩子时刻保持清醒的头脑，学会"见机行事"，不因"过分"的表现招致他人的嫉妒和不满，更不因过分爱出风头，争强好胜产生骄傲自满情绪，甚至"目空一切"，从而影响今后的学习、人生、工作，后悔终生。

2. 约束中发挥个性是在任何时候都需要的。纪律在人类生活中无处不在，人们必须生活在一个有规范的世界里，这是社会发展的需要，也是人际交往的需要。因此，家长要教孩子学会在约束中生存，让孩子学会自我约束和自我控制。

3.家长要理解孩子的情绪特点，理解孩子的心态，在平等、关爱的基础上，让孩子明白不管在任何时候，人都要学会顺应环境，不能走极端，否则肯定会碰壁的。比如过于追求奇装异服，会让别的同学看不惯，引起同学的反感，觉得不庄重，不像学生样子，从而疏远自己。这个年龄段的孩子是非常需要朋友的关心的。

238. "人来疯"是在引起他人的注意
——女孩是个"人来疯"怎么办？

杨女士的女儿曦曦已经5岁了。孩子的性格比较开朗，在别人面前总是"人来疯"。前不久杨女士的朋友来家里做客，曦曦非常兴奋，不停地通过各种方式来展现自己，客人在的时候她一直在"折腾"。这使得杨女士很是烦恼，对于女儿曦曦这种"人来疯"的现象，应该怎么办呢？

案例解析

孩子"人来疯"有下面这几个原因：

1.孩子希望得到更多的注意和表扬。孩子的思维还保持在以自我为中心的阶段。在这个时期，孩子非常希望得到别人的肯定和注意。所以在客人到来的时候，孩子往往表现得比较"疯狂"。还有一个客观原因是这个年龄段的孩子，其神经系统的抑制功能还没有发育完全，兴奋了不容易平静。

2.客人到来对孩子而言，是一种新鲜刺激。在日常生活中，孩子总是父母和爷爷奶奶注意的中心，当客人来到时，孩子自然就觉得自己还是中心。客人的到来，对孩子也是新鲜和刺激的，比如，客人对孩子的表扬常常让父母感到高兴，孩子能敏感地发现，就会越来越得意，便一发不可收拾。

3.父母没有给孩子明确的停止"疯"的提示。当大人开始谈自己的话题时，没有对孩子的行为发出明确制止的信号。孩子没有遭到父母的明确制止，就会自行把这种"疯"继续下去。

解决办法

1.满足孩子合理需求，帮助孩子完成角色转换。客人没有来到前，父母就要让孩子知道在不同的时间应该扮演不同的角色。客人到来后，可以给孩子一些表演的机会，比如，让孩子背诵一首唐诗或者让孩子弹一曲钢琴，然后给孩子一个明确的停止的提示，帮助孩子完成角色的转换。

2.父母不要太虚荣。很多父母总是为孩子有点儿才艺而感到骄傲，每当家里来客人了，为了展示宝宝的机灵聪明，总是让宝宝表演给别人看。受到表扬后的孩子，会把这当成获得肯定和荣耀的最好的办法。有的孩子甚至迫切地希望家里来人，当家里有人来了，表演欲就上来了。生活中父母不经意的行为，有可能成了宝宝"人来疯"的促因。父母在生活中尽量不要给宝宝这样的误导，即使要表扬孩子，也要多表扬孩子很努力，尽量少说孩子是最好的之类的话，以免宝宝对"人来疯"造成错误的认识。

3. 扩大孩子与外界的接触面，改变孩子与陌生人的交往方式。可能由于父母工作比较忙，孩子很少碰到自己不熟悉的人，所以一旦看见陌生人，就表现出很兴奋的样子。她们没有和不认识的人或者不熟悉的人交往的经验，也就不知道如何与客人相处。父母应该在周末或者假期的时候，多带孩子外出郊游、拜访亲友、购物等，通过这样的方式让孩子的感官得到充分的刺激，接触的陌生人多了，就不会再出现"兴奋"的情况，家中再来客人时也就不会过度活跃。

239. 建立使命感让女孩不再畏首畏尾
——女孩做事畏首畏尾怎么办？

吴女士的女儿今年已经 15 岁了，从懂事开始，她做事情就总是畏首畏尾，做事情的时候总是怕做不好，好不容易把事情做完了，又开始担心最后的结果。而且学习中孩子也有同样的畏惧心理，比如，临近考试她总是精神紧张，害怕自己会考不好，考试结束后又为自己的成绩担忧。吴女士一直为这件事情感到烦恼，怎样才能培养改善孩子畏首畏尾的办事风格呢？

案例解析

孩子畏首畏尾主要有以下几点原因：

1. 在生活中缺乏安全感。孩子如果有父母、亲人的陪伴，给她安全、亲密的安慰，孩子遇到任何事情都不会有畏惧心理的。相反，如果孩子很少得到父母或家人的陪伴，孩子就会产生一种孤独感和恐惧感。

2. 孩子没有责任感和使命意识。孩子遇到事情总是退缩或者逃避、躲藏，这些行为都是缺乏责任感的体现，孩子在利用这些行为去逃避自己的责任，孩子的内心没有树立起"使命感"。

3. 父母对孩子的教育方式出现问题。生活中可能父母经常对孩子进行训斥，甚至恐吓、打骂，父母的这些行为都是孩子出现畏首畏尾状况的原因。孩子在做任何事情之前都会产生心理负担，害怕自己做不好就会遭到父母的训斥，做完一件事情之后又会为结果担忧，害怕父母对自己做出的结果感到不满意。

解决办法

1. 让孩子见多识广。创设外出活动和与人交往的条件，使孩子随着年龄的增长，不断地扩大认识及交往范围，在与陌生人的交往中，逐渐增强感知能力和记忆能力，创建孩子的自信心，克服恐惧感。

2.让孩子体会与人交往的快乐，慢慢消除紧张感和不安全感。先让孩子和比较熟悉的人交往，比如：在公园中主动和陌生的小朋友打招呼、问好，试着和年龄稍大几岁的小朋友一起游戏，再慢慢过渡到走亲访友，去公园和同伴嬉戏，利用乘车、散步的机会和陌生人接触等。运用这样的方式，锻炼孩子的胆量和面对事情的勇气。

3.消除孩子的自卑心理，树立孩子的自信心。孩子的自信心是逐渐培养出来的，父母在生活中应该多鼓励和支持孩子，可以引导孩子尝试着去做一些自己喜欢和感兴趣的事情。当孩子取得成就的时候，应当多对孩子赞扬和鼓励。久而久之，孩子的自卑感和畏惧心理就会被消除，做事情自然就不会畏首畏尾了。

240. 建立计划让女孩学会善始善终
——女孩做事不能善始善终怎么办?

赵女士有个可爱的女儿，今年5岁了。孩子有一个很不好的习惯，就是做事情总是虎头蛇尾，不能善始善终。比如，前不久，赵女士给女儿买了一本手工书，孩子接到书之后非常开心，就认认真真地选自己喜欢的部分，去按照说明一步一步去做。刚开始的时候非常认真，过了不久就放下了手里的东西去干别的事情了，最后导致自己一件完整的作品都没有完成。赵女士对此很是困惑，孩子做事情不能善始善终应该怎么办呢?

案例解析

孩子做事情不能善始善终主要有以下这几点原因：

1.孩子做事情事缺乏计划性。想什么时候做就什么时候做，想什么时候放弃就什么时候放弃；经常事情做到一半就放弃，不知道为什么要坚持和怎样坚持。

2.孩子对待事情总是三分钟热度。孩子对于某种东西的兴趣是暂时的，通常情况都是三分钟热度，开始可能会觉得新奇好玩，做一件事情时间久了，就会对此产生厌烦。

3.孩子容易受到外界的诱惑和影响。这个年龄段的孩子容易受到周围环境的影响，注意力发生转移，缺乏坚持性。

解决办法

1.父母要起到榜样示范的作用。父母要发挥自己的榜样作用，在孩子的行为模式尚未建立起来的时候，身边最亲近的人做事的习惯就是她们做事的准则。所以，父母首先应当端正自己的行为，要有计划地安排日常杂事，也要处理好家庭成员之间的关系，让孩子看到父母在做事情的时候井然有序，这样可以更好地激励孩子向父母学习。特别是父母要根据自己的切身体会现身说法，把道理讲给孩子听。相信孩子看到认真做事情的父母，会很受感动，从而向父母学习，以"对待事情坚持到底"的准则来要求自己。

2.父母要对孩子适当地做一些诱导和鼓励。孩子思维体系的形成还不完善，但她已经能明白父母说的道理了。所以，当父母看到孩子因为缺乏耐心而发脾气或者垂头丧气的时候，父母应该主动去和孩子沟通交流，告诉孩子可以把心中的不开心和不满通通都说出来，但是逃避和放弃并不是解决问题的好方法，解决问题最好的方法就是耐心，一次没成功可以再来一次。父母要引导孩子善始善终的意识，告诉孩子遇到事情半途而废的做法是不对的。

3. 适当地对孩子进行精神刺激。父母可以合理利用孩子的叛逆心理，激发孩子斗志，当然，这需要建立在对孩子了解的基础上。如果孩子恰恰是那种父母说"好"他偏说"不好"的性情，那么父母可以通过否定的方式刺激孩子，对孩子说：我不相信你能坚持得住！相信孩子最后会"坚持"给父母看的。

241. 引导女孩学会情绪管理
——面对做事太出格的女孩怎么办？

李女士的女儿笑笑已经上了小学。笑笑和同学经常闹小矛盾，发脾气，自己伤害自己，还要打同学。在教室里踢凳子，踹门。老师都制止不住，不听任何人劝说。像疯了一样。平时和同学关系不是很融洽，没有几个要好的。有时因为一件不如意的小事就撕掉自己的书本。李女士对女儿很担心，面对做事情太出格的孩子应该怎么办呢？

 案例解析

对于孩子表现太出格的问题有以下这几个原因：

1. 孩子认为自己长大了，所以很多事情都想自己去解决。因为年龄还小，他们遇到不同的意见，常常缺少耐心和倾听，就表现得很急躁，容易发火、发脾气，甚至产生过激行为做出出格的事情。

2. 父母对孩子不够关心。可能生活中父母对孩子并不是很了解，孩子的很多想法和困难都没人去分享，久而久之，这些负面情绪就会压抑在孩子心中，遇到不顺心的事情的时候，就会一下子都爆发出来。

3. 父母对孩子的要求过于苛刻。父母对孩子的要求过于严格，导致孩子产生不满的情绪，用这种行为来发泄内心的怨恨。

 解决办法

1. 加强孩子耐挫折教育。现在的孩子受到家人的过分溺爱，很少受到委屈，情感非常脆弱，如果不具备良好的耐挫能力，在生活中就会很容易产生出格的行为。所以父母要引导孩子正视挫折，坚韧不拔，知难而进，对生活中遇到的矛盾保持正确的态度。

2. 父母要改变教育方式。父母不要一味地溺爱孩子并给孩子施加太大的压力。溺爱孩子会让孩子形成"我最大"的意识，而压力会使孩子变得焦躁不安，这些都是造成孩子产生出格行为的罪魁祸首，而偏执也是形成出格行为的主要因素。所以父母在教育孩子的过程中应该做到张弛有度。

3.父母应该增强孩子的情绪控制力。在生活中，父母应该教会孩子掌握科学的思维方式，教会孩子站在全面的角度去看待问题和分析问题，增强自己的情绪控制力，自觉抵制和减少出格行为的发生。

242. 培养女孩礼让的品质
——如何培养女孩礼让的习惯？

蔡女士的女儿今年5岁了，已经上了幼儿园。前不久蔡女士带着女儿去出席朋友的生日聚会，在餐桌上，蔡女士发现女儿根本就不懂得礼让，在饭后吃水果的时候，蔡女士让女儿把水果发给其他人，等其他人吃了之后自己才能吃，没想到孩子不仅没有像蔡女士说的那样做，反而自顾自地吃了起来。孩子的这一行为使得蔡女士很是忧虑，父母应该怎样培养孩子礼让的行为习惯呢？

 案例解析

孩子不懂得礼让，是由以下这几点原因造成的：

1.孩子当时心情不好。当孩子情绪不佳的时候，想让她们做出积极的事情是很困难的。

2.孩子的控制欲作祟。有的孩子一开始是很喜欢礼让他人和与他人分享的，但是发现自己对物品或者事物失去控制权的时候就会拒绝分享。

3.孩子没有礼让的意识。可能在生活中父母对孩子的礼让观念灌输还不够，孩子的礼让观念还没有形成。

 解决办法

1.父母要对孩子适当地进行夸奖和鼓励。父母在生活中要引导孩子，并且要让孩子明白谦让的意义在于共享共赢，是出于真心的，而不是为了换取夸奖，否则会使孩子在无意中养成讨好型人格。

2.父母在生活中要对孩子进行随机教育。在生活中孩子的语言和行为是相当真实的，根据孩子的语言和行为进行随机教育能收到良好的效果。可以对孩子的礼让言行给予及时的表扬和鼓励，让孩子体会到与人分享和礼让的快乐。平时要注意抓住教育时机，适时进行教育诱导。

3.父母可以多和孩子做一些与礼让有关的游戏。在游戏中，家长可以充分调动孩子的礼让精神。游戏时小朋友之间难免出现矛盾，这时家长可以让孩子换位置，重新进行游戏，让孩子体验彼此的感受，换位思考。在实践中让孩子明白礼让的意义。

4.父母是孩子的第一任老师，在培养孩子礼让习惯时要以身作则，给孩子树立一个好的榜样。对孩子的礼让言行进行表扬和引导。

243. 及时阻止女孩霸占他人东西

——女孩喜欢霸占他人东西怎么办？

张女士有一个 4 岁的女儿叫阳阳，已经上了幼儿园。前不久，张女士发现阳阳的书包里有几件不明来历的玩具，在张女士的一再询问下，阳阳才告诉她这是同学的玩具，她拿来玩玩。这一行为让张女士很为她感到担忧，面对喜欢霸占他人东西的孩子，应该怎么办呢？

 案例解析

喜欢霸占他人东西有以下这几点原因：

1. 无意的行为，分不清"自己的"与"别人的"。对于这个年龄段的孩子来说，某件东西是属于"自己的"，还是"别人的"，界限并不是很清晰。她们很多时候只是单纯地喜欢这件东西，而将它"占为己有"，简单地就像从路上捡起一个小瓶盖一样。对于喜欢的玩具，孩子可能自己没有，或者一直想玩，这时看到小伙伴的手里有，孩子就想"独霸"这个玩具，仿佛是自己的一样。这个年龄段的孩子还不具备有意"偷拿"的意识和能力，把其他小朋友的玩具拿在自己的手里，大多是无意行为，因此，父母也大可不必"上纲上线"，对孩子严厉斥责。

2. 自我控制能力差。孩子把幼儿园小伙伴的玩具拿回家，很多情况下都出于对玩具的喜爱。因为喜爱某件东西，却很难控制自己的意念和行为，而将其拿回了家。而且，又怕父母发现会责备自己，所以孩子拿回家的玩具通常会"藏"起来，不易被发现。

3. 父母可能很少满足孩子的需求。在生活中可能父母很少去询问孩子内心的需求和愿望，所以孩子通过这种"霸占"别人东西的行为来满足自己的需求。

 解决办法

1. 明确告诉孩子"霸占"别人的东西是错误的行为。对孩子来历不明的物品或玩具，父母要先问清楚孩子这么做的原因，然后明确、严肃地告诉她，这个东西是别人的，不管别人知不知道，都要赶快拿去还给人家，并且认真向对方道歉。同时还要引导孩子，如果喜欢别人的东西，可以请求父母购买。家长一定要直接表明自己的态度，并给孩子做出明确指示，这样做可以强化正确信息，给孩子留下深刻印象，有利于养成孩子的良好行为习惯。此外，家长还要注意结合孩子的日常生活，帮助她形成正确的主客体意识。

2. 让孩子换位思考。在生活中父母可让孩子通过角色扮演的游戏方式，让孩子观察自己"霸占"了别人的东西后，别人会有怎么样的反应，或是体验自己的东西被别人"霸占"之后，会有什么感受。从而让孩子懂得"你""我""他"的东西归属之间的界限，以后也就不会随便去"霸占"别人的东西了。

3. 父母要多与孩子沟通交流。在日常生活中，父母要每天拿出一部分时间与孩子交流，了解孩子内心的想法和需求，以及近期愿望和想法等，并对孩子说出的愿望和需求适当地满足。这样，不仅拉近了孩子与父母之间的关系，同时又能避免孩子犯下错误。

244. 女孩依赖心理太重不利于成长
——女孩依赖性太强怎么办？

王女士有个女儿今年3岁，孩子从出生起就是由王女士自己带的，最近一个月王女士身体不好，想把孩子交给奶奶带，结果问题出现了，孩子只要一和王女士分开就哭，拉着王女士的手不肯放开，到哪里都要喊"妈妈，妈妈"，凶也不行，哄也不行。王女士看到孩子对自己的依赖，便开始发愁了。明年3月份孩子就要上幼儿园了，这样下去可怎么办呀。孩子的依赖性太强应该怎么办呢？

 案例解析

孩子依赖性太强主要有以下几点原因：

1. 为孩子提供了过于优越的环境。一些经济条件不错的家庭，父母总是为给孩提供优越的生活环境而自傲。于是孩子生活被照料得极其精细，凡事都有保姆管着。他们认为，这些生活小事，孩子将来会不会也没关系，只要让她具备成就大事或者赚大钱的能力就足够了，就这样，孩子养成了饭来张口，衣来伸手的依赖习惯。

2. 父母给予孩子情感上的照顾比较少。父母过于忙碌，没时间照顾孩子，或者孩子很小就被寄养在老人家，导致孩子总是担心父母要离开自己，情绪比一般的孩子更为不稳定，较少有安全感。缺乏安全感的孩子会更加强烈地在情感上依赖父母，试图通过这种方式来获得父母更多的关注。

3. 家长本身对孩子的情感依赖过于严重。有的家长习惯于照顾孩子，如果不给他伺候孩子的机会，他内心反而会十分难受。孩子被这样的家长宠惯了，就会很聪明地"见人下菜碟"，只要一见到最疼她的家长，就会变得特别依赖，而在别的家长面前，却表现得比较独立。

4. 不正确的引导导致孩子过分依赖。有的父母，尤其是有的妈妈觉得自己带孩子很辛苦，就委托别人帮着带，可是当看到孩子对带她的人表现出更多热情的时候，内心难免有些酸溜溜的感觉，为了让孩子不疏离自己，故意让孩子更依赖自己，结果人为地导致孩子过分依赖自己。

 解决办法

1. 要根据孩子的表现，采用勇气教育的方法。父母可以根据孩子在什么情况下对哪些活动产生退缩行为，以此来确定应着重从哪方面对孩子进行勇气培养。

2. 多给孩子表达各种感受的机会，增强孩子的自信心。孩子经常与父母一起生活，突然换了一个新的环境，并不能使孩子马上就树立起自信心。新的环境和孩子自我的感觉还没有完全融合为一体，所以，即便有其他亲人的陪伴，有些孩子在情绪和行为上仍会表现出一定的迷茫和退缩行为。对于这样的孩子，父母应该多给孩子表达各种感受的机会，让孩子在表达和感受中逐渐增强信心和勇气。当然，也要尊重孩子自己的想法和意愿。

3. 家庭中的各种教育力量要一致、均衡。教育依赖型的孩子，不在于教育时间的长短，重要的是父母要表现出平等的品质，要注重与孩子的交往过程。父母教育孩子的时间与机会应该保持一致、平等，不能单独地以某个人为主。要让孩子明白所有亲人都是孩子可以依赖和信任的对象。应加强孩子父亲的教育力量，随着孩子年龄的增长，孩子爸爸要多参与孩子的教育活动，更多地从孩子的价值观、人生观、学习发展方向等方面进行引导，拓展孩子的精神世界，帮助孩子从更广泛和深层的精神世界中寻求勇气的源泉和动力。

4. 化解消极情绪，增进情感沟通，寻找孩子的优点和长处。对于学龄儿童而言，应该重视她们对挫折、失败等消极情绪的表达，并且积极帮助她们化解这些消极的情绪体验，鼓励他们认识到自己还有许多优点和长处，让她们感到面对的任务和情况虽然复杂多变，但自己仍然有做得很好的方面，家人仍然理解自己经历的困难和挫折，自己在解决任务中，能力能够不断增长。有了这样的认识，孩子们在面对可能遭受挫折或需要自己努力的任务时，勇气会越来越强。随着参与活动的增多，她们会对自己逐渐形成比较全面和客观的认识，逐渐悦纳自己，挑战自己，进而不知不觉地摆脱胆怯，变得积极主动和勇敢起来。

245. 适当让女孩吃点儿苦
——女孩吃不了苦怎么办？

赵女士有个女儿，今年已经上小学了。前不久，赵女士想让女儿和自己一起做家庭大扫除。没想到的是，刚干活孩子就开始抱怨"这也太脏了""我好累啊"。孩子的这些话让赵女士很是苦恼，应该怎样培养孩子的吃苦精神呢？

 案例解析

孩子没有吃苦受累的精神有以下这几点原因：

1. 父母对孩子过分溺爱。现在很多父母特别是老人，视独生子女为"小皇帝""小公主""小太阳"，对孩子事事顺从，久而久之，孩子就形成强烈的"以自我为中心"的心态和任性的性格。在这种环境中成长的宝宝，受不得一点儿的委屈和挫折，就更不要去说吃苦和受累了。

2. 父母对于孩子的事情总是包办替代。在生活中，像穿衣服、穿鞋袜、收拾玩具等都是孩子自己能力范围之内可操作的事情，但是相当多父母忍不住包办代替，把一切打理得干净利索。这样，孩子不仅得不到锻炼，还养成了娇生惯养的毛病。

3. 父母总是为孩子推卸责任。很多父母在孩子摔倒时故意敲打地板，并告诉孩子"都是地面不平，害宝宝摔倒，妈妈打它！"这种举动将孩子摔倒的责任推给了无辜的地板。长此以往，孩子碰到挫折时就习惯了不去面对或推卸责任，时间久了，孩子就会缺乏责任心。

 **解决办法**

1. 多给孩子提供吃苦的机会。父母要改变教育方式，试着让孩子走出父母的"保护圈"，不要怕孩子摔着、碰着、饿着、累着，孩子摔倒了鼓励她自己爬起来，孩子有能力自己解决的事情就让她自己去解决，作为父母不要过于干涉。比如，要玩具自己去拿，衣服自己穿，书包自己整理。要多安排孩子做一些力所能及的家务，培养孩子的劳动意识。

2. 让孩子学会自己解决问题的能力。在日常生活中，要多培养孩子自己动手解决问题的能力，孩子能自己完成的事情，家长不要总是代劳，在确保安全的情况下，放手让孩子去尝试，父母多给予肯定和鼓励，即使有些事情做不好，家长也要肯定孩子的努力，客观地为孩子分析失败的原因，为孩子提供继续努力的动力。久而久之，孩子不怕吃苦不怕失败的精神自然就养成了。

3. 要适当地让孩子经受一点失败和委屈。有的父母不愿看到孩子失败，在玩游戏互动的时候总是想尽办法让孩子赢，这样做对孩子日后的发展是没有好处的，作为家长，有时让孩子体验一点失败、遇到一点挫折不见得是一件坏事，可借用这些机培养孩子克服困难的勇气。同时，也告诉孩子人生的道路不是一帆风顺的，要在失败、委屈，甚至痛苦中学会成长，只有这样才能更好地融入社会。

4. 父母要以身作则，树立榜样。家庭是孩子的第一所学校，父母是孩子的第一任老师，父母的一言一行对孩子有着潜移默化的影响，父母对待事物、对待亲人的方式都是学习的榜样。家长在教育孩子的过程中，要以身作则，树立良好的榜样，无论遇到什么困难、挫折，要让孩子看到自己面对困难和挫折时没有逃避和退缩，勇于面对。要让孩子树立信心和责任感，这对孩子正确对待失败和挫折有很好的引导作用。

246. 命令他人是一种不好的行为
——女孩喜欢发号施令怎么办？

田女士的女儿今年 5 岁，经常用命令的口气跟别人说话。比如，她经常命令父母："把鞋给我拿来。"田女士向幼儿园老师了解后，发现孩子在幼儿园也常命令别的小朋友："过来帮我！"身为家长，田女士感到很苦恼，该怎么办呢？

 案例解析

孩子喜欢发号施令的原因主要有以下几点：

1. 孩子过于以自我为中心。她们总是不替别人着想，做事情总是秉着"为我"不"为他"的态度。

2. 孩子受到家庭环境的影响。家庭成员之间进行语言交流的时候，往往都觉得一家人没有必要客气，无意中用命令的口吻和对方讲话，给孩子造成不良影响。

3. 孩子的情绪问题。孩子的情绪也能影响到孩子的口气。孩子在情绪上不是很愉快的时候，说话的口气与腔调自然也不会很友好。孩子的年龄有限，很多时候还不能理性地控制自己，所以大多都是靠情绪来控制的。

 解决办法

1. 明确告诉孩子命令别人是不对的。要改正孩子命令他人的不良习惯，父母首先要给孩子树立好榜样，从自己做起，在家里营造一种民主、礼貌、和谐的氛围。

2. 父母要对孩子进行引导。比如，当孩子命令别人的时候，父母可这样告诉孩子："人和人都是平等的，请别人帮忙应该有礼貌，别人才愿意帮助你。说话像下命令，别人会讨厌你，不愿意帮助你。"

3. 父母要教会孩子用平常的语气说话。日常生活中，父母要注意纠正孩子命令式的讲话语气。如果孩子用命令的口气说话，父母就严肃指出来，要求孩子不能用这种口气，直到她改变为止。

4. 让孩子体验到"给"别人的乐趣。父母要经常向孩子灌输"给予"的观念，鼓励孩子帮助别人，让她体验到帮助别人的乐趣。

247. 鼓励女孩自己的事情自己做
——女孩总是依靠男生怎么办？

李女士有一个可爱的女儿叫小小，前不久李女士通过幼儿园老师得知，小小在幼儿园做事情的时候总是依赖班上的男生。比如，大家一起做值日的时候，小小通常都是让班上的男生替自己完成；当大家一起做手工的时候，小小也总是让班上的男生帮忙。对此，李女士感到很困惑，孩子总是依赖男生该怎么办呢？

 案例解析

孩子总是依靠男生有以下这几点原因：

1. 孩子的独立性差。孩子缺少独立解决事情的能力。

2. 孩子的自信心不足。孩子不能平等地看待自己和别人，总是认为自己低人一等，自己的解决方法和处理问题的方式都是不好的，孩子总是认为男生能比自己做得更好。

3. 孩子受家庭环境的影响。家庭生活中很少给孩子制造独立思考、独立解决问题的机会，导致孩子不能很好地锻炼自己的动手能力。

 解决办法

1. 父母要给孩子消除"全能超人"的存在感。父母应该告诉孩子，世界上没有"全能超人"的存在，也没有人能时时刻刻都帮助自己。想要达到什么目的，就要自己勇敢地去尝试。

在生活中，父母还要注重培养孩子的责任意识。

2. 为孩子树立信心，多鼓励孩子自己的事情自己做。在日常生活中，父母应该多给孩子提供一些锻炼的机会，比如，让孩子自己收拾玩具、自己穿衣服、自己洗澡等。让孩子通过做这些事情培养独立的能力，让孩子明白，自己的事情是要自己去做的。

3. 培养孩子的责任感。父母在生活中要引导孩子树立责任心，要告诉孩子自己是有责任要把自己的事情做好的。

248. 拒绝女孩装可怜的小心思
——怎么改掉女孩爱装可怜的习惯？

刘女士有一个 6 岁的女儿，平常在家里总是装可怜，比如，她想吃某样零食，刘女士要是不给她拿，或是想看动画片不让她看，她就立马"哎呀哎呀"地叫起来，又是捂肚子，又是抓头挠耳，表现出非常痛苦难受的样子。她不管想干什么，只要刘女士不同意，她就立马开始装可怜，"哎呀哎呀"叫得没完没了。这使得刘女士很烦恼，孩子总是喜欢这样装可怜应该怎么办呢？

 案例解析

孩子总是装可怜，有以下这几点原因：

1. 亲子关系的沟通方式上出现了问题。生活中可能父母总是对孩子用"如果……那么……"的方式与孩子对话，比如，"如果你听话，等我下班回来就给你买糖果"，"如果你按照我说的去做，就给你买玩具"等。孩子在父母的影响下，也学会了讲条件的习惯，就形成了"如果不让我装可怜，就满足我的要求"的情况。

2. 父母不能坚持自己的立场。面对孩子又哭又闹、满地打滚装可怜的情况，父母会觉得于心不忍，父母往往会立刻满足孩子的要求。长此以往，孩子就学会了通过装可怜、哭闹的方式来威胁父母，以此达到自己的目的。

3. 孩子为了博取父母的同情从而达到自己的目的。孩子想用这样的方式来"骗取"父母对自己的同情，从而达到自己想要东西的目的。

 解决办法

1. 父母要"温柔地坚持"。面对孩子装可怜和提出的种种条件，父母可以采用温柔的口吻，如果讲道理已经没有什么效果了，就断然拒绝孩子的要求，忽视孩子的装可怜，明确地告诉孩子"不可以"。

2. 允许孩子释放自己的情绪。孩子的要求被拒绝后，孩子会拿出自己的撒手锏，哭闹、纠缠。此刻，父母要保持冷静，放平心态，对孩子的哭闹不说教、不阻止、不批评、不理睬，给孩子释放压力和情绪的空间和时间。

3.转移孩子的注意力。父母可以和孩子讲一些其他的事情，比如，周末去哪里玩、晚餐想吃什么等，以此来吸引孩子的注意力，淡化孩子对条件的关注。

249.女孩爱占小便宜的行为不容忽视
——女孩爱占小便宜怎么办？

马女士家的女儿今年8岁，马上二年级了，生活中田田经常会讨小便宜，比如：家人给她五元钱，买两个棒冰，她只买了一个，拿着剩下的钱屁颠屁颠地跑了；同学给她两块钱让她帮忙保管一本书，田田可开心了。对于田田占小便宜的现象，马女士感到很担忧，如何让女儿戒掉爱占小便宜的毛病呢？

案例解析

孩子爱占小便宜有以下这几点原因：

1.父母对孩子的影响。在生活中父母可能本身就有爱占小便宜的情况，孩子受到父母的影响，便模仿父母的行为。

2.孩子的需求得不到满足。可能在日常生活中父母很少了解孩子的需求，孩子的一些需求通常都是得不到满足的，所以孩子就会用这种方式来满足自己。

3.孩子的认知能力有限。孩子还不能正确地认识什么事情是应该去做的，什么事情是不应该去做的，什么是好的，什么是坏的。对于占小便宜，孩子可能不认为是错误的行为。

解决办法

1.家长要以身作则。自己不能在孩子面前占小便宜，做好孩子的榜样。榜样的力量是无穷的。孩子占小便宜的坏习惯与父母在生活中的言行举止有很大联系。孩子的分辨能力差，不能正确区分好与坏。父母应时时刻刻注意自己在孩子面前的行为举止，处处为孩子起到表率作用。如果在生活中父母爱占小便宜，经常顺手牵羊的话，那么孩子也会模仿家长做同样的事情。所以想让孩子养成好的习惯，父母首先就要自己拥有这样的好习惯，孩子的成长过程同样是父母的成长过程。

2.让孩子明白所有权，别人的东西不能占为己有，占小便宜的习惯是不好的。在生活中父母要让孩子明白所有权的概念，告诉孩子什么东西是自己的，什么东西是别人的，自己的东西可以随便处置，而别人的东西不能随便拿，必须经过别人的同意才行。要明确地告诉孩子占小便宜会带来怎样的后果：失去快乐、失去朋友信任、失去父母的爱、没有人帮助、没有人喜欢。

3.对孩子习惯占小便宜的行为要严惩不贷。当父母发现自己的孩子喜欢占小便宜时要引起重视，一旦发现孩子有占小便宜的行为，就要帮助孩子改掉坏毛病。如果单纯地说教不管用，就要采取相应的惩罚措施，比如，取消假期的一切零食花销，停掉平时的零花钱，每天要做更多的家务活以示惩罚等。直到将孩子这个占小便宜的坏毛病改掉为止。

250. 过于听话是一种"病态"

——女孩"过于听话"好不好？

孙女士有个很乖巧的女儿，再有两个月就5岁了。孙女士发现孩子"太听话"，买玩具总是让孙女士选，家长给她什么她就要什么；报兴趣班，也让孙女士选，让她报什么她就报什么。从小遇到什么事，孙女士就给她讲道理，孩子很理智，周围的人都说她是个"乖孩子""真听话"，孩子似乎也喜欢听人这样夸。但是这让孙女士反而有点儿担心，孩子"过于听话"怎么办呢？

 案例解析

孩子"过于听话"有以下这几点原因：

1. 孩子喜欢模仿，容易盲从。

2. 孩子的畏惧心理。家长本来就是孩子心目中的权威，再加上有些家长习惯于替孩子设想一切，所以容易造成孩子唯命是从，不敢干甚至不敢想违背家长意愿的事情。

3. 亲子之间缺乏沟通。有些家长因为工作忙，和孩子之间缺乏沟通，不理解孩子，往往造成孩子的畏惧心理，不敢说、不敢做想做的事情。

 解决办法

1. 让孩子做主。"小事"由孩子自己安排，如周末请哪些小朋友来家中做客，到超市买什么零食，选择什么玩具等。对于"大事"父母要主动给孩子提供参与的机会，如房间的布置，可以和孩子一起筹划设计方案，鼓励孩子提出自己的建议，如果可行则尽量采纳其建议。

2. 教会孩子说"不"。父母要使孩子有主见，必须破除孩子对权威的畏惧。可以和孩子一起玩"说不"游戏，家长有意识地出错，让孩子指出错误的地方。父母要告诉孩子，无论大人还是孩子，都有可能出错。孩子意识到这一点，就不会盲从别人，模仿别人了。

3. 和孩子一起做家庭智力游戏。父母可以找出一个主题或者难题，让孩子想出多种方法解答。如小猴不小心掉进猎人为抓大灰狼而设的陷阱里了，它该怎么办呀？人在什么情况下容易口渴？引发孩子进行发散性思维，并提出解决问题的多种方法。

251. 独断专行是一种固执

——女孩做事独断专行怎么办？

王女士有一个6岁的女儿，在家里总是唯我独尊，不管是谁的东西，都是随意拿放，和王女士说话也没有礼貌，最近更是变本加厉，有时她爸爸说她，她甚至还会动手。对于女儿的这种"独断专行"的行为，王女士感到十分担忧，应该怎么办呢？

案例解析

孩子独断专行的毛病，有以下这几点原因：

1. 孩子过分强势。父母在生活中对孩子没有原则，从小就没有为孩子树立界限，导致孩子为所欲为。

2. 对于孩子过分顺从。在生活中父母对孩子总是百依百顺，说什么是什么，要什么给什么，对孩子过分关爱，父母这样的宠爱使得孩子失去行为边界。

3. 家庭环境的影响。父母在与家人相处的时候不注意自己的行为，对老人不尊重，或父母双方经常吵架，甚至动手打人，这些都会潜移默化影响孩子。另外，这个年龄的孩子是非观念还不是很明确，顶撞老师、同学之间打架、影视作品引导等，都会对孩子的是非观念有影响，孩子会误以为这么做是一种勇敢的行为。

解决办法

1. 学习做"温和而坚持"的父母。在生活中对于孩子超过原则、违背客观对错的行为和言语，父母一定要温和地、坚持告诉孩子"不可以"，并且明确地告诉孩子哪些行为是错误的。

2. 让孩子为自己的行为负责。如果孩子做错了事情，要让孩子来承担不良后果。父母要告诉孩子自己做的事情不管是好是坏都要自己去承担后果。

3. 家长要学会信任，看到孩子的优点。过了幼儿期的孩子，心理上需要被承认"已经成人"，需要被当作大人来对待，如果父母还是把孩子当成一个小宠物，那孩子肯定会用力去反抗。

252. 尊重女孩独特的收藏爱好
——女孩喜欢收藏小东西怎么办？

陈女士的女儿 4 岁了，从小就喜欢收藏一些没有意义的小东西。比如，路上捡的各种形状的小石子、饮料瓶的盖子、糖纸、牛奶盒子等，而且她自己还放得整整齐齐的，比自己的玩具放得都好，还很珍惜。对于孩子这样的行为，应该怎么办呢？

案例解析

孩子喜欢收藏小东西有以下这几点原因：

1. 孩子的自理能力已经开始形成。孩子从小就养成了爱整理东西的习惯，孩子收藏东西的习惯有点像松鼠，她享受着寻找宝贝并珍藏起来的过程。

2. 孩子缺乏安全感。这个年龄段的小孩缺少安全感，她喜欢收藏的小东西是她安全的一种依靠。

3. 孩子好奇，在探索世界。孩子的年龄段处于认识事物的萌芽期。物品除了看看、摸摸、碰碰，她们还想把自己没见过的而且喜欢的东西拿回家收藏。

 解决办法

1. 父母要保护孩子的好奇心。父母要尊重孩子收藏的习惯和爱好，并且应该适当地给孩子讲一些道理，告诉孩子收藏东西可以，但是有些东西是不卫生的，会造成不良的后果。父母可以给孩子提一些小建议，引导孩子哪些东西是有收藏价值的，可以拿来收藏等。

2. 培养孩子的界限观念。父母在生活中要给孩子树立界限，要让孩子"有法可依"。对于孩子收藏捡拾东西的现象，父母最好在孩子第一次发生后就开始建立要求，这是为了培养孩子的感知能力，也更直接地让孩子去理解。比如，地上有两个不同颜色的糖纸 A 和 B，由于孩子的认知问题，对于成人而言，A 和 B 是一类东西，但是对孩子而言，可能她们会认为是完全不一样的东西。所以父母要耐心地给孩子讲解，A 不可以要，B 不可以拿回家。

3. 要找时机对孩子进行教育。父母要告诉孩子什么是垃圾，什么是自然产物，什么是废弃物。可以告诉孩子，对于自然产物，像是花瓣、树叶、石子等，是可以玩的，这些也很适合拿回家收藏，做书签或者标本等。还要明确告诉孩子，对于食品包装，如果想去碰也是可以的，但是玩过之后是要放入垃圾箱的，并明确告诉孩子这些是不卫生的，再喜欢也不能拿回家收藏。

253. 纠正女孩"我最大"的心理
——如何引导指手画脚的女孩？

赵女士有一个 5 岁的女儿叫叶叶，在生活中，叶叶总是喜欢对人指手画脚，对家里的老人也是如此，有时候爷爷奶奶正在谈论事情，叶叶不仅总是插嘴，还对爷爷奶奶指手画脚地评论，爷爷奶奶觉得她很没礼貌。赵女士为此感到很担忧。孩子喜欢指手画脚，父母应该怎样教育呢？

 案例解析

孩子喜欢指手画脚主要由以下几点原因造成：

1. 父母的教育方式出现问题。在生活中父母对孩子的礼仪教育还不够深刻，没有给孩子体验亲情的机会，可能父母总是给孩子灌输最重要的思想，忽视了孩子的品德培养。

2. 孩子缺乏感恩教育。孩子不能意识到自己的一切都是来自于父母和亲人的给予，所以孩子就没有一颗感恩的心。因此，孩子就会有一种"我最大"的思想，她们认为自己做什么都是对的。

 **解决办法**

1.用"负反馈"来抑制孩子。只要孩子出现这种对长辈指手画脚不礼貌的行为，所有家庭成员都对孩子的行为表示反感，要表示得非常明显，甚至要稍稍刺痛孩子。父母再告诉孩子，大家其实是很喜欢她的，但是不喜欢这种指手画脚的行为，要坚持这样给予负反馈。持续的负反馈能使孩子的行为弱化，直至彻底消失。

2.父母可以使用"情感换位法"来感化孩子。孩子的很多行为都不是理性的，这与孩子的思维方式有关，孩子总是会以自我为中心，她们总是从自己的情感出发，不能体验他人的情感。所以父母要积极引导孩子进行换位思考，可以适当地用"以其人之道还治其人之身"的方法，当孩子在生活中顽固不化的时候，就有意用指手画脚的不礼貌的行为对待孩子，让孩子因此而难受，让孩子感受到这种行为是错误的。

3.父母要为孩子做出榜样。如果孩子出现对家人指手画脚的情况，家长就要注意自己在孩子面前的言行举止，要告诉孩子对他人指手画脚的行为是不礼貌的，然后引导孩子要用礼貌的方式对待他人。

254. 女孩打小报告可能是出于善意

——女孩打小报告是好还是坏？

杨女士的女儿在幼儿园一直都很乖，能唱能跳，还会画画，和小朋友们也相处得很好，放学前还会帮老师整理玩具，一直以来老师总是跟杨女士夸奖孩子。但是，最近杨女士却感到很困扰，因为幼儿园老师告诉她，孩子爱上了"打小报告"：有小朋友打架了；有小朋友跟别人抢玩具；有小朋友把不爱吃的东西偷偷丢掉了……每天，孩子都会跟老师报告。作为父母，该怎样告诉孩子这样的行为是不好的呢？杨女士为此很是头痛。

 案例解析

孩子们打小报告有各种各样的原因：

1.孩子希望同伴因为自己的"小报告"变好。孩子抱有想把他人从道德和行为的错误中拯救出来的"英雄"心态。孩子可能只是想帮助那个违反规定或有不好习惯的小伙伴改掉她认为不好的东西，想把小伙伴也变成一个好孩子或老师希望看到的那样的孩子。她不仅想帮助被揭发的小伙伴，也想帮助老师。

2.孩子想给自己贴上标签。孩子可能想通过揭发别人的方式，来显现出自己的好，给自己贴上"好宝宝"的标签。

3.孩子善意的体现。孩子可能出于善意，只是单纯地想替老师来尽一些责任，同时可以通过这种方式得到老师的表扬。

解决办法

1. 父母要用简单的语言对孩子表示肯定。父母可以说"我很谢谢你告诉我这些"。这样的回答可以满足孩子想要获得注意的需要，既肯定了孩子的做法，也没有明显表扬孩子打小报告的行为。

2. 父母在生活中可以适当地给孩子制造一点儿小挫折。有的孩子在同龄的小朋友中显得很强势，像个"小大人"一样，总觉得自己比其他小朋友都优秀，总是喜欢指挥别的孩子，很容易形成骄傲心理。父母可以有意给孩子安排一些相对比较困难的任务，让小困难不时压一压孩子的傲气，让孩子明白每个人都是平等的，自己跟别的小朋友是一样的，也有完成不了和做得不好的事情。这样孩子自然就不会再轻易地去打其他人的小报告了。

3. 让孩子学会发现别人身上的优点。对于爱打小报告的孩子，父母要告诉他们，每个人身上都有缺点和优点，应该多学习其他小朋友身上的优点，对于有坏习惯的小朋友也要学着原谅和包容，要学会处理与小朋友之间的矛盾，不能总是报告老师。

255. 要引导女孩不要给他人起外号
——女孩喜欢给别人起外号怎么办？

王女士有一个 6 岁的女儿叫拉拉，非常调皮，在学校里总是乱给别人起外号，而且有些非常难听，比如，"大懒猪""丑八怪"等。这些外号影响了拉拉和同学之间的团结和友谊。王女士感到很烦恼，女儿总是喜欢给别人起外号怎么办呢？

 案例解析

孩子喜欢给别人起外号有以下这几点原因：

1. 给别人起外号对于孩子来说是展现自我的一种方式。起绰号是孩子用来显示自己的威风，嘲笑别人的手段。同时孩子认为取外号可以展现自己的"聪明才智"。

2. 孩子的出发点只是觉得"好玩"。孩子认为给别人取外号是很有趣的一件事情。她们只是单纯地闹着玩，就像她们之间喜欢打打闹闹一样。

3. 孩子的炫耀心理在作祟。每个孩子在儿童时期都会有很强的好奇心和嫉妒心，同时也有很强的羡慕和炫耀的心理。孩子给小伙伴起外号，大多都是炫耀的心理在作祟，孩子想以这个方式来证明自己很厉害。

 解决办法

1. 教会孩子尊重别人。父母首先要了解孩子给别人起外号的动机是什么，如果孩子是想用取外号的方式来贬损对方，这时父母就要告诉孩子，每个人都是平等的，要让孩子懂得尊重对方，并且要告诉孩子，只有尊重他人，自己才能受到尊重。

2. 让孩子适当地受到惩罚。通常情况下，孩子如果出现不尊他人，并且给别人起难听的外号的时候，父母应该及时进行适当惩罚，可以减少孩子最近外出游玩的次数，或停止孩子最近一周的零食等。父母在行使惩戒职能时一定要做到言出有信，这样孩子才能认真对待自己犯的错误。

3. 父母要善于用日常生活中的一些小事来引导孩子。比如，要求孩子在学校主动向老师、同学问好，遇到熟人要热情打招呼，请人帮助时要用礼貌用语等。同时，父母可以多向孩子讲一些别人的性格、优点，鼓励孩子学习他人身上的优点。另外，父母还要教育孩子应该正确地对待他人的缺点和不足，让孩子明白"金无足赤，人无完人"的道理。告诉孩子，要正视他人的缺点，尊重别人，乱取外号是错误的行为。

256. 喜欢嘲笑他人的女孩一般比较骄傲
——女孩喜欢嘲笑别人怎么办？

程女士有一个可爱的女儿叫悦悦，今年5岁了。前不久程女士从幼儿园老师那里得知，悦悦在幼儿园中总是嘲笑班里的小朋友。比如，悦悦会对小朋友说："哈哈，你这件衣服也太丑了。""你的书包怎么那么老气啊。""你的手表也太破了。"老师表示悦悦这样的言论给班上的小伙伴们造成了很大的伤害。对此，程女士很烦恼，到底应该怎样才能改掉悦悦嘲笑别人的毛病呢？

 案例解析

孩子总是喜欢嘲笑别人有以下这几点原因：

1. 父母对孩子的影响。如父母在孩子面前经常议论同事的孩子又脏又不懂事，每天一副傻样子。孩子听后，在某个时候遇到了父母同事的孩子，就会嘲笑他："看你那傻样子，我才懒得理你呢！"

2. 家庭生活条件优越，滋长孩子虚荣自傲的心理，形成爱嘲笑别人的毛病。如孩子经常穿漂亮的衣服，看到穿旧衣服的孩子就会嘲笑他："旧衣服你还穿，多难看！"

3. 父母总是过多地夸奖孩子。孩子经常得到大人的夸奖，她们就会认为别人不如自己，自己是最好的，就会爱嘲笑别人。如父母经常在别人面前夸自己孩子两岁时就不尿床了，当孩子看到别家孩子尿床时，就会嘲笑："这么大了还尿床，没出息！"

 解决办法

1. 父母要注意平时的言传身教。如果孩子有了嘲笑别人的行为，父母应及时干预，立即制止孩子的行为，帮助孩子树立正确的是非观，改掉孩子嘲笑别人的坏习惯。

2. 父母不要过分地溺爱孩子。生活中应经常给孩子讲一些有教育意义的故事、寓言，鼓励孩子多看一些传统教育的影片，让孩子从中感受到尊重他人的重要性。

3. 父母对孩子的赞扬和奖赏应适度，要循循善诱，就事论事，让孩子从小懂得尊重别人。让孩子学会换位思考，学会站在别人的角度看问题，逐渐摆脱"自我中心"意识，让孩子学会帮助别人解决困难。

总之，发现孩子有嘲笑别人的行为时，不要置之不理，应分析其原因，以正确的教育方法引导孩子。帮助孩子消除嘲笑心理，将有助于完善个性，有利于孩子日后的发展。

257. 要及时制止女孩爱八卦的坏习惯

——女孩总是爱八卦怎么办？

张女士的女儿糖糖今年 12 岁，话特别多，总是不分场合叽里呱啦说个不停。最近糖糖总是喜欢八卦同学家里面的事情，比如，放学回家后，她总是跟张女士说哪个小伙伴的父母是做什么的，哪个小伙伴有什么不良嗜好等等。孩子的这一举动，让张女士感到很困惑，孩子总是八卦应该怎么办呢？

案例解析

孩子总是喜欢八卦有以下两个原因：

1. 孩子认为八卦是很快乐的一件事情。当一群孩子聚在一起讲八卦，无疑就是断章取义、添油加醋。孩子在用这种独特的方式来显现自己的"优越感"。

2. 对现状况的不满。孩子对人、事、物不满，于是就采用八卦别人的方式来缓解自己内心的烦恼。

解决办法

1. 父母要耐心地对孩子讲道理。告诉孩子胡乱八卦别人是不对的。在家里父母可以耐心地听她说，即便是乱说话也没关系，但是到了外面说多了别人会感到很反感，说错了会受到别人的批评甚至引起别人愤怒。

2. 父母要起到示范作用。生活中父母可以示范给孩子看，或者在家中与孩子一起玩角色互换的游戏，父母扮演乱说话的人，孩子扮演被八卦的人，让孩子感受一下被人乱说的滋味和被取笑的感觉。

3. 父母要加强教育。在生活中要培养孩子尊重他人的习惯。父母应该明确地告诉孩子哪些话应该说，哪些话不应该说。

258. 寻找女孩做事莽撞原因

——如何引导做事莽撞的女孩？

魏女士的女儿姗姗在上小学三年级。生活中姗姗是一个做事很莽撞的女孩，魏女士想让女儿给自己递上一条毛巾，但是姗姗粗手粗脚，不仅毛巾没拿到，自己还摔了一跤伤了胳膊；客人来了让姗姗帮忙端水果，姗姗一着急就把水果打翻到了地上。魏女士对孩子的做事莽撞感到很困惑，如何改善孩子做事莽撞的行为呢？

 案例解析

孩子做事莽撞有以下这几点原因：

1. 孩子生理和心理的因素造成的。孩子的年龄比较小，感知判断能力比较差，大脑操纵能力还不完善，身体协调性差，比如，生活中孩子本想把物品放到茶几上，结果事与愿违，失手打翻在地上了。

2. 孩子的知识经验缺乏。这一年龄段的孩子比较好动，经常爬上墙头、砖堆往下跳，不是腿青了，就是脚肿了；有的孩子玩带尖的用具被戳伤等。这是由于她们缺乏对危险的认知能力造成的。

3. 孩子受到不良教育的影响。由于父母过于娇惯，孩子稍微不顺心就会大发脾气，乱摔东西，甚至打人；有的孩子遭父母的打骂，就以打同伴来出气，逐渐形成莽撞的不良行为习惯。

 解决办法

1. 父母应该对孩子进行正面教育。在生活中父母应该用平和的语气告诉孩子做事要细心认真，把东西摔坏了很可惜。同时肯定、表扬孩子爱做事的好习惯，在家庭中积极为孩子创设良好的环境，让她们耐心、细致、认真地通过实践活动中得到锻炼。

2. 父母应帮助孩子广泛接触事物，积累经验，增强认识事物的能力。同时借助莽撞造成的后果，让孩子接受教训，使她们懂得一些日常生活常识。如孩子因为玩刀而被割伤，就应该多让孩子了解有关这方面的知识，自觉注意和养成良好的行为，减少莽撞行为的发生。

3. 家长应检点自己的言行，改进教育方式。要防止对孩子纵容、宠爱或随意辱骂。同时教会孩子学会自我控制，避免莽撞行为的发生。

Part 14
女孩的情商培养：高智商不如高情商

259. 接受女孩的负面情绪
——怎么疏解女孩的负面情绪？

隽隽的妈妈最近很苦恼。上幼儿园大班的隽隽过完年后就变得很反常，以前一直表现很好，但近来总被老师告状，上课时不遵守纪律，四处随意走动，睡午觉的时候一个人躲在被窝里玩游戏卡片。钢琴老师也反映，以前上课注意力很集中，现在思想开小差现象非常严重。妈妈说她，她就说"有什么了不起的啊"，一副无所谓的样子。隽隽这种"破罐子破摔"的态度让妈妈很苦恼，孩子的负面情绪怎么疏导呢？

 案例解析

孩子产生负面情绪有以下这几点原因：

1. 孩子的自信心受挫。隽隽以前表现很好，现在却表现很反常，一定是在生活中遇到了什么挫折或者让自己压力很大的事情，也有可能是被批评太多，从而打击了她的自信心。隽隽沉迷于游戏，其实是孩子在生活当中感觉压力太大，想通过游戏来放松自己。

2. 孩子内心的情感得不到合理地释放。孩子可能在生活中遇到一些让自己不开心的事情，一直都得不到缓解和释放，这些不好的心情就一直积压在心里，时间久了，孩子就会产生负面情绪。

3. 父母的影响。可能在生活中父母通常就比较情绪化，情绪化的父母会诱发并且造成孩子的不良情绪。父母的情绪不稳定，孩子就会缺乏安全感；父母表现得很消极，孩子在遇到挫折的时候也喜欢放弃。

 解决办法

1. 父母要允许孩子自由表达自己的情绪。每个人都需要表露自己的情绪、喜怒哀乐忧惧，尤其是这个年龄段的孩子更是如此。但是不少孩子因为害怕失去父母的宠爱，常常无条件地克制自己，让怒气和不满、委屈和伤心不在父母面前表现出来，这是有害的。所以在日常生活中，父母要有意识地引导孩子把心中的想法和情感释放出来。

2. 要让孩子自己接纳负面情绪。当懊悔、愤怒、委屈等负面情绪出现时，父母要引导孩子认识它、接纳它。不要与它对抗，因为那样做无济于事。

3. 让孩子主动把心事说出来。比如，父母可以让孩子把自己的情绪和心事通过写日记的方法发泄出来，这样孩子的心里就会感到轻松一些。同时要让孩子学会向人倾诉，告诉孩子可以把自己的心事向朋友或者家人倾诉，倾诉过后心情会变得舒畅。还可以鼓励孩子找一些自己喜欢的运动，让自己出一身大汗来放松自己的心情。

260. 引导女孩合理宣泄情绪
——女孩有情绪如何发泄？

刘女士的女儿萌萌是个小画家，前不久，她突然跟刘女士说不想学画画了。萌萌当初学画是自己主动提出来的，而且妈妈在她考虑清楚了之后才让她学的。一向开明的刘女士让萌萌再考虑考虑，没想到萌萌不但没有考虑，反而把画笔用力地扔到了地上，还对刘女士大喊大叫。刘女士对于女儿这种表现感到很是烦恼，怎么才能让孩子懂得用正确的方法宣泄自己的情绪呢？

案例解析

孩子出现情绪问题有以下这几点原因：

1. 孩子为达到某种目的。当孩子的愿望得不到满足的时候，就会通过极端的宣泄手段来达到自己的目的。

2. 孩子想用这种方式来摆脱自己的压力。当孩子经常被训斥、责骂、受到挫折时，她们会通过不良的宣泄方式来摆脱压力，安抚自己。

3. 孩子产生的消极感受。当孩子有消极感受如恐惧、焦虑、愤怒时，语言表达能力有限而只能借助不正当、不合理的方式来宣泄自己的情绪。

解决办法

1. 告诉孩子合理的宣泄方法。在日常生活中，父母应该告诉孩子用不良的行为宣泄情绪是错误的方法，要用合理的方式来宣泄。父母可以告诉孩子正确的宣泄情绪的方法，比如，让孩子和"情绪"待一会儿，也可以哭一阵；画画，涂鸦，尽情地把心中的不满都画出来；唱歌，随便什么词什么曲，瞎编乱造也行；体育锻炼，去打球，去跑步，全身舒展，打通经脉；户外旅游，开阔心境，放松情绪。父母还可以为孩子在家里布置一面"心情墙"，让孩子每天把自己的心情写出来。如果孩子有一定的能力，父母也可以让孩子用记日记的方式释放情绪。

2. 往美好方面去引导。案例中的萌萌其实是个很喜欢画画的孩子，但是又具有这个年龄段孩子们的通病——毅力不够。这时候，父母不妨用转移注意力的方法将孩子引入到美好的事物上去。当然，父母首先要多与孩子沟通，了解孩子为什么喜欢画画。当孩子遇到挫折和困难时，父母要对孩子表示感同身受、理解和赞同。父母要与孩子一同畅想心中的那个梦想。时间久了，孩子自然就会明白，追寻梦想的过程中，遇到失败和困难都是正常的。

3.让孩子为自己的行为产生的后果负责。以萌萌为例，画画是自己选择的，也是她自己决定要学习的，那么在练习的过程中，她有宣泄负面情绪的权利，可以说自己很累自己不想再去学，但是作为父母在倾听完她的想法后，应该帮助孩子回忆当时学画画的初衷，这种方法既尊重了孩子，又让孩子认为得到了同情和尊重，从而有了继续实现梦想的动力。

4.父母要适当地对孩子进行安慰。首先父母先要使自己的心情平和下来，并且温柔地制止孩子的不良宣泄行为，然后轻轻地拥抱孩子，耐心询问孩子到底想要做什么，引导孩子主动地说出自己的不满，疏导孩子的情绪，并告诉孩子作为父母知道她的感受，父母爱她等等。孩子感受到父母的安抚，就会重新获得安全感，自然就会慢慢地平静下来。父母切记不要用大声呵斥或打骂来刺激孩子，激化孩子的情绪。如果是在人多的地方，还要先把孩子带到一个安静的、可以独处的地方进行劝说和安慰。

261.建立女孩积极乐观的生活态度
——女孩遇事习惯哭鼻子怎么办？

唐女士的女儿朵朵四岁半，可她情感细腻、敏感得像大人。有时唐女士不经意的一句话，或者一个表情，她就听在心里，看在心里。唐女士已去说其他的内容或者做其他的事了，朵朵还停留在刚才的那种状态，独自流泪哭泣。弄得唐女士几次都懊悔自己的疏忽……唐女士对朵朵的敏感心态非常担心。孩子总这样过于敏感不是一件好事，唐女士对孩子应该怎么去引导呢？

案例解析

孩子默默流泪的行为有以下这几点原因：

1.默默流泪是孩子缺乏自信心的表现。自信心是在周围环境与他人的态度和评价中逐渐形成的心理结构。它可以使人产生积极的自我暗示，从而激发人的自尊自爱、自强之心，从而获得成功。如果孩子缺乏自信心，就会产生一种消极的自我暗示，孩子会感到自卑，并且产生自贱、自弃等一系列挫败的心理。孩子就会觉得很压抑，便会用独自哭泣的方式来发泄这种压抑的情绪。

2.孩子用这种默默流泪的方式来表达自己内心的委屈。孩子生活中可能对父母的言行与举止过于敏感，可能有些时候父母说的一些话、做的一些事情并不是针对孩子的，但是孩子总是自己"对号入座"，就会产生一种自卑感，认为自己什么都做不好，心生委屈，就会用独自哭泣的方式将自己内心的委屈抒发出来。

3.孩子想通过这种方式引起父母的关注。可能在生活中孩子很少得到父母的关注，父母也很少与孩子进行情感上的交流和沟通，孩子渴望得到父母的关心和爱护，多以哭泣的方式试图吸引父母。

解决办法

1. 父母可以教给孩子一些表达情绪的方法。比如，孩子受到委屈时，会有消极的情绪表现出来，甚至会有反抗、哭泣的行为。这时候父母可以引导孩子将自己的情绪和心情说出来。父母还要告诉孩子有的时候要学会控制自己的情感，这样孩子以后的反应就会更理智一些。

2. 父母要多鼓励孩子，尽量少进行批评教育。同时父母要为孩子树立自信心，在家中可以多进行一些家庭成员之间的互动游戏，并且有意识地让孩子赢，这样孩子在享受成功的同时，自信心自然就会建立起来。

3. 父母多指导孩子形成积极向上的心态。孩子遇到难以决断的事情，父母要帮助孩子进行理性的分析，帮助孩子做出正确的选择，指导孩子多往积极的方向考虑。时间久了就会形成积极思维的习惯和保持良好的心态。

4. 父母可以利用休假的时间多带孩子外出旅游。旅游可以使孩子更好地接触大自然，可以锻炼孩子的意志，强健体魄，开阔孩子的视野和胸怀。风景看得多了，孩子的内心自然就豁达一些，开朗一些。

262. 鼓励女孩敢于接纳不完美的自己
——如何引导自我否定的女孩？

王女士有一个女儿叫琪琪，孩子非常腼腆，性格内向，一有人接近她，就连忙把头埋下，不搭理他人。王女士从老师那里了解到，课上她从不主动举手发言，老师提问到她时，她也总是低头回答。琪琪在美术课上绘画时，总是认为自己画不好，经常画一张画撕一张，半天撕了一堆纸，还没画出完整的画儿来，总是自己否定自己的能力。对琪琪的这一情况王女士很担忧。对自我否定的孩子，父母应该怎么去做呢？

 案例解析

孩子总是自我否定有以下这几个原因：

1. 孩子的个人因素。琪琪长期受自卑、羞怯、焦虑和恐惧等的负面影响，过重的心理负担使她遇到事情总会一直怀疑自己的能力。即使成功了也难以体验成功带来的喜悦心情，从而陷入失败的恶性循环之中不能自拔。这样就严重影响了她的身心健康发展，使她长期处于自我否定之中。

2. 孩子受到家庭环境的影响。现在的家庭多是独生子女家庭，父母对孩子有着望子成龙、望女成凤的期待，导致相当多的一部分孩子肩负重担、压力过大。在孩子未能达到父母所期望的样子时，很容易形成自卑心理，孩子会出现否定自己、怀疑自己，不安、焦虑、孤单等情感障碍。

3. 孩子的胆怯心理在作祟。孩子处于这个年龄段，都不同程度会存在畏惧的心理，有的孩子虽然具有一定的能力和优势，但面对竞争却觉得自己这也不行，那也不如别人。孩子的这种自卑的心理使得她们不敢去面对竞争，在挫折面前缺乏自信心。一旦成长中途受挫，会更加缺乏承受能力，压力也会随之增大，觉得自己确实是不行。

 解决办法

1. 引导孩子认识自己，接纳自己。在生活中有的孩子总认为自己各方面都不够好，不敢和他人比较，就会丧失信心，孩子还会受到周围环境的影响，逐渐产生厌恶自己并否定自己的自卑感，在与人交往中缺乏勇气。久而久之，孩子就形成了"恶性循环"，羞怯和自卑感就会越来越明显。这时候，父母要经常给予孩子鼓励和表扬，并且要让孩子尝试着接纳自己，认识自己。

2. 树立信心，激起动力。父母要多和老师交流，了解孩子在学校的表现，共同商量解决孩子不良心理状况的办法。比如，给孩子一些参与班级管理的机会，让她在同学面前多受到鼓励和表扬，让她在班级各项活动的影响下，逐步消除自卑心理，真正树立起了"我能行"的良好心态。

3. 重视家庭，提高能力。父母要慎重选择对孩子的教育方式，比如，有朋友到家里做客，父母可以让孩子试着为客人倒茶、准备水果等，也可以让孩子与客人进行交流和互动，父母可以利用这个机会让孩子展示自己，给大家表演一个节目。在生活中也要适当地让孩子多做家务，提高孩子的能力，从劳动中培养与家人沟通的能力，对孩子的进步给予肯定和表扬。

4. 进行评价，促进自信。在家庭中可以让家庭成员对孩子每月进行一次评价，让孩子通过父母评价、亲人评价，把自己所取得的进步记录下来。在评价中孩子可以从他人的肯定中得到满足，获得自信；在自我批评中，学会反省，逐步完善自己，自然就不会否定自己了。

263. 多加鼓励，让女孩敢于表现自己
——如何让女孩敢于表现自己？

张女士的女儿星星非常胆小，一旦家里来了客人，张女士想让她与客人打招呼，而她早吓得不知跑到哪个角落里去了，怎么让她出来她都不愿意。在幼儿园里，只要老师让她上台表演她就羞得满脸通红，两只小手不停地揉搓着衣服边，即使知道答案，也回答不上来，会唱的儿歌也忘得一干二净。对于星星的状况张女士很是担心，如何让孩子敢于在众人面前表现自己呢？

 案例解析

孩子不敢在众人面前表现自己有以下这几点原因：

1. 与孩子的天生气质有关。每个孩子天生的气质都不同。气质是指的是每个人自出生起，先天就决定的对内在或外在刺激反应的方式。

2. 父母过分保护孩子。日常生活中父母对孩子过度保护和关爱，使孩子只有在家里、在父母面前才有安全感，才敢表现自己，在陌生人或者陌生的环境中便会出于自我保护的考虑，就把自己隐藏起来，不出声了。

3. 不要禁止孩子之间的交往。很多父母为了安全和怕孩子学坏，不准孩子和别的小朋友玩。孩子失去了和小伙伴相处的机会，交往能力得不到锻炼，也影响了孩子表现自己的信心和勇气。

 **解决办法**

1. 扩大孩子的交往范围。在生活中父母要有意识地扩大孩子的交往范围，让孩子经常有面对陌生人的机会，逐渐减轻不安心理。例如，带孩子散步的时候，看到小朋友可以让孩子停下来与他们打个招呼；在公园里，鼓励孩子和陌生的小朋友一起玩耍；买东西的时候可以让孩子帮忙付钱；经常带着孩子去走亲访友；休息日，可以全家人出游，让孩子有充分的与外界接触的机会……随着见识的增长，孩子自然会敢于表现自己。

2. 对孩子要多加鼓励。孩子不敢表现自己是因为孩子没有自信心，这时，父母就要帮助孩子树立自信心。可以通过孩子擅长的唱歌、跳舞、绘画等形式发现和培养孩子的自信心，经常创造机会让孩子在家人面前展示，并加以鼓励和表扬。当孩子因为得到赞扬兴奋不已时，父母可以趁机说："你表演得这么好，小朋友们肯定都喜欢看！"即使孩子一时还不能马上接受在众人面前表现自己的提议，至少心里会留下印象，久而久之孩子就会对此有意识了。

3. 生活中给孩子创造表演的机会。带孩子多去参加亲友聚会，面对熟识的人，孩子会比较放松。比如，父母可以对孩子说："今天是阿姨的生日，如果为阿姨跳支舞来庆祝，阿姨一定特别开心。"甚至可以来点"物质奖励"："如果今天你能为大家跳一支舞，妈妈可以带你去商场买一只玩具熊，让玩具熊和你一起跳舞！"要注意的是，此时父母的声音一定要小，不要当众大声宣布，要给孩子留有余地，众人期盼的目光或是善意的笑声都有可能加重孩子的心理负担，甚至让孩子产生排斥的心理。如果孩子还是会拒绝，父母不要施加压力，为了鼓励孩子，父母可以给孩子一个拥抱，以此来减轻孩子的负面情绪和心理负担。

264. 手脚冰冷是一种紧张的表现
——女孩跟别人说话手脚为何冰凉？

孙女士家的女儿桃桃有一个很严重的问题：孩子在幼儿园和别的小朋友讲话的时候，总是因为过度紧张而手脚冰凉。尤其是孩子在面对陌生人的时候，情况就更加严重。桃桃这样的状况让孙女士很是担心。作为父母，应该怎么去做呢？

 案例解析

孩子和别人讲话会手脚冰凉有以下这几点原因：

1. 孩子的个性原因。孩子受遗传或自身性格特点的影响，比较内向，不愿与人打交道，甚至一见到人就紧张，产生手脚冰凉的现象。

2. 孩子有过失败的交往经历。在日常生活中孩子可能有过负面的交往经历，比如被伙伴欺负过，从而留下阴影，不愿意再与他人交往。孩子一见到陌生人就会产生紧张和胆怯的心理，而孩子过度紧张就会出现手脚冰凉的现象。

3. 孩子缺乏交往动机。有些家庭过于以孩子为中心，对孩子的各种需要都是过分满足，而且总有人陪孩子游戏。当孩子总有家人陪伴在身边时，就很难有与家人以外的人接触的机会。长此以往，当孩子真正离开父母的"保护圈"独自面对外界的时候，就会过度紧张，伴随着紧张，这样那样的问题就会随之而来，有心理上的也有生理上的，手脚冰凉就是紧张带来的反应。

 解决办法

1. 父母对孩子的教育要顺其自然，切勿操之过急。孩子胆怯的不良心理行为和手脚冰凉等生理表现，都是随着孩子年龄的不断增长，在环境和教育的影响下逐渐发展而来的，不能指望一天两天就能克服。父母在教育孩子的时候一定要循序渐进，耐心引导。如果孩子与人讲话就手脚冰凉和紧张，父母可以试着带着孩子一起去购物，告诉孩子购物的一般程序，下次再陪孩子去同一家商店，鼓励孩子自己去买。开始的时候时孩子可能会紧张不敢说话，父母可以帮孩子开个头，然后让孩子接着往下试着说。几次下来，孩子渐渐熟悉了这家商店的环境，父母就可以在远处看着孩子，鼓励孩子自己去购买零食，以后再让孩子尝试单独去其他的商店。

2. 父母不要当众指责、羞辱孩子。父母不要因为孩子有这样那样的问题就对孩子进行指责，这样只会增加孩子的压力和挫折感，使孩子面对周围的环境更加胆怯和紧张。比如，当家里来客人孩子表现紧张不肯叫人时，不要当着客人的面强迫孩子，也不要说"人都不会叫，是个哑巴"等伤害孩子自尊心的话，而应当等客人离去后再耐心教育面对当时的局面应该怎么做。

3. 父母应当扩大孩子的接触范围。作为父母，应当有意识地让孩子广泛接触外面的世界，引导孩子多与其他人接触，让孩子参与到聚餐、购物、接待客人等活动中去。对不敢面对陌生人的孩子，可先带孩子观看别的小朋友游戏，当孩子被别人的欢乐情绪感染时，再有意识地让别的小朋友来邀请孩子，并鼓励孩子积极地参与其中。

4. 父母要为孩子树立正面的榜样。生活中父母经常跟孩子讲一些超级英雄的故事，或引导孩子看一些反映英雄人物的动画片和电影，给孩子买一些关于这方面的故事绘本，让故事中人物的英雄言行和面对敌人表现出来的勇敢潜移默化地影响孩子。

265. 帮助女孩发现自身优点
——女孩对自己没有自信怎么办?

姜女士家有一个 6 岁的女儿叫颖颖,已经上了一年级。在日常的生活和学习中,颖颖很少能发现自己的优点,平日在家,孩子总是对姜女士抱怨自己的哪些方面不如班上的哪位同学,还经常怨恨自己什么都做不好。前不久,家里来了客人,当客人问颖颖有什么优点、会什么才艺的时候,颖颖说自己没有优点。这让姜女士感到很是苦恼,孩子总觉得自己没有优点的时候应该怎么办呢?

 案例解析

孩子总觉得自己没有优点,有以下两点原因:

1. 平日里父母的要求过于严格。比如孩子考了 80 分,被家长训斥一通;考到 90 分,大人的脸色还是难看:"你为什么就不能考 100 呢?"就算孩子真考了 100 分,家长还是会马上敲"警钟":"不要骄傲,一次考试算不了什么!"孩子再怎么努力,换来也只是父母的批评和训斥。而很多孩子的天性,如活泼、好奇等,也会被大人狠批成"不懂事"。在父母的一次又一次严重的打压下,孩子又如何发现自己的优点呢?

2. 父母总是拿孩子与别人进行比较。生活中父母可能注意不到,在与人谈论其他孩子时一句无心的"××越来越可爱了",或者只是一个微笑、一个耸肩的动作,甚至抬一抬眉毛都可能被孩子解读为"比较"。父母这样的举动会让孩子产生自卑的心理,自然也就不会发现自己的优点了。

 解决办法

1. 父母要尊重孩子,帮助孩子建立良好的自我认知。在生活中父母需要做到尊重孩子,让孩子产生自信心。在日常生活中,父母要把孩子当成与自己平等的人,并且要有意识地让孩子参与一些家庭的事务,与孩子讨论一些家庭中的事情,让孩子感觉到自己的能力和父母对自己的信任。孩子在处理家庭事务的过程中,自然就会发现自己的长处。

2. 帮助孩子发现自己的长处。在生活中父母必须帮助孩子建立自信,让孩子知道自己也有很多别人身上没有的优点,自己也有引以为傲的资本。比如,孩子在音乐方面有天赋,父母就应该多多鼓励。每当孩子自己解决一个问题或者取得了一点进步时,哪怕只是一道选择题,也应该让孩子知道父母注意到了,并且为孩子感到骄傲。这种自信不但可以帮助孩子克服自己的自卑心理,更有利于孩子塑造自我。

3. 对于孩子的进步,父母要常表扬。在孩子不断努力学习的过程中,父母要善于发现孩子哪怕是很小的成绩,要及时地给予不同形式的表扬和肯定。表扬和肯定不仅能增强孩子的自信心和战胜困难的勇气,还能使孩子更加清晰地认识自己,更好地发现自己的优点。这样,孩子一定能摆脱曾经失败的阴影，昂首走向成功，走向成熟。

266. 建立女孩正确的评价系统

——女孩觉得自己没有缺点怎么办？

李女士的女儿依然已经 8 岁了，就像个小公主一样，在学习上也有着小公主的冰雪聪明，每次考试基本上都是班上的前三名，大考小考都名列前茅。虽然孩子很聪明，各方面的素质也都很好，但是有一个问题，就是不善于发现自己的缺点，她总是很骄傲地认为自己是最完美的。这一点让李女士很担心，孩子总觉得自己没有缺点应该怎么办呢？

 案例解析

孩子觉得自己没有缺点有以下这几点原因：

1. 父母对孩子的过度夸奖。生活中对于孩子父母总是过分地夸奖，使得孩子进入了一个很大的误区，孩子认为自己在各个方面总是最好的，很容易产生骄傲的心态，就会认为自己很优秀，没有缺点。

2. 在学习中孩子不懂得谦虚谨慎。有了一点成绩就沾沾自喜，只会满足眼前所取得的成绩和荣誉，失去了向前拼搏的精神，结果只是原地打转。

3. 环境对孩子的影响。在日常生活中，可能父母总是不在意自己的言行举止。父母在和家庭成员之间交流的时候，就总是表现得骄傲自大，孩子见到之后就会对家长进行模仿。这些对孩子的日后发展都是极其不利的。

 解决办法

1. 父母要让孩子发现别人的优点。父母可以注意观察跟孩子经常相处的小朋友，看看他们是不是在某个方面有优于自己孩子的地方，并把这种感觉跟自己的孩子沟通，让孩子看到别的小朋友也有比自己强的地方，自己在这方面做得还没有到位甚至没做到，自己没做到的地方就是自己的缺点，借此来引导孩子学会看到自己的缺点，进而能继续努力不断前进。

2. 父母可以对孩子进行一些"挫折教育"。比如，父母对孩子自认为比较有把握的认知或者孩子认为很有把握的事情，可以"较真"，找出确凿证据，让孩子看清自己的偏向和固执，让孩子明白：其实世界上并不存在什么"天才"，孩子自己也不是天才，任何人掌握的知识和技能都是有限的，而且有可能还是不准确的，每个人身上都存在缺点的，需要我们不断探索、不断实践、不断认知，才能真正成才。

3. 让孩子看到自己的的不足，父母应耐心地教导孩子学会正确地评价和认识自己，找到自己的优点，看到自己的不足。并且要让孩子明白改正缺点的重要性。比如，父母可以通过给孩子讲故事的方式，让孩子知道天外有天，山外有山。平日里要引导孩子多接触那些谦虚、内敛的人，让孩子能更清楚地看到自己的不足之处，激发孩子更努力进取。

267. 让女孩了解树立目标的重要性

——怎么帮助女孩树立目标?

周女士的女儿是一名二年级的小学生,从小就是一个活泼开朗的女孩,但是学习成绩一直都一般,最近孩子要参加期中考试,周女士问孩子这次能不能进步,孩子却对周女士的话并不在意,敷衍地说了一句不知道。孩子似乎对自己的学习成绩并不在意也不感兴趣,平时也没什么长期的兴趣爱好。除了上学写作业就看电视和睡觉。周女士想知道对于女儿这种没有追求目标的孩子,应该怎么办呢?

 案例解析

在现实生活中,很多孩子不清楚自己的目标,原因有如下几点:

1. 父母错误的教育方式。父母每次教育孩子时都是采用"要好好学习天天向上,以后长大了才能有出息"。在问及"孩子对于生活的目标是什么? 以后长大了想做些什么呢?"回答还是如此。很显然,不知不觉间,"学习 = 孩子人生目标"已成为名正言顺的教育方式,被很多父母认同。而孩子就日复一日盲目地为分数和"以后有出息"拼命学习,全不知自己长大了想干什么,现在应该去做什么。

2. 孩子缺乏业余兴趣爱好。很多孩子没有生活目标是因为缺乏对自己的一个定位,孩子并不知道自己擅长什么,也没有固定的兴趣爱好。可能生活中父母也没有为孩子提供机会去培养与发展孩子的兴趣爱好。

3. 孩子容易安于现状。孩子没有目标是因为没有太大的"野心",孩子因为缺少认知能力,总是喜欢和不如自己的人比较,觉得自己做到现在这样就可以了;认为目前家庭条件很优越,生活比较安逸,对现状很满足,对未来自己的发展就没有一定的规划,自然也就没了目标。

 解决办法

1. 让孩子了解目标的重要性。父母要告诉孩子没有目标,就没有梦想和期待。因此,想让孩子有一个快乐、成功的人生,父母就必须引导孩子成为一个目标清晰的人,帮助孩子养成目标管理的习惯。可以与孩子一起制作目标计划表,开始可以先指导孩子从短期的目标开始制订,再逐渐为位长远计划做打算。这样,孩子才不会在成长的过程中徘徊不前,才不致迷失方向和自我。

2. 行动起来让目标成为现实。父母要监督孩子将学习目标以书面形式写出来,以起到提醒的作用。父母要告诉孩子如果目标没有落实到笔杆上,目标仅是个想法而已。把目标写下来可以使孩子产生自我激励的心理功效,帮助孩子回顾与更新目标。

268. 引导女孩建立乐观、轻松的心态
——女孩容易焦虑怎么办？

张女士的女儿小月在刚进幼儿园，很长一段时间几乎不说话，只有在向老师提要求时才说最简单的话，如："我想尿尿。"当别的小朋友都在做游戏的时候，小月总是对老师说"我想回家，我不喜欢幼儿园""老师可不可以打电话让妈妈来接我回家"。在幼儿园睡午觉的时候，小月也总是焦虑不安，身体总是晃来晃去，表现得极其不安。孩子的焦虑让张女士很担心。孩子出现焦虑问题，父母应该怎么办呢？

案例解析

孩子容易焦虑有以下这几点原因：

1. 父母给出多余的劝告。生活中父母对孩子的某些行为的危险度估计太高，因此，常常会给孩子一些多余的劝告、威胁、禁令等，使孩子整天焦虑不安。

2. 父母对孩子的要求和期望过高。父母对孩子太过于苛求，对孩子做的任何事情，总是表示不够满意，反复提出要求让孩子做得更好一些，而这些高标准的要求常常超过孩子的能力范围。长期下来，孩子逐渐对自己觉得不满意，对自己不能实现预期的要求出现焦虑反应。

3. 不良环境对孩子的影响。父母或家人经常因为一些事情去惩罚别人，使孩子感到害怕。当孩子不能完成预期的任务时，对将要受到的惩罚也会感到十分焦虑。

解决办法

1. 父母要注意在孩子面前保持乐观、轻松的心态。父母的情绪会影响到孩子的心态，甚至会让孩子产生焦虑。因此，父母应该随时注意在孩子面前的精神状态和言行举止，平常要保持乐观、平和的心态，对待事情要保持冷静的态度。这样才能用阳光的心态和正能量去感染孩子，让孩子在耳濡目染和潜移默化中，从容不迫地应对压力，轻松自如地解决问题。

2. 父母对孩子的要求要合理、适度。父母不要对孩子的要求太高，父母的任何要求都有可能让孩子进入一种极度紧张、焦虑的状态。不论孩子的性格如何，当她们处于达不到父母的要求的巨大压力之下时，都会本能地产生一种焦虑和烦恼。性格急躁的孩子就更容易感到紧张或担忧，从而陷入高度焦虑的状态。所以父母要适当地降低对孩子的要求和期望，尽可能为孩子营造一个轻松、快乐的成长环境。

3. 父母要重视孩子的情感成长。孩子的成长离不开父母的情感关怀，父母应该随时关注孩子内心的情感需求和变化，尤其是教育孩子的时候要尽量避免对孩子造成情感上的伤害。比如，当孩子犯错误时，父母永远不要威胁说"我怎么养了你这么个不争气的孩子""跟你断绝关系"之类的话。因为，这样会唤起孩子心中的不安全感，容易造成孩子内心的焦虑。

269. 耐心面对女孩的抱怨

——如何引导喜欢抱怨的女孩？

刘女士有一个 6 岁的女儿叫潆潆。最近她发现潆潆在放学之后越来越喜欢抱怨了，本来没有什么大不了的事，但是不知道为什么孩子总是喜欢抱怨。比如，"妈妈今天天气怎么这么热啊""我肚子好饿啊""这件事情怎么那么麻烦啊""今天作业多到写不完"。孩子的抱怨让刘女士感到很困惑，那么怎样才能够让自己的孩子以一个积极的心态面对自己的生活呢？面对喜欢抱怨的孩子。父母应该如何进行引导呢？

 案例解析

孩子喜欢抱怨有以下这几点原因：

1. 父母的娇惯。孩子从小就在蜜罐里长大，过着衣来伸手，饭来张口的日子，父母和长辈生活的内容就是围着孩子转，尽心尽力照顾孩子。长此以往，孩子就认为别人为她服务是应该的，是天经地义。所以，在生活中孩子总是操纵父母和家人为自己干这干那，从操纵别人的过程中找到了自己的价值感。但在学校里，由于父母和家人不在身边陪伴，所以造成孩子总在抱怨。

2. 父母和家庭环境对孩子的影响。可能父母在生活中经常不注意自己的言行举止，总是当着孩子的面抱怨生活中一些琐碎的事情。久而久之，父母的这些行为就会被孩子模仿起来，孩子也就学会了抱怨。

3. 孩子过于敏感。孩子的年龄比较小，他们的情绪往往非常敏感，而且，这个年龄段的孩子心智尚不成熟，还没有完全具备成人的理性与控制力，不擅长调节个人行为，兴趣点不容易聚焦，注意力很容易分散。这个时候，如果是家人和父母所做的事情或者所从事的活动，不能让孩子接受或者觉得满意，孩子就会很容易抱怨、烦躁，消极怠懒，甚至产生负面情绪。

 解决办法

1. 正确引导孩子处理问题。当孩子遇到一些困难时，就会出现抱怨的情况，如果孩子以自己的能力无法去解决，父母要对孩子做出正确的引导，让孩子把注意力从这件事情上面转移开来，告诉孩子要多去想一些开心的事情。比如，孩子在研究一个新的玩具时，无论如何也弄不明白，就容易皱眉头，开始抱怨了。父母可以告诉孩子，我们还有很多其他好玩的东西，不要总是在这一个玩具上耽误时间。

2. 帮助孩子把抱怨性的词句"变身"。如果孩子经常对父母和家人抱怨发牢骚，比如说"真烦死了，真讨厌，根本弄不好"等，这时父母可以让孩子说一些比较平和的语句，把过激的词语变身。比如像"不可理解""有些困难"等等，虽然只是词语上的变化，但是孩子的心态就会不一样了。

3.耐心对待孩子的抱怨。当孩子抱怨时，父母应该耐心一些，父母不要表现得很着急，不要随便打断孩子说话，应该慢慢地和孩子讲道理。如果父母急躁了，对孩子进行斥责，反而会加重孩子的厌烦情绪，孩子根本不会把父母的话放在心里。所以对待孩子的抱怨，父母应该有十足的耐性，而且要多站在孩子的角度考虑问题，不要过分地对待孩子。

4.鼓励孩子自己的思考和判断。父母应该让孩子学会自己独立思考和判断问题。比如，晚上睡前刷牙这个习惯，很多孩子逃避刷牙或者不愿意去坚持，总是会抱怨刷牙干什么，不知道有多大用处。这时作为父母可以反问孩子，不刷牙会导致蛀牙，会牙疼，你知道牙疼的难受吗？让孩子多去思考，慢慢懂得刷牙的原因和好处，孩子就能坚持刷牙了。

270. 家长要有意识地锻炼女孩的抗打击能力
——如何提高女孩的抗打击能力？

赵女士有一个8岁的女儿叫璐璐。最近她发现璐璐越来越受不了打击了。比如前些天璐璐去参加学校组织的唱歌比赛，虽然没得到第一名，但是却得到了小奖品。这在赵女士看来已经很不错了，但是璐璐却为此感到垂头丧气。还有几次类似的情况，璐璐的表现也是如此，稍微受到一点儿打击就无精打采、垂头丧气好长时间。为此，赵女士很忧虑，应该如何提高孩子的抗打击能力呢？

 案例解析

孩子承受不了打击有以下这几方面的原因：

1.家人对孩子无原则地满足。生活中很多家长面对孩子提出的要求，无论合理的还是不合理的，都毫无原则地一概满足。比如，孩子对于玩具看见一个就想要一个，过了新鲜劲，就想换一个新的，同样的玩具买了五六个还要再买；看见别人吃什么就羡慕什么，自己也一定要吃到。父母对于孩子这种没有止境的要求，从来都不会拒绝。还有些父母经不住孩子撒泼打滚的威胁，最终败下阵来，慢慢地让孩子看见任何美好的东西都想占为己有。孩子长期生活在蜜罐中，某天走出父母的这层保护圈的时候，稍微遇到不合自己意愿的事情就承受不住打击。

2.父母对孩子的教育方式不当。很多父母在孩子做得不够好或者是犯错误的时候，总是千方百计地为孩子寻找理由和借口，甚至帮助孩子推卸责任，无论孩子犯了什么严重的错误都是如此。久而久之，孩子就认为自己做什么都没有错，都是别人的错，这会使孩子产生一种思维误区。当孩子在学校里受到老师和别人的批评指责的时候，就不能认识到自己的错误，心理难以承受这种批评的打击。

3.父母对孩子的逼迫。孩子在成长的过程中，总会遇到这样那样的挫折和困难，很多父母都担心孩子会躲避挫折和困难，于是就想尽各种方法来逼迫或诱导孩子继续努力，这样对孩子不仅没有帮助，反而会让孩子透支心力。

4. 父母对孩子盲目的夸奖。很多父母都知道要常夸、多夸孩子，但是一些盲目的不必要的夸奖会让孩子感受到压力。比如"你真能干""你真了不起"，这会给孩子造成一种影响，孩子会想万一自己做不到就麻烦了，这时孩子会对自己产生负面的评价。而有些被夸坏的孩子就会受不得一丁点她不好的评价，于是就承受不住打击。

 解决办法

1. 教会孩子保持活泼的天性。在生活中父母要先做好示范。一般而言，父母总是板着脸严肃地教育孩子会加剧孩子的压力。让孩子们保留一点儿顽皮的个性，能够让孩子多一些放松的时刻。

2. 教会孩子积极的思考方式。父母应该培养孩子遇到困难时能够把握整体状况，自我解决问题的能力。遇到事情如果孩子只从一个方面看待问题，当眼前解决不了的时候，孩子就容易感到绝望。如果学会了积极思考问题的方法，即便是遇到了困难，孩子也不会感到悲观，这样，孩子具备了思考问题的能力，抗打击的能力自然就会有所提升，不会总是被小事打倒。

3. 教会孩子相信自己。父母应该告诉孩子一直以来所付出的努力，会成为下次挑战的力量。当遇到挫折和打击的时候，只需要相信自己，勇敢前行就可以了。

271. 要引导女孩客观评价自己
——女孩觉得别人不喜欢自己咋办？

王女士的女儿乐天已经上了小学一年级。前不久王女士带着女儿去参加朋友的生日聚会，一切都进行得很顺利。可是在回家的路上，乐天却一直对王女士说："妈妈，××阿姨是不是不喜欢我啊？""我觉得××叔叔一定很讨厌我。""××阿姨看我的眼神不太对，可能觉得我很讨厌不喜欢我。"王女士听了女儿的话之后，一再跟她解释，事情不是她想的那样，但是乐天却一句也没听进去。王女士开始有点儿担心了，孩子总觉得别人不喜欢自己，作为父母应该怎么办呢？

 案例解析

孩子常常觉得别人不喜欢自己，有以下这几点原因：

1. 孩子对周围事物过于敏感和脆弱。孩子对他人的言行举止过于敏感，总是认为别人的一些行为和面部表情、言谈举止等都是在针对自己，导致进入别人都不喜欢自己的思维误区。

2. 孩子过于自卑。孩子在生活和学习中可能因为一些事情或者不好的行为受到父母和老师的批评指责。长期在父母或者老师的批评指责下长大的孩子，往往自卑感会比较重，她们会认为周围的人都不喜欢自己甚至会讨厌自己。

3.孩子受到他人的歧视。孩子在生活中可能经常受到同学的歧视、欺负，那么就会产生畏惧的心理，有这种遭遇的孩子，往往也会产生社交恐惧的心理。在人际交往的过程中，只要周围人的言行举止稍微有些变化，孩子就会认为是对自己的讨厌和排斥。

 解决办法

1.家长要引导孩子，正确看待自己。教育孩子正确对待他人对自己的评价和看法，要告诉孩子，有时自己的感觉不一定是正确的，需要个人正确地对待。每个人都有自己讨厌的人和喜欢的人。父母要引导和教育孩子对自己进行积极、正确、客观的评价，遇到事情要教会孩子不要总是过多地在意别人的看法。

2.传播正能量，关注心理健康。生活中父母要多为孩子传播正能量，教会孩子理解和宽容。要让孩子知道每个人都是出色的，每个人身上都有别人喜欢的闪光点。父母要经常了解孩子的内心想法，多关注孩子的心理健康教育。

272. 喜欢讨好别人是一种心理问题
——女孩总是费力讨好别人怎么办？

张女士的女儿今年七岁半，最近张女士发现，孩子总是会讨好别的孩子，比如，在外面玩的时候会把自己的芭比娃娃送给其他的小朋友，坐摇摇车的时候会让其他的孩子也坐在上面……孩子这些殷勤讨好的举动让张女士很担忧。那么女孩总是费力讨好别人应该怎么办呢？

 案例解析

孩子总是讨好别人有以下两点原因：

1.孩子认为只有讨好别人才会有人喜欢自己。孩子以"殷勤讨好"的方式与小朋友交往，是因为孩子还不知道与小朋友交往的合适方式。也可能平时受到父母的不良引导，让孩子误以为只有讨好别人，才能获得别人的喜欢。

2.孩子想用这种方式换取小伙伴的认可。孩子可能在生活中很少获得父母和周围人的肯定，所以想用这种讨好别人的方式来得到小伙伴对自己的关注和尊重。

 解决办法

1.父母要多与孩子沟通。父母要做到每天认真倾听孩子在学校发生的事情，让孩子主动说出自己内心的感受。父母尤其要特别关心孩子对发生的某个事件的心理感受，而不是事件本身的是非。了解孩子的内心世界之后，父母要对孩子遇到的一些问题做合理的分析，从而去解决问题。

2.鼓励孩子找出自己的长处，并在与小朋友的交往中展示出来。父母要告诉孩子，对朋友要真诚相待，要用真心去结识朋友，当朋友有困难时应该尽全力去帮助他们，这是与小朋友交往的最重要的品质。还要告诉孩子并不是所有的讨好行为都能换来真心的朋友。

3. 当孩子遭受委屈时，千万不要责怪，因为责怪会让孩子自卑。在孩子遇到问题的时候，父母应该先以理解、同情的态度让孩子充分发泄出内心的不良情绪，然后再帮助孩子找出解决问题的合理办法。

4. 让孩子学会自己解决问题。孩子在与小朋友的交往中，会出现很多这样那样的问题，孩子就是在处理各种与小朋友之间的交往问题中学会成长的。孩子的问题尽量让孩子独自去解决，父母只要旁观就好了。千万不能一遇到困难就去替孩子出头，这样，孩子的社交能力不仅得不到很好的锻炼，以后的发展会受到很大的影响。

273. 做好规划让女孩做事更有效率
——怎样帮助女孩树立规划意识？

周女士的女儿已经上小学一年级了，孩子做什么事情一点计划都没有，眼看就要升二年级了，还是整天一副懒懒散散的样子，做什么事情都是想起一出是一出，到最后本应该做的事情都没有做完。周女士很担心孩子的状况，应该怎么帮助孩子树立做事要规划的意识呢？

案例解析

孩子做事情没有规划主要有以下两点原因：

1. 孩子做事情不够专心。孩子的注意力没有集中，在遇到事情的时候，就容易出现混乱的情况，导致孩子做事情没有条理性。

2. 孩子没有按照计划办事。生活中可能孩子并没有按照自己计划中所写的内容去办事情，或者孩子对于计划表上的事情做了临时的调整，使得计划完全被打乱。

解决办法

1. 父母要做到以身作则。父母作为孩子的第一位老师，要起到以身作则的作用。好父母胜过好老师。所以在生活中父母做事有条理、有计划，家里整理得井井有条，东西摆放得整整齐齐，分类明确，这在无形中都为孩子起到了榜样的作用。

2. 教会孩子自己制作计划表。在生活或者学习中，每当孩子准备去做一件事情的时候，父母可以让孩子自己列一个计划表，规划好时间步骤，父母可以在旁监督孩子完成。慢慢培养孩子的规划能力。

3. 让孩子自己动手做一些事情，锻炼孩子的条理性。父母平时要多给孩子制造一些锻炼自己的机会，比如可以让孩子自己动手收拾玩具。父母要想让孩子做事情有规划，父母就必须放手让孩子去做，让孩子自己亲自动手做一些事情，在做事的过程中，孩子的条理性自然会得到提升。

4. 创造独立空间。父母需要给孩子一个独立的空间用来放置孩子自己的东西，这样孩子能够自主决定各种物品的陈列。不要为这个空间的杂乱而感到抓狂。在家庭扫除中，也要划分清楚每个人的责任区，包括孩子的。这样有助于孩子好习惯和责任感的养成。

274. 帮助女孩制定目标，让女孩追求上进
——女孩总是随遇而安怎么办？

孟女士感觉自己的女儿没有上进心，总是随遇而安。孩子一天想吃就吃，想睡就睡，生活没有规律。学习也不用心，考第四名她不是特别高兴，考第三十名她也不知着急。问她话就"嗯""啊"地应付。孩子的这种状态让孟女士很担心，孩子总是随遇而安怎么办呢？

案例解析

孩子总是随遇而安有以下这几点原因：

1. 父母的挫伤。孩子本身是有上进心的，但是生活中父母对孩子的进步总是不能满意，通常只看到孩子不足的地方，甚至言辞中常露出讽刺、嘲笑之意。孩子的积极性被打击，有的干脆就放弃了努力，遇到事情便随遇而安。

2. 家庭环境的影响。可能在生活中父母本身缺乏上进心，工作不思进取，生活上平平庸庸，随遇而安，更忽视孩子情感与智力方面的需要。对孩子没有明确的指导和要求，极少和孩子谈话、游戏、讲故事，抑制了孩子的上进心。长此以往，孩子就会出现这种随遇而安的情况。

3. 孩子自身的问题。孩子的年龄还比较小，孩子的认知能力也是有限的，不能对自己做出正确的评价；孩子没有自我调节、自我监督的意识，做事情没有常性。因此，面对很多事情不能自我教育、自我激励，孩子就会不喜欢竞争和比较，不容易受到外界的影响，总是满足于现状。

解决办法

1. 父母对孩子多一些支持和指导。在生活中多给孩子一些自主选择的空间，鼓励孩子去完成一些任务，同时给予方法上的配合，会对孩子渐渐改变观念有所帮助。

2. 父母可以用自己对事业的进取精神去影响孩子，对孩子产生积极的潜移默化的作用。孩子的一言一行绝大部分是从父母那里模仿得来的，模仿学习和观察学习是孩子所最擅长的。因此，父母和家人必须从自身做起，用自己积极上进的言行影响孩子，这样比简单的说教更能让孩子接受。

3. 对孩子提出合理要求，并监控目标完成的情况。只有使孩子在家庭生活中既感到父母的柔情与温暖，又感受到父母严格要求自己的拳拳之心，父母的教育才能产生巨大的激励作用。

275. 安慰他人是一种共情的体现

——女孩如何掌握安慰别人技巧？

李女士有一个 5 岁的女儿叫莎莎。前不久李女士带着莎莎去附近的淘气堡玩，玩累了莎莎就喜欢跑到图书角里看书。她拿了一本自己喜欢的故事绘本刚想要李女士给她讲，这时有个小朋友哭喊着跑过来，原来莎莎那本书是这孩子刚看了一半的，一看被莎莎拿着了，以为莎莎抢了她的东西，非常委屈，于是一直站在那里哭。李女士连忙让莎莎对小朋友进行安慰和劝说，没想到不会安慰人的莎莎令小朋友的哭声变得更大了，这让李女士很烦恼。如何让孩子采取有效的方法安慰同伴呢？

 案例解析

孩子不会安慰别人有以下这几点原因：

1. 孩子不会心疼他人。比如，平时父母生病了，孩子连一句问候的话都没有，甚至有的孩子躲得远远的，久而久之，孩子失去关心和安慰他人的意识。

2. 孩子过于以自我为中心。可能生活中家里人总是整天围绕着孩子转，万事都以孩子为"大"，时间久了，孩子就形成以"我"为中心的性格，孩子就不知道如何去关心和安慰别人。

3. 孩子对他人的爱熟视无睹。父母和家人每天照顾孩子的日常起居，为孩子的学习费尽心思，孩子却把这一切当作理所应当。孩子觉得父母和家人就应该理所应当地对自己付出，而自己就应该理所当然地享受。当孩子遇到有小伙伴需要安慰和关心的时候，自然就不会觉得自己应该有责任去安慰别人。

 解决办法

1. 让孩子学会对别人的遭遇表示同情。当其他小朋友遇到一些不愉快的事情的时候，家长要教育孩子懂得对他人的境遇感到同情，要引导孩子用合理的方式去劝解，以免让小朋友更加难过，注意不要先让孩子肯定对方的对与错，先要稳住小朋友情绪。

2. 让孩子学着理解他人。如果孩子的原因使得别的小朋友伤心难过，那就要让孩子试着去理解他人，设身处地想想别的小朋友，站在对方的角度上去思考和反省，看看是不是自己做错了，如果是，那么就让孩子尝试着自己去解决。

3. 让孩子学会关心和安慰家人。父母可以让孩子从最亲近的人入手，让孩子先学会关心和安慰家人。生活中父母可以有意识地经常锻炼孩子，有了吃的，要让她先请家中的长辈品尝；父母过生日，可以提醒孩子表演节目表示祝贺；客人来的时候，可以启发孩子去给客人倒杯水；家人生病了，鼓励孩子主动去问候一下哪儿不舒服，安慰一下病人，给病人拿药，倒杯水等。对于孩子的关心和安慰，家人要由衷地表示感谢，让孩子体验到关心和安慰别人也是一种快乐。

276. 创造交往机会让女孩摆脱不适感

——如何改善对陌生人的不适感?

冯女士的女儿芳芳刚刚步入小学。尽管已经上小学,但她对面对陌生人总有一种恐惧感,见到陌生人就会出现不适,会有紧张、脸红、不安、手心出汗等一系列的现象。由于这一原因,芳芳很害怕与别人接触,这影响了她的学习和正常的生活。作为父母,冯女士也感到很担心。那么应该如何改善孩子面对陌生人时产生的不适感呢?

 案例解析

孩子见到陌生人感到不适有以下这几点原因:

1. 孩子缺乏安全感。孩子面对陌生人会产生不适感,是因为不熟悉的人会让孩子产生不安全感。所以当有不熟悉的人抱孩子或者接近孩子的时候,孩子就会表现得惶恐不安,出现陌生人焦虑。也就是俗话说的"认生"。

2. 孩子的心理素质比较差。孩子面对陌生人会产生不适是心理素质比较差的缘故,孩子在一些特殊场合和对象面前,很在意别人对自己的评价,担心自己会因为紧张表现不好,从而产生了思想压力,出现紧张、恐惧心理。

3. 孩子的自卑感。一般来说孩子出现这一现象是潜意识中的自卑,孩子害怕和别人接触,害怕因为和别人交流被别人取笑。所以面对陌生人,孩子通常会表现得比较焦虑、紧张、甚至会感到身体不适。

 解决办法

1. 创造条件让孩子多与小伙伴进行交流。父母可以带孩子经常到小区的周边找小朋友一起玩,平时在家经常和喜欢的小朋友打电话聊聊天。父母可以有意识地让孩子多接触一些陌生的小朋友,并邀请小朋友到家里做客。这样不仅锻炼孩子的社交能力,还能缓解孩子面对陌生人的压力感。

2. 让孩子有学习交往的机会。比如,每次带孩子去公园时可以鼓励孩子主动与其他小朋友的家长打招呼,去商店买东西时与收银员主动交谈,让孩子主动对人说出自己的需求,有客人来的时候让孩子试着招待客人等,这些都是让孩子学习如何与人交往的机会。在生活中父母不但要为孩子树立榜样,还要教会孩子与他人交往的技能。交往的能力不是与生俱来的,而是学来的,要让孩子有榜样地去学习。通过一段时间的学习和锻炼之后,孩子在陌生人面前出现的不适感就会有所缓解。

3. 相信孩子,赏识孩子,循序渐进地培养孩子的自信心。在生活中,父母要学会赏识孩子、要用相信的眼光看待孩子,给孩子信心和力量,使孩子能够突破自我。孩子在不断的成长的过程中离不开父母对她们的赞赏,因为孩子最能敏锐地感觉到父母和他人对自己的态度,父母的态度是孩子对自身言行做出价值判断的依据。所以赞赏是激发孩子内心张力的不可缺少的外部驱动力，孩子得到赞赏和表扬之后，就会重新树立起自信心，有了自信心的存在，生活中的问题自然就会迎刃而解了。

277. 领导力是需要培养的
——女孩领导不了别人怎么办？

唐女士的女儿瑶瑶是个典型的"小跟班"，生活中什么事情她总是听大家的，在学校里通常都是别人怎么说，她就怎么做。周末和小伙伴们一起玩，别人玩什么她就跟着玩什么，别的小伙伴去哪里玩她就跟在人家身后。这让唐女士感到很困惑，到底怎样才能够帮助孩子独立思考，更加自信，展示出自己的领导能力呢？

 案例解析

孩子缺乏领导力有以下这几点原因：

1. 孩子喜欢模仿，容易盲从。孩子在生活和学习中总是模仿别人的言行举止，甚至是兴趣爱好，缺乏独立思考的能力和主见。所以当遇到事情的时候，孩子总是会跟随别人，盲目顺从。

2. 孩子对权威的畏惧。父母、老师本来就是孩子心目中的权威力量，加上生活中父母习惯于替孩子安排好一切，父母的行为容易造成孩子唯命是从，不敢干甚至不敢想违背父母或老师意愿的事情。久而久之，孩子就丧失了领导能力，只会任由别人摆布。

3. 父母对孩子的行为总是"挑刺儿"。如今的父母望子成龙、望女成凤，在生活中对孩子往往期望值过高，总是不满意孩子的表现。有的父母在孩子遇到困难的时候不给予帮助。孩子就会产生越来越深的挫败感，失去自信，她们害怕做错事情后被父母训斥，有些时候却又不知怎样才能做好，因而变得优柔寡断，无法做主。孩子没有领导能力，关键就在于父母的"不放手"和"一刀切"。父母一味按照自己的想法为孩子规定一个学习和生活的模式，孩子的依赖性就会越来越强，并最终逐渐丧失自主选择的能力和领导能力。

 解决办法

1. 父母关键时刻给予孩子适当的激励。很多孩子没发挥出自身的领导才能，也可能是出于缺乏自信心。这时候父母需要适当鼓励，逐渐帮助孩子树立信心。比如，"你表现的真不错""你很了不起"，让孩子信心增加，更乐意接受挑战或者做好事情。

2. 鼓励孩子积极参加团队活动。比如课外培训班、运动校队、拓展训练等。孩子除了能结识到新的伙伴，还能掌握与人交流的技巧，能够学会调整自我言行，懂得凝聚众人的力量。慢慢地从实践中积累领导经验，提升孩子的领袖气质。

3. 给孩子自己策划活动的机会。可以组织一些小型聚会，具体流程由孩子主导进行。比如，自己操办自己的生日聚会，负责安排布置，组织集体游戏等。刚开始孩子可能并不知道从哪里下手，父母必要时可以为孩子提供帮助。邀请小伙伴，帮助孩子做任务分配等。让孩子学会合理调配和分工。锻炼日后更好地跟小朋友相处的能力，也有利于逐步培养领导才能。

4. 给孩子自己做决策的机会。生活中父母不要强迫孩子服从自己，而是要尊重孩子的选择、价值判断的权利，并给予孩子十足的信任。如果给孩子买衣服或玩具，让她自己选择颜色、款式，可以跟孩子一起分析价格、功能、是否方便活动，整理等方面让她自己做出决定。这对孩子决策的能力培养和潜在领导力的发挥，有很大好处。

5. 父母言传身教，做好孩子的榜样。优秀品格的养成，往往能对孩子有很大的成长促进作用，培养孩子的这些品格就是父母的言传身教。父母也应该培养自身的领导能力，注重自身的言传身教。有了榜样，就能最大化地激活孩子身上蕴藏的巨大领导潜能。

278. 鼓励女孩参加集体活动
——女孩喜欢独来独往怎么办？

刘女士家的女儿5岁了，本来应该是活泼开朗的年纪，但是她却只喜欢一个人独自玩耍，不管其他的小朋友如何邀请。而且她也从来没有主动要求过要去找哪个小朋友玩，更没有从她嘴里听到过哪个小朋友的名字。这一点让刘女士很担忧，孩子总是习惯独来独往该怎么办呢？

 案例解析

孩子总是独来独往有以下这几点原因：

1. 父母对孩子的影响。当今社会的生活方式比较封闭，孩子长时间生活在一个人际关系单一、封闭单调的环境中，多与玩具或者故事绘本、老人为伴，与小朋友接触得比较少，久而久之孩子就会逐渐变得不愿意和小朋友接触。

2. 父母对孩子管教过严。孩子对什么事情都会产生畏惧的心理，不敢自作主张。进入学校后，孩子面对复杂的人际关系，因为没有经验的孩子显得不安甚至恐惧，所以宝宝只有被动躲避，成了"孤家寡人"。

3. 父母过于溺爱孩子。生活中孩子大大小小的事情都由父母来代劳，父母日常给予了孩子过多的关注，使孩子做事情的时候少了主观能动性，变得能力越来越差，独立意识越来越弱。时间久了，孩子连穿衣服、做游戏这样简单的事情都无法独立完成，更别提处理复杂的社会人际关系了，别的小朋友也会因为宝宝依赖性太强而不喜欢和孩子一同玩耍。

 解决办法

1. 家长要做孩子的好榜样。周末休息日父母可以带孩子一同参加朋友的聚会，并用言行告诉孩子如何和朋友建立友谊，友谊是人一生最珍贵的礼物。这样，孩子会从父母和朋友的交往中学到很多东西。此外，和谐的家庭环境是家庭教育之本，拥有一个和睦的家庭氛围，对于家庭成员的身心健康都是十分有益的。在一个和睦温暖的家庭中成长的孩子，性格会积极乐观、自信开朗，人际关系也会好。

2. 创造条件让孩子多和小伙伴玩耍。现在的孩子大多数是独生子女，没有兄弟姐妹的陪伴，加上平时父母工作比较忙，跟孩子沟通交流的机会比较少，孩子就会比较孤独。在这样的情况下，孩子不能自然而然地交到朋友。因此，父母要为孩子搭建友谊桥梁，支持孩子多邀请一些小朋友到家里玩耍，也可以多和亲朋好友中有同龄小孩的家庭交往，多带孩子去家里附近的公园玩耍等。

3. 鼓励孩子参加集体活动。参加集体活动不只是学校班级的集体活动，还可以参加一些特定的团体，比如小区里的儿童活动、少儿团、儿童俱乐部等。在团体活动中，能给孩子带来不一样的收获，还会使孩子和伙伴有更紧密的交往，建立朋友情谊。

小学阶段是儿童走出家庭与人交往的第一时期，是儿童身心发展与行为发展的关键时期，是孩子学会适应生活、学习，学会人际交往、融合于集体生活的基础阶段。因此，拥有交往能力和建立自己的朋友圈对孩子的发展有着至关重要的作用，家长们必须要给予重视。

279. 引导女孩知道合作的重要性
——怎么让女孩喜欢和别人合作？

孙女士的女儿欢欢已经上了幼儿园，前不久，孙女士从幼儿园老师那里了解到，欢欢在班级中不太喜欢与别的小朋友一起合作。比如，老师让同学们自行结合成小组，每个小组一起合作完成一件手工作品，但是欢欢每次都不愿意与人合作，而是在角落里做自己的。老师的反馈让孙女士很担忧，怎么才能让孩子喜欢上和别人合作呢？

 案例解析

孩子不喜欢和别人合作有以下这几点原因：

1. 孩子没有合作的意识。可能生活中孩子很少有与人合作的机会，所以孩子对于团结合作没有概念。

2. 孩子过于以自我为中心。孩子在学龄前都会处于以自我为中心的阶段，她们自身发展水平的限制使得她们很少能站在对方的立场上去考虑问题，因此，她们会执意按照自己的想法去做。

3. 家庭环境的影响。可能在日常生活中父母没有给孩子营造协商、谦让、沟通、合作的家庭氛围，孩子团结合作的意识会因此受到或多或少的影响。

 解决办法

1. 创造合作的家庭气氛。在日常生活中，父母与家庭成员之间应该有意识地进行分工合作，并邀请孩子加入其中，让孩子感受到与人合作的乐趣，让孩子从中明白合作的力量永远大于自己一个人的力量，在这种潜移默化中培养孩子的团结合作意识。

2. 让孩子多参加集体活动。父母应该有意识地让孩子参加集体活动，如与小伙伴一起参加角色扮演或者建构游戏，如果孩子在游戏中遇到分歧，父母要及时引导孩子冷静下来分析矛盾的原因，并尝试通过分工合作的方式试着解决矛盾。久而久之，孩子的团结意识自然会得以提升。

3. 学习合作技巧。孩子的合作意识不是天生的，需要后天的培养。这就需要家长适当地教给孩子一些合作技能，既要尊重对方，又要有自己的立场和观点。通过一次次的交往与合作，孩子会逐渐地学习合作方法、策略，从而明白合作的重要性。

280. 正面看待女孩亲力亲为的行为
——女孩喜欢自己亲自做事怎么办？

冰冰已经5岁了，每天早上都哭闹着自己穿衣服和鞋子，但是结果不尽人意，穿得乱七八糟，反而增加了父母的麻烦。吃早餐的时候也嚷嚷着要自己单独吃，不用家人帮助，结果把食物弄得到处都是。有的时候父母上班的时间比较紧张，父母就会拿衣服赶紧给她穿上，但是冰冰每次都对此表现得非常不满，执意要自己做。冰冰的妈妈杨女士对此很是烦恼，孩子总喜欢自己亲自做事怎么办呢？

 案例解析

孩子喜欢自己亲自做事有以下这几点原因：

1. 孩子认为自己长大了。随着孩子年龄的增长，孩子的行为能力与语言能力都得到了提升，生活中的一些亲自动手的现象是孩子自发的表现，孩子以这种方式告诉父母，自己长大了。

2. 孩子对父母行为的模仿。孩子到了一定的年龄就会开始出现一种认同倾向，即不自觉地向身边的父母或家人的行为举止进行模仿。孩子将自己看到的各种大人的行为复制出来，并逐渐变为自己的行为方式，比如，早晨穿衣服、模拟大人说话口气等。这时，孩子的行为模仿就真正地开始了。

3. 孩子的思想意识开始形成和发展。这个年龄段的孩子开始进入自我意识的成长期，父母难以对孩子的行为进行管教和控制。当孩子执着于一件事情的时候，她们往往不让大人插手去帮助，即使这件事情孩子自己根本就不会，但是也要去体验这种亲自动手给自己带来的喜悦。

 解决办法

1. 对幼儿进行正面教育，增强幼儿的生活自理意识。生活中父母要让幼儿意识到自己有能力干好一些事情，让孩子为自己会干力所能及的事情感到高兴。父母可以通过鼓励和表扬的方式来增强孩子的自信心，鼓励孩子自己动手做事情的意愿，提高孩子的动手能力。让孩子通过分辨不同行为，强化孩子亲自动手的意识。生活中父母还可以拿身边的小朋友作比较，来激发孩子的上进的意识。

2. 教给孩子做事情的技巧。要让孩子做到完全亲自动手，必须让孩子学会做事情的方法。孩子没学会穿鞋的方法，就不能自己穿上；孩子不会洗脸，就谈不上把脸洗干净；孩子不知把玩具放到哪里，就谈不上会物归原处……也就是说，即使孩子有了亲自动手的意识，如果缺少做事情的方法技巧，就是想做也做不好。所以，我们还要教孩子学会具体的方法。

3. 巩固孩子亲自动手的行为。孩子技能的形成是一个反复漫长的过程，还要注意以后的巩固练习。父母在生活中要经常监督、检查、提醒孩子，使孩子良好的习惯得到不断的强化，逐渐形成自觉的行为。在日常生活中，父母要适当地训练孩子的自理能力。比如，让孩子自己如厕、洗手、喝水、吃饭等，尽量让孩子自己动手来提高这方面的能力；孩子不明白洗手的正确方法，如何洗，怎样打香皂，父母就要耐心地讲解，让孩子掌握这一项技能，逐渐锻炼孩子的自立、自理能力。

281. 掌握技巧让女孩与他人和睦相处

——怎样引导女孩与别人和谐相处？

倩倩今年已经四岁半了，孩子的母亲杨女士最近发现倩倩与人相处的方式出了一些问题，导致倩倩失去了不少朋友。比如，杨女士带倩倩出去玩，看到认识的小伙伴，她从来不主动上前打招呼，即便是过去打招呼了，倩倩表现得也不是很友善。久而久之，她的朋友们都不太愿意和倩倩一起玩了。对于倩倩与人相处的方式，杨女士很是担心。怎么能让孩子掌握与别人和睦相处的方法呢？

 案例解析

孩子与别人相处出现问题主要是由以下这几点原因造成的：

1. 孩子缺乏与人相处的机会。有些父母总是以孩子为中心，对孩子的各种需要几乎是无条件满足，而且父母总是陪伴孩子做游戏。当孩子总有父母陪伴在身边时，就失去了很多与小伙伴相处的经验，久而久之，也就丧失了与人相处的能力。

2. 孩子可能有过失败的与人相处的经历。孩子可能由于有过不愉快的交往经历，比如被小伙伴欺负过，而不愿意再与同伴相处。孩子采取回避的方法，目的在于保护自己免受伤害。

3. 孩子的个性原因。孩子可能由于受遗传或自身个性特点的影响，比较内向，不愿与人打交道，不喜欢与他人相处。

 **解决办法**

1.父母要教育孩子讲文明懂礼貌。作为父母，首先要为孩子树立一个讲文明懂礼貌的好榜样。比如，见到认识的人要热情地打招呼，并且嘱咐孩子见到长辈要尊称，不能在背后谈论他人的是非，吃饭时注意对长辈的餐桌礼仪等。孩子在家长带领下，就会变得彬彬有礼，懂礼貌。这样的孩子是大家喜欢的好孩子，才能更好地融入到集体中与人相处。

2.让孩子学会微笑。告诉孩子微笑是对他人的一种尊重，也是表达自己心情、表达友好的最直接方式，有了微笑，人与人之间的距离就会缩短，别人就能从自己的微笑中读懂内心的善意，就会敞开心扉与自己相处。

3.让孩子学会赞美别人。让孩子善于去发现生活中的美好事物，要告诉孩子遇到"美"的东西不要吝啬自己的赞美，要善于表达自己的喜悦心情，既是对别人的尊重，也是对别人的认可。只有懂得欣赏别人的人才会被人欣赏，别人才会愿意与自己相处。

282. 锻炼女孩的意志力很重要
——怎么加强女孩的意志力？

刘女士的女儿茉茉已经6周岁了，刘女士发现孩子自从上了小学以后，做事情总是半途而废，比如，前不久茉茉突然迷上了跳舞，想要参加舞蹈班，结果没过了多久就放弃了。在生活中也是如此，拼图拼一半就丢在了一边，画画也没有一副完整的作品。刘女士对孩子这种没有意志力的表现很担忧。那么应该怎么加强和培养孩子的意志力呢？

 案例解析

孩子缺乏意志力有以下这几点原因：

1.孩子的自制能力不足。孩子平时对自己的要求不严格，平时做事自由散漫，总是半途而废，对自己没有明确的目标，控制不了自己的行为。对家长的告诫总是不在意，经常左耳进右耳出。

2.父母越强势，孩子越缺乏意志力。有一种父母属于控制型，特别强势，在很多时候替孩子做了很多事情，而根本没有寻求孩子的意见。或者，原本孩子是有意志力的，是有自己的主见的，能自己坚持一件事情的，但是，因为自己和父母的意见不一致，而父母又很强势，在父母的强势下，不得不放弃自己的坚持，屈从于父母。久而久之，孩子认为坚持并没有意义，因为最后总是要服从于父母的安排。

3.受周围环境的影响。可能在生活中父母做事情经常半途而废，比如，做家务做一半就放到一边，衣服没洗完就丢在一边。父母的这些行为都会对孩子产生或多或少的影响。

解决办法

1. 让孩子在生活中学会坚持。父母可以从生活中的小事做起，培养孩子的意志力。比如，要求孩子每天按时起床。这是一个看似是很简单的要求，但真正做到却是非常不容易的事情。下雨天、周末或其他节假日，孩子会变着法子懒床。让孩子坚持每天按时起床，对意志力的培养非常有帮助。

2. 让孩子有责任意识。当孩子遇到难度较大的作业，向父母请教问题时，父母不妨先问问孩子自己的思路和思考方法。如果孩子实在没有头绪，父母再把自己的想法告诉孩子、启发孩子，最终让孩子自己得出正确答案。这样可以向孩子传递一个信息，完成作业是孩子的事，自己有责任去把它完成。父母只是起引导辅助的作用，不管再困难，不管如何寻求帮助，孩子总是要用自己的力量解决问题。这样不仅培养孩子的责任感，同时又能锻炼孩子的意志力。

283. 抗压能力差的女孩心理素养也差
——如何加强女孩的抗压能力？

李女士的女儿梦梦已经上了小学三年级。最近一段时间，李女士发现孩子的抗压能力越来越差，比如，前不久学校进行期末考试，梦梦的成绩不是很理想，于是就垂头丧气，把自己关在房间里不愿意与家人说话。还有几次参加学校组织的小组知识竞赛，梦梦因为自己比赛中发挥失常就自暴自弃。梦梦这种不能抗压的现象让李女士很担心，应该如何加强孩子的抗压能力呢？

 案例解析

孩子抗压能力弱，有以下这两点原因：

1. 孩子的性格比较脆弱，心理素质差。比如，孩子参加竞赛输了或是成绩不如意，就悲观失望甚至不想活了；或是一连几天不说话，不高兴。这是一种懦弱的表现。再比如，家长训几句就离家出走；和同学发生点儿矛盾就不吃不喝；在学校犯了错误或是没考好，就不敢回家，怕家长打或是骂。这些行为都是心理素质差的表现。

2. 孩子自我调节的能力差。孩子的年龄有限，对于事物的认知水平比较低，看待问题也容易片面化、绝对化。在生活中遇到挫折的时候，不会控制自己的负面情绪。

 解决办法

1. 父母要了解孩子的学习情况。作为父母，要多跟孩子的老师进行沟通，针对孩子的现实状况，一起帮助孩子增强抗压能力。每次考试的成绩优劣，每次比赛结果的好坏，都要对孩子进行教育，这样久而久之孩子就有了一定的抗压能力。

2.作为父母在生活中要给自己的孩子足够的选择空间。孩子自主选择得越多，慢慢地成败之间的教训就会越多，这样孩子就会有自己的一个意识，知道成功不是必然的，失败也是成长过程中的常事，这样对孩子的抗压教育就能收到积极的成效。

3.培养孩子的自尊心。教育孩子有很多方法，但是孩子的抗压能力的培养是成长过程中最为重要的一部分。父母在教育孩子的过程中要树立孩子的自信心，因为自信心可以给孩子强大的力量，让孩子无所畏惧，突破自己。这样孩子在遇到困难的时候才能勇往直前，承受压力与打击。

284. 引导女孩正确评估自己
——女孩不能正确评估自己怎么办？

王女士有一个上小学的女儿叫茵茵，茵茵很聪明，但是她的胆子比较小，做什么事还没去尝试就总是认为自己不行。比如，茵茵在阅读方面还是比较好的，于是王女士鼓励她去参加学校组织的朗诵比赛，但是茵茵对王女士的建议一直推辞，嘴里总是说："妈妈，我害怕。""我不敢站到台上去。""我肯定做不好，我的能力一定不行。"听到孩子常把这些话挂在嘴边，王女士很是苦恼，如何让孩子正确评估自己的能力呢？

 案例解析

孩子不能正确评估自己的能力有以下这几点原因：

1.孩子的能力很少得到锻炼的机会。生活中父母和家里的老人总是替孩子包办一切，孩子自己明明有能力做的事情父母和家人总是代替孩子去做。孩子就会习惯父母为自己做事情，而自己的能力却得不到锻炼。久而久之，孩子再遇到事情的时候自然就会认为"我不行"。

2.父母不当的管教方式让孩子失去自信，能力减弱。当父母得知孩子成绩不理想时，总是会态度生硬地对待孩子，批评孩子、数落孩子，甚至对孩子恶语相向，父母的这种行为就会让孩子逐渐地失去自信心。孩子很多时候就会觉得连自己父母都看不起自己、看不上自己，觉得自己不行，自己可能真的是一个很差劲很没能力的孩子。

3.父母对孩子的忽视。日常生活中有的父母忙于工作，就忽略了去发现孩子的才能。导致孩子的能力得不到发展。

 解决办法

1.让孩子学会了解自己。父母要从小要培养孩子清楚地知道自己的优点和缺点以及特长和兴趣爱好。生活中父母要多跟孩子进行交谈，引导孩子坦白说出自己的感受，是一个很好的方法。这时，父母的"用心听"就起到关键的作用。

2.培养孩子的自理能力。生活中父母要注重培养孩子照顾自己的能力，尽量引导孩子自己的事情自己做，如自己做功课、收拾书包、整理玩具等。孩子料理自己的能力愈高，对自己的信任就会愈大，孩子就会觉得自己有能力去做一些事情，这样孩子便有足够的信心去克服成长过程中的种种困难。

3. 让孩子学会欣赏自己。每个孩子都希望得到别人的肯定和认同，但并不是每个孩子都懂得欣赏自己。有时候用心去完成一件事情，非但不能得到别人的欣赏，反而还可能受到许多批评，令自己信心大失。所以，父母要指导孩子欣赏自己的长处和成功，让孩子在成功中肯定自己的能力。

Part 15
女孩的社交培养：让女孩尽早融入社会

285.敞开心扉让女孩学会与人交流
——女孩有轻微自闭表现怎么办？

小倩在很小的时候就十分的文静，从来不吵不闹，不给父母添麻烦，没有吵着闹着要某个玩具，或者央求父母带她去什么地方玩耍。对于倩倩和同龄女孩不同的表现，父母刚开始的时候觉得很欣慰，认为小倩很懂事。但随着小倩的成长，父母发现，小倩从原来的文静发展成了有些孤僻，平时只喜欢自己和自己玩耍，很少有人能够走进她的世界中。起初，父母担心小倩是染上了自闭症，但检查结果却并非如此。而且小倩平时也能够和他人礼貌地相处，只不过更享受独自的空间。父母担心小倩这样的行为会影响到日后的成长，对社交能力产生负面影响，可是又不知道该如何纠正过来。

 案例解析

当家长发现女孩只喜欢和自己玩耍时，要从心理层面进行分析，她能够用礼貌的态度对待别人，证明女孩并不是孤僻的性格，只不过不允许任何人走进自己的内心。看上去不惹是生非的孩子并不一定是心理健康的孩子，虽然女孩的性格天生就偏向文静一些，但是如果过度地将自己拘束在个人世界中，难免会让成长过程中出现多种缺失，进而会对整个人生产生负面影响。

对于这种女孩来说，在她年纪比较小的时候可能缺少他人的陪伴和关爱，或许曾经她也想要用激烈的方式来博得他人的关注，但效果可能与她想达到的目的相去甚远。而只有她安静下来，才能获得他人的称赞。但是，对于孩子来说，"懂事"未必是最佳的夸奖，我们要做的是要让孩子在恰当的年龄有最适当的最本真的反应。

 解决办法

想要让女孩敞开心扉，家长可以按照以下内容，尝试着给女孩的内心世界增温：

1.给女孩更多的陪伴。在女孩表示自己喜欢独处时，家长可以先在不干扰女孩的前提下，给她们更多的陪伴，让她们从排斥到接受他人的存在。比如，家长可以静坐在一旁，仔细地观察女孩玩耍，并且适当地提出一些简单的问题，诱导女孩回答，以此来逐步接受家长的存在。

2.增加和女孩一起玩耍的机会。在女孩不排斥他人后，可以提出和女孩一起玩耍的请求，用一些比较流行的，或者比较新颖的玩具吸引她们接受自己的邀请。适当的时候可以用示弱的方式表示自己独自无力完成，吸引女孩加入进来。

3.引导女孩提出物质需求。有这种行为的女孩大多不会主动提及物质要求，哪怕是她们心仪的玩具。所以父母需要通过观察女孩的反应，主动地给她们购买玩具，然后告诉女孩只要是她喜欢的东西，父母都会尽力给予。此举可以引导女孩主动地敞开心扉，逐渐地远离独自的精神世界。

286. 纠正女孩以大欺小的不良行为
——怎么引导女孩不要以大欺小？

森森的妈妈是专职家庭主妇，平时只要做完家务就会带着森森下楼去和同龄的小伙伴一起玩耍。在小区内有一处游乐设施，每天傍晚时分都会有很多家长带着孩子来玩。森森很喜欢和小伙伴聚在一起玩耍，有时家中事务繁忙，妈妈也会鼓励森森自己出门去玩，毕竟都是同小区的人，妈妈不用太过担心森森的安全问题。

平时妈妈带着森森一起玩耍时，森森都比较安分守己，和小伙伴们玩得十分投机。但是只要是森森自己去玩耍时，都会排挤其他年纪比较小的伙伴，会霸占着游乐设施不允许自己不熟悉的人加入。后来，有邻居向森森妈妈反映，说平时森森的霸道行为他们也就睁只眼闭只眼，毕竟只是孩子玩闹而已，可是森森为了抢玩具居然和其他孩子动手。森森的妈妈十分吃惊，为什么森森在自己眼前的时候那么乖巧，离开她的视线就会以大欺小呢？

 案例解析

一般来说，女孩如果有欺负比自己弱小的孩子的行为，大致是内因和外因双重导致的结果。

1.内因对社交行为的影响。好奇是人类的天性，孩子对于外在事物有着很强烈的探索欲望，她们会想要亲自体验行为带来的后果。有些女孩性格比较顽皮，受到批评的机会较多，这就容易激发她们的逆反心理。有的女孩在与他人交往的过程中曾有不愉快的体验，于是女孩想要借机寻事来发泄心中的不平衡感。此外再加上自我控制能力偏弱，会让女孩不知道如何根据场合的不同来调节自己的行为。一些经历较少的女孩就很容易做出一些失去分寸的事情。

2.外因对女孩社交能力的不良影响。有些女孩在家中处于绝对的中心地位，这就容易让她们养成刁蛮、自私、嚣张的性格，在父母面前时尚能够有些约束，但父母一旦离开就会暴露秉性。还有些女孩性格并不十分讨喜，所以她们就会想要通过一些极端行为来获得他人的注意，错误地做出一些不分对错的行为来。

 **解决办法**

对于女孩社交能力的培养，不应该仅仅局限在能力上，还应该从认知上纠正她们的态度，尤其是以大欺小的行为，绝对不能姑息，我们建议家长从以下角度尽心引导：

1. 让女孩认识到错误行为带来的后果。只有正确的、友好的态度才能让女孩交到朋友，不然即便她的行为是在保护某一部分人的利益，但被伤害到的一方也会促使原有的朋友对她敬而远之。所以，家长要让女孩知道自己的错误行为对他人身心产生的负面影响，以及对自己社交带来的弊端。

2. 要鼓励女孩用正确的态度对待朋友。家长在知道女孩有以大欺小的行为后，不要先进行严厉的批评，而是应该引导女孩去认识自己的错误，要鼓励女孩去正视自己的错误，用实际行动来弥补自己的错误行为，从而建立起来团结友爱的意识。

287. 注意引导自信心过剩的女孩
——女孩喜欢贬低他人怎么办？

纯纯是一个十分乖巧的小女孩，从小就很听爸爸妈妈的话。随着纯纯的长大，她的妈妈开始有意地培养纯纯社交方面的能力，便趁着假期带着纯纯参加了一次户外亲子活动。在亲子活动中，指导员带领孩子们做了一些他们力所能及的事情，但是纯纯负责的内容并没有很好地完成。妈妈耐心地询问纯纯没有做好的原因，想要借此来指导纯纯有计划地做事，但没想到纯纯却将责任推得一干二净。纯纯说："我觉得我做得挺好的，您看那个××，做得才叫一塌糊涂呢！"当妈妈听到纯纯用贬低他人的方式来抬高自己的能力时，觉得有些心惊，不知道该和纯纯说些什么，才能让纯纯正视自己的不足之处。

 案例解析

在这个案例中，其实纯纯的妈妈已经意识到了一些问题，就是纯纯不能正视自己的不足之处，但纯纯的妈妈却没有重视女孩贬低他人的问题。一般来说，女孩在 10 岁以下很容易出现这种情况，用贬低他人来抬高自己的价值。归根结底，其原因不外乎以下几点：

1. 女孩想要引起别人的注意。有这种表现的女孩大多处于好胜心和自尊心的觉醒时期，所以会在批评面前因自信心的缺乏而有如此表现。但这不过是女孩想要借此来引起别人的注意，获得他人的赞扬和认可。

2. 女孩自信心过剩而引起的自负表现。一些女孩长期处于赞美声中，就会变得有些骄纵，在遇到批评时第一反应不是接受，而是用其他方式表达自己的抗拒，有些女孩就会用贬低他人的方式来抬高自己的价值，让人们意识到自己在相比之下的优越之处。

3. 女孩想要寻求一种内心的平衡。或许女孩对于某件事情比较敏感，比如，因一次考试失利而担心受到家里的责备，于是想要找一个比自己更差的对象，来为自己的失利行为寻求一种内心的平衡，来慰藉自己的负面情绪。

 解决办法

当女孩有贬低他人的表现时，家长不要先采取求全责备的态度，而是要给女孩更多的理解。

1. 帮助女孩分析贬低他人的后果。对女孩的贬低行为不能一味地训斥，而应该用引导的方式让她们知道自己这种行为的不当之处，来引导女孩学会正确地评价他人。对于那些为女孩所贬低的对象，家长要引导女孩去认识到对方的闪光点，要让女孩认识到他人的优越之处，让女孩知道自己言论的偏颇之处。

2. 让女孩适当地接触到一些难题。借此可以打消女孩过于自负的心理，让她们切身体会到"人外有人，天外有天"的道理。当然，家长此举要注意分寸，找寻的难题要符合女孩的年龄和能力，避免让女孩因过度的打击而产生自卑情绪。

3. 安抚女孩内心的不安情绪。虽然女孩知道贬低他人是不好的行为，但是因为内心的失衡，她们无法准确表达自己的不安和担忧。所以，家长要安抚女孩的负面情绪，然后帮助她们进行正确的自我评价，让她们压抑的情绪得到释放。

288. 富养不等于娇惯
——娇惯孩子为何要不得？

甜妞的学校在假期时组织了一项义务劳动，是帮某个幼儿园打扫卫生。甜妞自从知道有校外活动后，爱玩的她就一直心心念念地盼着。但是没想到，甜妞早上开开心心去了，回来后却耷拉着脸，连晚饭都不肯吃了。甜妞的妈妈端着一碗饭到房间，却发现甜妞哭得很伤心。细问之下才知道，原来在活动时，大家都被安排了"工作"，但是甜妞却什么都不会，连洗个抹布都不会。老师就让她去帮忙搬东西，结果甜妞搬东西时还砸坏了幼儿园的教具，被老师训斥了一顿。甜妞觉得特别委屈，本来自己是好意参加的，凭什么老师就因为她没做好就训斥她。甜妞的妈妈听后心中五味杂陈，平时对甜妞十分宠爱，不舍得她受到一点儿的伤害，但是别人并不会像自己那样娇惯着她，这该怎么办呢？

 案例解析

现在大多数家庭都只有一个孩子，难免会娇生惯养，生怕孩子受到一点儿的伤害，也从来都不舍得孩子多做一点儿事情。所以，现在的女孩大多都有一些通病，就是凡事都以自己为出发点，非常娇气吃不得半点儿苦，生活自理能力还差。这样的女孩进入社会之后，我们都可以想象到她们会遇到什么样的挫折。

所以，甜妞的妈妈应该担心的不是别人会如何对待甜妞，而是要让甜妞担当得起什么样的对待。父母不可能守在孩子身边一辈子，与其帮助女孩解决所有的问题，不如教会她们解决这些问题的方法；与其为女孩挡掉了所有的挫折，不如教会她们如何迎难而上去解决那些波折。

对于在家庭环境中娇惯长大的女孩来说，最缺乏的就是一些挫折教育。如果她们在家人的呵护下都无法面对一些简单的问题，那之后她们自己用来摸索的时间和机会就会很多，走的弯路则会更多，也会更辛苦。

 解决办法

对于习惯了家庭娇惯式教育的女孩来说，家长需要逐渐地、缓慢地改变教育的方式，培养女孩自理、自立的能力，以便让她将来更好地融入社会当中。

1. 尽早培养女孩的自理能力。很多家长总会担心女孩年纪太小承担不起太多，而不愿意让女孩"吃苦受累"，自己能解决的事情绝对不会要求女孩来做。但是，虽然给女孩良好的生活氛围是家长的责任，但如果只是"养"而没有"教"的话，就等于是剥夺了女孩全面成长的机会。

2. 让女孩从做家务开始做起。多动手可以增加大脑的发育和功能的完善，对女孩的健康成长是十分有益的。所以，家长要让女孩从小就学着做一些力所能及的家务活，同时在旁边进行技术性指导和适当的鼓励和肯定。让女孩在成就感的包围下，学会如何在脱离父母娇惯的条件下，独立地去做一些事情。

3. 给女孩一些挫折教育。对于娇惯的女孩来说，她从没想过自己独立面对未来会发生什么挫折。所以家长要在女孩年纪很小的时候就给她们创造一些可接受的挫折，要让女孩有面对挫折的思想准备，让她们主动地认识到娇惯对自己的人生道路会起到的负面影响。

4. 鼓励女孩的一切成长。在女孩年纪比较小的时候，能够承担的事情比较少，难免会有一些失误和不足之处。此时家长不要斥责女孩的过失，而应当鼓励女孩做得正确的地方，然后再对那些失误之处稍加提点。这样，既能够保证女孩的积极性，也能够帮助她们进步。

289. 引导女孩逐渐适应与陌生人沟通
——女孩不敢和陌生人说话咋办？

小雪儿从小就长得很可爱，总是很招大家的喜欢，但是小雪儿好像对别人比较排斥，尤其是在面对陌生人时更是抗拒，根本不敢和陌生人说话。平时，小雪儿出门时，迷路了也只会打电话给父母或者朋友求助，根本不敢向附近的人询问。小雪儿在家里也是如此。平时家中的快递，她从来都不接，总是不敢和陌生的快递员说话。小雪儿的妈妈询问过小雪儿为什么不跟陌生人说话，她回答因为总觉得陌生人不可信，总害怕陌生人会伤害到她。尽管妈妈一直安慰小雪儿，说现在社会治安很好，坏人没有她想象得那么多，不用过度的紧张，可是小雪儿却拿电视中那些凶杀、惊悚的影片来反驳妈妈的话。这让小雪儿的妈妈觉得很困扰，实在不知道该怎么扭转女儿的这一认识。

案例解析

从这个案例来看，女孩不敢与陌生人说话，甚至对陌生人十分排斥，主要来源于她对外界的恐惧和敌意。女孩有这样的想法，绝大多数原因来自于家庭环境的不当教育。有很多中国式父母会过度地担心女孩的安危，会在她很小的时候就给她传递很多负面消息，比如出门要小心外面的坏人、要拒绝陌生人的搭讪等。虽然适当的安全教育是正确的，但如果安全教育的尺度过重，就会让女孩产生很重的心理负担，让原本的善意教导也具有了恐吓的味道。

除此之外，一些女孩对陌生人的恐惧还来自于安全感的缺乏，比如，家庭氛围的不和谐，长期处于语言暴力的环境中，都会让女孩有一种浓重的戒备心理。当女孩幼小的心灵中留下一抹阴影，就会对整个世界都充满恐惧，对所有的陌生人都产生抗拒。此外，再加上父母对女孩急迫的推销行为，也会加重女孩的心理负担。比如，父母会让女孩对陌生人礼貌称呼，如果女孩拒绝，父母就会当场斥责女孩的不礼貌行为。这种行为看上去是教育女孩懂礼节，但实际上只会加重女孩的紧张感，刺激她们的畏惧心理。

 解决办法

想要让女孩敢于和陌生人对话，要加强的不仅是女孩的内心建设，同时也少不了父母的支持和鼓励。

1. 对女孩的恐惧感表示理解。父母应该以尊重的态度对女孩的行为表示理解，要感同身受她们心中的不安全感。当女孩有出色的表现时，家长要及时地给予鼓励，让女孩在家长的期待和肯定中，逐渐地消除恐惧感。需要注意的一点是，父母在夸奖女孩时，一定要将夸奖的内容具体到点上，要让女孩知道自己因何而被夸奖。

2. 给女孩多接触社会的机会。如果女孩是因为胆小而畏惧陌生人的话，家长可以适当增加女孩与外界接触的机会。刚开始时，可以与女孩一起进行一些活动，然后鼓励女孩去找警察问路、找销售员问价格等。父母在女孩身旁会给女孩很大的安全感支持，让女孩变得勇敢而主动。同时，父母可以以此为契机，给女孩传递一些正能量，帮助女孩变得勇敢而自信。

3. 给女孩一个缓慢的适应过程。家长对女孩的任何教导都不要抱着立竿见影的打算，操之过急难免会适得其反。当女孩表现得有些反复时，父母应当及时地给女孩更多的鼓励，而不要认为自己的教诲没有效果而中途放弃。想要让女孩变得勇敢，需要的是长久的引导和支持，而非一朝一夕的三言两语就能达到的。

290. 防范意识的建立要适度
——如何舒缓女孩过于戒备的心理？

娜美遗传了母亲的美貌，自小就是一个长相十分讨人喜欢的小姑娘，每当父母带着她出门玩耍时，总能获得邻居们的喜爱，甚至有时会有陌生的路人请求合影拍照。随着娜美的成长，她开始对他人的亲近十分抗拒，如果有人想要摸摸她的脸蛋表示亲近，她就会大哭大闹个没完。刚开始时，娜美的妈妈认为那只是女孩成长的某个阶段性的表现，但是娜美的防范意识却愈加强烈起来，除父母之外任何人的亲密表现，都会让她满脸都是防范的表情。比如，家中如果有人做客时，娜美都是躲在自己的屋里拒绝外出；幼儿园的小朋友如果碰触到了她的身体，她甚至会对人家拳脚相加；不仅如此，在娜美生病之时，医生只要一拿出听诊器，娜美就会哭闹得像是要杀了她一样。对此，娜美的妈妈觉得很担心，女孩年纪还这么小，就有这么强烈的防范意识和抗拒表现，会不会影响到她将来社交方面的发展呢？

 案例解析

一般情况下，在女孩童年时期发生的任何事情都会影响到她成年后的认知。童年发生的事情一方面是来自家庭氛围内的影响，一方面是家长对女孩的教养有不当的地方。家庭氛围中如果过度地提及陌生人对孩子的伤害，比如人贩子拐卖儿童、女孩轻信他人而遭到伤害等，再加上家长对女孩防范意识的教诲，就容易让女孩产生强烈的防范意识，对陌生人产生排斥心理。

虽然，对于女孩的教育来说，需要让她们具备一定程度的防范意识，可以让她们远离危险，但过强的防范意识对女孩的成长来说是弊大于利的，只会影响到女孩建立健全正常的人格，也会影响到女孩社交能力的发展。比如，会导致女孩形成过于内向的性格和过于懦弱的行事作风，会导致女孩人际关系方面的紧张，会让女孩在与他人交往的过程中处于被动地位，会让女孩不知道如何解决相处的矛盾等。当过强的防范意识在女孩心中形成一个坚不可摧的堡垒后，她们就会将自己困在内心世界中，抗拒接受外在的一切的事物，不论是美好的还是丑恶的。

 解决办法

家长在发现女孩有强烈的防范意识之时，要及时地帮助女孩"脱敏"，要让她学会和他人建立信任感，学会如何掌握好防范意识的尺度。

1. 帮助女孩的防范意识"脱敏"。女孩过强的防范意识并非一朝一夕养成的，也只能够逐渐地消除。

2. 增加女孩参加集体活动的机会。家长可以根据女孩的兴趣爱好，适当地引导她去参加一些集体活动，让她体会到与志同道合者共同玩耍的乐趣，引导她们在欢快愉悦的环境中卸下满身的铠甲。

3. 给女孩防范意识尺度的建议。家长可以告诉女孩，对于什么样的人需要什么样的防范态度，比如，对待亲人、朋友、同学、陌生人的不同态度，让她不用时时紧绷着自己的神经。让她从相信身边的人开始，逐渐地学会与他人建立信任。

291. 家长要引导女孩合理处理冲突
——女孩遇到突发冲突怎么处理？

浅浅的妈妈有一个很要好的朋友，朋友有一个年纪和浅浅相仿的男孩，所以浅浅妈妈经常带着浅浅和朋友家的小朋友一起玩耍。刚开始的时候，浅浅因为有同龄的小朋友感到很高兴，经常会主动分享零食和玩具，可是那个小朋友性情比较冷淡，对浅浅始终是一副爱答不理的表现。有一次，浅浅的妈妈邀请朋友来家里做客，结果浅浅在和小朋友一起玩玩具时居然打了起来，浅浅边哭边嚷嚷，说自己有好吃的好玩的总是想着小朋友，但是人家有糖果也不肯给自己吃一颗。朋友很尴尬地带着小朋友走了。在他们走后，浅浅的父母对浅浅进行了教育。浅浅也知道自己有做错的地方，可她就只想起对小朋友的种种不满。妈妈鼓励浅浅去和小朋友道歉，浅浅却觉得主动道歉很丢人，坚持认定主要错误并不在自己。对于孩子来说，主动解决社交矛盾是人生的必修课，可是女孩表现得十分抗拒该怎么引导呢？

 案例解析

在女孩年纪比较小的时候，大多都不懂得如何准确表达自己的感情，遇到矛盾不知道如何解决。社交技巧是一种习得性获得，并不是与生俱来的，如果只是因为女孩社交经验方面不够充足，家长不必过度紧张，因为不当的帮助只会加重女孩的排斥心理。

事实上，冲突和矛盾是有益于女孩的成长的，这可以让女孩建立健全自己的处世观念，提升自己的交往技巧。而父母的过度保护和干预只会让女孩成长的机会大大降低，让她们形成一种父母会替自己解决所有问题的想法。所以，父母们要意识到，解决社交矛盾是女孩成长的必修课，谁都无法替代，只能让她们学会自己去处理。当女孩身处于社交矛盾中时，家长只需要给女孩一些方式方法的指导，帮助她们分析清楚事情的来龙去脉就可以了。

 解决办法

当女孩社交遇到矛盾和问题时，我们建议家长这样去做：

1. 帮助女孩分析情况并给出指导建议。在女孩有社交矛盾时，家长不要主动介入，只能够在女孩无法解决问题时，帮助她分析情况和给出指导建议，然后鼓励女孩自己去解决。

2. 给女孩修正自我认识的机会。在女孩最初建立的是非观念中，有着很多"自我"的承认，所以以家长要鼓励女孩独自去解决问题，让她们主动地逐渐修正她们自己的价值观。

3. 给女孩创造更多的社交空间。更多的社交机会可以让女孩的社交能力获得提升，从看到他人解决社交矛盾中吸取经验值，来提升自己的社交能力。

292. 矫情体现出的是心理不健全

——社交中过于矫情怎么办?

　　婷婷在平时和同学们的相处都非常愉快,虽然时常有小打小闹,但是对于婷婷也没有太大影响。只不过婷婷在学校里有一个很讨厌的女同学,那个女同学的个性比较强,自控能力有些差,遇到看不顺眼的事情都会直言不讳。其他的同学都了解这个女同学的性格,大多数时候不会刻意地招惹她。但是婷婷偏偏不,她总是惦记着曾经和那个女同学发生过矛盾,总是会找女同学的麻烦。婷婷的妈妈本来也听信了婷婷的话,被老师叫到学校的时候还义正词严地争论,但是当其他的同学都证明是婷婷总是看人家不顺眼时,婷婷的妈妈才知道了原因。可问题是,婷婷不喜欢那个女同学不和她深交就可以了,为什么会做出这么矫情的事情呢?

案例解析

　　不论女孩是在生活中还是在社交环境中,表现出过于矫情的态度,大多是心理因素不够健全导致的,对于这种问题应当引起家长的反思。

　　1. 女孩有强烈的独霸意识。如果女孩在家庭中深受父母的优待和宠爱,就会在社交中产生一种独霸意识。这种意识会让女孩处处都以自我为中心,凡是自己看不顺眼的事情都要掺和一下,完全不懂得要顾及别人的感受和想法。

　　2. 家长给女孩错误的矛盾定义。家长无法感同身受地了解女孩遇到的事情,只会以自己的理解去分析问题。但这很容易导致问题被无限地提升放大,以至于将小摩擦上升到大矛盾的范围上,而忽略了孩子之间的问题应当由她们自己学会解决办法。

　　3. 家长过度介入到女孩的社交中。家长担心女孩会在外受欺负,这是很正常的事情,但如果在女孩遇到问题时,家长的第一反应都是为女孩伸张正义,而不是询问事情的真实情况,家长直接介入女孩的社交,就会给女孩一种有所依仗的感觉,会加重她们有恃无恐的行为。

解决办法

　　女孩过于的矫情,无论是对于社交问题,还是对于以后的人生发展,都会产生不利的影响,所以我们建议家长加强以下方面的引导:

　　1. 让女孩远离矛盾点。当女孩与某一个人经常发现矛盾时,家长先要降低她们产生摩擦的机会,给女孩一个冷静的空间,然后再帮助她就事论事地分析问题的根源所在,帮助女孩找寻最合理的解决办法。

　　2. 让女孩确立明确的是非观念。即便家长护女心切,也不要在矛盾发生时单方面地相信女孩一方的分辩,而应该先卸下女孩的心理负担,然后再给女孩申诉的机会。如果错误真的在女孩,家长一定不要姑息,但也不要严厉地指责,而应该耐心地说教,帮助女孩确立明确的是非观念,让女孩知道如何处理将来可能发生的类似问题。

3. 引导女孩学会宽容对待他人。产生矛盾的根源往往来源于对小摩擦的过分计较，想要让女孩能够学会如何和所有人心平气和地相处，就要培养女孩宽容处世的心态，引导女孩多关注对方的优点和闪光点，让女孩从娇情相对，到欣赏相待。

293. 平等不等于纵容
——女孩要求和长辈平等怎么办？

最近，苗苗交到了一个新的朋友。因为有一户外籍华人搬来了小区内，他家有一个年龄与苗苗相仿的小姑娘。本来，苗苗的爸爸妈妈还因为女儿交到了新朋友而高兴不已，他们认为女儿有外籍华人的朋友，可以帮助女儿开阔眼界。但是，随后苗苗的妈妈发现，眼界倒没见着开阔多少，苗苗的整个世界观却改变得让她有些不知所措。那天，苗苗从新朋友家回来，就扬言要和父母平等相处，因为新朋友说她的父母从来不会用长辈的态度对她进行说教，只会用平等的姿态和她商量一切的决定，而且会非常尊重她的选择。但是苗苗的妈妈却觉得，就中国国情来说，是不符合那种与父母平等对话的条件的，这样会显得孩子对长辈很没有礼貌，于是拒绝了苗苗的要求。本来，苗苗的妈妈想要和苗苗认真地谈谈，告诉她要有自己为人处世的原则，不要过分地受到他人的影响，但是苗苗却认为妈妈不通情达理，不想再和妈妈对话。面对女孩突然提出的平等要求，家长应该怎么引导才是正确的呢？

 案例解析

女孩需要从社交活动中获得成长的引线，但并不可以失去自我原则无条件地接受他人的思想和引导。所以，在面对女孩提出平等的观念时，父母应该想的是如何提醒女孩注意自身的价值取向，才不至于在社交中迷失了自己。在不同的事件背后，往往都有着同样的问题，这不仅仅是如何与女孩进行有效沟通的问题，而是如何处理女孩被各种层出不穷的观念影响的问题。

很多中国的父母都会很谨慎地面对女孩的心理健康成长，而这些并不是平等的观念就能够解决的，问题的关键在于对中国父母而言，与孩子沟通的内容、方式的不同都会对沟通造成影响。只要是父母站在了自己的立场上，用教训的口吻对话女孩，就容易让女孩下意识地采取反击态度，被伤害的感受会让她们抵触父母对自己的爱护之情。所以，父母既不能无条件地接受女孩的提议，也不能一味地拒绝女孩的所有要求。

 解决办法

父母需要先设身处地地了解女孩的真实想法，然后在传递"爱"的同时给女孩引导和帮助，才能让女孩更容易接受父母为自己的考虑，才能让沟通变得更加融洽。

1. 以尊重女孩的感受为前提。平等的原则并不是在地位上的平等，而是在对话时的平等权利。父母在和女孩对话时，要先引导她们说出自己的真实感受，然后以女孩的立场去考量这件事情，最后在尊重女孩的基础上，给她们一些合理的建议，如此才能让女孩更容易接受。

2. 平等并非是无条件的纵容。平等只是一种相互尊重的谈话方式，并不是要求父母以平等的姿态对待女孩的一切决定，这样不仅会让女孩在纵容下变得嚣张任性，也会让女孩在父母的关爱中变得目无尊长，不懂得尊重他人。

3. 杜绝强烈的管制行为。在父母绝对的控制下成长起来的女孩是很容易自卑的，所以家长在女孩提出异议时，要先放下自己的身段，认可女孩在家中的话语权，避免女孩在受到强烈压制下只能缄口不言。

294. 带领女孩参加集体活动
——女孩不愿参加集体活动怎么办?

在为小香选择学校时，她的爸爸妈妈特地挑选了一个集体活动丰富的幼儿园，他们本想着让小香可以通过集体活动培养出开朗的性格，也能够交到一些真心的朋友。可是，小香却表示并不喜欢参加集体活动。妈妈认为，学校组织的活动全程都有老师陪同，可以不用担心安全问题，是一个很好的锻炼机会，而且小香可以在集体活动中体验到寓教于乐的感受。在妈妈的强烈要求下，小香不得不参加，但是仅仅是参加了一次之后，就拒绝再参加任何活动。这让妈妈觉得十分忧心，可每当她再劝下去的时候，小香都会表示出强烈的情绪。最后弄得妈妈也没有了办法，只得妥协。为什么女孩会这么抗拒参加集体活动呢? 为什么会如此抗拒和小伙伴们一起玩耍呢?

 案例解析

一般情况下，孩子们是喜欢聚在一起玩耍的，毕竟同龄人之间有更多的话题和追求。如果女孩表现出对集体活动的抗拒，大多是由以下原因造成的:

1. 女孩自身比较内向。有些性格比较内向的女孩会十分抗拒陌生环境，不安全感会让她们时常紧绷着神经，既无法大胆地表现自己，也无法放松心情去玩耍。如果集体活动是在人数众多的条件下，或者是野外环境中进行时，更会加重女孩的不安全感，会让女孩产生畏惧的心理。

2. 集体活动在女孩心理建设活动之外。每个人都有趋利避害的本能，当女孩对集体活动产生排斥时，内心的心理建设就会起到防御效果，会本能地抗拒参与到集体活动中去。所以一切的抗拒表现，都是因为认为集体活动不会为她们带来愉悦的感受。

3. 家庭因素对女孩产生的影响。如果女孩的成长环境和生活环境中充斥着父母的溺爱，就很难让女孩有寻找其他感情寄托的想法，这种想法会影响到她们独立意识的建立，让她们无法长时间离开父母去与外界环境轻松地接触。

解决办法

想要找出让女孩喜欢集体活动的办法，要从家长和女孩双方面下手，做出一些调整和鼓励，让女孩从接受集体活动转变为喜欢集体活动。

1. 给女孩正确的安全感引导。大部分排斥外部环境的女孩都比较内向，所以家长要先帮助她们建立安全感，逐步地引导女孩去与外界环境多接触，比如，可以多带领女孩参加一些有父母陪同的亲子活动，以此来让女孩的活动范围不再局限于家庭内，学会接受和享受独自接触集体环境。

2. 让女孩体验到荣誉感。家长在带领女孩参加一些集体活动，在女孩有突出表现或者能够坚持全程时，家长要及时地给予表扬，哪怕是中途退出，家长也要给出适当的鼓励，借此来让女孩增加参加集体活动的动力，让荣誉感帮助女孩建立更多的自信心。

3. 调整女孩和他人的关系。对于年纪比较幼小的女孩来说，让她们独自参与到集体活动中去，会让她们很没有安全感。所以家长要积极地和老师进行沟通，希望女孩可以在学校里和老师建立良好的信任度，借此来增加女孩的安全感。

295. 换位思考，做"不亦乐乎"的迎客人
——女孩对家中来客不欢迎怎么办？

然然是一个很乖巧的女孩，从来不用父母为她太操心，在平时，然然总是会主动地把自己的屋子打扫得一尘不染，也会帮父母做一些力所能及的家务活。虽然然然在平时的表现并不会让父母觉得很操心，但是在家中来客人的时候，然然就会表现出很强烈的领地意识。平时如果有亲戚或者朋友来家中做客时，然然都会十分排斥，不仅会对人家横眉冷对，更不允许任何人踏进自己的房间一步。如果人家表现出对然然亲近的意思，然然也会闪躲到一旁，或者直接跑进自己的屋子将房门反锁上。虽然客人并不会过多地和孩子计较，但是然然的爸爸妈妈却觉得被女儿落了面子。虽然然然的父母几次三番地和女儿谈过，但是然然依旧表现得十分抗拒，这可该怎么办才好呢？

案例解析

一般来说，女孩在一定年纪后自然而然地就会产生领地意识，或者是对陌生人莫名其妙地排斥，只不过有些女孩的这种表现并不是很明显，而且很快就会过去，但是有些女孩则十分极端，造成这种现象大致有以下几点原因：

1. 女孩生活范围过于狭小。有些女孩自小接触到的陌生人群就比较少，才会出现"怕生""人来疯"等现象。女孩在这种比较封闭的家庭环境下，自然就会对不熟悉的人有一种排斥感。因为家在女孩的心中是一种安全感的象征，当这种象征被陌生人打破时，她们就会表现出本能的抗拒和防御。

2. 女孩被培养出的危险意识。有为数不少的女孩在年幼时就体验过语言暴力的威胁，比如，当她们不听话时，就会听到家人说"再闹就把你丢出去""这么不听话就把你卖掉"等，这些话都会降低女孩的安全感，会让她们觉得外界是一个危险的世界，外面的人也是坏人。

3. 家人错误的保护方式。父母总是会担心孩子受到伤害，所以会刻意地给女孩传递一些对外界危险的预防知识，但如果这种知识的传递方式过激，就会让女孩不敢进行尝试和探索。当女孩养成了胆小和谨慎的性格，就不愿意从社交中学习到实践经验和应对知识。

 解决办法

如果女孩只是阶段性的抗拒外人，家长就不必过度担心，但如果女孩抗拒的时间较长、人群较广的话，家长可以采取如下方式对女孩进行引导：

1. 引导女孩进行换位思考。女孩年幼时的思维方式大多是单向化的，大多数事情只能以自我为出发点，很难认识到自己不理性的行为对他人带来的负面感受。所以，当女孩表现出不理性的行为时，家长要引导女孩进行换位思考，让她们意识到自己的行为会给他人带来什么感受。只有引导着女孩自己去判定自己的行为，才能有效地促使她们逐渐改变。

2. 让女孩感受到负面行为的刺激。当女孩的行为十分不礼貌时，家长不要因为顾及面子而顺从客人不追究的想法，而是要让女孩知道她的行为会带来什么样的后果。比如，要让女孩明确知道她的这种行为会招来大家的厌恶，当女孩接触到这种负面反馈后，哪怕当时不愿意认错，但她在之后的行为中也会调整自己的状态。

296. 循序渐进增强女孩的独立意识和能力
——怎么让女孩从温室里走出来？

茶茶的妈妈接她放学时，一看到茶茶从学校里出来，就赶紧凑过去，把茶茶的书包接下来背在自己身上，并且嘘寒问暖地给茶茶递过去一瓶冰镇饮料。茶茶的老师看到了，就劝说要让孩子自己背书包。茶茶的妈妈却说，担心孩子正在长身体，太沉的书包对孩子身体不好。老师无奈之下向茶茶的妈妈反映，说茶茶在学校除了学习，其他的什么事情都不会做，课后组织打扫卫生，就连扫地都要老师手把手地教。刚开始的时候，老师也问过茶茶，为什么连扫地都不会。茶茶却理直气壮地说，因为自己在家里从来没扫过地。茶茶的妈妈这才意识到，自己对女儿的过度保护让她成了温室中的花朵，这可怎么办才好？

 案例解析

在生活中，家长处处给女孩代劳的现象十分常见，因为现在大多都是独生子女，所以家长的重心和精力全都集中在孩子一个人身上，对她会有过于娇惯、宠溺的举动，恨不得所有的事情都能够为孩子打理清楚。但是，这样的溺爱之下只会导致孩子越来越差的独立性，连基本的生活能力都成为要命的问题。

所以，为了女孩将来的生存和发展，为了培养她们独立去面对社会的能力，就一定要从小就让她们养成自己的事情自己做的习惯，同时还要注意培养她们生活的自理能力，而绝对不能有事事包办的事情发生。

现在，独立性已经成为女孩成长的关键问题。在某些发达国家，女孩很小的时候就独立睡觉，不像中国很多孩子在上学后还和父母睡在一起。独睡可以让女孩养成独立的意识和思考习惯，独立的生活能力和行为习惯。但是，由于父母的溺爱和过分的呵护，无论女孩面对的是读书还是找工作，家人都事事包办，这就容易让女孩产生很大的依赖性，独立生活能力逐渐被弱化，或者从未成长起来。

但是，呵护和溺爱无法延续女孩的一生，她总要独自面对生活，独自去过她们自己的人生。所以，真正疼爱女孩的方式绝对不是将她们圈养在温室中，而是要放手让她们去自己学会走路。只有这样，她们才有能力更好地面对自己的人生。

 解决办法

想要让女孩摆脱温室环境，家长的责任十分重大，我们建议从小学开始，循序渐进地让女孩增长独立的能力和意识。

1. 让女孩和父母分开睡。和父母生活的紧密性决定着女孩独立意识的发生发展，如果女孩在生活上一直延续着幼年的状态，就难以产生成长的意识。首先要给女孩创设一个独立的环境，让她们认识到自己已经长大。这种来自所处环境的暗示，可以帮助女孩为之后的独立生活打下基础。

2. 鼓励女孩学会如何做家务。很多女孩因为父母过度地呵护，在上学后不会扫地、不会擦桌子，甚至连放学独立回家的能力都没有。所以我们建议家长，在女孩很小的时候就鼓励她学习做一些家务，哪怕最初做得并不好，家长也要用鼓励的态度给她们支持，让女孩从家务中找到价值感。

3. 让女孩为父母做一些事情。父母不要一味地帮助女孩打点好一切，而要给女孩机会为自己做一些事情。比如，让女孩帮忙倒杯水、让女孩帮忙下楼买趟菜、让女孩帮忙把晾晒好的衣服收起来等。此举在培养女孩独立意识的同时，还可以增加她们对父母的尊敬和对家庭的热爱。

297. 提高女孩的社交能力
——女孩依赖父母不愿交际咋办？

漫漫的妈妈在她生日的时候给她买了一个特别可爱的玩具熊，这个玩具熊不仅手感十分棒，还会唱歌跳舞。漫漫的小伙伴看到了十分喜爱，缠着漫漫要借走玩两天，并且保证第三天会归还。但是三天过去了，小伙伴依旧没有归还玩具熊，而且还有些躲着漫漫的意思。漫漫觉得小伙伴可能不想归还了，可是她又不知道怎么开口找对方要，所以就求助妈妈，希望她能够帮自己向小伙伴要回玩具熊，毕竟那是妈妈花钱买的。可是，漫漫的妈妈则认为，她应当自己去解决自己的社交问题。漫漫遭到了妈妈的拒绝后发了一通脾气，接连好几天都拒绝和妈妈说话。妈妈很担心，女儿的社交问题要是也交给自己来解决的话，她该怎么学会成长呢？可是，面对这种情况，漫漫的妈妈又不知道该如何劝导女儿。

案例解析

我们从这个案例来分析，为什么漫漫遇到问题的时候会先想到向妈妈求助，这大概是因为之前妈妈帮助过漫漫解决类似的问题，或者是漫漫对妈妈有着过度的依赖心理。现在的很多家庭都有这样的情况，父母出于关心或爱护，会不自觉地主动帮助孩子解决一些问题。或许刚开始的时候父母并没有意识到自己的行为有失分寸，但孩子却因此而产生了依赖的心理，认为父母会帮自己解决一切问题。但是，为人父母者一定要明白，一味地帮助孩子解决问题对她们并不会带来实质的帮助，相反只会妨碍到女孩社交能力的提升，让她们丢掉学习掌握人际关系处理能力的机会。

所以，作为父母绝对不可以直接参与到女孩的社交中，毕竟很多事情只有女孩亲自体验才能获得学习和成长。不论女孩如何央求父母替她出面解决，家长也只能旁敲侧击地引导她们去思考解决的办法，而不可以直接插手进来，不然下一次遇到同样的问题，孩子首先想到的绝对不是如何解决，而是照旧向父母求助。

解决办法

当女孩提出让父母帮忙解决她的社交问题时，我们建议家长不要贸然插手，可以先进行这样的引导：

1. 帮助女孩分析问题并找到解决方法。与其一次次地帮助女孩，不如一次性帮她解决所有类似问题。正所谓，授人以鱼不如授人以渔，只有引导女孩找到解决的办法，逐步地帮助她们分析清楚问题的原因，让她们自己去解决。

2. 鼓励女孩自己学会承担。要让女孩从小就具有独立的意识，如此才能在长大后不事事依赖他人。所以，家长在此时要给女孩更多的鼓励，支持她们尝试去自己解决问题。只有当女孩依靠自己的能力解决了社交的问题，才能真正地懂得学会处理社交矛盾。

3. 家长要明白女孩的依赖心理。虽然家长有帮助女孩解决社交问题的能力，但是女孩主动地提出依赖请求，家长就要反省自己平时是否给了女孩太多依赖的机会。

298. 逐渐引导女孩建立与他人的良好沟通
——女孩交际仅限于宠物怎么办？

琴琴是家中的独女，所以琴琴自小就缺少兄弟姐妹的陪伴，再加上她性格比较内向，很少能和其他小朋友玩到一起去，所以琴琴的父母就给她买了一条金毛犬，希望它可以陪伴着琴琴成长。后来，琴琴有什么话都会先和金毛犬说，吃什么好吃的也会给金毛犬留一些，本来琴琴的父母还庆幸女儿变得开朗了许多，但后来却发现问题反而更严重了。比如，琴琴无论去哪里都哭闹着要带上金毛犬，平时也只愿意和金毛犬一起玩，对于出门和别的小朋友一起玩则更加抗拒了。这可怎么办才好？原本只是想让女儿有个伴儿，没想到如今却变成了女儿社交的羁绊。

 案例解析

当女孩将生活和社交的重心在宠物身上投入过多时，父母原本的希望就会变了味道。一般来说，导致这种问题出现的原因大多有以下两点：

1.女孩性格过于内向胆怯，对社交较为惧怕。过多依赖于宠物的陪伴，缺少交际的锻炼。

2.女孩缺少来自父母的陪伴。如果宠物在女孩的成长过程中占据着太多的比重，就会对女孩的生活重心产生影响。一旦宠物陪伴女孩的时间超过了父母的陪伴，女孩就会将宠物视作心灵的依靠。

 解决办法

对于女孩过度依赖宠物的问题，家长要先反省自身的问题，是否从最开始就给女孩传递出了一种认识，即宠物就是为了陪伴女孩而存在的。即便父母的出发点是好的，但如果事实与想法出入甚远，家长就要思考是否存在尺度适当的问题。对于女孩只愿意接受宠物陪伴的问题，我们建议家长采取循序渐进的引导，逐步降低宠物的重要性。

1.引导女孩先与养宠物的小伙伴结交。家长可以向女孩传达宠物也需要朋友的建议，让女孩通过宠物来与其他小伙伴建立友情。他们可以把宠物作为沟通的纽带，提升女孩与人交往的欲望，促进女孩社交能力的提升，逐渐降低女孩对宠物的依赖性。

2.带领女孩参加一些宠物活动。现在时下有比较流行的宠物派对等宠物类的活动，均是由主人带领宠物一起参加。父母可以和女孩携带宠物参与这种活动，这不仅可以提升女孩的社交能力，还能让女孩有机会认识到更多的朋友。

299. 规范女孩择友的原则
——女孩和坏女孩走得太近怎么办?

在蕾蕾很小的时候，她的爸爸妈妈就对她寄予厚望，希望她将来能够成长为一个优秀的姑娘，所以对蕾蕾从来都是严格要求，不允许有一丝偏差。在蕾蕾小学时，她的学习成绩一直名列前茅，而且还是学生会的骨干成员。但是蕾蕾上初中之后，独立的意识开始强大起来，在家庭的高压之下，渴望自由的心让蕾蕾开始抗拒压抑的氛围。后来，蕾蕾在学校里结识了两个高年级的学姐，这两个学姐以宣扬自由主义为名，长期旷课、夜不归宿、早恋、说脏话……在这两个学姐的影响下，蕾蕾开始有了一些叛逆行为，开始不愿意听从父母的安排去上辅导班，就连从幼儿园时期就坚持学习的大提琴也放弃了。蕾蕾的妈妈很担心，女孩和坏朋友交往过密可怎么办？

 案例解析

父母之爱子，则为之计深远。每个父母都希望自己的孩子可以跟优秀的人相处，受到优秀朋友的正面影响，可是如果女孩表示更愿意和坏孩子在一起相处的话，其问题的原因大多并不是出在女孩本身，而恰恰是来源于家庭教育方面的偏差或不足上。

1. 安全感的缺乏诱导女孩寻求感情支撑。有些女孩的家庭内部氛围不算和谐，女孩经常处于父母感情不和、吵架冷战频发等情况中，无法感受到家庭的温暖就会造成安全感的缺失。在这种情况下，女孩就会想要从其他地方寻求感情上的支撑，这种支撑一定不是温柔的，而是洒脱不羁的。

2. 女孩有被尊重的渴求。很多家长都会站在权力的制高点上，去约束女孩，让女孩严格执行自己制定的所有准则，并且会对女孩的很多自主行为嗤之以鼻。这种情况下，女孩被尊重的渴求就会受到压制，让她们想要从其他地方找寻到被认可的感受。

3. 女孩背负着太多她不想承担的期望。在望女成凤的心态下，家长会给女孩制订严格的人生前进规划，要求女孩按照自己的安排进行。但是当女孩承担着年龄不能承担的期望和重担时，她们的努力很难获得认可，所以会想要寻找能够和自己感同身受的友伴。

 解决办法

如果女孩时常与坏孩子为伍，家长切勿采取强硬手段，不然只会起到适得其反的效果，我们更建议采用循序渐进的方式进行渗透性的引导。

1. 给女孩最需要的温暖家庭环境。大多数女孩在成长过程中表现出的不良反应，都与家庭因素紧密相关。所以此时我们建议家长以尊重女孩内心诉求为前提，让女孩能够从家庭中感受到被尊重的充实感。

2. 不要用定式思维看待女孩的行为。即便女孩做出一些看上去难以理解的事情，家长也不要太过苛责，更不要直接给女孩贴上坏孩子的标签。而是要在尊重的前提下表示出以诚相待的心意，在了解她们的想法后再思考应对之策。

3. 帮助女孩辨别坏朋友带来的假象。女孩因为社会经验的缺乏，在辨别是非的能力上逊色于成年人，所以家长要有针对性地帮助女孩以事情来分析人品，用摆事实、讲道理的方式让女孩明白什么是最恰当的朋友。

4. 给女孩更多的自由选择权。只有当女孩感受到家长对她的要求并不是为了干涉她的自由，让她活得像是一个提线木偶，而是真心地疼爱和为她考虑时，自然就会反思自己做的事情。与此同时，如果家长愿意交给女孩一部分的选择权，女孩自然会更加慎重对待自己择友的选择。

300. 耐心引导女孩早回家

——如何引导回家太晚的女孩？

珮珮在上了初中之后，与同学们在一起的社交时间逐渐增多。本来，珮珮的父母是比较开明的，认为社交活动对珮珮的成长有着很大的作用，但是随着珮珮在社交中投入过重的精力，珮珮的父母开始有些担心了，尤其是珮珮经常回来得很晚。在放学后有联谊活动或者社交活动时，珮珮都会提前给父母打电话说明情况，也会约定好回家的时间。但最近，珮珮回家的时间总是比约定的时间要起码晚上两个小时。毕竟是放学后的活动，马上就会天黑，安全问题是珮珮的父母第一时间考虑到的，除此之外他们还担心珮珮会早恋。可是，当他们提出让珮珮早点儿回家时，珮珮却认为父母不理解自己，甚至是不信任自己。该如何要求女孩不可以很晚回家呢？

案例解析

随着女孩的成长，她们接触到的世界开始变大，所以对于之前的规矩设定也会觉得局限。此时，女孩接触到的人群并不会局限于同学、邻居，也会逐渐地接触到社会上的一些人，展开自己的社交生活，营造自己的社交圈。

没有任何的规矩限定适用于女孩所有时期的成长。在女孩幼儿园时期，家长会要求女孩无论在任何时候出门都要有父母或其他人陪同；在女孩小学时期，家长会适当放宽要求，允许女孩与同学有一些聚会活动；在女孩初中时期，家长的要求不得不放宽，允许女孩有一些自己的朋友，与朋友有一些联谊的活动。但是虽然对女孩的要求可以放宽，但是有些原则一定必须遵守。

即便女孩在成长过程中不能明确了解父母的意思，但是父母必须要在女孩很小的时候就让她们明确地知道自己的态度，清楚父母的底线在哪里。以此，在女孩逐渐成长的过程中，她们在想要做出超越底线的举动时，自己就会限制自己的行为。

解决办法

如果在女孩年纪小的时候，没有让她们认识到父母定下的规则和底线，那么就要通过一些方法来减少女孩晚归的行为。

1. 耐心地给女孩分析回家晚的错误。当发现女孩第一次晚归时，家长不要因为那是初犯而轻易原谅。虽然我们并不建议过度苛责，但也应该让女孩意识到她晚回家是错误的。这样，可以将问题从苗头上直接解决。

2. 以爱为名给女孩施加压力。在女孩经常有晚归行为时，家长可以不用教育或苛责的方式直接批评，可以以爱为名给女孩施加精神压力，让女孩明白家人一直在等着她回来，一直在担心她在外面的安危等。让女孩意识到她的行为并不是自己一个人的事情，还要考虑给父母带来的负面感受。

3. 支持女孩白天的社交活动。社交活动完全可以在白天进行，毕竟大多数社交场合都是在白天营业的。如果父母愿意以开明的态度，允许女孩周末进行社交活动，而不是将她们局限在家里，或者必须去参加特长班等，女孩自然就逐渐将社交活动转向白天。

4. 严格制止女孩太晚回家。如果女孩长期有晚归的现象，无论父母如何管教都不管用，总是一段时间听话，一段时间又反复的话。家长就必要采取一些强制的手段，比如每天接女孩放学。

301. 帮助女孩注意保护个人隐私
——女孩随意给陌生人留电话咋办？

有电话打到家里，妈妈接了电话之后才知道是找晓晓的，本来妈妈以为是晓晓的同学，后来才知道是在学校的联谊活动中认识的其他学校的人。晓晓说本来没打算联系，但是人家要她的联系方式，她抹不开面子就给了，没想到会给自己打电话。但是晓晓的妈妈透过晓晓的这个行为，想到却是晓晓对陌生人不设防的态度，随便将家中的电话透露出去，将个人隐私看得太轻。晓晓的妈妈担心，女儿会因为对陌生人毫不设防而吃亏上当。可是，当她跟女儿说不要随便将自己的联系方式给陌生人时，晓晓却认为是妈妈太过小题大做。对于女孩社交时没有防范心理应该怎么正确引导呢？晓晓的妈妈很担心，万一尺度掌握不当，引起女儿的叛逆心理该怎么是好。

 案例解析

很多危险都源于心理防线太低，因为一时感觉抹不开面子或者轻易听信了他人的劝说等，都会给自己带来不可预估的危险。通常女孩都是脸皮比较薄，对于他人的咄咄相逼或者热情相邀不好意思拒绝，正是因为这份不好意思，而让自己处于了被动的地位。我们从这个案例来看，显然晓晓并不是对陌生人不设防，而就是因为抹不开面子才留下的联系方式。如果只是因为此，家长并不需太过担心，只需要教会女孩如何巧妙拒绝的方式就可以了。

虽然事出有因，但问题的关键依旧存在，因为不会拒绝而随便将自己的联系方式留给陌生人，很容易给他人可乘之机。生活经验丰富的妈妈在对女孩进行教诲时，女孩却认为是妈妈在小题大做，这就证明女孩的危机意识不够强烈。

脸皮薄、不懂得拒绝、心理防线低、危险意识不够强烈、认为父母小题大做等，这些条件叠加在同一个女孩身上时，女孩在社会上遇到危险的可能性就很大了。所以，我们建议，当父母发现女孩随意将自己的联系方式透露给他人时，一定要问清楚前因后果，然后根据原因有针对性地对女孩进行正确引导。当女孩表现得满不在乎时，父母一定要凭借自己的生活经验和社会阅历给女孩最佳指导和建议。

解决办法

如果家长发现女孩有随意给陌生人留联系方式的行为，而女孩又对家长的教诲颇为反感时，我们建议家长可以改变教育的方法。

1. 带领女孩一起看社会新闻。新闻具有真实可靠性，会报道生活中任何的事情，也包括一些犯罪事件。所以，如果家长的教导不管用的话，不如带领女孩一起看社会新闻，用真实有效的事件作为案例，让女孩意识到自己行为有多么草率。这种方式不建议直接义正词严地要求女孩必须观看，而可以在晚饭时、午餐后、闲暇时和女孩一起观看，或者自己观看并且讲解给女孩听。

2. 耳提面命的谆谆教导。任何意识的培养都是潜移默化的，如果女孩自小就总是听到父母耳提面命的引导，长大之后遇到相关事情时，自然第一反应就是父母给自己传递的意识。这些意识会像紧箍咒一样牢牢地印在女孩的脑海里，越小培养女孩的防范意识，就越能让女孩学会如何约束自己的行为和拒绝他人的无理要求。

3. 帮助女孩分析其行为带来的种种可能性。一般情况下，未成年女孩是不具备全面的分析事情利弊的能力的，她们虽然可能会看到某一些面，但绝对看不到所有的可能性。所以，父母可以在女孩行为有偏差时，引导她们分析事情所有的可能性，其中包括好的也要包括不好的。

302. 做女孩交友的"分析师"

——如何面对女孩的"网友"？

在燕燕上幼儿园时，父母总会从她的口中听到不同的小朋友的名字。在燕燕上小学时，也总能从她的口中听到"我的同学如何如何"。但是，在燕燕上初中之后，父母总会从她的口中听到"我有一个网友说……"一开始，燕燕的父母并没有太当回事，毕竟燕燕的社交问题并没有避着父母。但是，随后他们发现，燕燕不只是和网友在网络上聊天，居然还有约见网友的事情发生。那次，燕燕的妈妈在给燕燕洗衣服时，发现了两张电影票，就顺嘴询问燕燕什么时候和同学去看的电影。燕燕直接回答是和网友去的。燕燕的妈妈马上就急了，揪着问题盘问了燕燕一个小时，最后燕燕急了，说妈妈干涉自己的正常交友。妈妈也急了，直接没收了燕燕的手机。燕燕哭着回了屋子。妈妈也觉得自己做得有些过分，可是又实在不知道该怎么解决这个问题。

 案例解析

随着社会的发展和移动电子设备的普及，很多女孩都很早就接触到网络的世界，而且她们手中也大多都有智能手机。虽然智能手机的普及对于时代的发展是有益的，但是对于女孩的健康成长却是弊大于利的。因为虽然女孩可以借此接触到更多的信息，但是在女孩的心智尚未定型之前，她们的是非观念、价值取向等都没有一个完整的概念，对于外界的诱惑抗拒能力差，很容易受到有心之人的欺骗。

　　一般来说，喜好网上交友的女孩大多源于在现实社会中社交的障碍问题，正是因为在现实生活中不知道如何与人交谈，或者因为内向的性格、不如意的外表等，让女孩在自卑情绪的促使下，喜欢上了这种通过网络与人进行沟通对话的方式。一方面可以在掩藏自己的前提下尽情与人沟通，一方面可以避免很多现实交友中遇到的问题。正是这种轻松的氛围和神秘感，让女孩对于网络交友越发不可自拔。

　　所以，对于女孩过早地接触到网络社交问题，妈妈的担心不无道理。只不过，与其限制女孩的行为，不如纠正她们的意识，让她们从根本上正视约见网友的弊端，从而认识到网络交友活动与现实社交活动的区别。所以，对于女孩约见网友的行为，需要家长引起足够的重视，然后耐心地进行妥善引导。

 解决办法

　　对于女孩喜好网上交友的问题，我们建议家长采取如下措施：

　　1. 愿意听女孩分享网友的故事。当发现女孩将过多的精力放在网上交友时，家长不要直接制止，而是要以平等的姿态，表示出愿意分享女孩的交友趣事。当家长降低自己的姿态，不以教训的口吻否定女孩初步建立的交友成果，而愿意以理解的态度接受时，女孩自然愿意敞开心扉，和家长谈论网络上认识的朋友。

　　2. 帮助女孩分析网友情况的可信度。当家长从女孩的口中知道她网友的故事后，要用成年人的社交经验和生活经历帮女孩分析这个网友是否值得结交，这个网友对女孩的可信度。

　　3. 鼓励女孩参加同城交友的活动。父母可以提出建议，让女孩不要轻易单独约见某一个网友，而是可以先参加某些网络交友平台组织的群体性交友活动。这样，既能够降低女孩约见网友的风险，也能够帮助女孩开拓更广阔的社交圈。

303. 孤僻的女孩问题多
——女孩很孤僻怎么办？

　　桃桃自小就表现出和其他孩子的不同之处，不论是在家里还是在外面，桃桃都安静得不像是个孩子，在家里的时候虽然偶尔会表现得活泼些，但是到了外面几乎是一言不发。每次桃桃的爸爸妈妈带着她出去玩耍时，无论是别人给桃桃什么吃的、玩的，她都是一副拒绝接受的态度，除非是父母先帮她接过来。但是想要让桃桃说一句谢谢，更是完全不可能。桃桃孤僻的性格让她的爸爸妈妈觉得很担心，于是趁着假期带着桃桃参加了一些亲子活动班，想要借此来让桃桃打开心扉。但是没想到，桃桃更多的时候是自己一个人在角落里玩，只要有小朋友凑近她，她就会转头走开，对于指导老师的耐心引导，她也从来是不屑一顾的表现，好像指导老师的话和她没有任何关系一样。对此，桃桃的妈妈觉得十分担心，生怕桃桃的孤僻行为并不是一时的，甚至会影响到她将来的人生，可是这该怎么办才好呢？

案例解析

孤僻的女孩在语言、认知、社交、行为等方面都有一些异常表现，这就会让女孩难以和他人进行相互作用的活动。除去病理原因，有这种孤僻性格的女孩大多存在如下原因：

1.女孩的内向性格导致。有些女孩天生就不是外向性格的孩子，时常会表现得比较安静和胆小，尤其在陌生环境中会有很多的抗拒。这些女孩接受新鲜事物的能力比较缓慢，所以看上去就像是一种孤僻的状态。

2.女孩的天性受到了压制。有些女孩在成长过程中遇到了来自亲人的压制，比如，父母会时常因为一些小事斥责她，父母十分讨厌闹腾的孩子等。这些事情都会给女孩的心理带来某种压力，让女孩通过孤僻表现来避免被训斥的机会。

3.家庭环境对女孩的负面影响。如果女孩生活的环境中缺乏家庭温暖，或者骤然发生过某些变故，就会增强女孩的心理防御力，让她们用一种冷漠的态度来对待周围的事物。

 解决办法

通常情况下，女孩任何的外在行为表现都与其心理活动息息相关，所以女孩的孤僻行为绝对不仅仅是表面的问题，我们要从女孩的心理层面入手，来纠正女孩的孤僻行为。

1.用关心和爱护给女孩的内心世界升温。关心和爱护是帮助女孩转变孤僻态度的前提，当女孩有孤僻行为时，家长不要苛责，而是要积极地用理解的态度和女孩进行交流，让她们产生交流的欲望，进而说出自己的心声。

2.用兴趣点来激发女孩的主动和热情。只要是孩子就有爱玩的天性，所以家长可以抓住这一点，用女孩喜欢的、感兴趣的、擅长的事情来说服她加入到女孩的游戏中去。用女孩的兴趣点去激发她们内心的热情，刺激她们的主动性。

3.用户外活动来释放女孩被压抑的天性。恰当的运动刺激可以起到良好的心理发展的辅助作用，所以家长要适当增加女孩与大自然接触的机会，同时再加入一些体能活动，让女孩从运动的刺激中感受到生命的活力，来促进开朗性格的养成。

304.帮助女孩分析没有好友的原因

——发现女孩没有好朋友怎么办？

那天小薇放学后是一路哭着回家的，到家之后甚至直接将自己锁在了房间里，号啕大哭。小薇的妈妈询问她是不是受了欺负，小薇抽咽着说出了原因。今天老师在课间活动时组织了一个小游戏，需要大家自行组队，但是小薇只有孤零零的一个人，她被众人排挤在外。老师没有办法，只得给小薇安排了一个队伍，但当时那个队伍就表现出对小薇的排斥，只不过拗不住老师的安排才不得已同意小薇加入。游戏时，好多重要环节都没有让小薇加入，游戏到最后，小薇所在的队伍是最后一名，众人却将此怪在了小薇的头上。小薇觉得很伤心，可是又不知道该如何辩驳。小薇的妈妈听后，觉得这并不是简单的游戏问题，而是她没有想到，自己的女儿在学校里居然连一个要好的朋友都没有。这到底是怎么回事？

 案例解析

没有人是天生的社交能手，几乎所有的社交能力都是从社交活动的经验中获得提升的，无论是从最开始的家庭环境，还是后来的学习环境、工作环境，任何有关社交活动的内容，都会对我们的社交能力造成影响。好的社交体验会有助于我们社交能力的提升和塑造，而坏的社交体验会让我们对于社交产生抗拒。

在女孩上学之后，她的社交圈子由原来的家庭扩展到学校范围，接触到的人和事情都变得更加丰富，但同时也会产生社交的焦虑感，只不过这种焦虑感会随着社交活动的丰富而递减。并不是所有的女孩在学校中都能有良好的社交体验，因为原本的社交习惯可能并不适用于当下的环境，如果女孩不能及时调整状态的话，可能就会因为家庭社交圈和学校社交圈的不同，而丢掉结交新朋友的机会。

所以，我们建议女孩的父母除了在给女孩营造一个良好的家庭社交范围之外，还要培养女孩在外界环境中的社交能力，可以在平时给女孩提供更多的与同龄人交往的机会，同时提点她们如何主动地表示出自己的结交意愿，如何用最佳的方式融入到一个群体中去，如何才能获得同学的喜爱等。只有当女孩掌握了社交的技巧，才能更容易找到志同道合的朋友。

 解决办法

想要让女孩能够交到要好的朋友，我们建议家长在以下几个方面多下些功夫：

1. 帮助女孩分析原因。家长不要在女孩没有要好的朋友时出言责怪，而是要做好与女孩的沟通工作，帮助她们找到事情的原因，在安慰女孩的同时，给出一些建设性的意见。

2. 给女孩传递正确的交友观。有些家长会站在成年人的角度去帮助女孩择友，这就容易让女孩对朋友产生挑剔的毛病，所以家长要注意女孩交友观的建立，鼓励女孩用平等的态度与不同个性的人接触，促进女孩社交能力的提升。

3. 适当扩大女孩的社交面。家长应当在女孩年幼时就刻意地增加她们的接触面和交友面，让女孩从不同的小伙伴中体验到不同的交友乐趣。这不仅可以帮助女孩建立健全良好的性格，还能够让女孩因见识面的宽广而增加社交方面的技巧。

305. 建立和谐的环境，让女孩喜欢在家

——女孩去朋友家不愿回家怎么办？

敏敏自小就是一个贪玩的孩子，即便是马上就要上小学了，也还是不能收心。本来父母还担心敏敏无法适应学校的生活，但是没想到适应起来简直顺利得超乎他们的想象。好的一面是敏敏并没有因为贪玩而耽误学习，坏的一面是她贪玩的性子越来越难以管制，经常会直

接跑到同学的家里去玩，甚至有时候会闹着要在同学家过夜。每次敏敏的爸爸妈妈去接她，都觉得十分尴尬，因为敏敏既不识哄劝，也不理会父母强制的那一套。敏敏的父母认为敏敏留宿同学家会给人家增添很多麻烦，但是同学的父母却止不住地夸奖敏敏懂事，她不仅没有搗乱，还会主动帮忙做一些家务。这让敏敏的妈妈觉得十分吃惊，毕竟敏敏在家里简直就是一个难以管教的小霸王。可是无论人家如何夸赞，敏敏的父母也不可能容忍自己的女儿老往同学家跑，可是该怎么管制才能达到效果呢？

 案例解析

女孩能够很快地和同龄人打成一片，同时还能获得成年人的夸奖，这说明女孩具有很强的社交能力，家长是应该觉得高兴的。但如果女孩喜欢别人家比自己家更多的话，那就有问题了，一般情况下大致有以下几点原因：

1. 女孩受外向性格的影响。女孩在不同的年龄段会表现出不同的性格特征，直到成年之后才会基本定型。所以在某个时期内，外向的性格会促使他们想要摆脱家庭的束缚，去追求更多个人选择的空间。

2. 女孩在家庭环境中倍感孤单。在独生子女普遍的社会中，很多女孩在成长过程中因为没有兄弟姐妹的陪伴，再加上父母工作繁忙没有太多时间关注女孩的成长，就会因为孤单而迫切地、主动地去寻求自己喜欢的环境和友伴。

3. 女孩家庭环境的不和谐导致。如果女孩更喜欢同伴家的氛围是一种常态化行为的话，家长就要考虑是否是家庭环境对女孩产生了某种刺激，让女孩在厌恶却无力解决的情况下，以选择逃避来表示自己抗拒的心态。

 解决办法

当女孩表现出对自己家庭的抗拒和对友伴家庭的向往时，我们建议家长做出如下的改变，来引导女孩回归生活常态：

1. 让女孩感受到自己家庭的温暖。一个家庭氛围温馨良好的女孩是不会主动提出居住在友伴家的，如果自己的父母可以给她更多的陪伴，可以驱散她的孤独感受，有时间陪伴她做一些亲子游戏，能够让她从家庭的氛围中体验到愉悦感和满足感，自然就不会将注意力和精力放在友伴的家庭上。与其让女孩因羡慕他人而改变，不如家长做出些改变，让女孩成为被羡慕的那个。

2. 以热情的态度对待女孩的友伴。想要纠正女孩的这一行为，需要长时间亲子关系的培养，但也有立竿见影的办法。比如，家长可以邀请女孩的友伴来家里做客，也可以邀请对方在自家过夜。这样可以让女孩增加更加丰富的感受，也能让她获得友伴的羡慕之情。

306. 帮助女孩创造交友的平台
——女孩不合群怎么办？

橙橙性格比较胆小，有时候甚至不敢主动说话。每次妈妈带着她下楼去玩耍时，她都只是满眼羡慕地看着别的小朋友聚在一起玩，根本不知道如何加入进去。于是，橙橙的妈妈给橙橙买了一个新玩具，提示她用一起玩玩具作为邀请，去和楼下的小朋友们玩，但是一会儿橙橙就噘着小嘴回来了。因为，当橙橙拿着玩具提出和其他小朋友一起玩时，不知道是她的声音太小，还是她的语气太胆怯，反正没有任何一个小朋友理会她。橙橙的妈妈觉得很担心，为什么橙橙就找不到自己的小群体呢？真的只是因为性格的原因才让橙橙如此不合群吗？有没有什么改善的办法呢？

 案例解析

同龄人总能够很快地融合在一起，成年人需要找到共同的话题，而孩子就简单许多，大多数时候只要能够玩在一起就够了。对于那些无法融入群体的女孩来说，大致是以下几点原因导致的：

1. 女孩受到不良家庭环境的影响。有些女孩是在负面情绪充斥的家庭环境中成长起来的，她们可能面对的是父母感情不和、家庭有重大挫折，这些负面条件会影响到女孩良好性格的建立，也会对女孩的社交产生一定影响。

2. 女孩对家人的过度依赖之情。有些女孩成长中备受父母的溺爱，所以当她独自面对一些陌生情况时，就会表现出较差的适应能力，比如，不知道如何与陌生人打交道，不知道如何主动地融入一个群体等。

3. 家庭环境对女孩过度的保护。有些女孩处于父母的重重保护之下，而过度的保护本身就是一种束缚，这会让女孩失去很多与他人接触的机会，所以她们在面对一个群体时，即便再如何想要加入，也不知道什么样的方式才是正确的。

 解决办法

想要让女孩掌握融入一个群体的方法，家长可以做出如下引导：

1. 让女孩先结交一个玩伴。让女孩直接融入一个群体或许是比较困难的事情，但先结交一个朋友就相对容易许多，家长可以帮助女孩寻找一个性格开朗的孩子，增加她们相处的机会，让她们慢慢地建立友谊，然后再逐渐地融入到群体中去。

2. 给女孩的交友创建一个轻松的平台。一般女孩的拘谨表现主要是在陌生的环境中，在家中就会表现得相对放松。所以家长可以邀请同龄的小朋友来家中做客，给女孩一个在轻松的环境中与伙伴接触的空间。

3. 增加女孩参加社交活动的机会。各种不同的社交活动可以有助于女孩社交能力的提升，可以帮助女孩接触到更多不同的群体，刺激女孩的社交能力的提升。

307. 鼓励女孩结交益友
——女孩交友圈狭窄怎么办？

芮芮的妈妈因为工作调动的原因，带着芮芮搬了家，也给她换了一个小学。本来以为，芮芮在原来的学校人缘还算不错，到了新环境也能很快地适应。但芮芮的妈妈没想到，芮芮在新环境中完全变了一副样子，全部的心思都放在了学习上，完全没有要融入新环境、结交新朋友的打算。芮芮的妈妈以为是芮芮不知道怎么融入新的环境，或者是没有人主动和芮芮交往。但是芮芮却说觉得交朋友太累了，反正最后都要分开，所以没必要拓展朋友圈。芮芮的妈妈很担心芮芮目前的状态，她从来没想到搬家会对芮芮造成这么重大的影响。如果芮芮拒绝交友，会不会对芮芮日后的人生观和世界观产生不好的影响呢？

 案例解析

一般来说，在孩子的年纪会很倾向于和同龄人相处，如果表现相反的话，可能有如下几点原因：

1. 女孩的性格原因导致的。百人百种性情，有些女孩因为性格比较内敛会不知道如何在人群中表现自己，游戏时不主动、交友时过于被动，都会让她们无法从社交中体验到愉悦感。

2. 突发状况对女孩的影响。女孩在孩童时期的心理承受能力较弱，所以对于社交中一些突然的变故没有承受能力，比如环境骤然变化，友人突然分别等，都会引起女孩的一些应激反应。

3. 女孩沟通能力欠佳。表达能力较弱的女孩大多自尊心都很强，在面对分歧时只会表现得十分固执，无法灵活运用沟通能力来解决问题，所以会对社交有些抵触情绪。

4. 受失败的社交影响。有些女孩的不主动是因为担心会带来负面的效果，如此的想法大约与曾经失败的社交经验有关，在开始社交之前就会预想到各种负面的结果。

 解决办法

当女孩表现出对交友的抗拒时，大多是因为她们并不擅长此道，此时就需要家长及时进行引导，让女孩学会如何进行社交活动。

1. 鼓励女孩结交更多的朋友。如果父母在女孩最初交友时，是一种比较排斥或者不屑的态度，比如觉得孩子们聚在一起很吵闹、很麻烦，就会让女孩的交友观产生偏颇。一旦女孩认为父母对自己交友是不赞成的态度，她们就会刻意地避免参与社交活动。所以家长应当让女孩知道，自己不仅不会干涉和阻止她的交友，相反还会持支持的态度。

2. 让女孩知道交朋友的标准。家长要让女孩知道他们更支持女孩交什么样的朋友，要让女孩知道交友的标准。这些标准不是外在条件、外貌、家世、性别等，而是内在的优良品质。

3. 支持女孩带朋友来家中做客。家长可以建议女孩带朋友来家中做客，这样不仅会让女孩在招呼朋友的过程中具有主人翁意识和责任感，还可以让女孩自发地学会如何安排接待事宜和掌握社交的分寸。

308. 正确引导女孩走亲访友

——女孩不愿意走亲访友怎么办？

念念自小就是一个活泼招人喜爱的小姑娘，无论是什么样的群体，她都能很快地融入进去，同小区几乎所有的小朋友都认识念念，也都很喜欢和念念一起玩耍。但是，念念优秀的社交能力仅在同龄人中才能体现出来，对于成年人的社交圈却是十分抗拒，尤其十分抗拒跟随父母去探亲访友。在面对朋友或者亲戚的逗趣时，念念就像是一个任性的孩子，从来不会给任何人留情面。所以，念念的妈妈现在基本都是自己独自去探亲访友，虽然不带念念同往可以避免很多尴尬的场景，但是妈妈也担心让念念拘束在同龄人的环境，也会影响到她视野的开阔程度，甚至会让她的社交观念变得十分狭隘。可是，念念的妈妈又实在不知道如何纠正女儿的这一抗拒行为，而且她也不明白，念念为什么会有如此大的反抗情绪。

 案例解析

孩子是无法完全接受或了解成年人世界中的规则的，只有和同龄人相处才会降低她们内心的敏感点。但是，因噎废食的行为对女孩的社交能力发展是弊大于利的。只有女孩在成长的过程中能够接触到不同场合中的不同人群，才能让女孩学会如何与不同的人进行交往。对于那些比较抗拒的原因，大致有以下几点：

1. 成年人的话题让女孩觉得厌烦。成年人会站在成年人的角度去开一些玩笑，或者用一些话题来逗趣女孩，如果女孩觉得不能承受，就会产生排斥和抗拒心理。

2. 成年人做的一些事情让女孩难以接受。有些成年人在逗趣女孩时，会采用一些错误的方式，比如逗女孩喝酒、抽烟、偷拿别人东西等。在女孩的家庭教育中如果有对这些事情的教导，会使她们十分抗拒，同时也会排斥那些逗趣她的人。

3. 成年人对女孩的一些肢体接触。有些成年人会用肢体接触来表示对女孩的喜爱，比如抱抱、捏捏脸蛋、挠挠痒痒等，如果女孩的心中对这个成年人并不认可，就会因为反感的情绪而大闹不止。

4. 女孩的需求不能得到关注和满足。在成年人的社交活动中，儿童的需求通常得不到太多的关注，当女孩难以找到存在感时，女孩会因愉悦感的缺乏而产生抗拒。

 解决办法

如果女孩对于陪同父母探亲访友的行为比较抗拒时，我们建议家长进行循序渐进的引导。

1. 给女孩一个没有压力的环境。在女孩进入陌生环境和陌生人交往时，她们内心的情绪虽然会有好奇的成分，但同时也会有紧张和拘谨。所以，家长需要先让她们放松自己的状态，不要用严厉的态度去指责女孩太小家子气。只要女孩可以不被环境的压力感染，她们自然就能愉快地享受社交活动。

2. 鼓励女孩主动地表现自己。人都有扬长避短的本能，当女孩在与不熟悉的人交往时，她们的第一反应往往是尽量地降低自己的存在感，避免让他人发现自己的不足之处。所以，家长要在平时多鼓励女孩主动的行为，降低她们的畏缩心理，对她们任何的主动表现表示肯定。

3. 增加女孩与外界接触的机会。人群匮乏就会导致女孩认知面的狭隘，影响到她们社交能力的提升。所以家长在探亲访友之外，可以多带女孩进入到一些公共环境中去，可以通过参加少儿集体活动、亲子活动、团队旅行等方式帮助女孩提升接触面，提升社交能力。

309. 增加女孩与长辈之间的沟通
——女孩对长辈很冷漠怎么办？

悦悦从小和爸爸妈妈一起生活，只有逢年过节的时候才会和爸爸妈妈一起回老家去省亲。悦悦的妈妈本来并不担心悦悦会不习惯乡下的生活，因为平时周末带着悦悦去郊游时她都十分开心。但是回到乡下之后，虽然悦悦生活上没有什么太多不习惯之处，却是一副拒所有人于千里之外的样子，尤其是在面对家族中的长辈们时，更是一言不发。悦悦的妈妈在私下里说尽了长辈们的好话，但是悦悦就是觉得和他们亲近不起来，还总是委屈地想要回家。悦悦的妈妈不明白了，悦悦在乡下也没有任何的不适，大家也对她疼爱有加，为什么悦悦对待长辈就不能亲近一些呢？

 案例解析

一般来说，陌生的环境和陌生的人都会增加女孩的心理负担，让我们仔细分析一下其中的原因：

1. 陌生的环境增加了女孩的不安全感。初到陌生的环境中时，女孩的新奇感受会很快被陌生带来的不安全感取代，当她们内心觉得不安时，是无法轻松地接受陌生人的存在的。

2. 陌生人会让女孩有防备心理。无论是在什么条件下，陌生人都会让女孩产生防备意识，即便这个陌生人和自己有亲友关系，都无法打破初相见时的距离感。

3. 女孩尚不懂亲情的概念。看到父母对自己完全陌生的人一副熟悉的态度，女孩就会对父母产生一种陌生的感觉。对年纪比较小的女孩来说，她们尚无法感受被距离拉开的亲情，所以她们既无法理解也无法感同身受。

4. 文化差异让女孩难以接受。城市中长大的女孩无法马上接受乡下的环境，文化差异和生活差异会增加女孩不舒适的感受。如果女孩在城市中备受父母的溺爱，就会让女孩觉得十分抗拒，从心理上就将对方划出可接受的范围。

解决办法

想要让女孩能够接受初相见的长辈，家长在平时注意引导的同时，还要注意做好初相见前的准备工作。

1.用事迹增加女孩的好奇心。父母可以在平时多给女孩讲一些长辈的奇闻逸事，一方面可以增加女孩的好奇心，为将来的见面做准备；另外一方面可以增加了解的程度，适当地减少女孩内心的差距，缩短距离感。

2.让女孩经常接触到关于长辈的信息。父母平时可以在女孩面前经常提及某个长辈的名字或者近况，让女孩建立一种与某个长辈关系很密切的意识，来增加某个长辈在女孩心中的分量。

3.增加与长辈沟通的机会。陌生感源于距离感，如果女孩对长辈表现得十分陌生时，家长可以适当增加女孩与长辈共处的机会。如果条件允许的话，可以先从短时间、多次数的接触开始。

310. 引导女孩学会礼貌待人
——女孩不会礼貌待人怎么办？

云云的父母工作很忙，几乎没有时间照看她，所以云云的童年大多是跟着奶奶一起生活的，直到上小学时才被父母接回了身边。刚接来时，云云的妈妈很担心云云一时间无法适应生活环境的改变，庆幸的是云云在学校里适应起来很快，和同学们也很快地打成了一片，几乎没有什么异常表现。可是每当云云的妈妈带她出门遇到熟人时，云云都不肯礼貌地称呼"叔叔""阿姨"，只是低着头缄口不言，每每都让云云妈妈觉得十分尴尬，该怎么才能让女孩礼貌地开口叫人呢？

案例解析

随着女孩的成长，她们的自我支配欲望会逐渐觉醒，对于没有形成固定习惯的事情，只要她们不愿意接受，就很难乖乖听话执行。再加上女孩在这一时期思维整合能力的成长，会对遇到的所有对象进行一个主观评价，根据对他人的定位来表达自己的交往态度。所以，如果女孩表现出对他人的抗拒时，家长不应该用"不礼貌"这顶道德帽子扣在女孩头上，不然很容易引起她们的叛逆心。

通常情况下，女孩的这种表现并不是一种敌意和不顺从，而更多地表现为内向和怕生，所以此时家长需要让女孩认识到，父母不仅会给女孩爱和教育，同时也会成为她们的依靠，会保护她们的一切行为。所以，当女孩不愿意或者不知道、抗拒礼貌叫人时，家长的斥责只会增加她们精神层面的伤害。

对此行为家长千万不要强制要求女孩执行，只能给女孩一些建议的引导，让她们知道什么样的行为是正确的，什么样的行为是错误的，只有结合事实将道理和女孩讲明白，她们才能意识到什么是正确的社交方式。

 解决办法

家长如果想要引导女孩礼貌待人，需要进行一些耐心的引导：

1. 给女孩更多的关注和指导。如果女孩在社交时表现得过于拘谨，一定是家长方面做得不足够。对于社交能力的引导，既不能操之过急引起女孩的紧张情绪，也不能严厉批评让女孩否定父母对她的感情。

2. 家长的带头作用很重要。不要忽视女孩的模仿能力，她们社交能力的成长在幼年时大多来自父母言传身教的影响。如果父母会主动地与他人招呼，女孩自然能在影响下知道什么是礼貌的称呼。

3. 增加女孩与外人接触的次数。家长可以多带女孩与外界、外人多接触，不限制任何场合和任何年龄的人群。当女孩真正地进入到社交环境中时，自然就能体会到社交带来的乐趣和愉悦感受。

Part 16
女孩的做事培养：三分做事，七分做人

311. 引导女孩建立做事的标准
——女孩做事不分对错怎么引导？

晴天自从上学之后，就染上了一些不良的生活习气，做事情有时全凭心情，完全不顾及自己的行为是否得当。比如，晴天如果看到了什么自己看不惯的事情，就会大声嚷嚷，如果她看到路边有乱扔垃圾的现象，就会大声斥责扔垃圾的人没有公共道德，吵嚷得周围的人都看她，让晴天的妈妈觉得很尴尬。可是，同样的事情放到晴天身上，她也会随心情乱扔垃圾，甚少顾及公共道德。比如，晴天在车里吃完的东西会随手扔到车窗外，妈妈斥责她的时候，她就会说清扫路面卫生本来就是环卫工人的职责。晴天的这种严以待人、宽以待己的行为让妈妈很头疼，可是又说不过晴天，但总是担心女孩会因此而影响到世界观和价值观的良好建立，真不知道该怎么办才好。

案例解析

女孩的判断力是随着成长而不断建立起来的，在此期间，周围所有的事情都会对她的思想和行为产生影响。但是，想要让女孩有一个良好的价值观和世界观，需要的绝不仅是环境带来的影响引发女孩的思考，同时还要有父母的引导和教育。当父母发现女孩身上有一些美好的闪光点时，要予以肯定和鼓励，来夯实女孩正确的思维和观念。当父母发现女孩的身上有一些不良行为或思想的倾向时，要及时地拨乱反正，坚决不能纵容女孩任何不良习气的产生，更不能纵容女孩一时的心情，不然只会给女孩一种父母认可或者默认她行为的认知。

其实，我们每个人心中都有两种思维模式，理性的和感性的。在理性思维的促使下，我们会用道德标准来要求自己的言行；在感性思维的引导下，我们会纵容自己按照当时的心情对为人处世做出选择。此时父母应当让她知道什么样的做法是正确的，什么样的做法是错误的。这不仅是为人父母的责任，更是对女孩一生成长的重视。

解决办法

想要纠正女孩做事全凭心情的毛病，要通过加深是非观念在她们心中的比重做起，我们建议家长从以下三个方面入手：

1. 明确女孩需要被纠正的问题。家长要站在理性的视角上，先分析清楚女孩的哪些问题存在错误认知，哪些不良行为急需得到纠正，只有父母能够清楚明白女孩错在了哪里，才能让女孩有一个清楚的认知。

2. 将女孩的问题逐一解决。不要认为女孩的小毛病或者小缺点太多就不加控制，也不要认为可以用严格的管制解决掉所有的问题。家长切勿操之过急，可以先集中精力纠正女孩的某一个不良行为，逐个击破，帮助女孩养成良好的习惯和观念。

3. 全家人的意见要保持一致。想要纠正女孩言行上、思维上、意识上的任何毛病，都必须让教育她、引导她的人保持一致意见，可以以遵从普遍价值观为例，让女孩有一个明确的方向。

312. 养成女孩节俭的品质

——女孩对于节俭认识不够怎么办？

霞霞的家庭环境原本并不是很好，但是她的爸爸因为工作调动的原因，升了职，工资也翻了翻，妈妈因为投资期货也挣了一笔钱，所以霞霞开始向父母提出各种物质要求。霞霞的妈妈教导她，做人要有节俭的生活作风，但是霞霞却说只有穷人才会节俭，因为根本没钱可享受，自己家既然有条件享受，为什么还要像穷人一样过苦日子来为难自己呢？霞霞的妈妈说钱不是大风刮来的，今天挣得多，可能明天就会挣得少，所以要懂得勤俭持家积攒一些。但是霞霞却倔强地说什么今朝有酒今朝醉之类的话，劝妈妈要珍惜时光。如果妈妈再继续说下去，霞霞就会吵闹着说妈妈根本不舍得给自己花钱，弄得妈妈实在没有办法。面对女孩不知道节俭、还抗拒节俭行为的观念，该怎么引导呢？

 案例解析

节俭是美德，是提升思想道德素质的途径。节俭的行为并不是因为环境恶劣不得已为之的，而是不管身处在什么样的环境条件下，都应当秉持的有节制的生活态度。这种生活态度能够帮助我们树立对劳动者和自己的尊重。但是，这种节俭的美德并不是与生俱来的，而只能依靠后天的习惯养成。

比如案例中的霞霞，自小生活在比较艰苦的环境中，可能她的吃穿用度在同学当中都处于中下的水平，在这种情况下就容易让女孩产生自卑心理。如果此时再加上没有受到来自家庭的良好引导和教育，比如，家长没有对女孩进行节俭是美德的处世教育，却时常在女孩面前提到家庭经济问题，甚至有渴望一夜暴富的想法，女孩就会受到来自家庭的负面影响。

所以，想要让女孩懂得节俭的美德，除了要经常给女孩传递节俭的美德教育，还要从自身注意节俭的行为，用言传身教来给女孩潜移默化的影响。

 解决办法

对女孩进行节俭的美德教育，帮助她们树立正确的世界观和价值观，家长需要注意以下几个方面的引导：

1. 纠正女孩攀比与虚荣的心理。当女孩表现出对他人物质生活的羡慕时，父母要给她们传递一种比上不足，比下有余的观念，让她们注意到自己所拥有的幸福，而不是盲目地将眼光看向物质生活优于自己的人。

2. 让女孩了解家庭经济情况。家长需要让女孩知道家庭经济的收支情况，知道父母的工资和家庭必要开支，知道家庭的资产储蓄额度，最重要的是让女孩知道储蓄金钱的意义，借此来让女孩了解到父母的不容易和维持一个家庭的难度。

3. 带领女孩参加公益活动。家长可以在闲暇时带领女孩参加一些公益活动，比如助残、敬老、助贫等活动，让女孩认识到金钱可以有更高价值的用途，借此来引导女孩改变对节俭和享受的看法。

313. 务必要让女孩尊重长辈的教诲
——女孩不尊重长辈教导怎么办？

若若的妈妈从小就注意对孩子多方面的教育，在她上小学时，就将若若转到了一所国际学校念书。刚开始去的时候，若若还有些不太适应，若若的妈妈耐心地劝导她要多和周围的小朋友搞好关系，好好向大家学习。若若很快地就适应了下来，但却遇到了新的问题，就是若若心中开始对于"平等"的观念越来越看重，对于家中长辈的教诲也不太当回事了。若若和妈妈说，学校里很多的美国同学的家人从来不会用长辈的姿态教育他们，而是会以平等的态度尊重他们的想法。但是若若的妈妈并不认可若若的想法，觉得若若的世界观有些偏激，表现得有些不懂尊卑，所以让若若不要受同学影响太大，要保持自己内心的想法。但是，若若反而固执地说妈妈不通情理，还和妈妈争执了起来。对于女孩不接受长辈的教诲，该怎么办呢？

 案例解析

在女孩成长的过程中，她们会接触到很多不同的思想，进而产生自己的认识。只不过有些思想对于女孩当阶段的成长是有益的，而有些思想则是超前于女孩当下的年龄的。对于那些超前的思想，女孩只会用当阶段的想法去片面的理解，这种理解并不一定会影响到女孩世界观的建立，但是却会影响到女孩当阶段的思想建设。

就中国来说，传统教育方式下会尤其注重尊卑品德的教育，在美国的很多家长也会教育孩子要敬老爱幼。但从案例来说，若若可能只了解到同学与其父母相处的模式，却没有了解到其与他人、与陌生人相处的方式，所以才产生了对"平等"观念的片面了解。对于女孩拒绝尊重并听从长辈教诲的问题，并不是处在"平等"的观念上，而是家长要思考如何与女孩进行有效的沟通才是问题的关键。

在亲子关系中，如何与女孩进行有效沟通是培养女孩的重中之重，我们不仅要让女孩体察到父母的良苦用心，同时还要让女孩接受父母的正确教诲。但是，大多数父母总会自持家长的威严，在与女孩的谈话中，对谈话的内容和方式不加选择，从这一点上来说，沟通障碍在所难免。当父母站在自己的立场上用教训的口吻和年龄较大的女孩沟通时，只会让女孩下意识地采取反击态度。所以，想要让女孩愿意尊重长辈的教诲，就不能一味地使用强权，即便是为了呵护女孩健康成长。

 解决办法

想要让女孩懂得尊重长辈的教诲，家长需要设身处地地了解女孩当阶段的想法，感同身受之下的沟通才能更加有效，才能让女孩更容易接受长辈的教诲和想法。

1.以尊重女孩的感受为前提。只有父母能够先摆正自己的态度，才能让女孩更愿意接受父母的建议，不管这些建议是否合理。所以，在父母和女孩进行沟通时，先引导女孩说出自己的感受，然后再用恰当的方式提出合理化建议。

2.强硬的态度会伤害女孩的心。如果女孩长期处于父母的严格管教下，就容易养成一种自卑心理。所以为了女孩身心健康的成长，家长要给女孩一种民主的家庭氛围，让她一定程度上能够自主选择。

3.父母用言传身教达到潜移默化的作用。家长可以平时多带女孩去长辈家里，让女孩从小就认识到父母对待长辈的态度，再加上平时适当地引导和教育，让女孩意识到对长辈应有的尊重态度。

314. 女孩性格强硬要正确引导
——女孩要离家出走怎么办？

小叶子在期末考试的时候发了一场高烧，但她坚持带病参加考试，可是考试成绩却相当不理想，有一门成绩只踩在了及格线上。于是，小叶子的情绪开始变得特别差，她总是担心会遭到同学们的嘲笑，于是越是临近假期结束，就越是愁容满面。虽然小叶子的妈妈总是开导她，说一次两次的考试成绩并不能证明所有，毕竟人生路那么长，可是小叶子就是十分在意。在假期结束的前一天，小叶子的妈妈偷听到她和同学打电话说，有想要离家出走的打算，并且初步制订了一个出走路线，外面天大地大，总能找到证明自己价值的地方。小叶子的妈妈听后大惊失色，这可怎么办是好？如果和小叶子直接挑明了，会不会引起孩子的逆反心理，刺激她直接离家出走的行为？可是，放任不管，万一小叶子真的有离家出走的行为，发生了什么意外的话，自己一定会追悔莫及的，这可怎么办啊！

案例解析

一般情况下，有离家出走想法的女孩大多性格比较逆反，当受到一些刺激后，就会产生离家出走的想法。导致女孩产生离家出走想法大致有以下几点原因：

1. 家长对女孩有着过于严格的要求。一些女孩长期生活在父母严格的标准下，让她们觉得生活中饱受压力，但是她们又没有能力解决，所以想要用逃离的方式来寻求解脱之法。

2. 女孩生长的家庭环境很差。如果女孩的父母经常吵架，或者父母至少有一方人格不够健全，或者女孩所处的家庭结构十分复杂，都会让女孩产生离开的想法。因为她没有办法在家庭环境中找到温馨的感受，也没有能力改变家庭的环境，所以只能选择逃避。

3. 女孩遇到某些挫折的应激反应。当女孩做了一些她承担不起的事情时，比如，闯了她认为难以面对的祸事，不敢也没有能力承担相应责任时，就会想要用离家出走来避开锋芒。

4. 女孩想要找寻一种证明自己的方式。虽然女孩的心智尚未成熟，也缺乏一定的社会经验，但是却很容易受到一些人的鼓动而产生证明自己的想法。

5. 所谓离家出走不过是威胁父母的手段。有些女孩在家长的宠爱下，会采取一些极端的方式来达到自己的目的，比如用离家出走作为威胁，让家长在胁迫下做出让步。

 解决办法

女孩产生离家出走的想法，和家庭教育问题有很大关联，如果女孩与父母的亲子关系十分和谐的话，自然不会在发生问题的时候第一时间想着逃避。所以，为了做到防微杜渐，家长需要注意一下自身的行为。

1. 给女孩更多的尊重和爱护。家长要时刻注意女孩自我意识的成长，在恰当的时候给女孩一些肯定和鼓励，以对女孩的尊重和爱护让她们不畏惧任何的问题，让她们有困难的时候积极地寻求解决问题的途径，绝不采取极端的方法。

2. 给女孩客观分析问题的引导。当家长发现女孩有离家出走的念头时，不要直接苛责，而应该先进行耐心的说服教育，帮助她们纠正矛盾心态。

3. 给女孩一个和谐的家庭关系。好的家庭环境可以让女孩健康的成长，但坏的家庭环境只会给女孩增加很多心理压力，使女孩与家人产生隔膜，亲子关系很差等。所以，家长要在平时注意维护好家庭的和谐，为女孩创造一个和睦轻松的环境。

315. 女孩心思细腻不一定是好事

——女孩心思太过细腻是好还是坏？

小珍自小就和同龄的女孩不太一样，当别的女孩每天都想着玩耍时，小珍却表现得有些过于懂事，行事也十分沉稳，尤其体现在细腻的心思上。比如小珍会在出门时提醒妈妈带钥匙，会在妈妈上班时提醒妈妈带伞。但是，随着小珍的成长，这种细腻的心思开始变得有些过分起来。比如，晚上睡觉前，小珍会跑去检查门锁；妈妈出门前，会反复地询问妈妈是否带了手机；在吃饭时，也会先跑去厨房检查煤气是否关好。总之，家里的大事小情小珍都要插上一脚。虽然，看上去小珍在一定程度上可以帮到妈妈，但是过于细腻难免让妈妈觉得有些烦扰，有时小珍的妈妈甚至感觉小珍不是自己的女儿，自己才是小珍的女儿。小珍的妈妈属于比较干练硬朗的女性，不知道女儿为什么表现得和她大相径庭，这种过于细腻的心思，会不会对女孩的成长造成不必要的困扰呢？对她未来的世界观和价值观的建立会不会起到不好的影响呢？

 案例解析

孩子的成长表现都会受到家庭的影响，有些家庭因为父亲角色的缺失，或者母亲过于强势，就会让家庭氛围变得过于阳刚，而此时，孩子就会自发地用自己的态度来维持平衡。就像案例中的这样，小珍的家庭环境中没有出现父亲的角色，我们可以试想是因为父亲工作忙或者是父母离异的情况，造成了女孩过于细腻的这种表现。究其根本，不外乎是女孩想要通过自己的努力来让家庭维持一种平衡，也让自己能找到平衡。所以，女孩过于细腻的行为其实是一种过强的自我保护意识。

虽然，女孩过于成熟、细腻的表现看上去对家庭是有益的，但这并不是一个好的现象。在母亲过于强势的环境中，女孩的心理发展会变得趋于柔弱，而且容易对男性产生排斥的感觉。这样下去，不仅女孩难以在同龄人中找到很好的同性朋友，在异性中也不会获得很好的交际感受，在家庭中的不安全感会加深在社会中的孤独感。所以，当家长发现女孩的行为过度细腻时，一定不要表现出指责或者不屑的态度，而应该从女孩的心理出发，改变家庭环境、改变自己爱的表达，让女孩回复到天真活泼的状态上来。

 解决办法

当女孩的行为和感情表现得过于细腻时，家长需要做出如下方面的改变，来达到正确引导女孩的目的：

1.增加家庭环境中父亲的重量。在以母亲为主导的家庭关系上，女孩细腻表现的问题并不在于家庭的结构，而在于家庭的功能。如果父亲在家庭环境中的比重较轻，母亲又偏向于强势的行为作风，女孩自然会往细腻上发展。所以我们建议，在家庭环境中适当增加父亲的比重，注意降低母亲的强势感，给女孩一个"阴阳平衡"的家庭环境，让她们的身心都能获得健康成长。

2.在做事之前和女孩沟通自己的安排。家庭中任何的事情都不要避开女孩去做，这只会加重女孩的心理压力和负担，加重她们因不安全感而产生的较真行为。所以我们建议，家长无论事情的大小，都主动和女孩进行沟通，让她们知道自己的行事安排，借此来降低女孩的不安全感。

3.给女孩和男性长辈相处的机会。如果家庭环境中父亲的角色缺失，那么母亲可以为女孩寻求另外一种阳刚角色的补偿。比如带女孩去男性朋友家做客，带女孩去有男性的长辈家做客，用更多的与男性长辈相处的机会，让女孩从心理上产生可依靠感，借此来减弱过于细腻的行为。

316. 学会说"不"很重要

——女孩不懂得拒绝别人怎么办？

芸芸的妈妈有时怀疑自己是否对孩子的教育方式存在问题，才让芸芸总是不知道如何拒绝别人。比如，芸芸在外面玩耍时，如果有小朋友说想要玩她的玩具，她即便再如何不舍，也会将自己的玩具给别人，但是有时候玩具就很难要回来了，只能在一旁看着别人玩。芸芸的妈妈看到芸芸失落的表情，觉得十分心疼，就又给芸芸买了一个其他的玩具。有一天，当芸芸在妈妈的陪同下下楼玩耍时，远远地就看到那个总喜欢抢芸芸玩具的孩子在前面，于是芸芸一手抱着新玩具，一手拉了拉妈妈，问能不能绕路走，因为她不想碰到那个小朋友。妈妈看着芸芸满脸的纠结，就问芸芸为什么在小朋友想要她玩具的时候不直接拒绝呢？芸芸噘着嘴半天都没有回答。妈妈很担心，是不是自己平时对芸芸的教育有问题，才让芸芸不懂得如何用拒绝来保护自己。面对女孩不懂得拒绝的表现，家长应该怎么引导才是正确的呢？

 案例解析

这并不单单是家长教育方面的问题，一般情况下，女孩不懂得拒绝的原因有以下几条：

1. 平时对女孩的管教过于严格。在严格的管教下，会让女孩丧失很高的自由度，自我的思维空间难以获得成长。比如，女孩总是会谨小慎微地对待父母的反应，这种反应还会从父母身上延长到女孩所遇到的其他人身上，逐渐从一种意识演变成性格的一部分。

2. 女孩缺乏自我保护的意识。有些家长平时并不会刻意地给女孩传递自卫的想法，没有明确地告诉孩子遇到什么样的情况应该严厉地拒绝，遇到可能伤害到自己的行为应当如何回应等。正是因为对女孩自我保护意识培养方面较弱，让女孩形成了一种不知如何抗拒的状态。

3. 女孩没有见过很多的世面。眼界大心界就宽广，如果女孩在遇到问题时总是表现得畏首畏尾，很可能是她们的眼界比较狭小，没有从见识他人解决问题上获得自己的感悟和体验。即便父母如何的耳提面命，也达不到自己亲眼所见、亲身经历的程度。

4. 家长的做法混淆了女孩的认知。有些家长因为顾及面子，会在人前表现得十分大度，但是回到家之后，又会对女孩改变另外一种说词。这种虚荣的表现会让女孩感到不知所措，不知道自己到底该怎么去做。

 解决办法

想要让女孩懂得用拒绝来保护自己，家长需要采取以下适当的引导措施：

1. 树立女孩的自信心。家长需要给不懂拒绝的女孩更多的鼓励，让她们知道家庭是她们的后盾，鼓励她们去勇敢地做自己想做的事情。同时，家长也要经常给女孩的突出表现一些肯定，比如，女孩会和父母讨论或者争论一些事情时，家长就要鼓励女孩这种勇敢表达自己想法的做法。

2. 鼓励女孩勇敢表达自己内心的态度。一般来说，女孩在被迫接受别人的提议时，大多内心并不是甘愿的，只不过她们因为一些原因而压抑住了内心的想法。所以，家长要鼓励女孩随时都可以大声说出自己的心声，不因他人的要求而做出违背自己意愿的事情。

317. 脸皮很薄是过分自尊的表现

——面对脸皮很薄的女孩怎么办？

笑笑从小就是一个很惹人疼的女孩，虽然有时会表现出活泼的天性，但大多数时候还是很乖巧懂事的。在学校里，笑笑一直都是老师口中的模范学生；在生活中，笑笑常常是他人口中的"别人家孩子"；在家庭里，笑笑也总是能够轻易地获得长辈的宠爱。只不过，只有和笑笑最亲近的人才知道，笑笑这个孩子的脸皮有多薄。虽然平常的交往中看不到她这个毛病，但是一旦有人打趣她，或者责问她，她就马上变成了"说不得"的孩子，憋得脸红脖子粗，不知道如何反驳，就只会躲起来，或者放声大哭。比如，笑笑的妈妈看着笑笑从外面回来直接拿起水果就吃，就说吃东西前不洗手的不是乖孩子，笑笑就会直接把水果丢下，红着脸嚷嚷着"我不吃了"便跑到卧室里，怎么叫都不肯出来。女孩的脸皮这么薄，一点儿反驳的话都不能说，只能顺着教导，可是家长有时无心的一句话或者语气稍微重了点儿，她都不能接受，这该怎么办呢？

案例解析

人的自尊心从很小的时候就开始建立起来了，这是一个缓慢的过程。因为孩子的心理承受力比较有限，所以她们的自尊心也需要经过阅历的不断打磨。女孩在成长过程中，一旦感觉自己的自尊心受到侵犯时，就会产生比较激烈的反应，借此来达到保护自己的目的。或许在成年人看来，问题没有那么严重，但是却可能超越了女孩当阶段的心理承受能力，所以即便是很细微的事情，也可能刺激到女孩的敏感点，让她们做出激烈的反应。

在女孩感受到自己的尊严被侵犯时，即便说者无心，她们也会表现得听者有意。就比如案例中的笑笑，妈妈说的问题十分简单，但是可能在语气上过于生硬，于是女孩就忽略了问题本身，将注意力集中在妈妈的态度上。所以，女孩如果有脸皮薄的特点，大多只是因为她们比其他孩子更加敏感罢了。这种敏感行为大多只是阶段性的，并不需要过度在意，但如果女孩在某个成长时期总有这样的表现，那么家长就需要对女孩做一些教育上的改变了。

解决办法

当女孩对家长的说教过度敏感时，家长不能因为女孩"说不得"而姑息她"脸皮薄"的表现，我们建议可以从以下两个方面纠正女孩的这种不良状态：

1. 不过度在意女孩的感受。大多数家长会因为在意女孩的感受，在她表现出"说不得"时，就因为心软而放弃对她的教育或者批评，但是，女孩"说不得"的行为却是越纵容越过分的。所以，家长不要因此而过度在意女孩的感受，不要总是担心自己的行为会让女孩觉得十分委屈，不然只会让女孩更加肆无忌惮。只要认为自己说的是正确的，即便是放在其他女孩身上也是不存在过分之处的，那家长就要坚守阵地，不要给女孩一种都围着她转的感觉。

2. 有原则性地对女孩进行批评。当女孩因为一些行为失当、语言失误时，家长可以选择用耐心劝导的方式，也可以选择用严厉批评的方式，但需要掌握三条基本原则。其一，在说教时不要翻过往的旧账；其二，所有的事情都是对事不对人；其三，在批评过后要给予适当的鼓励和安抚。任何的批评如果能够遵循这三条原则，就能够让女孩更容易接受父母的教诲，同时也有助于女孩心理承受力的增强。

318. 引导女孩建立合作的意识
——女孩做事不懂团结怎么办?

　　玫玫的父母趁假期带着玫玫参加了一个亲子夏令营的活动，其中有很多和玫玫同龄的小伙伴，玫玫表现得十分高兴。在活动时，指导老师分配了不同的任务，在刚开始时的以家庭为单位的任务中，玫玫表现得十分良好，她能够在父母的陪同下完成每一个任务。但是当玫玫和同龄的小伙伴共同完成一项任务时，却发生了一些问题。指导老师布置的任务，需要所有的小朋友进行团队合作完成，如果有某些小朋友的任务不完成，那么整个团队就无法继续下一步。但是玫玫只是完成了自己的部分之后，就站在那里等着别人，丝毫没有上去帮忙的意思，所以最后玫玫所在组的任务是最后一个完成的。玫玫觉得很沮丧，她认为是别的小朋友拖了自己后腿。但是玫玫的妈妈却发现，玫玫缺乏团队意识才是问题的关键。应该如何引导女孩建立团队意识呢?

案例解析

　　团队合作是多数人为了一个共同的目标集合到一起共同努力的协同合作方式，是一种在生活中、社会中十分常见的工作模式。在这种模式中，需要的绝对不仅仅是女孩个人对知识、问题的考量，而是站在团队的角度去协调自己的行为内容。懂得团队合作的女孩，不仅在价值观和处事上都比其他女孩有更优越的表现力，而且她们的人际沟通能力也能得到很好的锻炼和提升。所以，团队合作对女孩的成长是大有裨益的。只不过，团队合作的意识和能力都源于刻意的培养，没有任何一个女孩自小就能懂得团队的概念。一般来说，那些不愿意或者没有团队意识的女孩大多是因为以下两点原因导致的:

　　1. 自我意识和能力高于同龄者。有些女孩比其他女孩动手能力、知识储备能力要高，所以虽然她们会尽力地完成自己负责的内容，但是却不会向他人提出合作邀请，因为能力较高的女孩大多有独立的成功经验，她们会根据经验的惯性来主导自己的行为，再加上自我意识较强，她们会过高地看待自己的能力，认为自己不需要他人的帮助，别人也不需要自己的帮助。

2.女孩拥有较强的独立意识。现在的女孩大多都是独生女，在生活中很难有同龄者陪伴成长，所以就要独自面对一些成长中的问题。这些问题虽然锻炼了她们的能力，但也会让她们养成一种凡事靠自己的独立意识，从没想过要接受他人的帮助，或者不知道如何请求他人来帮助自己。

 解决办法

团队合作能力越早培养对女孩的成长越有好处，我们建议注意以下几个方面：

1.指导女孩学会如何进行分工合作。家长可以安排一些需要合作才能完成的事情，比如一场游戏，将任务直接划分到女孩的头上，让女孩学会如何通过努力来给团队提供最佳的保障。

2.让女孩产生合作的欲望。家长可以用一些女孩比较感兴趣的团队协作活动，来刺激女孩的合作欲望。

3.在家庭环境中带入合作概念。团队合作意识有时并不需要刻意培养，完全可以用潜移默化的方式对女孩产生影响。比如，家长可以组织一些家务活动，通过分工合作可加快任务进程的方式，让女孩明白合作的好处，同时也能言传身教地为女孩做积极的示范作用。

319.让女孩知道工作的难处很重要
——女孩不体谅父母的难处怎么办？

韶韶自小就很粘爸爸妈妈，如果他们同时离开了自己的视线，韶韶就会大哭大闹不止，非让爸爸或者妈妈马上回来陪她不可。后来韶韶的行为变得更加过分了，比如她为了阻止妈妈上班，会偷偷地将妈妈的文件藏起来；为了不让爸爸出差，会偷偷地删除掉爸爸电脑里的文件。因为韶韶就是想知道，在爸爸妈妈眼里究竟是她重要还是工作重要。虽然爸爸妈妈跟她解释过很多遍，说自己不工作的话全家人就会饿肚子，而且还会没钱带韶韶出去玩，也没钱给韶韶买她喜欢的新衣服和玩具了。可是，韶韶却倔强地说宁可饿肚子也要爸爸妈妈陪在她身边。韶韶的父母一方面很欣慰韶韶对自己的看重，但同时也因为韶韶对他们工作的不理解感到疲惫，究竟该如何做才能让女孩不那么粘人呢？该如何做才能让女孩懂得体谅父母工作的不易呢？

 案例解析

女孩在年幼时表现得比较粘人是很常见的，一般情况下随着女孩上了幼儿园、小学后，因社交群体的变大会逐渐淡化这种现象。但也有少部分女孩会更加粘父母，这并不是因为孩子对父母太过在乎的原因，而是因为有些女孩环境适应能力较差，性情胆小的她们没有勇气面对不熟悉的环境，会比较排斥独立的状态。这主要源于女孩的父母曾经对女孩过度的照顾，如果父母在日常的生活中，对女孩的一举一动都表现出过度的关心，而没有太过在意给女孩一个独立活动的条件，就容易让女孩有粘父母的表现。

所以，女孩使用一切极端办法来缠着父母的做法，都是父母当初过度溺爱女孩才导致的。想要制止女孩的这一行为，培养女孩生活的独立性，需要家长先从自身做起，逐渐地拉开与女孩的生活距离，让她们学会如何适应父母不在身边时的生活。先从独立意识开始培养，逐步再引导女孩如何看待父母的工作问题。

 解决办法

我们建议家长采用以下方式，让女孩逐步学会如何面对生活，继而懂得父母工作的不易之处：

1. 不用欺骗女孩的方式偷偷离开。大多数粘父母的女孩都被父母欺骗过，在父母因为工作的原因不能陪伴在女孩身边时，应该明确地告诉她们自己要出门，因为欺骗的方式只会加重女孩的不安全感。父母出门时可以和女孩约定好回来的时间，并且会给她带礼物来作为她在家乖乖等着他们回来的奖励。

2. 直接面对女孩拒绝父母上班的无理要求。在女孩用比较激烈的方式拒绝父母上班时，家长要提前做好心理准备，即使是在女孩的哭闹声中坦然离开，也不能因为一时的心疼而选择妥协。坦然地离开只会让女孩有短期的焦虑，因为她们知道父母总会回来。但用退让来妥协，就会让女孩产生一种认识，只要是自己哭闹不止，父母就会放弃工作而选择陪她。

3. 在上班之外给女孩更多的陪伴。父母尽量不要把工作带回家中，在家中的时间应该尽可能地留给女孩，让女孩知道，即便父母出门工作，他们的心里也是有自己的。这样长期发展下去，女孩就会懂得尊重父母的工作，同时也能具有很强的独立性，能够平稳地度过没有父母陪伴的日子。

320. 培养女孩正确的英雄情结
——女孩有英雄崇拜心理正常吗？

小米放学回家后没和妈妈打招呼，直接躲进了房间里，但仍旧被妈妈发现了身上的伤痕。在妈妈的追问下，小米说在学校里受到了同学的欺负，起因是同学们聚在一起聊偶像的时候，小米说她不喜欢现在那些演员，自己只崇拜真正的英雄，因为英雄会在自己危难的时候拔刀相助，就像古代的侠客一样。结果，有些同学就生气了，一个同学还推了她一把，说她现在挨了欺负，英雄在哪儿呢。小米觉得很伤心，为什么同学们看不起自己心中的英雄幻想呢？而妈妈听完之后却觉得很担心，小米在遇到问题的时候没有想到自己解决，只将希望寄托在英雄幻想中，这样的观念对女孩的成长会不会造成影响呢？

 案例解析

女孩有英雄崇拜是很正常的事情，因为她们在先天上体质要弱于男孩，会有一些示弱的心理是能够理解的。只不过，她们在遇到问题的时候，没有想到自己去解决，而将全部的希望寄托在英雄崇拜上，就不单单是崇拜的问题，而是用幻想来作为对现实的一种逃避，这种想法的确会影响到女孩世界观的成长发展。

一般来说，有这种表现的女孩大多是由以下原因造成的：

1. 无力改变对现实环境的不满。对现实环境比较满意的女孩大多是不会有过度的幻想的，她们的生活重心完全会放在现实环境中。当女孩对现实不满，却又没有能力去改变时，就会在心中树立一个完美的英雄形象，希望"他"能够拯救自己脱离"苦海"。

2. 影视剧中的英雄形象的影响。在很多的影视剧作中，尤其是外国电影中对个人英雄主义的推崇，会让女孩产生一种"危难之时总会有英雄来拯救"的想法。影视作品中的英雄形象，对于世界观、处世观尚未完全定型的女孩来说，具有很大的诱惑力，容易让她们产生错误的认知。

3. 用幻想来满足安全感的需求。当女孩的不安全感没有被亲近的人关注，或者她们自己无法准确表达自己的不安全感时，就会幻想有人能够理解自己所有的感受，有人能够帮助自己从中解脱出来。一般情况下，比较内向、不善表达的女孩大多存在这种情况。

 解决办法

家长要先站在理解的角度，分析造成女孩英雄幻想的原因，然后再有针对性地做出如下方式的引导：

1. 培养女孩正确的英雄情结。让女孩知道，所谓的英雄并不一定是能力非凡的，只要是能够拯救人于危难的都可以称为英雄，比如社会上那些好人好事，那些默默奉献的无名英雄，都是英雄的一种。

2. 满足女孩的英雄幻想情结。当女孩表现出对英雄的幻想时，家长首先要做的绝对不是打破女孩的幻想，而是应该表现出愿意了解女孩对英雄的看法，先满足女孩的英雄幻想情节，再引导女孩去分析她所幻想的英雄具备的品质，让女孩向着她所设定的"英雄"学习，努力成为让"英雄"也喜欢的人。

3. 筛选女孩能够接触到的影视剧作内容。女孩会按照影视剧作中的英雄人物来设定自己的英雄幻想，所以家长需要筛选女孩接触到的影视剧作的内容。比如，可以带领女孩观看一些主人公通过个人坚持不懈的努力来改变自己的命运主题的作品，比如《钢铁是怎样炼成的》。

321. 鼓励女孩友善的行为

——女孩习惯冷漠待人怎么办？

青青的妈妈给青青买了一个新的娃娃，青青喜欢极了，每天都抱着它。晚饭后，妈妈带着青青下楼遛弯时，碰到有一群小朋友在那里玩耍，就鼓励青青加入进去。刚开始的时候，青青和大家玩得很开心，但是有一个小朋友说青青的娃娃真好看，伸手就去抓那个娃娃时，青青往后一闪就直接躲开了，那个小朋友没有收住力气，直接趴在了地上。小朋友的膝盖磕破了皮，隐隐约约有点儿渗血，疼得号啕大哭。结果，青青就只是紧紧地抱着娃娃站在一旁，冷漠地看着眼前的一切，丝毫没有安慰一下的打算。青青的妈妈连忙上前，本来她以为青青只是吓着了才没有反应，结果青青却说活该他摔倒，谁让他来抢娃娃的。青青的妈妈完全没有想到，这种话居然会出自自己女儿之口，这种冷漠的态度让青青的妈妈觉得十分不能理解。

 案例解析

在每一个孩子的身上，都寄托着父母最美好的向往，没有任何一个父母不希望自己的孩子有一颗善良的心。尤其对于女孩来说，善良更是她们为人处世的金钥匙，可以帮她们更容易地获得世人的喜爱，更容易地融入到群体生活中去，更容易获得别人的认可和称赞。但是，父母必须意识到，这其中起主导作用的是父母的榜样力量。如果父母的处事态度就比较冷漠，很少对他人伸出援助之手，总是事不关己，高高挂起的话，那么女孩在遇到类似事件之时的第一反应，也只会是率先想到自己的责任问题。

对于女孩来说，这样看待事情的出发点显然是有问题的。天真的女孩本来就像白纸一样，家长的任何教诲都会在"白纸"上呈现出不同的涂抹。如果那些"涂抹"是负面的，就会对女孩原本良好的性格起到负面的影响，让她们以冷漠的态度看待周围的人或者事，进而成长为一个处世冷漠的人。

 解决办法

要知道，女孩对待同伴冷漠，大多是源于父母没有起到良好的作用，她在家庭氛围中没有接触到友善的关爱教育。所以想要培养女孩善良的心，让她学会主动关心他人，家长的作用不容忽视。

1. 鼓励女孩的善良行为。家长可以带着女孩参加一些公益活动，让女孩近距离地接触到那些需要帮助的人，激发女孩的善良之心、同情心和关爱之心，引导女孩认识到自己比他人的优越之处，引领女孩通过行为实施善念。

2. 肯定女孩的善意行为。当女孩向他人表示出善意的时候，家长要及时地表示肯定，借此来增加女孩对善意和善行的了解。

3. 记录女孩的善意行为。家长可以帮助女孩做一个善行的记录，比如，建立一个好人好事记录本，在上面写下女孩做的所有善意的事情。不定时与女孩一起回顾那些善行，让女孩一次次地深切感受到善行给他人带来的温暖感受，并从中体验到乐趣。

4. 注意给女孩传递更多正能量。家长可以通过鼓励女孩阅读正能量的读物，来帮助女孩获得健康心理的成长，用潜移默化的方式影响着女孩善良之心的建立。

322. 主动退让是一种美好的品质
——女孩说话咄咄逼人怎么办？

培培自小就是很聪明的女孩，在幼儿园时期就显现出了很强的学习能力，再加上她活泼的性格和甜美的长相，总是很容易就可以收获到陌生人的喜爱。但是，培培也有一个比较让人头疼的缺点，就是只要自己占理的时候就总是会摆出一副咄咄逼人的态度来，丝毫不懂得退让。甚至有些熟悉的成年人被培培驳了面子而心生不喜，因此有些熟悉的小伙伴会十分抗拒与培培接触。

比如，培培在和成人在一起的时候，成人想用耍赖的方式来逗趣培培，结果培培就会因为自己占理，而十分严肃地逼着成人向自己道歉，并且保证以后不再耍赖。培培在和小伙伴一起玩耍的时候，小伙伴因为某些原因迟到了，培培就会逼着对方说出迟到的原因，并且保证之后决不再迟到，如果再迟到就绝交。在如此疾言厉色的表现下，愿意和培培一起玩耍的人越来越少。培培的妈妈不明白，为什么自己的女儿会有如此咄咄逼人的态度，究竟该怎么办才好呢？

案例解析

咄咄逼人绝对不是一种好的处世方式，中国传统教育告诉我们，为人处世不仅要讲理，同时还要讲情。如果只顾念情而丢掉了理，就会因过度的感性丢掉了做事的分寸；如果只顾念理而丢掉了情，就会将自己陷入一个孤家寡人的境地。所以，如果因为自己占理就采取咄咄逼人的态度，不仅会让他人感到尴尬，其最终的结果也会让自己难堪。

一般来说，女孩处世习惯有咄咄逼人的表现原因主要有以下几点：

1. 女孩在生活环境中受到的负面影响。如果父母在女孩年幼时就给她们传输很高的竞争意识，甚至超出了女孩当阶段能承受的范围，就会让女孩变得有些斤斤计较，在为人处世上容易咄咄逼人。

2. 女孩受到来自父母错误的示范作用。女孩处世方式受父母的性格、习惯对女孩的影响，有些女孩甚至完全活成了父母的翻版。如果父母本身就有咄咄逼人的习惯，女孩自然也会养成斤斤计较的恶习。

3. 女孩具有过强的自我意识。有些女孩在家中备受溺爱，所以就养成了只站在个人角度上看待问题的习惯，处处以自我为中心的意识就容易导致咄咄逼人的态度。

4. 挫折经历对女孩的影响。女孩在幼年时期因社会经验的缺乏而导致独立思考能力和计划安排能力较弱，在受到失败经验的刺激下，就容易产生偏激的行为。

解决办法

想要纠正女孩咄咄逼人的处世态度，家长可以从以下几方面进行引导：

1.引导女孩进入更广阔的社交圈。随着接触人群的增多,女孩可以从他人身上学到人际交往的常识和技巧,知道在普遍价值观的引导下,人们对于包容和尊重的崇尚态度。当女孩通过社交增加了感受生活的机会,她们的思想也会随着遇到的世界的扩大而变得豁达。

2.给女孩更多的耐心引导和信任支持。在咄咄逼人的态度中包含着一种对他人的不信任感,而只有给女孩充足的信任感和耐心,才能引导她们以相同的态度对待别人,才能够引导女孩取得思想上的进步,才能让女孩从斤斤计较变得宽厚仁慈。

3.引导女孩学会主动退让。当一件事情发生时,女孩大多数时候会凭借感觉去做选择,甚少能够考虑到紧逼和退让会带来何种不同结果。所以想要纠正女孩的处世观,家长需要让她们认识到这两种方式的不同结果,让女孩自己去权衡利弊做出选择。

323. 爱耍小聪明的行为要及时制止

——孩子爱耍小聪明怎么办?

蒙蒙是一个5岁的小女孩,平时就爱耍小聪明。就像平时和妈妈玩跳棋的时候,蒙蒙会趁妈妈不注意的时候悄悄地移动棋子。妈妈非常生气,给蒙蒙讲解其实玩游戏就是一个娱乐的过程,输赢不重要。但是蒙蒙并没有听进去,下次玩跳棋的时候,她依然会这样做。那么,面对这种爱耍小聪明的孩子,家长要如何引导呢?

案例解析

从故事中我们了解到蒙蒙是一个5岁的小女孩,在这个年龄段,她们非常喜欢动脑筋,这是这个年龄段的重要特点,也是孩子思维发展的重要标志。在这个年龄段,孩子的思维发展体现在两个方面,第一是她比之前能解决更多的问题,且能解决的问题比之前遇到的问题更加复杂。就像她之前只能针对一个事物的一个问题进行回答或是解答,但是现在可以针对同一事物的不同问题给予解答,或是针对不同事物的同一问题进行解答;第二是她们的思维习惯开始定向,就像故事中蒙蒙爱耍小聪明,那么在处理不同的事务的时候,她就会习惯耍小聪明。

孩子不会无缘无故地喜欢耍小聪明,孩子的习惯大多是模仿形成的,所以,家长也要反思自己在生活中是不是有习惯耍小聪明的行为,或是孩子接触的人中有没有人喜欢耍小聪明的,如果有,要及时改正,言传与身教要并行才可以根本上解决孩子的这一毛病。

孩子有爱耍小聪明的习惯是非常不好的,但是还好故事中的妈妈及时发现孩子的这一毛病,父母进行合理的引导是可以改变孩子的这一行为习惯的。

解决办法

纠正女孩爱耍小聪明的习惯,家长可以从以下几点做起:

1.家长要以身作则。家长不要低估孩子的模仿天性。她们是天生的模仿家,而且孩子的年龄尚小,她们缺乏必要的分辨是非与善恶的能力,所以她们对成人的行为会全盘吸纳,进行模仿，从而就会做出一些有违成人意愿的不良行为，比如爱耍小聪明等。但是孩子的行为模式是模仿而来的，所以为了不让孩子染上这一不良行为，家长或孩子周围的人就要随时纠正自己的行为，规范自己的行为，这样孩子就不会因为模仿而获得一些不良的行为习惯，言传身教并行，才可以引导孩子建立正确的行为模式。

2. 家长要对孩子这一行为明确表示出自己的不满与指责。在孩子耍小聪明的时候，家长要明确地让孩子感受到自己是不支持她的行为的或者对这一行为是愤怒的，这样孩子才能意识到自己的错误，也才有可能改正这一行为。而且在教育的时候家庭成员的态度要保持一致，以免孩子因为成人之间的意见不统一而出现偏差。

3. 家长要对孩子的这一行为做出一些惩罚，这样做的好处就是让孩子明白耍小聪明是会受到惩罚的，这样孩子就不会再去耍小聪明。

324. 否定别人是不礼貌行为
——怎么改变女孩否定别人的毛病？

云云今年上小学三年级，是一个长相甜美的小女孩，但是云云并不是一个讨人喜欢的孩子。在班级里，因为云云的性格，云云并没有很多的好朋友。云云是怎样的性格呢？就是喜欢否定别人。平时别人取得了好成绩，她会表现出不屑一顾，觉得他肯定不是依靠自己的能力取得的；别人有才艺，她也会找出别人的缺点；别人买了新衣服她也会对新衣服指指点点。那么，孩子如果喜欢否定别人，家长应该如何去引导呢？

 案例解析

从故事中，我们了解到云云是一个喜欢否定别人的女孩，性格非常不讨人喜欢。我们知道一个人的情商的培养与智商的培养同样重要，如果一个人没有良好的情商，那么即使她的智商很高，也无法取得很好的成就。在情商的培养中掌握和人沟通的艺术就是其中重要的一项，所以，家长从小就要对自己的孩子进行情商方面的培养。孩子的情商上去了，那么自然在生活中就会采用让别人舒服的言辞去表达自己的想法，也会懂得去欣赏别人的闪光点。但是故事中的云云并没有这样的情商，所以，我们就可以大致揣测出云云的家长并没有对云云的情商进行专门的训练与培养。

再者，孩子喜欢否定别人可能是因为内心的自卑在作祟，孩子通过否定他人来抬高自己，其实是因为在这方面有所欠缺，那么为了掩盖自己的不足就会去否定别人。

最后，家长的言行举止也有很大的影响。家长是孩子的第一任老师，如果家长在平时就喜欢对别人施以否定，那么孩子很有可能就喜欢否定别人。

 解决办法

纠正孩子喜欢否定他人的习惯，家长可以从以下几点做起：

1.家长要重视情商的培养。孩子从学习说话开始，家长除了要重视孩子语言系统的完善，更要教会孩子如何"说话"，也就是如何与人进行良好的沟通。掌握说话的艺术是一种能力，家长可以购买有关的书籍或是观看有关的视频进行学习，然后在生活中渗透给孩子。等到孩子可以阅读的时候就要鼓励孩子自我学习，这样在家长的影响和自己主动学习的过程中就可以掌握基本的说话艺术，这样孩子在与人沟通的时候就不会轻易地否定别人，因为这是情商不高的表现。

2.家长在平时要多发现孩子的优点并进行及时的鼓励。有些家长还保持之前的教育理念，总是在生活中挑孩子的不好之处，即使孩子已经做得很好了，但为了孩子的进步，也希望她不要骄傲。但是这样做的后果就很有可能让孩子成为一个挑别人毛病的人，也就是不会懂得发现别人的优点，只会看到别人的缺点，换句话说就是一个喜欢否定别人的人。

3.家长要鼓励孩子对别人的优点进行赞美，掌握赞美的技巧并予以实施，这样孩子就能慢慢地体会到赞美的力量，拥有更多的好朋友。

Part 17
女孩的财商培养：让女孩树立正确的金钱观

325. 引导女孩建立攒钱的观念
——女孩存不住零花钱怎么办？

优优自小家庭环境比较优越，她的爸爸妈妈几乎没有怎么限制过她的消费，所以优优对于零花钱从来没有概念，总是有多少就花多少。可是，随着优优的成长，她的爸爸妈妈发现了一个严重的问题，就是优优好像从来不拿钱当回事儿，根本没有存钱的概念。比如，给她一周的零用钱，有时三天的时间就花完了。在优优眼里，反正零用钱没有了只要跟父母说就会再给，完全没必要规划，更没必要存钱。虽然说女孩应该富养，但是孩子还在成长阶段就有这样的金钱观，父母很担心这会对优优未来产生不好的影响。

 案例解析

想要让女孩合理地使用零用钱，学会计划经济，学会攒钱，家长首先要找到造成女孩发生这种问题的原因。一般情况下，造成女孩有这种问题的大致有以下几点原因：

1. 家长对于女孩花钱方面的管束欠缺。有些女孩家庭环境比较优越，家长担心女孩在外会吃苦，所以会在零用钱方面不加管制，这就容易让女孩在金钱的观念上缺乏一种心理底线，进而养成大手大脚的习惯。

2. 女孩过早地接触到了金钱的表象。有些女孩因为父母从商的原因，生长环境中经常会接触到和金钱有关的事情，经常会听到父母谈及比较大数额的金钱，就会认为自己的零用钱只是很小的一部分，这样就容易养成比较松散的金钱观念。

3. 家长对于女孩的花钱行为没有准确态度。有些父母对于女孩的管教问题上，常常存在意见分歧，甚至会以一时的情绪来判断女孩做事的是非对错。这就难以让女孩对于零用钱的使用和积攒有一个固定的认知，难以确立自己对零用钱的使用底线。

 解决办法

对于女孩存不住零用钱的问题，家长首先要让女孩学会如何正确看待零用钱，我们建议家长从以下几点入手：

1. 要让女孩知道钱财的来之不易。有些家长会在女孩年龄很小的时候就引导她们认识到钱财的使用方法，但是却没有掌握好引导的尺度。所以，我们在让女孩知道钱可以用来买想要的东西之时，还要让她们知道钱财是如何得来的，只有让女孩知道钱财的来之不易，才能让她们学会珍惜。

2. 给女孩固定数额的零用钱。家长要给女孩树立一种规则，即每天、每周、每个月她只能拿到固定数额的零用钱。同时，家长还要坚决否定女孩不合理的物质需求和额外的零用钱要求。存不住钱的女孩一般都与家长不恰当的给予方式有关。所以我们建议家长可以先按照每天或者每周给女孩少部分的零用钱，以此来逐渐培养女孩对金钱的合理使用观念。

3. 不要用金钱来表达对女孩的关爱。有些父母因为无法给予女孩太多的陪伴，所以就想要通过零用钱和物质来进行补偿，但是这种物质的爱会影响到女孩人生观的建立。所以，我们建议在满足女孩物质生活的同时，可以适当增加一些亲子活动，让女孩可以体验到在物质生活之外的精神世界的成长。

326. 合理对待女孩保管压岁钱的想法
——女孩不愿交出压岁钱怎么办？

每年过年时，丽娜都会收到来自父母、亲戚、朋友的压岁红包，在丽娜上小学之前，一直都是父母帮她保管，毕竟那时丽娜年纪比较小，对于金钱也没有什么概念。但是在丽娜上小学后，她从同学的口中得知，原来压岁钱是别人给自己的，而不是给父母的。当丽娜看到妈妈拿着她的压岁钱去买东西时，顿时就不高兴了，认为妈妈贪图了自己的钱，于是当众和妈妈闹起了脾气。丽娜的妈妈被丽娜那么一闹，顿时也觉得自己的行为可能有欠妥当，于是就和丽娜解释说自己只是借用一下，回家之后就原数奉还，给她存起来。但是，丽娜依旧不依不饶，坚持要自己来保管压岁钱。妈妈觉得丽娜很不懂事，刚刚上小学的女孩怎么能拿着这么多钱呢？她能管理好吗？

 案例解析

在中国，过年给孩子压岁钱是一种习俗，但同时，这也是一种赠与行为，所以压岁钱的所属权应当归孩子所有。只不过大多数父母并不会将这笔钱直接交给孩子，因为父母担心孩子根本没有能力去支配和管理大数额的金钱，甚至容易因此而染上挥霍的习惯。但是，家长所谓的代替孩子保管，却没有一个明确的规则，而且也甚少有家长在使用这笔钱的时候会征求一下孩子的意见。

正是这种做法让父母加重了和女孩的隔阂，因为他们忽略了女孩内心世界中对被尊重的渴望。如果父母只根据自己的想法安排压岁钱的使用和管理，难免会加重女孩的不满情绪。所以，父母不能以为了女孩好为理由，去做越俎代庖的事情，毕竟压岁钱的管理问题不是一个小事。我们建议，对于这笔钱的管理问题，家长最好可以主动提出一些保管建议，用协商的态度来让女孩自己做出选择。

 解决办法

当女孩提出由自己来保管压岁钱时，家长可以从以下几点去和女孩做耐心沟通，一方面是解决女孩私有意识的懵懂问题，另一方面是让女孩建立和掌握对钱财的意识和方法：

1. 父母只是代女孩暂时保管。父母要让女孩知道自己只是代为管理她的压岁钱，绝对不会有挪为私用的现象。只要女孩有能力管理和支配钱财时，父母就会把这些钱和管理权交还给她。

2. 让女孩明确知道她的资产状况。当女孩有私有财产的意识时，家长应该为她们的独立意识觉醒感到高兴。为了鼓励女孩的成长，家长可以设立一个记录女孩资产状况的账本，让她清楚地知道自己的财产状况，而完全没必要给女孩贴上"自私""贪财"等负面标签。

3. 帮助女孩建立正确的金钱观。对于女孩压岁钱的使用和管理问题，家长要与女孩达成一致意见。比如，父母需要动用这笔钱时，要事先征求女孩的同意，不能在女孩毫不知情的情况下挪为私用。比如，女孩想要动用这笔钱时，只要是理由合理且正当，父母大可以同意她们的要求，没必要握住不放，降低女孩对父母的信任感。

327. 女孩应该避免冲动购物
——女孩总是"买买买"怎么办？

丫丫的妈妈平时总是会带着丫丫一起去商场购物，尤其是遇到打折季的时候，更是疯狂地"买买买"。于是，丫丫在妈妈的影响下，也爱上了买东西的快感，对生活的物质需求品质也不断地上升。同样的一款衣服，因为打折的原因而买了几件不同颜色；旧的物品还没有用完，又购买了刚上市的新产品。后来，丫丫的妈妈发现，随着丫丫的成长，家里的花销越来越大，有时丫丫上网购物的次数比自己还多，虽然单件看起来并不是很贵，但累计的金额也不是小数目。这时，丫丫的妈妈开始意识到自己的"买买买"对孩子带来的影响，可是她虽然克制住了自己"买买买"的毛病，丫丫却依旧我行我素，该怎么纠正女孩的这个毛病呢？

 案例解析

想要培养女孩正确的消费观念，家长首先要注意自己的行为对女孩起到的引导作用，毕竟孩子的消费观念形成于对父母行为的模仿。想要让女孩懂得如何将钱花得更有价值，而不是随意地奢侈浪费，要着重培养女孩的理性消费意识。对于理性消费来说，判断一样东西是否值得购买，主要是看这件东西是否会对生活产生太大影响。在一定条件下，可以允许女孩在家庭经济能力允许的基础上购买质优价高的物品，但却不能纵容女孩养成浪费和奢侈的恶习。

正确的消费观念对于任何人都是至关重要的生活能力，可以指导我们合理地安排金钱的使用，杜绝冲动消费和攀比消费现象的发生，学会如何积累人生的物质财富。想要培养女孩正确的消费观念，杜绝"买买买"现象的发生，家长一定要在点滴的生活中让女孩养成节俭的习惯，利用一切时机来引导女孩认识到合理消费的重要性，只有如此才能让女孩在购买物品时以理性作为判断的标准，自发的抑制住胡乱消费的冲动，学会更加有效地使用金钱。

 解决办法

想要让女孩养成正确合理的消费观念，我们建议家长从以下几个方面着重注意：

1. 帮助女孩克服购物欲。女孩在年幼时对于物质的审美大多来源于父母的言传身教，因为那时她们的消费习惯尚未定型，所以家长可以在这一时期培养女孩良好的消费习惯，增强她们抵御诱惑的能力，引导她们做理智消费的人。

2. 让女孩明白"想要"和"需要"的不同。想要的东西大多会是冲动消费，而需要的物品大多就是理性消费，因为，很多"想要"的物品购买之后往往发现并不是真正"需要"的。所以家长要在女孩购买欲产生时，引导她们进行理性思考。

3. 防止女孩受到虚荣心的影响。有些女孩的"买买买"行为是受到了攀比消费的影响，结果造成了冲动的消费。所以，家长要给女孩正确的引导，避免她们被虚荣心诱导着无法进行理性的购物。

4. 让女孩学会量力而行。父母应该在女孩年纪很小的时候就让她知道家里的经济状况，不要担心会加重女孩的精神负担。因为只有当女孩知道家庭消费承受能力之后，才能主动理智地对待"买买买"的行为。

328. 帮助女孩建立合理的消费观念
——女孩过于追求名牌怎么办？

在瞳瞳上小学以前，她的所有物品都是父母给准备的，瞳瞳只会挑剔一些颜色和款式。随着瞳瞳的成长，她对于自己接触到的所有物品都开始有了自己的眼光，不仅会挑剔颜色、款式，还会挑剔品牌和质地。刚开始的时候，瞳瞳的妈妈以为这是孩子有了自己的审美意识，但是后来妈妈发现，瞳瞳对于物品的选择并不是依靠审美品位，而只是看品牌。比如，瞳瞳要求自己穿的每一件衣服都必须是她认可的品牌，只要是妈妈不肯给她买或者买了不知名品牌的东西给她，瞳瞳就会大吵大闹着将东西丢出自己的房间，有时还会用不吃饭、不写作业作要挟，直到达到目的为止。妈妈的妥协和让步，但却换来了瞳瞳的变本加厉。看着在其他方面都很乖巧的女儿对于高大上品牌的追求，瞳瞳妈妈觉得十分不解，该怎么纠正女孩这个毛病呢？

 案例解析

如果孩子表现出对名牌的过度痴迷，家长难免会觉得担心，害怕女孩会因此染上虚荣的恶习。其实，这正是女孩追求名牌的原因。在虚荣心的促使下，女孩会想要用名牌来抬高自己的身价，错误地将名牌产品当作家庭经济实力和审美水准的展示品。这对于女孩的成长来说，是有害无益的。过度地或过早地追求名牌产品，不仅会影响女孩建立健康合理的消费观念，同时还会分散女孩放在学习、生活上的注意力。

所以，名牌产品对于女孩来说，绝对不是最佳的消费选择，只会让女孩在追求名牌产品的过程中养成一种错误的消费习惯和消费观念，从而加重她们的虚荣心。如果父母在女孩有这种苗头时，毫无原则地纵容女孩的这一行为，就会增加女孩对名牌的狂热程度，也会促进女孩对名牌产品的需求欲望。

 解决办法

想要纠正女孩的消费观念，摆脱对名牌产品的过度痴迷，我们建议家长从以下几个方向进行引导教育：

1.让女孩对名牌产品有一个正确的认识。名牌产品并不能成为身份和地位的象征，那只是某一类产品的荣誉称号，代表的是品质和信誉的象征。所以，对于实用性和使用价值比较高的名牌产品，家长可以允许女孩拥有。但是对于那些不适用于大众消费群体的奢侈类消费产品，家长要防止女孩不顾自身的经济条件而产生奢望。

2.在家庭经济条件承受范围内满足女孩的物质需求。父母对于名牌产品的追求和热爱会对女孩造成影响，所以家长除以身作则之外，还要让女孩明确地知道家庭财产的收支情况。家长可以在经济能力范围内，满足女孩偶尔的名牌产品要求，但前提条件是，名牌产品不是用来攀比的，而是她真正需求的。

3.培养女孩正确的价值观和人生观。正确的价值观可以让女孩对外在物品有一个价值估量，让她们将注意力放在内在的心灵美、言辞美的建设上；正确的人生观可以让女孩理性地对待自己的选择，集中精力用于自我的内在品质提升，而不是将精力浪费在外在的攀比上。

329. 避免女孩对金钱产生依赖
——女孩习惯携带大量现金怎么办？

佳佳的妈妈从小就刻意引导她财商方面的成长，在佳佳出生之后收到的每一笔压岁钱、红包都会如数存到一张卡上，这张卡在佳佳上小学后就由妈妈郑重地交给了她。在交给她的同时，妈妈说这笔钱她可以任意支配，但前提条件是要经过妈妈的允许。那天，妈妈在给佳佳洗衣服时，发现佳佳的衣兜里有 1000 元现金。这对于一个刚上小学的孩子来说，毕竟是一笔巨款，妈妈就询问佳佳，是不是私自动了银行卡里的钱。佳佳说自己的确是取了 1000 元钱，但这是为了带在身上以备不时之需，并没有打算花销的意思，所以没告诉妈妈，毕竟钱没有减少。可是，妈妈有些不明白，既然没有想要花费，为什么要在身上带大量的现金呢？难道她不知道一个孩子带着那么多钱是很危险的事情吗？

案例解析

在成年人的眼中，一个小女孩身上带着大笔的现金容易遇到很多危险，可能因为大意丢失，也可能遭遇到抢劫等。但是对于一个缺乏安全感的小女孩来说，身上携带大量金钱，可能才是让她们有安全感的条件。但是，一个小女孩为何需要这种安全感？我们可以试着分析一下，可能在佳佳的成长过程中，遇到过一些需要钱才能解决的事情，而她却因为当时没有钱而无法解决，在心中留下了阴影，所以才会有这样的想法和做法。

无论是孩子还是成人，童年时发生的事情可以影响到我们的一生。对于女孩想要随身携带金钱的事情，如果不是攀比之心的虚荣，那就可能是缺乏安全感的自我防卫。家长如果强制性地禁止让女孩携带大量现金，反而会加重女孩的不安全感。所以，想要让女孩意识到所谓的不安全感只是她过度敏感的反应，家长不能采取强制手段，只能尽可能地疏导。

 解决办法

想要纠正女孩随身携带大量金钱的习惯，我们先要知道携带的原因，如果理由出于正当，只是因为觉得缺乏安全感，而不是为攀比或者挥霍，那家长尽可能在一定条件下支持女孩的这种行为，满足她们的安全感需求未尝不是一种保护，只不过家长要掌握好一个尺度，避免女孩对金钱过度的依赖。

1. 了解女孩认为的"不时之需"指的是哪些情况。家长在允许女孩随身携带大量金钱之前，需要先问清楚她觉得可能遇到的不时之需是指的哪些，之后再帮助她们分析这些必要花销可能会达到的数额，然后在适当的情况下允许她们随身携带金钱，只不过要限定在家长经过深思熟虑后的尺度范围内。

2. 将这笔钱与零花钱区别对待。家长可以允许女孩随身携带大量现金，但同时也要告诉她们这笔钱只为了满足他们的"不时之需"，而并不是作为零花钱可以随便使用。

3. 给女孩随身携带金钱一个固定数额。具体数额不能随女孩的意思随便拟定，只能由家长理性考虑之后决定，家长要在心中有一个固定的数额标准，比如可以允许女孩在幼儿园时期拿 50 元，小学三年级以下为 100 元，三年级以上为 200 元等。

330. "分享"也是讲求尺度的
——女孩"手太松"怎么办？

姗姗的妈妈从小就教育她，有好吃的、好玩的东西，要和大家分享，因为太自私的人会交不到知心朋友。但是随着姗姗的成长，妈妈发现姗姗有时大方得有些过分了，她不仅是对家人和朋友懂得分享，在面对陌生人的时候手也很松。比如，姗姗有好吃的或者好玩的东西，都会不加选择地分给所有的人。妈妈刚给她买的零食，她下楼玩一趟回来就全都没有了，问她都和谁分享好吃的了，她也只是说几个名字，其他人连她自己都不知道叫什么。姗姗的妈妈教导姗姗，自己的东西只和熟悉的人分享就好，陌生人没有分享的必要。但是姗姗完全不懂，为什么分享这么好的事情还要区别对待呢？

案例解析

对于女孩分享的行为，家长还是应该表示赞成态度的，但是要掌握好一个原则，就是女孩是出于什么样的心理去分享，是真的很大方还是对私有物品的满不在乎。如果女孩与他人分享的行为只是因为大方的性格，那么家长完全不用过度紧张，因为大方的行为对于女孩来说是利大于弊的，不仅可以让女孩养成大度、宽容的性情，还可以让她结交到很多的朋友。这种"利"对于女孩来说是受用一生的财富，家长不要因为女孩在大方的尺度上掌握不足，而给她灌输一些自私的想法。

但是，如果女孩的大方行为是因为满不在乎的话，那就是行为方式太过大手大脚，这种行为方式的女孩在思维习惯上就没有珍惜物品的概念，对接受她馈赠的人也不懂得如何选择。这样的行为习惯和思维方式对女孩只会产生负面的影响，因为接受者并不会因为得到了女孩的分享就回报她多少喜爱。所以，家长在发现女孩有大手大脚的行为时，一定要告诉她单纯通过物质的分享是不足以建立与小伙伴之间的友谊的，在送给他人东西之前，先要考虑对方在自己心中的分量。

解决办法

想要让女孩改变"手太松"的毛病，学会珍惜物品，我们建议家长这样来做：

1. 要让女孩认识到恰当的分享是怎样的。家长不要让女孩只是学会分享，还要教会她们如何区别对待身边的人。这样做的目的并非是给女孩戴上一副有色眼镜，而是要让她们学会分享对于人际关系之间的意义。毕竟，无差别地对待所有人，并不能让女孩交到知心朋友，而且对方也不一定会领情。

2. 不要让女孩太容易得到。不仅是成年人不会珍惜太容易得到的东西，孩子更是如此。所以，家长在给予女孩无论是零食还是其他物质要求时，都不要过度满足，只能限量提供，即便女孩提出的物质要求并没有很昂贵的价格。此举是为了让女孩认识到物品的得来不易，认识到物品的可贵之处后，才会改掉"手太松"的毛病。

331. 引导女孩认清请客的意义
——女孩酷爱请客怎么办？

丽丽最近的晚饭吃得很少，几乎都没动过。丽丽的妈妈询问她是否身体不舒服，丽丽却回答自己放学后在外边和同学一起吃过了。丽丽的妈妈虽然担心总在外面吃饭对孩子的身体不好，但同时也庆幸女儿和同学们相处得很好。但是，没过多久，丽丽的妈妈发现了一个问题，就是丽丽最近的花销高得离谱，一周就能花掉一个月的零用钱。刚开始询问时，丽丽只是支支吾吾地不说，但之后才承认说是每天请同学们吃饭花掉了。丽丽的妈妈听后表示很担心，为什么和同学在一起时，都是丽丽在花钱呢？但是丽丽却甘之如饴，因为她很喜欢请客时的感觉，同学们在吃饭时都对她很热情。丽丽的妈妈听后更担心了，用金钱培养起来的友谊怎么可能靠得住呢？可是她该怎么让孩子意识到自己做错了呢？

 案例解析

对于女孩金钱观方面的引导是一项大问题，既不能按照成年人的标准来要求她们，也不能将她们完全地局限于儿童的世界中。但更大的问题是，如何才能达到这两者之间的平衡，如何才能掌握好成人和儿童之间金钱使用的尺度。

我们结合案例来看，可以分析出丽丽在平时并不是特别受同学喜欢，所以才提出请同学们吃饭，但是每天放学后在外面吃饭的孩子又有多少是安分守己的孩子呢？是什么样的孩子才可以肆无忌惮地享受他人的请客呢？我们从丽丽的态度上来看，显然她也能感受到其中的问题，所以在回答妈妈的提问时有些支支吾吾。可是对比之下，她宁可花钱享受着众人的拥戴，也不想因为不花钱而受到大家的冷落。所以，家长们要明白，当女孩想要融入一个群体的时候，才会有这么迫切的做法，而不是真的认为花钱请客是正常的事情。

 解决办法

家长想要纠正女孩请客的毛病，不能使用强制手段，只能在适度支持的原则上，让女孩自己认识到请客的弊端，然后帮助女孩找到适合交往的朋友。

1.允许女孩适当地请同学吃饭。如果女孩请客吃饭已经成了习惯，家长不要马上制止，可以允许女孩偶尔地请同学吃饭，不可以成为常态。当女孩不经常请同学吃饭后，那些同学的反应自然就能让女孩明白自己的钱花得是否值得。

2.让女孩邀请要好的同学来家里做客。只有心里认可的朋友，才会被邀请到家里来做客。当一些和女孩比较熟悉的朋友得到邀请时，他们自然就会摆正自己的位置，知道自己是真正被女孩看重的。而女孩也会明白，只有那些愿意接受自己邀请的人，才能算作是可以深交的朋友。

3.在如何维护友情方面给女孩一些更好的建议。毫无疑问，女孩通过请客方式结交到的势必只是酒肉朋友，所以家长要告诉女孩真正的朋友是什么样子的，然后给女孩一些更好的联谊的建议。比如在朋友考出好成绩时的祝贺，同学生日时的小礼物，邀请同学看一场心仪的电影等，这些都比大范围的请客更有价值。

332. 控制金钱的尺度要适度
——女孩偷找长辈要钱花怎么办？

小玉的父母对于孩子的成长问题十分在意，他们认为无条件地满足女孩的物质需求，是对女孩攀比心和虚荣心的纵容，于是在平时只是会满足小玉的基本生活需求，对于额外的物质欲望完全是拒绝的态度。但是，随着小玉的年龄增长，她对于物质的需求也不再局限于幼儿时期，每当她看到同学有了新的衣服和新的装饰品时，总是会羡慕嫉妒。可是，小玉知道从父母那里拿钱十分困难，于是在周末回奶奶家时就趁机向奶奶抱怨，奶奶心疼之下就给了小玉一些零花钱。小玉的父母知道后，对小玉背着父母找其他家人要零花钱的行为十分不理解，刚刚责问出口就惹得小玉啪嗒啪嗒掉眼泪。他们不明白，自己明明是为了小玉好，难道还做错了吗？

 案例解析

有些父母对于女孩有着过于严格的物质控制，虽然初衷是担心女孩会染上不良习惯，但如果尺度掌握不当，只会适得其反。案例中的小玉就是如此，在有需要的时候不敢向过于严厉的父母开口，但是又拗不过欲望的驱使，所以只能找寻其他的办法，比如向其他长辈开口。如果是这种原因的话，家长就要调整一下自己的态度了，毕竟以过于严格的要求来限制天性爱玩的孩子，用苛责和强制来束缚女孩的天性，只会让她们在逼迫之下做出更过分的事情来。向其他长辈讨要还是比较规矩的行为，更过分一些的可能会使用一些其他的极端办法，比如偷盗、诈骗和抢劫。

此外还有一种情况，就是女孩从父母那里获得钱财要比从其他长辈哪里得来更费事，所以她们会首先选择更容易达成的一方。比如，有些女孩会在家中来客人时，故意说起自己想要的某些物品。客人出于礼貌提出由自己来承担时，家长一定要极力阻拦。不然一旦姑息了这种小伎俩，就容易让女孩变本加厉。

 解决办法

女孩找长辈要钱花，一般只是想要满足某种物质需求，毕竟孩子的想法是比较简单的。但是这种做法是不能姑息的，不然就容易养成一些其他的恶习。想要纠正女孩的这种行为，我们建议要做到以下三点：

1.拒绝他人给女孩钱财的好意。当客人或者长辈提出满足女孩的物质需求时，家长一定要坚决阻拦对方的好意，不要因为面子问题而纵容一时，不然就容易让女孩认为此举可行而变本加厉。

2.合理满足女孩的物质需求。人的欲望并不是一成不变的，总会随着成长和环境的改变而发生变化。比如在女孩幼儿园时期会想要更好的玩具，在小学时会想要更好的书包，在上初中后会想要更漂亮的衣服等。所以只要是在合理范围内的要求，家长不妨都可以满足，只要是他们真的有实际的需求。

3.为女孩订立奖惩制度。当女孩表现出对某个物品的需求时，如果这个需求并不适用于日常生活，家长可以根据需求的尺度提出适当的要求。比如学习成绩达到多少分，可以给予这个奖励；比如周末帮爷爷奶奶收拾屋子，可以给予这个奖励等。

333. 帮助女孩树立劳动最光荣的观念

——女孩总期望不劳而获怎么办?

蜜蜜在上了初中之后，日常的开销也随之加大，不仅要满足在学校中的日常开销，还有周末或者放学后和同学的联谊问题，于是就提出想让妈妈多给她一些零用钱。蜜蜜的妈妈看着她日渐成长，觉得此时对蜜蜜实施一些财商教育是最好的时机，于是就提出只能满足蜜蜜基本的日常开销，对于蜜蜜的其他经济要求，都需要她用劳动来换取。比如，蜜蜜可以帮妈妈做一些家务，也可以帮爸爸做一些基础工作等。蜜蜜为了能顺利地拿到零用钱，就同意了妈妈的提议。但是，蜜蜜的劳动行为只是坚持了一小段时间，没过多久就开始懈怠起来。比如妈妈让她洗碗，她就只是把碗洗干净摆在一旁，根本不会收到碗柜里；爸爸让她帮忙整理书柜，她就只是把所有的书都堆叠上去，根本不理会是否整齐。妈妈根据她的表现，拒绝支付劳动奖励时，蜜蜜就大吵大闹着说家里的钱本来就有她一份，同时指责妈妈在骗取她的劳动。蜜蜜的妈妈看到孩子这个反应，觉得很吃惊，为什么孩子会有这种不劳而获的想法？

案例解析

女孩有不劳而获的想法，大致存在两种原因，一种是外在的大环境对女孩的影响，一种是家庭环境中过度的溺爱。对于大环境来说，一些社会的不良风气会让女孩产生不劳而获的想法，比如女孩接触到的人是投机的暴发户，看到的影视作品中有游手好闲的富二代角色等，这些都会在女孩的分析能力和认识能力尚未成熟前，对她们产生不好的影响，诱导她们产生不切实际的想法。在家庭的小环境来说，父母长辈对于女孩过度的溺爱，会避免让女孩过早地接触到生活残酷的一面，会劝导女孩将注意力放在学习上。这就容易让女孩产生一种认知的偏差，认为自己只要负责好好学习就足够了，其他的家庭责任都不需要她承担。而且，这样的做法很容易让女孩产生一种依赖心理。正是因为家长的这种过度的溺爱，让女孩长期处于温暖的生长环境中，过着"衣来伸手，饭来张口"的日子，很容易就产生不劳而获的想法，继而形成好逸恶劳的性格。

解决办法

想要纠正女孩好逸恶劳的想法，家长可以采取以下方式对女孩进行引导：

1. 培养女孩看待劳动的端正心态。每个人心目中都有英雄崇拜的思想，所以家长要纠正女孩对那些不利角色的分析教育，帮助他们认识到通过不正当手段谋取利益行为的恶劣之处，还有某些影视作品中的消极因素。除此之外，还要给女孩一些正面形象的指引，比如可以让女孩去看一些人物传记，以此来建立正确的价值观。

2. 家长要以身作则起表率作用。想要让女孩在家庭环境中得到正面的影响，这和家长一言一行的表率作用息息相关。如果父母对自身的言行有严格要求，能够合理地安排家务劳动和工作，能够积极地参加公益活动，自然就能够让女孩了解到劳动的乐趣。

3. 让女孩养成劳动的良好习惯。家长需要在女孩年幼的时候就带领她做一些力所能及的劳动，借此来培养女孩对好逸恶劳的排斥心理和行为。在女孩参与劳动时，家长要及时地给予鼓励和认可，当女孩因劳动而获得内心的满足感时，自然就会对劳动有一个正面的认识。

334. 引导女孩不要把金钱看得太重
——女孩把金钱看得太重怎么办？

嘉嘉的妈妈总是担心孩子会染上骄奢淫逸的恶习，所以虽然嘉嘉是个女孩，嘉嘉的妈妈也总是告诫她金钱的来之不易，严格地限制嘉嘉的物质需求。比如，几乎嘉嘉所有的玩具都是从淘宝上购买某品牌的同款，嘉嘉的所有衣服几乎没有一件是名牌产品。如果妈妈在给嘉嘉买东西时，发现物品价格超过了心理预期，就会直接告诉她物品的价格太过昂贵，自己负担不起。

本来，嘉嘉的妈妈是想要让她懂得珍惜每一分钱，但是一次和朋友一起吃饭，让嘉嘉妈妈意识到嘉嘉的认知和金钱观已经被自己带跑偏了。那次，嘉嘉的妈妈请了朋友和朋友家的小孩吃午饭，吃完饭后嘉嘉居然提议说让对方请看电影，因为刚刚吃饭是她妈妈结的账。嘉嘉的妈妈当时觉得十分尴尬，为自己曾经的教育观念有些后悔，同时她又担心嘉嘉把金钱看得这么重，会不会对她的成长带来不好的影响，以至于影响她的价值观和世界观。

 案例解析

嘉嘉的妈妈错误地给女孩传递了一种金钱观念，那就是金钱来之不易，所以一切都是需要等价交换的。我们可以轻易看出，嘉嘉的金钱观在妈妈的教育下，已经形成与正常的价值观、世界观、金钱观相悖的观念。虽然嘉嘉妈妈的初衷是好的，但是在引导嘉嘉的方式上存在尺度问题，过度地抹杀了女孩的天性，让女孩过早变得计较，看重金钱。

虽然女孩的金钱观念是需要家长刻意引导的，但是也要注意不同时期的不同对待方式。比如，女孩在 6 岁之前是金钱观的萌芽状态，在此时期家长只要适当地做出引导和示范作用就可以了，并不需要强制女孩也要遵守成人世界的物质规则；女孩在 6~12 岁期间是金钱观的成型时期，在此时期女孩会根据萌芽期的认知发展出自己的金钱观念，如果在此时期女孩的认知有偏差的话，就需要家长大力地纠正，不然在女孩 12~18 岁的金钱观发展期就很难纠正过来。

在女孩的成长过程中，金钱观能否正确建立是一个大问题。因为女孩子年幼时就已经接触到钱财的使用问题，却无法理解也没有接触到钱的来源。那时，如果女孩表现出对钱的喜爱之情，就容易被他人误认为是"小财迷"，但如果不拿钱当回事，长大就容易成为"败家子"。所以，家长对于女孩财商方面的引导，不仅要注重关于"珍惜"钱财方面的教育，还要注意引导她们不要陷入金钱的束缚中去。

解决办法

如果女孩在年幼的时候就表现出对金钱的过分看重，家长可以从以下方面进行疏导：

1. 给女孩传递正确的金钱观。父母在女孩面前谈论金钱时，不要过分夸大金钱的作用，避免让女孩认为金钱是万能的。在适当的时候，还要提醒女孩，虽然金钱来之不易，但是金钱存在的意义是为了提供日常所需。只有让女孩理解金钱的价值和存在意义，才能帮她们建立正确的金钱观和价值观。

2. 让女孩认识到金钱的用途。家长要让女孩了解到金钱的各种用途，除了可以维持家庭日常开销外，还可以用来提升自己的生活品质，还可以帮助其他更有需要的人等。

335. 鼓励女孩的赠与行为
——对于小气的女孩家长怎么做？

美娇从小跟在爷爷奶奶身边长大，直到上幼儿园时才被父母接到身边，出于对孩子的愧疚，美娇的父母总是竭尽所能地满足她的一切要求。但是，偶然的一次，却让美娇的妈妈发现了她的一些问题。那次，父母带着美娇和朋友一家一起出门郊游，人家的孩子拿出零食和美娇分享，但是美娇却不肯把自己的饼干给对方吃。当时，美娇的父母就觉得很尴尬，但朋友解释说孩子都有护食的毛病，美娇的父母也就没太过追究。可是一会儿，美娇的妈妈要给朋友家的孩子买玩具时，美娇又开始闹上了，她嚷嚷着为什么要我们给他们买，我们的钱不是钱啊！美娇的表现顿时让整个场面都陷入了尴尬之中。这时美娇的妈妈才意识到，美娇并不只是护食的毛病，而是她太小气了。女孩这么小气可不是一个好现象啊！

案例解析

一般来说，女孩一旦有过于小气的行为，家长一定要从女孩的成长中分析原因。

1. 女孩的天性导致的小气行为。在人类的本性中就有自私的成分，作为人类的天性，小气的行为只是自私的一种过度表现。

2. 后天环境对女孩产生的影响。女孩后天的教育环境和身处的环境，都会对行为和性格产生一定影响，这种影响是潜移默化的。

3. 家长给女孩的不良引导。有些成年人会逗弄女孩，比如会跟女孩要糖果吃，但是最后却并没有接受女孩的馈赠，这就容易让女孩产生一种误解，从而不愿意再那么大方。

解决办法

女孩过于小气的行为会对她们融入群体造成阻碍，进而影响到她们性格的良好成长。所以，家长在发现女孩有过于小气的行为时，一定要及时纠正，并给予正确的引导。

1. 用交换物品来引导女孩学会分享。孩子的心思比较简单，她们会认为自己的东西给了别人就是别人的了，自己再也无法拿回来了。所以，父母可以鼓励女孩去和别人交换物品，让她们在没有丢掉原有物品的前提下，增加接受新物品的机会，以此来让女孩逐渐喜欢赠与他人。

2. 鼓励女孩去实施赠与行为。家长可以先鼓励女孩将一些她已经不适用的东西或者不感兴趣的物品赠送给他人，或者可以带领女孩去参加一些公益捐助活动，当女孩发现慷慨的行为可以换来他人的喜爱之后，就会因为内心的满足感而变得不再小气。

336. 女孩心智成长需要逐渐完善
——女孩炫耀自己很有钱怎么办？

艳艳的爸爸妈妈因为工作比较忙，平时陪伴艳艳的时间不太多，所以只要一有空闲就会带着艳艳出去参加各种活动。随着活动的增多，原本不太爱说话的艳艳也变得开朗了许多，只不过面对长辈的逗趣，有时候不知道如何应对，会耍一些小孩子脾气，但大家也都能见谅。可是最近一次，艳艳的妈妈从艳艳的话中察觉到了一丝异样的气息。当艳艳爸爸妈妈的朋友逗趣艳艳，说如果艳艳不给大家唱个歌，这顿饭就由艳艳请客时，艳艳说自己有的是钱，请客没什么大不了的，才不要唱歌给他们听。虽然平时艳艳的父母没有过多限制过艳艳的零用钱，但是他们想看到的绝对不是艳艳炫耀自己有钱。如果他们对艳艳的物质满足，成为她炫耀的资本，他们很担心女孩会不会成长为一个市侩、金钱至上的人。

案例解析

我们从这个案例来看，当艳艳长期处于成人的社交中时，忽略了自己是一个儿童的身份，再加上成年人降低身份的逗趣，会让女孩将自己抬升到和成年人同一的比较层面上。如果艳艳平时从父母那里感受到经济上的比较，就会不允许自己有被他人"看低"的现象出现，所以才会有炫耀自己财富的情况发生。

一般情况下，我们更建议父母鼓励女孩参与同龄人的社交活动，因为女孩的心智尚无法面对成年人的世界，不仅无法理解成年人的思维，还容易在成年人的逗趣下扭曲认知。而同龄人之间有更多的理解，所以在女孩心智成长的阶段，父母让女孩接触到太多的成人世界的东西，并不会对女孩产生什么有益影响。想要纠正这一现象，家长首先要自省自己做得不足的地方。如果真的是为了女孩的成长考虑，那就要让她多与同龄人相处，毕竟同龄的孩子中很少存在攀比金钱的现象。

解决办法

女孩如果在他人面前炫耀自己很有钱，家长需要先分析女孩这么做的原因，然后再有针对性地进行纠正。

1. 带领女孩参与同龄者社交活动。过早地让女孩接触成人的世界，会影响到她们金钱观的建立，而只有处于同龄人的社交圈中，才会让女孩在同等级的认知中获得逐渐的成长。

2. 让女孩认识到自己和成人的区别。虽然女孩在成长过程中会模仿成人的行为，但并不意味着她们具有了成人的思维，要让女孩认识到什么才是她年龄段应当关注的重点，引导她们将意识放到儿童的层面上去。

3. 给女孩灌输正确的金钱观。在不同年龄段有着不同的金钱观，儿童和成年人对待金钱的态度是不同的。所以在女孩的成长阶段，家长只能让她们能够接触到她们能够驾驭数额的金钱，过多的拥有只会影响女孩的金钱观，年龄尚幼时是无法理解金钱的真正价值的。

337. 告诉女孩择友的基本原则
——女孩炫富，看不起别人怎么办？

慧慧的家庭条件很优越，爸爸是某国际企业的高管，妈妈下海经商游刃有余，所以慧慧自小就完全没有接触过人间疾苦，被家里宠得完全成了一个小公主。本来，慧慧的父母认为女孩娇生惯养一些也没什么，毕竟不需要承担太多的生活压力。但是最近，慧慧的妈妈从其他小朋友口中听说，慧慧因为家里有钱而根本看不起其他小朋友。比如，慧慧看到别的小朋友穿着新买的衣服被众人夸奖时，她就会说人家的衣服是地摊货，这么便宜的东西也拿来显摆；放学时慧慧看到有小朋友的爸爸骑着电瓶车来接，她就会嘲笑人家连辆汽车都没有。慧慧的爸爸妈妈虽然事业有成，但是他们并不希望女儿会因为家里富有而看不起别人，但是又不知道该如何纠正女孩的这一行为。

案例解析

想要纠正女孩看不起他人的毛病，家长需要先找到内在的原因。很多小孩子都有这样的毛病，因为不知道如何去获得他人的喜爱，所以会通过炫耀自己的长处以期获得他人的关注，殊不知这样的做法只会事与愿违。所以，问题的关键点并不在于女孩是否真的看不起别人，而在于她对自身价值的错误估量。

人毕竟是社会的动物，都想要从他人哪里获得认可，都希望自己能够融入到每一个群体中去。但是，想要融入一个群体依靠的绝对不是炫耀，一味地曲高和寡只会加重目前的窘况，只有将自己的姿态放到和群体同样的高度，才能获得他人的喜爱。而另一方面家长也要注意，一定是平时在女孩面前有类似的举动，才会让女孩有自恃家庭优越而看低他人的想法。比如，有些家长会在女孩面前提到对某些物质条件差的人的评价，对某些家境优越的人的评价等，这些评价都会对女孩的金钱观、价值观、世界观产生影响。

解决办法

想要纠正女孩自恃家境优越而看不起他人的行为，家长可以这样做：

1. 管控女孩能接触到的金钱。在女孩年幼时，比如幼儿园时期和小学早期，家长都不应该让女孩手中持有大量金钱，或者有超过同龄者的金钱使用权。当女孩能够接触到的金钱是同伴的几倍时，不仅女孩会觉得骄傲，其他的同伴也会因相形见绌而与女孩拉开距离。

2. 限制女孩使用物品的价值。如果想要让女孩融入一个群体，一定要将她放在和群体中其他人同样的等级上，要让她们在物质上没有过多优越的感受。

3. 给女孩传输正确的交友观。引导女孩将注意力放在其他小朋友的优越之处上，让她学会发现对方身上的闪光点。比如，家长可以和女孩交流今天在学校里发生的事情，然后引导她们去分析这件事情中某个小伙伴的优点。

338. 女孩产生攀比心理要解决
——女孩因家庭产生自卑怎么办？

小诗的家庭条件不太好，父母的收入都不高，只能勉强维持家用，所以小诗自小就十分懂事，很少跟家里提出过高的物质要求。随着小诗的长大，她的价值观和自尊心也逐渐地成长起来，这时她开始意识到了物质上的优劣，每当她看到同学们的吃穿用度都比自己高出很大截时，就会感到十分羞愧和自卑。比如，学校里有些同学会在外面买饭吃，有些会选择吃食堂，而小诗大多数情况下都是从家里带饭吃。对比之下，高低立见，所以小诗在午饭时总是会躲到偏僻的角落吃饭。小诗的自卑情绪随着年级的升高越来越重，心思再也无法平静地放在学习上，总是会觉得学习成绩再好也比别人矮了一头。后来在一次家长会后，小诗直接和妈妈挑明，说自己不想上学了，想要出去打工赚钱。小诗的妈妈十分吃惊，没想到家庭条件不好会对孩子产生这么重的影响，这可怎么办才好。

 案例解析

每一个女孩想要获得健康的成长，都需要成就感的支撑。在女孩年纪比较小的时候，尚无法找到正确的获得成就感的途径，只能从与他人的比较中找到自身的价值感，而外在条件的攀比就是最直接的。小诗在独立意识和自尊心成长时，因为自身条件的不足，其中包括家庭条件，也可能包括学习成绩不够优秀等原因，造成了她缺少成就感的支撑，所以会背负上很重的思想包袱。这种思想包袱让女孩迫切地想要寻找一个证明自己的途径，那就是用逃避的方式远离自己的困扰源。

很多厌学的女孩最初都是这样的心理，因为学校难以让她们找到成就感，所以会将视线放在另外的事情上。这种事情并不是个例，究其原因主要还是来自外在环境对女孩产生的影响，一方面是家庭环境中的某些成员过度地看重金钱，另一方面是家境优越的同学对女孩进行过物质上的羞辱。这两方面都会让女孩的自尊心受挫。如果只有单独的某一方面并不会让女孩过度敏感，但两者如果合在一起，就会让女孩因为家庭条件不佳而陷入自卑的情绪中。所以，想要纠正这种情况，家长可以通过改变自己对金钱的态度，来达到强化女孩内心的目的。

 **解决办法**

父母在日常生活中不仅要给予女孩充足的爱，还要培养她们正确的人生观，避免让女孩在钱上面产生错误的认知，进而做出一些过分的事情来。我们建议，对于女孩财商方面的引导，可以按照年龄的不同分阶段进行。

1. 先让女孩认识到钱财的内涵。在女孩年幼时就应当让她明白钱财是父母通过辛勤的劳动换来的，而劳动是不分贵贱的。钱财是用来维持家庭正常运转的，并不是用来攀比的。人外有人、天外有天，攀比是没有终点的。

2. 让女孩学会如何合理使用金钱。家长可以适当增加女孩的零用钱比例，同时引导女孩以正确的视角去看待金钱，既要让她们知道金钱的合理使用方式，也要让她们明白金钱的价值远不如个人能力的价值。

3. 引导女孩看清自己的长处。在攀比之心的促使下，很多女孩都会一味地钻牛角尖，将问题过度放大，从而忽略自己比他人优越的一面。所以家长要引导女孩将目光放在自身的价值上，让她们明白自己当阶段最重要的、最应该拿来攀比的是学习成绩，而不是外在条件。

339. 帮助女孩厘清价钱和感情的关系
——女孩用礼物衡量感情对不对？

诺诺是家里的小公主，自小就是在家人的盛宠下长大的，每年诺诺的生日都是被当作盛大节日一样的庆祝。往年过生日时，诺诺都会盛装打扮一番，然后接受众人的祝福和礼物，她每次都表现得十分开心，但是今年却有些闷闷不乐的样子。因为去年过生日的时候，诺诺一共收到了20件礼物，而且礼物的价值都很高。但是今年过生日却只有14件，看上去还没有去年的上档次，价格也不是很高的样子。于是，在生日过后，诺诺就询问妈妈是不是大家不喜欢她了，是不是爸爸妈妈也不再重视她了。诺诺的妈妈很吃惊，难道平时大家对她不够好吗？为什么孩子会以礼物的价格作为衡量大家对她关爱的标准呢？

 案例解析

女孩在年纪比较小的时候，无法了解成年人的思想，这是很正常的事情。但是如果女孩只是依靠外界事物来作为评判的标准，对于女孩的认知来说就会产生一些偏差。针对这个案例来看，诺诺如果关注的只是礼物的数量问题，我们勉强可以将这个问题归结到是诺诺无法正确理解成年人的心思和想法，因为年幼还不太懂得什么叫体谅和理解。但是，显然诺诺的注意力不仅是在数量上，更多的还是在质量上，比如礼物的价格和档次问题。我们从这一点上可以清楚地看出，这个女孩对于物质和金钱有了一些虚荣感。

一般来说，孩子在年幼时的任何表现都是父母言传身教下的反射。在女孩年幼时，如果过早地接触到了金钱层面的标准，就会影响到女孩的客观认知。比如，女孩的父母时常去高档商场购物，而不屑去路边摊扫货的话，就会让女孩的认知中出现"档次"的标准，让女孩将事物的本质不自觉地忽略掉。所以，家长在女孩年幼时就应该让她们意识到物品的价值和价格之间的差别，物品和情感之间并不存在等价的关系。

 解决办法

想要让女孩不以物品的价值作为衡量感情的标准，家长可以从以下方面进行引导：

1. 避免当着女孩的面谈论价格与人情。大多数家长在谈话时不会刻意避开孩子，比如谈论一些成年人社交圈子中的事情时，包括根据情谊深浅拟定送红包的多少等。一旦女孩在世界观尚未定型时认识到感情有时是需要用金钱做标准时，她们就会用物质标准来对比自己的感情。这不仅会让女孩产生负面的认知，也会影响到她们价值观、人生观的形成。

2. 不让女孩拥有价格过高的产品。一些女孩的家庭条件比较优越，自小接触到的物品都是价格比较昂贵的，但是物质的充盈容易让女孩产生一种优越感，这种优越感不仅容易让她们觉得自己高人一等，同时也会用物质来作为判断价值的标准。这样不仅无法让女孩确立正确的价值观和金钱观，还容易造成她们养成攀比、虚荣的不良习惯。

340. 不能让女孩觉得挣钱很容易

——女孩觉得挣钱很容易怎么办？

玥玥的妈妈带着她出去玩时，玥玥看上了一款很漂亮的玩具熊，就吵着闹着要让妈妈买给她。但是妈妈看了一眼那个品牌玩具熊的昂贵价格，就拒绝了玥玥的要求。在玥玥的再三央求下，妈妈说会给她买一个便宜一些的玩具熊，一定和这个长得差不多，因为这个太贵了，超出了妈妈的能力。但是玥玥的妈妈没想到，玥玥却说反正钱花掉了再让爸爸挣来就好了。看着玥玥说得这么轻松的样子，玥玥的妈妈很担心，平时他们夫妻俩不想让玥玥过早地了解到生活的不易，但是没想到玥玥却完全不知道体谅父母挣钱的辛苦，这该怎么办才好呢？

 案例解析

大多数父母都因为心疼孩子，而不想让孩子过早地知道生活的不易，尤其是女孩的家长更是如此。但是，让女孩知道生活的艰难，其实是财商教育中重要的一课，正是因为父母的这份"疼爱"，让女孩的财商教育受到了影响，同时也让她们不懂得什么叫担当和感恩。在财商教育缺乏的前提下，女孩更容易受到如下原因的诱导，引起认知的偏颇：

1. 女孩从小养成的性格方面的缺陷。有很多父母将培养女孩的重心放在了学业、特长等发展上，而忘记了对她们品格、认知、观念的培养和引导。

2. 女孩的钱财得来太过容易。不仅是父母将女孩当作小公主一般宠爱，隔辈人对她们的宠爱更甚，会想办法满足她们的一切物质要求，但这样的情况只会让女孩更难以了解钱财的来之不易。

3. 女孩深陷攀比之风中。任何一个群体中都有攀比之风的存在，只不过在女孩尚没有经济能力之前，她们的攀比大多依赖于父母，想要以此来获得精神上的满足。

 解决办法

想要让女孩了解到挣钱的不易，我们可以在生活中建立一些小规则，让女孩自己去理解和领悟。

1. 让女孩用劳动换取额外的零用钱。家长在给女孩零用钱方面一向很大方，但钱财得来的太容易只会影响到女孩的金钱观。所以，我们建议家长除了给女孩固定的零用钱，以备她的基本生活开支之外，对于超出基本需求的部分，要让女孩做一些家务来赚取。只有当女孩用劳动付出赚取零用钱后，才会知道钱财的来之不易，才会更加体谅父母工作的辛苦。

2. 不过度满足女孩的物质生活需求。家长对女孩物质需求的过度满足，最容易养成女孩轻视金钱的毛病。所以，家长应当以适用为原则，只满足女孩的基本物质需求，让女孩学会对钱财的珍惜，杜绝无止境索取的恶习。

341. 过多的物质满足有害处
——女孩铺张浪费怎么办？

小萌的父母工作比较繁忙，平时根本无暇照顾小萌的学习和生活，所以万般无奈之下不得不将她送到了寄宿学校上学。虽然小萌的父母担心孩子太小离开自己会缺少家庭的关爱，但同时他们不得不用锻炼小萌的生活独立性作为心理安慰。但是没想到，仅仅过去了一个学期，小萌就染上了一些坏习惯。比如，小萌吃东西永远会剩下一部分，帮妈妈擦个餐桌就用掉一整卷餐巾纸。不仅如此，很多明明不是一次性的东西，小萌都当作一次性物品使用，用完就直接就掉了。小萌的坏习惯不仅体现在铺张浪费上，她还变得越来越不懂得珍惜。比如，有些物品稍微有些小磕碰，有些衣服稍微有点儿掉色，就会被小萌直接丢到垃圾桶里。小萌的父母十分担心，他们实在没有太多时间来管教孩子，可是又不能纵容女孩铺张浪费的恶习，这可怎么办呢？

 案例解析

女孩的铺张浪费习惯并不仅仅是因为在环境上脱离父母独自生长，而主要来自父母过度的溺爱和纵容。就像这个案例中的萌萌，父母因为平时工作繁忙没有时间陪伴，就会在能陪伴的时候给女孩更多的爱和补偿。这种溺爱和纵容的行为并不是个例，在普通家庭环境的父母身上也有，比如，父母会很自然地吃掉女孩吃剩下的食物，会在女孩损坏物品时念及年龄尚小而不加指责。

在溺爱和纵容之下，却没有让女孩知道浪费行为的可耻，也没有让女孩了解到物品的来之不易，正是因为美德方面教育的缺乏，才导致女孩对于物品和食品缺乏价值概念，不懂得浪费是什么意思，更是对身外之物缺乏珍惜之情。所以，造成这种问题的根本原因还是在于父母，如果父母能够在女孩发生问题时，及时纠正，自然就不会出现这种情况。

 解决办法

对于行事过于铺张浪费，不懂得珍惜食物和物品的女孩来说，我们建议家长不要一味地将责任推到学校或者其他人身上，而是要从家庭教育的环境中，给女孩适当的引导和指正，帮助她们纠正观念，摆脱恶习。

1. 不要对女孩过度地娇宠。当女孩有铺张浪费和不珍惜物品的表现时，家长要注意提醒，要让女孩认识到只有珍惜物品才有拥有的资格。比如，如果女孩不珍惜她的某些用品，家长可以限制给她们购买这种物品的数量。只有让女孩建立起节约和珍惜的意识，才能培养她们独立的价值观和生活能力。

2. 不给女孩提供过多的物质享受。如果在女孩的孩童时期就让她们的物质生活享受过于充足，就容易让她们忽略事物本身的价值。所以，对于女孩提出的物质需求，家长不要让她们觉得来得太过容易，而要让她们体验到来之不易的感受，以此来让女孩知道如何去珍惜。

3. 限制女孩必需品的数量。最初让女孩养成铺张浪费习惯的并不是因为那些比较昂贵的物品，而大多是来自生活中的必需品，比如学习用品、基本生活用品等。家长需要给女孩设定一个限度，比如一个学期只给买两块橡皮，一个学期只给买一个书包等。用数量上的限制来让女孩养成珍惜物品的习惯。

342. 引导女孩学习投资理财
——怎样培养女孩理财的观念？

雪儿的父母对她一直要求十分严格，因为担心孩子拿太多的零用钱会对成长带来弊端，所以既不会给雪儿太多的零用钱，也不会让她的物质生活水平低于他人太多。对于雪儿零用钱的使用问题上，雪儿的父母制订了严格的标准，在雪儿上小学时是按天给她零用钱，在雪儿上初中时是按周给她零用钱。虽然，父母在雪儿上初中后，只是稍微提高了一些零用钱的比例，但是父母却发现了另外一个问题，就是雪儿完全不知道如何去管理金钱，理财能力几乎为零。比如，给雪儿一周的零用钱，通常三天的时间就花光了，要么就是节衣缩食的攒钱，不舍得花费，但是攒到一定数额之后，又会很快就用光。雪儿的父母原本担心她会将零用钱胡乱花费，但是如今更担心的是雪儿的计划经济能力和理财能力。如果连这么小的一笔零用钱都管理不好，以后遇到更多的钱财，会不会管理起来更是一团乱麻呢？

 案例解析

通过节制女孩的零用钱使用并不能达到让女孩学会理财的目的，这还是需要父母的正确引导。只不过很多成年人总是将理财视为成年人才会接触的事情，而忽略了应该在女孩年幼的时候就传递给她们适当的理财观念。而且，现在的很多成年人对于理财的问题都是一知半解，所谓的开源节流只做到了"节流"一项而已，又怎么能起到良好的言传身教的作用呢？所以，想要让女孩有理财的意识，家长首先要让女孩处于一个有理财气氛的家庭环境之中。

很多的儿童成长研究机构都有过这样的结论，就是儿童时期的习惯和认知养成会成为受用一生的财富。所以，对于女孩的教养，不该只是局限于"穷养"还是"富养"的问题上，无论家庭经济条件如何，都应该让女孩有理财的意识和规划。我们建议可以在提出让女孩合理使用零用钱之后，再让她们学会如何计划经济，之后再开展管理和投资的引导。

 解决办法

没有一蹴而就的教育方式，任何的培养计划都需要逐步进行，对于女孩理财观念的培养问题上，我们建议家长采取如下循序渐进的方式：

1. 让女孩认识到何为理性消费。家长对于女孩的物质需求要有一个消费标准，如此一方面可以避免女孩养成娇纵的性格，另一方面可以让女孩学会如何有计划地合理支配金钱，同时也可扩大女孩积累财产的想法。

2. 培养女孩正确的储蓄习惯。家长可以为女孩买一个好看的存钱罐，或者给年龄大一些的女孩开设一个私人账户，让她们养成每天、每周、每月定时存储的习惯。随着金额的积累，可以增加女孩对于金钱的认识，同时也让她们了解到积累财富的意义。

3. 引导女孩了解投资理财的意义。家长应当在女孩年幼时就让她们接触到金融理财产品，让她们意识到钱是可以"生"钱的。这样，在女孩成长到一定阶段后，自然而然地就会有投资理财的意识，会想要凭借着自己的能力去创造更多的财富。

343. 一夜暴富的想法要不得
——如何纠正女孩一夜暴富的心态？

蓓蓓的妈妈一直为蓓蓓的财商教育十分头疼，每当她看到别人家孩子十分懂事时，更是觉得和蓓蓓沟通起来十分困难。比如，妈妈告诉蓓蓓要懂得开源节流，平时花费不能太浪费，钱要用到刀刃上，要记得攒钱以备不时之需等，但蓓蓓却每每反对，说钱本来就是用来花销的，不花小钱就赚不到大钱等。不仅是这些，更要命的是蓓蓓居然时常抱有一夜暴富的想法，总是会偷偷拿着零用钱去买彩票，买刮刮卡。每当妈妈阻止的时候，蓓蓓都会说妈妈目光短浅，同时解释她这样也是为了大家好。可是，蓓蓓刚刚上小学就抱有这种金钱观，妈妈担心会影响到她之后的人生道路，如果不阻拦的话，会纵容蓓蓓成为一个不脚踏实地、只想天降横财的人。可是，该怎么劝说女孩才会听呢？该怎么制止才能达到效果呢？

 案例解析

什么人会产生一夜暴富的想法呢？就是那些实际能力无法满足梦想需求的人。一般来说，拥有一夜暴富心理的多为成年人，但也有少部分儿童拥有这种想法。究其原因不外乎有以下几点：

1. 对现实经济情况的不满足。如果家庭条件并没有达到女孩内心的期望标准，但同时女孩又没有其他的办法来满足这一诉求，就会想要找寻自己力所能及的方式来达成。

2. 对自我能力的否定。一夜暴富指的是短时间内的财富猛增，如果女孩对自我能力没有十足的信心，不知道用长远的方式来做打算，就会寄希望于偶然情况，比如通过一夜暴富来满足经济要求。

3. 被现实境况局限住眼界。有些女孩只看到眼前的利益，看不到长远的理想，就会让她们在巨大的利益面前丢掉为人处世的原则。

4. 对家人信赖感的缺乏。女孩在年少时不应该有涉及经济问题的想法，这些问题在正常儿童的心中应当属于父母负责的内容。一旦女孩开始为家庭经济条件投入精力时，就意味着她对家人的信赖感出现了问题，不相信父母有能力改善目前的境况。

 解决办法

女孩有一夜暴富的想法，并不是一个好的现象，一旦这种想法表露出来，就证明女孩已经形成了这种金钱观，所以家长需要从内在来一点一滴地瓦解女孩的这种行为。

1. 帮助女孩算清楚时间和精力账。女孩在年龄比较小的时候，对于长远的计划比较懵懂，只顾得上眼前的利益。所以家长需要让女孩清楚地知道，她在一段时间内用来购买彩票的钱的累计金额，以及她开始有一夜暴富想法之后分散的学习精力，以数据来让女孩知道她的想法有多么不可行。

2. 带领女孩参加公益活动。虽然亲子活动中要求父母双方带着孩子参与，但并不是所有的亲子活动都具有教育意义。所以我们建议父母多带女孩参加一些公益活动，让她们感受到金钱之外的感情，拓展她们眼界和心界的宽度，让她们体悟到在金钱之外的大爱和仁善之心。

3. 限制女孩的零用钱花销。人的欲望是分层次的，先会满足基本的需求，才会用多余的金钱去满足其他方面的需要。所以家长应该考虑是否平时给女孩过多的零用钱，才让她有过多的钱去"投资"。

4. 适度满足女孩渴望财富的心理。家长可以构建一种制度满足女孩对钱财的渴望，比如，女孩在满足日常花销之外，能够在年终时攒下多少钱，父母就双倍奖励。这种制度会让女孩学会合理地有计划地节省开支，同时也会明白钱财的来之不易。

344. 培养女孩合理使用金钱的能力

——女孩习惯向别人借钱怎么办？

随着静静年纪的增长，她的学习成绩没有多大变动，但是花销却是与日俱增。静静的妈妈每次想要限制静静的零用钱额度时，都会遭到静静的强烈反抗，反抗无效时静静就会委屈地哭，好像妈妈完全不肯理解她的感受一样，于是静静的妈妈每次都选择了妥协。但是没想到，有一天开完家长会，居然有一个静静的同学拿着一张欠条来找她，说静静跟她借了1000元钱，说好3个月还，但是已经拖了半年了，每次跟静静要她都会找各种理由推脱，无奈之下她只能找静静的妈妈说。静静的妈妈觉得十分吃惊，看到欠条上的确是静静的笔迹，就先把钱还给了人家。后来，静静妈妈又从那个同学的口中得知静静向同学借钱已经成了习惯，少则几十，多则几百，但一般情况下都会按期还上。静静的妈妈听后十分担忧，本来以为静静遇到什么事情不好意思跟家里开口，没想到已经变成了一种习惯，这可怎么办才好？

 案例解析

　　女孩在比较年幼的时候就知道如何使用零用钱去购买自己想要的东西，但是她们虽然知道了钱财的好处，却无法了解钱财的意义。所以家长对于女孩的零用钱管理方面，要格外地注意尺度。既不能给女孩过多的零用钱，让女孩养成攀比、虚荣、浪费、奢侈的消费习惯和生活作风，也不能给她们太少的零用钱，让她们将注意力放在如何节省开支的问题上。因为过多的或者过少的零用钱都会让女孩将注意力放在外在事物上，分散掉用来学习的精力，荒废掉个人的思想道德建设，也会出现借钱、私拿家里钱财的事情。

　　如果家长因为对女孩的零用钱管控不严，而发生了如案例中这样的事例，我们建议家长先给予理解和接纳，然后再针对这一现象和女孩耐心地沟通，了解她们借钱的原因，询问她们同学零用钱的尺度等。最好的教育从来都是心平气和地耐心引导，而不是纵容或指责。一味地纵容会让女孩的这种行为进一步恶化，而一味地指责只会加深女孩的负罪心理。所以，家长应当在给予女孩零用钱的同时，鼓励和引导她们如何正确使用。在给女孩树立一种价值观和金钱观的同时，引导她们自发地学会去管理和控制自己的消费欲望。

 解决办法

　　女孩在上学时大多并不具备经济偿还能力，所以在她向旁人借数额巨大的金钱时，她们所欠缺的就不再仅仅只是财商教育的问题，而是需要使用一些手段方法，对她们进行心理的疏导。

　　1. 严格控制女孩零用钱的尺度。如果发现女孩有向同学借钱的现象，家长首先要考虑的就是是否给了女孩太宽的金钱使用权。在女孩年幼时，家长应当控制她们可支配的金钱数额，在女孩没有能力计划花销和管理资金时，可以按照天、周发放女孩的零用钱，用缩短时间期限来达到让女孩合理支配的目的。

　　2. 拒绝女孩购买昂贵物品的要求。不只是男孩需要穷养，女孩也如是。家长应当自小就让女孩体验到简朴的生活，比如，不给她们买价格过高的玩具，不让她们过早地接触到奢侈品等。用降低女孩对身外之物的需求，来降低物质对她们产生的诱惑力。

　　3. 让女孩知道如何合理地使用金钱。家长在给女孩零用钱时，要明确地告诉她这些钱的使用方向，比如是为了让她购买早点、用作路费等。比起限制女孩的零用钱来说，教会她们如何妥善地使用才是重中之重的问题。当女孩能够合理地安排使用零用钱之后，就不会再有借钱的情况发生了。

345. 培养女孩正确的金钱观
——女孩偷拿父母的零用钱怎么办？

安妮在小学时曾经拿过父母的钱，但那时也只是拿了几块钱，在被父母发现后就积极地承认了错误，是因为自己嘴馋拿去买零食了。但是，安妮在上初中之后，对于生活的物质需求也变得大了起来，经常会偷偷地私拿父母的钱，被父母发现后却是一副拒不认错的态度。刚开始时，安妮的父母会耐心教育，但是在安妮几次三番的行径下，她的爸爸忍不住动了粗。本来以为棍棒教育会比耐心劝导有用，没想到安妮却变本加厉起来。安妮的父母觉得十分失望，他们担心如果就这么纵容下去，安妮会不会做出偷窃他人财物的行为呢？究竟怎么才能改变女孩私拿钱财的习惯呢？

案例解析

虽然生活水平在不断提高，但是仍旧有女孩会私拿父母的钱财，这是因为女孩在成长的某个时期中价值观和金钱观比较模糊，一般情况下存在以下几种原因：

1. 因强烈的占有欲导致。有些家庭条件不好的女孩对于没有尝试过的食品、物品都有一种强烈的愿望，在私欲的促使下会想尽一切办法达到目的。

2. 渴望引起他人的注意。当自己的家庭结构或者家庭关系存在缺陷时，有些女孩就会故意做出一些比较恶劣的事情来吸引父母的关注。

3. 对于私拿行为的误解。有些女孩并不知道不问自取是一种不正当的行为，尤其是在幼年时期，会凭借个人想法做出私拿的事情来。

4. 叛逆时期的反抗行为。在家庭教育比较严格环境中成长的女孩，多少都会对父母的教育方式有些不满，所以就会做出一些让父母觉得为难的事情出来。

解决办法

想要帮助女孩改变这个习惯，家长一定要注意尺度，避免伤害到女孩的自尊心，我们建议进行如下方式的引导：

1. 父母要检讨自己的行为。比如，父母是否看管钱财比较随意，是否忽略了女孩的一些物质需求，是否自己平时花钱大手大脚，是否忽略了女孩的精神需求等。当家长总结出了这些问题后，基本就能找到事情的原因。

2. 给女孩敞开心扉的机会。当家长发现女孩有这种行为时，第一反应是要和女孩进行耐心的沟通，询问她们偷拿钱财的原因。请记得，不要去翻旧账，只是就事论事地说这一次的行为。如果女孩的理由是合理的，家长可以以支持的态度满足女孩的需求，让女孩知道可以通过正当方式获得支持和理解。

图书在版编目（CIP）数据

好妈妈不娇不惯培养聪明女孩的345个细节 / 崔久焱著. —北京：台海出版社，2017.9

ISBN 978-7-5168-1529-8

Ⅰ.①好… Ⅱ.①崔… Ⅲ.①女性–家庭教育 Ⅳ.①G78

中国版本图书馆CIP数据核字（2017）第210475号

好妈妈不娇不惯培养聪明女孩的 345 个细节

著　　者：崔久焱	
责任编辑：王　萍　赵旭雯	装帧设计：仙　境
版式设计：曹　宝	责任印制：蔡　旭

出版发行：台海出版社

地　　址：北京市东城区景山东街20号　邮政编码：100009

电　　话：010-64041652（发行，邮购）

传　　真：010-84045799（总编室）

网　　址：www.taimeng.org.cn/thcbs/default.htm

E-mail：thcbs@126.com

经　　销：全国各地新华书店

印　　刷：三河市人民印务有限公司

本书如有破损、缺页、装订错误，请与本社联系调换

开　本：787mm×1092mm　　1/16	
字　数：570千字	印　张：25
版　次：2017年10月第1版	印　次：2017年10月第1次印刷
书　号：ISBN 978-7-5168-1529-8	

定　价：48.00元